UNIVERSITÉ DE GRENOBLE — FACULTÉ DE DROIT

LES ÉTATS-UNIS

ET

LA DOCTRINE DE MONROE

THÈSE POUR LE DOCTORAT

PRÉSENTÉE ET SOUTENUE LE LUNDI 16 JUILLET 1900

PAR

Hector PÉTIN

AVOCAT A LA COUR D'APPEL

—oo꞉o꞉oo—

PARIS

LIBRAIRIE NOUVELLE DE DROIT ET DE JURISPRUDENCE

Arthur ROUSSEAU, Éditeur

14, RUE SOUFFLOT, ET RUE TOULLIER, 13

—

1900

THÈSE

POUR LE DOCTORAT

UNIVERSITÉ DE GRENOBLE — FACULTÉ DE DROIT

MM. Tartari ✳, ❀ I, doyen, professeur de Droit civil.

Gueymard ✳, ❀ I, doyen honoraire, professeur de Droit commercial.

Testoud ✳, ❀ I, professeur de Droit civil, *en congé.*

Guétat, ❀ I, professeur de Législation criminelle.

Fournier, ❀ I, professeur de Droit romain.

Balleydier, ❀ I, professeur de Droit civil.

Michoud, ❀ I, professeur de Droit administratif.

Beudant, ❀ A, professeur de Droit constitutionnel.

Capitant, ❀ A, professeur de Procédure civile, chargé d'un cours de Droit civil.

Hitier, ❀ A, professeur adjoint.

Cuche, agrégé, chargé de cours.

Geouffre de Lapradelle, agrégé, chargé de cours.

Reboud, agrégé, chargé de cours.

Duquesne, agrégé, chargé de cours.

Royon, ❀ I, secrétaire.

JURY DE LA THÈSE

Président : M. Michoud, professeur.

Suffragants { MM. Hitier, professeur adjoint.
  Geouffre de Lapradelle, agrégé.

UNIVERSITÉ DE GRENOBLE — FACULTÉ DE DROIT

LES ÉTATS-UNIS

ET

LA DOCTRINE DE MONROE

THÈSE POUR LE DOCTORAT

L'acte public sur les matières ci-après sera soutenu le Lundi 16 Juillet 1900

PAR

Hector PÉTIN

AVOCAT A LA COUR D'APPEL

PARIS

LIBRAIRIE NOUVELLE DE DROIT ET DE JURISPRUDENCE

Arthur **ROUSSEAU**, Éditeur

14, RUE SOUFFLOT, ET RUE TOULLIER, 13

1900

PREMIÈRE PARTIE

LE MESSAGE DE 1823

CHAPITRE PREMIER

LE TEXTE DU 2 DÉCEMBRE 1823

—

Le 2 décembre 1823, le président Monroe adressait au Congrès des États-Unis un message dans lequel il expédiait les affaires courantes, mais dans lequel aussi trois paragraphes, les paragraphes 7, 48 et 49, avaient trait aux affaires extérieures. Le premier tranchait la question de la colonisation de l'Amérique ; les deux autres, celle de l'intervention de la Sainte-Alliance en Amérique. Ce sont ces deux paragraphes qui constituent *La Doctrine de Monroe* (1).

(1) Voici le texte exact du message en anglais. Je crois nécessaire de le donner ici pour qu'on puisse le comparer avec la traduction et bien se rendre compte du sens exact des mots :

§ 7. — At the proposal of Russian imperial government, made through the minister of the Emperor residing here, a full power and instructions have been transmitted to the Minister of the United States at S¹Petersburg, to arrange, by amicable negotiation, the respective rights and interests of the two nations of the northwest coast of this continent. A similar proposal has been made by His Imperial Majesty to the government of Great Britain, which has likewise been acceded to. In the discussions to which this interest has given rise, and in the arrangments by which they may terminate, the occasion has been judged proper for asserting as a principle in which the rights and interest of the United States are involved, that the American continents by the free and independent condition which they have assumed and maintain, are henceforth

§ 7. — *Sur la proposition du gouvernement impérial russe, faite par le ministre de l'empereur résidant ici, de pleins pouvoirs et des instructions circonstanciées ont été transmis au ministre des Etats-Unis à Saint-Pétersbourg, pour arranger par des négociations amicales les droits et intérêts respectifs des deux nations sur la côte nord-ouest de ce continent. Une semblable proposition a été faite par S. M. Impériale au gouvernement de la Grande-Bretagne qui l'a aussi acceptée. Le gouvernement des Etats-Unis a été désireux, par ce procédé amical, de manifester la grande importance qu'il a toujours attachée à ses bons rapports avec l'Empereur et sa sollicitude à entretenir les meilleures relations avec ce gouvernement. Dans les discussions auxquelles ces intérêts ont donné lieu, et dans les arrangements qui ont mis fin au conflit, l'occasion a été jugée propice d'affirmer comme un principe touchant aux droits et intérêts des Etats-Unis, que les continents américains*, par la libre et indépendante condition qu'ils ont acquise et qu'ils maintiennent, ne sont plus désormais considérés comme sujets à une colonisation dans l'avenir de la part d'une puissance européenne quelconque.

§§ 48-49. — *Dans les guerres entre les puissances européennes, tout au moins pour les questions qui les concernent seules, nous ne sommes pas intervenus et nous n'interviendrons pas. C'est seulement si nos droits étaient atteints et sérieusement menacés, ou si nous ressentions des injures,*

not to be considered as subjects for future colonization by any European powers.

§§ 48 et 49. — In the wars of the European powers in matters relating to themselves we have never taken any part, nor does it comport with our policy to do so. It is only when our rights are invaded or seriously menaced that we resent injuries or make preparation for our defence. With the movements in this hemisphere, we are, of necessity more immediately connected and by causes which must be obvious to all enlightened and impartial observers. The political system of the allied powers is essentially different in this respect

que nous nous préparerions à la défense. Dans les événe-
ments de cet hémisphère, nous sommes nécessairement les
plus immédiatement intéressés et pour des causes qui doi-
vent être évidentes pour tout spectateur impartial et éclairé.
Le système politique des pouvoirs alliés est essentiellement
différent de celui de l'Amérique, et cette différence pro-
vient de la différence même de ces gouvernements res-
pectifs. Toute la nation est vouée à défendre notre propre
gouvernement, qui ne s'est pleinement développé qu'au prix
de tant de sang et d'argent, qui n'a atteint sa pleine matu-
rité que grâce aux citoyens les plus éclairés et sous lesquels
nous avons joui d'un bonheur incomparable. Nous devons
par conséquent à la franchise et aux amicales relations qui
unissent les Etats-Unis et ces puissances, de déclarer que
nous considérerions toute tentative de leur part pour éten-
dre leur système politique sur quelque partie de cet hémis-
phère comme dangereuse pour notre paix et notre sécurité.
Avec les colonies actuelles ou dépendances d'une puissance
européenne, nous ne sommes pas intervenus et nous n'in-
terviendrons pas ; mais, vis-à-vis des gouvernements, qui
ont déclaré leur indépendance, qui la maintiennent et dont
nous avons reconnu l'indépendance pour de sérieux motifs
et d'après des principes équitables, nous ne consentirons
jamais à ce qu'il se produise une intervention dans le but
de les opprimer ou de contrôler d'une façon quelconque
leur destinée de la part de n'importe quelle puissance euro-

from that of America. This difference proceeds from that which exist in their
respective governments. And to the defence of our own, which has been achie-
ved by the loss of so much blood and treasure, and matured by the wisdom of
their most enlightened citizens, and under which, we have enjoyed unexampled
felicity, this whole nation is devoted. We owe, it therefore to candor and to the
amicable relations existing between the United States and those powers, to de-
clare that we should consider any attempt on their part to extend their system to
any portion of this hemisphere as dangerous to our peace and safety. With the
existing colonies or dependencies of any European power, we have not inter-

péenne, sans y voir la manifestation d'une disposition hostile à l'égard des Etats-Unis. Dans les guerres existantes entre ces nouveaux gouvernements et l'Espagne, nous avons déclaré notre neutralité, du moment où cette reconnaissance à laquelle nous avons adhéré et à laquelle nous continuons à adhérer, avait été considérée comme inévitable au jugement des autorités les plus compétentes de ce gouvernement et même comme indispensable à notre sécurité. Les événements récents de l'Espagne et du Portugal ont montré que l'Europe est encore irrésolue. De ce fait important, on ne peut donner de preuve plus certaine que celle-ci : les puissances alliées ont dû considérer comme de leur devoir et comme une satisfaction personnelle de s'interposer par la force dans les affaires intérieures de l'Espagne. Cette intervention s'est même étendue à des gouvernements qui ne sont point pour elle l'objet d'intérêts spéciaux, pas plus que les Etats-Unis qui sont cependant plus éloignés. Jusqu'à quel point cette intervention peut-elle aller d'après ce même principe, c'est une question que tous les gouvernements indépendants qui s'inquiètent de leur sort intérieur, ont intérêt à connaître, même ceux qui sont plus éloignés ou plus en sûreté que les Etats-Unis. Notre politique vis-à-vis de l'Europe, adoptée au commencement des guerres qui ont si longtemps agité cette partie de la terre, demeure la même : c'est-à-dire nous n'interviendrons pas dans les affaires intérieures d'aucune puissance euro-

fered and shall not interfere. But whith the governments who have declared their independence and maintained it, and whose independence we have, on great consideration and on just principles, acknowledged, we could not view any interposition for the purpose of oppressing them, or controlling in any other manner their destiny, by any European power, in any other light than as the manifestation of an unfriendly disposition towards the United States... Our policy in regard to Europe, which was adopted at an early stage of the wars which have so long agitated that quarter of the globe, nevertheless remains the same, which is, not to interfere in the internal concerns of any

péenne ; nous considérerons le gouvernement de fait comme le gouvernement légitime, nous cultiverons d'amicales relations avec toutes les puissances et nous maintiendrons ces relations par une politique franche, ferme et virile, plaçant avant tout, en toutes circonstances, les justes revendications de chaque puissance, sans accepter les injures d'aucune. Mais, pour ce qui concerne ces continents, les circonstances sont éminemment et visiblement différentes. Il est impossible aux puissances alliées d'étendre leur système politique à une partie quelconque de ce continent sans porter atteinte à notre paix et à notre bonheur ; pas plus qu'on ne peut croire que nos frères du sud, abandonnés à eux-mêmes, accepteraient de leur propre mouvement l'intervention d'une puissance. Il est également impossible, par conséquent, que nous puissions accepter avec indifférence une intervention de ce genre, sous n'importe quelle forme qu'elle se produise.

its powers, to consider the government *de facto* as the legitimate government for us; to cultivate friendly relations with it, and to preserve those relations by a frank, firm and manly policy, meeting, in all instances the just claims of every power, submitting to injuries from none. But in regard to these continents, circumstances are eminently and conspicuously different. It is impossible that the allied powers should extend their political system to any portion of either continent without endangering our peace and happiness ; nor can any one believe that our southern brethren, if left to themselves, would adopt if of their own accord. It is equally impossible, therefore, that we should behold such interposition, in any form, with indifference.

Am. Stat. Papers. For. Rel., vol. V, p. 246, et *ibidem*, vol. V, p. 250.

CHAPITRE II

LES DIFFICULTÉS A RÉSOUDRE

—

§ 1. Les difficultés territoriales avec l'Angleterre et la Russie. — § 2. La Sainte-Alliance et les Colonies espagnoles. — § 3. Les hésitations des Etats-Unis.

Dégagées du fond banal et plutôt terne du message, ces deux séries de paragraphes se joignent, malgré la distance des numéros. Monroe ne les a ni coordonnées, ni rapprochées, et, cependant, les deux groupes d'idées qu'elles expriment se lient et se fondent dans l'unité d'un même problème et d'une même solution.

Par le § 7, Monroe répond, sur la limite incertaine des frontières nord-ouest, à l'Angleterre et à la Russie, qui disputent aux Etats-Unis une partie de leurs territoires. Par les §§ 48 et 49, il répond à la Sainte-Alliance qui menace d'intervenir entre l'Espagne et ses colonies révoltées. Que ce soit au sud ou au nord, dans les deux cas, il fait face à l'Europe et résiste à des prétentions qui mettent en péril l'intégrité du sol américain. Les deux questions, qu'il traite ainsi simultanément, sont donc étroitement liées. Toutes deux, qui font également partie du message de Monroe, font également partie de sa conception fondamentale de l'Amérique. Bien qu'on ait vu plus souvent cette conception dans la seconde partie que dans la première, toutes deux sont également nécessaires à l'intelligence de la pensée du cinquième président. Beaucoup d'auteurs enferment la doctrine de Monroe dans les §§ 48 et 49 : c'est risquer de mal la comprendre ; c'est même en dénaturer la portée. Sans doute, les §§ 48 et 49 devaient attirer plus spécialement l'attention, mais le § 7 était peut-être au point de vue personnel de Monroe le plus important; et c'est pour cela qu'il précède de beaucoup les autres ; dans la pensée du président, il les dépassait en importance.

Si, dans les deux passages du texte de 1823, Monroe défend l'Amérique contre l'Europe, il y a pourtant entre les deux une différence essentielle : dans le premier, il défend les Etats-Unis, dans le deuxième l'Amérique tout entière ; dans le premier, il lutte directement pour la conservation du territoire de l'Union, c'est-à-dire de son patrimoine matériel ; dans le deuxième, il combat pour la défense des idées libérales que la déclaration d'indépendance a exprimées, c'est-à-dire pour le patrimoine moral des Etats-Unis. Dans le premier, il défend à l'Europe d'établir en Amérique des colonies nouvelles qui nuiraient à l'extension territoriale américaine, dans le deuxième, il lui interdit d'appliquer à l'Amérique le système d'intervention organisée par la Sainte-Alliance.

§ I

C'est à la première de ces deux questions que les Etats-Unis étaient le plus immédiatement intéressés. Il s'agissait pour eux de savoir si l'Europe pouvait, à leurs portes, après la déclaration d'indépendance, se constituer encore des colonies entre lesquelles les Etats-Unis seraient enserrés et limités. L'Angleterre et la Russie, l'une par le Canada, l'autre par l'Alaska, tendaient à les refouler vers le sud, alors qu'ils désiraient se développer librement vers le nord, où l'exploitation des zones de pêche et de chasse attirait leur activité. Vis-à-vis de l'Angleterre, un traité spécial du 20 décembre 1818 (1) avait établi, sur les limites incertaines des Etats-Unis et du Canada, une sorte de condominium des territoires contestés. Mais, vis-à-vis de la Russie, les limites exactes de la frontière nord-ouest n'avaient jamais été déterminées : de là des con-

---

(1) Cf. MARTENS, *Recueil général des traités*, 2ᵉ série, IV, p. 571, ou LESUR, *Annuaire historique* 1818, p. 479.

testations incessantes pour l'exercice des pêcheries. Etablis d'abord dans l'île de Kadiak, puis dans celles de Sitka, les Russes s'avançaient dès le commencement du siècle jusqu'à Bodega, dans la partie septentrionale de la Californie. Chaque jour les compagnies russes poussaient plus loin leurs expéditions. Les limites de l'Union, qui n'avaient jamais été fixées, restaient incertaines ; les cartes étaient mal faites, la ligne de démarcation des souverainetés restait indécise, d'incessants conflits de frontières s'élevaient (1). C'est alors que le tsar, impatienté, résolut de trancher la question d'une façon définitive, non pas par un traité, ce qui eût été correct, mais de sa seule autorité, par un ukase du 16 septembre 1821 (2). Rejetant loin du rivage la ligne de la mer territoriale jusqu'alors arrêtée à trois milles, il la repoussait à cent milles italiens des côtes qu'il s'attribuait à partir du 51° de latitude nord, jusqu'au détroit de la Reine-Charlotte, et faisait défense au commerce étranger de pénétrer soit par terre, soit par mer, dans cette partie de l'Amérique.

L'Angleterre et les Etats-Unis se trouvaient de ce chef également atteints dans leur commerce, et par conséquent tous deux protestèrent. Mais le cabinet de Saint-James, qui, dans le Yucatan, cherchait sous couleur de règlement de frontière des agrandissements territoriaux, ne protesta que faiblement contre une attitude qu'à la place de la Russie il eût certainement suivie. Il se contenta donc d'invoquer le principe de la liberté des mers pour repousser les prétentions russes, d'autant plus heureux de le faire que, tout en secondant ses intérêts, il espérait se rallier les sympathies du cabinet de Washington et obtenir ainsi une solution meilleure pour ses

---

(1) On savait à peine ce qu'étaient les Montagnes-Rocheuses jusqu'aux explorations faites au xviiiᵉ siècle dans le comté de Frémont. Sur des cartes de 1740, on peut voir les mers s'avancer jusqu'au lac Winnipeg, et c'est seulement en 1790 que la ligne des côtes fut déterminée.

(2) Cf. MARTENS, *op. cit.*, 2ᵉ série, V. b., p. 358.

intérêts dans ses propres démêlés avec l'Union. Les Etats-Unis, forts de cet appui, joignirent aux protestations de l'Angleterre des réclamations identiques. Mais, tandis que la Grande-Bretagne insistait mollement, ils prirent une attitude énergique. La Grande-Bretagne se faisait le gardien de la liberté des mers, ils se firent les gardiens du sol américain. Le 17 juillet, le secrétaire d'Etat, John Quincy Adams, à une réunion de cabinet où l'on discutait les instructions à envoyer à M. Middleton, ministre américain à Pétersbourg (1), proposait de repousser l'extension territoriale que l'ukase attribuait à la Russie, non pas à cause de la liberté des mers, non pas même, comme on pourrait le croire, parce que l'ukase attribuait à la Russie, par une fiction, des terres dont l'occupation n'était pas effective, mais pour une raison toute différente, où se trouvait en germe la doctrine de Monroe. La raison n'était pas que le territoire réclamé se trouvait occupé par les Etats-Unis ; elle n'était pas davantage que les Russes n'auraient pas occupé effectivement le territoire réclamé, car c'est seulement en 1885, à Berlin, que le principe de l'occupation effective entrera dans le droit (2). La raison d'Adams était plus spéciale, très originale pour l'époque et toute neuve pour le sujet. Ce n'est pas du principe de l'occupation qu'il la tirait, mais de la condition même de l'Amérique.

Son argumentation est simple. Le Nouveau-Monde n'est plus en 1821 ce qu'il était avant la déclaration d'indépendance. Avant 1776, c'est une terre de colonies et de sujétion ; après la constitution et la reconnaissance des Etats-Unis (1783), c'est une terre de liberté. De même qu'on ne peut coloniser dans la vieille Europe, on ne peut pas coloniser dans la nouvelle Amérique : en devenant le siège d'Etats libres, l'Amérique a cessé d'être sujette à colonisation. En conséquence, le 17 juil-

---

(1) MOORE, La doctrine de Monroe, R. D. I., XXVIII, p. 304.
(2) Cf. art. 34, acte de Berlin. VAN ORTROY, Conventions internationales, p. 110, et Annuaire de l'Institut de droit international, X, p. 201.

let 1823, il déclarait au baron Tuyl, ministre de Russie à
Washington, que les Etats-Unis « contesteraient le droit de la
Russie à tout établissement territorial sur le continent américain, et qu'ils proclameraient nettement le principe que les
continents américains n'étaient plus dorénavant soumis à aucun nouvel établissement colonial européen (1) ». C'était la
doctrine que devait reprendre quelques mois plus tard le président Monroe dans son message.

Le chevalier de Poletica, ministre russe à Washington, répondit aussitôt qu'il ne pouvait admettre les protestations des
Etats-Unis : la souveraineté de la Russie sur ces territoires
paraissait s'appuyer sur la priorité de découverte et d'occupation et aussi sur une possession de plus d'un demi-siècle (2).
C'était assez pour réfuter l'argumentation américaine, mais en
même temps c'était l'admettre en entrant dans son raisonnement.

Il fut décidé que des négociations s'ouvriraient à Saint-Pétersbourg (3) pour déterminer d'une part avec l'Angleterre, de

(1) *Mémoires de John Quincy Adams*, VI, p. 763, cité par Moore. R. D. I.,
XXVIII, p. 304.

(2) Cf. Tucker, *The Monroe doctrine*, p. 111.

(3) Elles aboutirent à deux conventions signées, l'une avec les Etats-Unis et
la Russie à Saint-Pétersbourg le 5/17 avril 1824 (Martens, *op. cit.*, 2ᵉ série,
VI, p. 1010), l'autre avec la Grande-Bretagne et la Russie le 16/28 février 1825
(Martens, *op. cit.*, 2ᵉ série, VI, p. 684). Elles délimitèrent ces frontières. Quarante ans après, quand on demanda au Sénat américain la ratification de ces
traités, qui transféraient la possession de ces contrées aux Etats-Unis, l'un des
membres de la Chambre haute, M. Sumner, disait au Sénat : « Nous renvoyons
les monarchies l'une après l'autre : la France d'abord, l'Espagne ensuite, la
France de nouveau et maintenant la Russie, ouvrant le chemin à cette unité
proclamée dans notre devise nationale : *E Pluribus Unum !* » (Cf. Tucker, *op.
cit.*, p. 113). Néanmoins les contestations de ce genre n'étaient point terminées
à tout jamais, car les pêcheurs russes, depuis 1868, eurent de nouveau des
difficultés avec les pêcheurs canadiens, sujets britanniques, difficultés qui, en
vertu du traité de Washington (29 février 1892), ont été le sujet d'un arbitrage.
Le tribunal arbitral a édicté une réglementation destinée à trancher le conflit
et à en prévenir le retour. Cf. Sentence arbitrale du 15 août 1893 et R. D. I.,
t. XXIII, p. 83 et suiv., et R. D. I, t. X. p. 144 et s. Articles de MM. Rolin,
Jaecqurmyns et Renault,

l'autre avec les Etats-Unis, les limites de l'Amérique russe.
C'est ce qu'annonce le président Monroe, au début du § 7 de
son message, presque dans les mêmes termes qu'Adams. Ici
la difficulté était tranchée. Monroe rendait compte, sur ce premier point, d'un problème qu'il pouvait considérer comme résolu. Mais il tenait d'autant plus à le rappeler qu'il entendait
insister fortement sur son motif, c'est-à-dire sur cette idée
« *que le continent américain était de libre et indépendante condition* » ; car de ce principe il attendait la solution d'une difficulté qui, pour toucher directement les Etats-
Unis, n'en était pas moins embarrassante et grave : celle de
l'attitude à suivre vis-à-vis de l'Europe dans le conflit pendant
entre l'Espagne et ses colonies révoltées.

§ II

C'est vers 1808 qu'avaient éclaté les soulèvements contre
l'Espagne. L'abdication de Charles IV à Aranjuez en faveur
de son fils, l'expédition française en Espagne, l'établissement
de Joseph Bonaparte sur le trône, avaient été autant d'encouragements à la rébellion prête à éclater. Des juntes s'étaient
constituées dans les principales colonies (Mexique, Vénézuéla,
Nouvelle-Grenade, Equateur, Pérou, Bolivie, Chili, Amérique
centrale), et avaient refusé d'obéir au gouvernement impérial. On eût pu croire qu'avec la chute de l'Empire, le calme se
serait rétabli dans les colonies révoltées contre l'usurpation
napoléonienne ; il n'en fut rien, car les circonstances avaient
changé : la fidélité des colonies espagnoles avait disparu pour
faire place à la conscience de leurs droits.

Depuis longtemps, ces colonies souffraient des lourdes
charges que leur imposait le gouvernement espagnol : considérées par lui comme des sources intarissables de revenus,
elles avaient dû éprouver toutes espèces d'exactions pour fournir à la métropole les richesses réclamées par elle : monopoles

d'exportation et d'importation, augmentation d'impôts, élévation des droits de douane, taxes supplémentaires de toutes
sortes, tels étaient les moyens habituels employés par l'Espagne pour satisfaire ses exigences. Peu lui importait que la
prospérité des colonies fût entravée dans son développement, il
fallait de l'argent, et le cabinet de Madrid s'inquiétait peu de savoir s'il était juste de le percevoir et profitable de le prélever (1).

Aussi, lorsque les colonies espagnoles atteignirent un degré
de civilisation assez avancé pour se rendre compte de leur
force, lorsqu'elles virent la révolution éclater au sein même de
la mère-patrie et empêcher la répression d'être forte et efficace, elles comprirent qu'il fallait profiter de la situation pour
conquérir leur indépendance et suivre le chemin tracé par les
anciennes colonies anglaises. Depuis la déclaration de leur indépendance, celles-ci n'avaient-elles pas prospéré ? N'étaient-
elles pas, pour leurs sœurs de l'Amérique latine, un exemple
vivant et un encouragement exprès à les imiter ?

Les partisans de l'Espagne ne savaient plus à qui obéir : ils
avaient très difficilement des nouvelles de ce qui se passait de
l'autre côté de l'Atlantique. Ils ignoraient qui était vainqueur
et qui était vaincu, et dans presque toutes les capitaineries
ou vice-royautés fonctionnaient deux gouvernements : celui
du roi Joseph et celui des hommes dévoués aux anciens rois
d'Espagne.

Dans cet état d'anarchie, il est facile de se figurer l'influence
que purent prendre sur ces esprits mécontents les aventuriers
qui se firent les sauveurs de la justice, les apôtres de la liberté,
les défenseurs du droit méconnu ; tous les jours le nombre de
leurs partisans augmenta et, dès lors, on vit un troisième gouvernement s'ajouter aux deux autres pour assurer l'indépendance des nouvelles Républiques.

---

(1) Cf. sur le régime colonial de l'Espagne : POSADA, *Le régime colonial de
l'Espagne*, R. D. P., X, p. 400 et s.

Dès 1810, il se créait au Mexique un mouvement insurrectionnel dirigé par les prêtres Hidalgo et Morelos. En 1811 se réunissait le Congrès général du Vénézuéla, qui votait une constitution fédérale calquée sur celle des Etats-Unis. La Nouvelle-Grenade, sous l'impulsion de Bolivar, proclamait son indépendance en 1814, après une guerre de cinq années. L'Equateur, se soulevant en 1809, soutenait pendant dix ans une lutte des plus vives contre les royalistes et se donnait une constitution républicaine le 14 décembre 1819. La même année, grâce aux efforts du général San-Martin, le Pérou se déclarait indépendant ; le Chili en 1811 ; la République de Buenos-Ayres en 1816 ; l'Amérique centrale et ses cinq provinces : Guatémala, Honduras, San-Salvador, Nicaragua, Costa-Rica, en 1821, rompaient les liens qui les unissaient à l'Espagne (1).

Devant ce réveil de la liberté dans le Nouveau-Monde, réveil qui était motivé non seulement par des sentiments autonomistes, mais encore par une réaction contre le système colonial espagnol lui-même, système trop dur pour ne pas exciter la haine et le mécontentement, Ferdinand VII, remonté sur son trône en 1814, ne sut quelles mesures prendre. En Espagne même il ne parvenait pas à faire régner l'ordre et à maintenir l'obéissance ; comment aurait-il pu mieux réussir en Amérique ? Désespérant de réprimer la rébellion, il s'adressa à la Sainte-Alliance, qui constituait à cette époque l'autorité suprême et permanente pour les affaires internationales de l'Europe (2). Ferdinand VII fondait toutes ses espérances sur

---

(1) Cf. Cespédès, *La doctrina de Monroe*. p. 28 et s.

(2) Lawrence, *Commentaires sur Wheaton*, II, p. 227.

C'est le 14/26 septembre 1815 qu'Alexandre Ier de Russie, François II d'Autriche et Guillaume III de Prusse signaient à Paris « une déclaration mystique » (Débidour, *Histoire diplomatique de l'Europe*, I, p. 90) qui confirmait la Sainte-Alliance formée contre les quatre grandes puissances par le traité du 25 mars 1815, à laquelle adhérèrent successivement la plupart des princes de l'Allemagne (Cf. Martens, *Recueil général des traités*, 1re série, X, fasc. 2 :

elle : le soulèvement des colonies espagnoles contre leur métropole n'était-il pas une injure grave contre l'absolutisme dont elle s'était constituée le champion depuis son origine? Il suffisait de lire le traité qui lui avait donné naissance pour s'en convaincre. Le but de la Sainte-Alliance était de dominer les peuples en détruisant leurs aspirations à la liberté et à la démocratie (1). Elle avait inauguré un système d'intervention constante dans les affaires intérieures des Etats pour y établir le principe de légitimité et avait, à plusieurs reprises, dans une série de congrès, poursuivi les applications de ce principe.

Confiant dans la réussite de ce projet, Ferdinand VII demande aux alliés (1818) l'appui des puissances contre ses sujets révoltés d'Amérique. Six mois après, en janvier 1819, le tsar, heureux de répondre à cet appel, adressait aux cabinets européens un mémorandum dans le but de les engager à une action collective contre les colonies insurgées.

Mais l'Angleterre aussitôt s'y opposa. Dès 1817 elle avait averti les alliés, et particulièrement le cabinet de Madrid,

1814-1815). Ce texte avait été rédigé en grande partie par l'empereur de Russie, sous l'influence de Mme de Krüdener, femme extravagante et extatique qui corrigea, dit-on, elle-même le texte élaboré par son impérial ami, qu'elle avait regardé comme « l'ange prédestiné à accomplir sur terre la volonté du Seigneur » (DEBIDOUR, *op. cit.*. p. 90). Alexandre, qui était un esprit faible, se laissa facilement influencer par Mme de Krüdener et se prépara consciencieusement à jouer le rôle de sauveur que Dieu lui avait réservé. Le but du tsar était, tout en obéissant à Dieu, de protéger les Etats européens contre toute tentative d'insurrection. Tous les souverains approuvèrent la Sainte-Alliance, à l'exception du Pape, du Sultan de Turquie et du souverain d'Angleterre. Louis XVIII y avait souscrit par un acte du 19 novembre 1815, mais ce ne fut que le 4 novembre 1818 que le duc de Richelieu « fut admis à prendre part aux délibérations présentes et futures consacrées au maintien de la paix, des traités sur lesquels elle repose, des droits et des rapports mutuels établis ou confirmés par ces traités reconnus par toutes les puissances européennes » (LAWRENCE, *op. cit.*, II, p. 227 et s. — CAPEFIQUE, *Congrès de Vienne*, part. II, p. 1758 et s. — Cf. KLÜBER, *Actes du Congrès de Vienne*).

(1) CANAZZA AMARI, *Le principe de non intervention*, R. D. I., 1873, p. 357 et s.

qu'elle n'admettrait pas l'emploi de la force vis-à-vis des colonies espagnoles. Aussi lord Castelreagh répondit-il par une fin de non-recevoir aux demandes des alliés ; tout au plus le cabinet de Saint-James affirmait-il que l'Angleterre interviendrait si on lui rendait Olivenza et si on transformait les colonies de l'Amérique en une ou plusieurs principautés indépendantes au profit des princes de Bourbon. Il savait bien que cette proposition serait rejetée, et c'est pour cela même qu'il l'avait proposée. Secrètement il travaillait pour la cause des insurgés : un chargé d'affaires de la Confédération Argentine, Rivadavia, était reçu et traité à Londres tout comme si cette République avait été reconnue. « Bolivar et les autres chefs de l'insurrection recevaient sans cesse de Londres, de Liverpool et de la Jamaïque, des secours d'argent, des munitions et des armes ; des volontaires anglais couraient en foule les rejoindre, et le plus illustre d'entre eux, l'amiral Cochrane allait avec éclat leur offrir son concours sans que le ministre fît rien pour le retenir » (1).

L'Angleterre changeait donc ouvertement de politique. En 1815, elle avait approuvé les Alliés, ennemis de l'Empire, parce que Napoléon lui avait fermé le continent et avait gêné son commerce ; elle avait souscrit aux idées d'absolutisme et de légitimité parce qu'elle voulait montrer combien injustes étaient les prétentions d'indépendance des Etats-Unis. Mais à présent que tout espoir de retour à la métropole de ses anciennes colonies était perdu (depuis le traité de Gand) il fallait oublier le passé, regarder l'avenir et tirer le meilleur parti possible de la situation. Il fallait chercher de nouveaux débouchés à l'industrie anglaise, garder tout au moins un domaine économique, là où le domaine politique avait disparu. La jalousie britannique ne pouvait souffrir que le cabinet de Madrid conservât en Amérique cette royauté coloniale que

---

(1) Debidour, *Histoire diplomatique*, I, p. 109.

l'Angleterre venait de perdre. Il ne fallait pas laisser à l'Espagne la prépondérance commerciale qu'ouvrait à la métropole l'intercourse coloniale. Il fallait émanciper les colonies espagnoles pour ouvrir à l'Angleterre de nouveaux marchés. L'orgueil et l'intérêt étaient d'accord pour dicter à la Grande-Bretagne vis-à-vis de l'Amérique du Sud une attitude contraire à celle qu'elle avait prise vis-à-vis de l'Amérique du Nord. Du reste, la contradiction entre son gouvernement constitutionnel et le gouvernement absolutiste des autres puissances ne pouvait créer entre elle et l'Europe aucune union durable. Elle était tout près d'accomplir les réformes libérales de 1832, et par conséquent tout près de se mettre en opposition absolue avec les principes mêmes de la Sainte-Alliance. Dès maintenant elle sortait en fait du concert où, en 1815, elle était entrée.

Après la mort de lord Castlereagh, Canning, qui lui succéda, prit soin dès son arrivée au pouvoir, d'annoncer clairement quelle serait l'attitude de l'Angleterre (1).

Le cabinet de Saint-James ne pouvait se prêter à une intervention armée dans les affaires intérieures des Etats. Si, au traité de Vienne, la Grande-Bretagne avait accepté d'intervenir en France, elle avait bien spécifié que c'était par exception (2). « Hormis ce cas, disait Canning, les Alliés n'ont pas le droit, en se basant sur l'alliance, de demander notre aide ou notre appui pour intervenir par la force dans n'importe quel pays dans le but ou sous le prétexte d'imposer silence à certaines théories extravagantes pour la liberté. »

C'est cette règle qu'il entendait appliquer aux affaires intérieures d'Espagne. La question des colonies américaines n'était plus seule à se poser. Une autre venait de surgir. Ferdinand VII, rendu libre, avait, par le décret de Valençay du 4 mars 1814, répudié la Constitution de Cadix du 19 mars

(1) Note à sir Wellesley, ambassadeur à Vienne, 1823.
(2) Article 4 du traité de Vienne du 25 mars 1815.

1812 ; puis il l'avait de nouveau jurée le 7 janvier 1820 à la suite d'un soulèvement de l'armée et cherchait aujourd'hui à se délier de son serment.

Louis XVIII voulait soutenir Ferdinand, car il voyait dans la révolution espagnole une menace pour les intérêts et les prérogatives des Bourbons. Il essaya d'abord de conclure une entente avec l'Angleterre pour forcer les Espagnols à modifier leur constitution. Mais l'Angleterre refusa d'assister la France, qui décida seule alors l'expédition d'Espagne. L'Angleterre refusa d'y participer. Elle était bien convaincue de l'inutilité et du danger d'une telle intervention « qui lui paraissait si répréhensible en principe et si impraticable dans son exécution, que, quand la nécessité ou l'occasion s'en offrirait, le duc de Wellington était autorisé à déclarer franchement et péremptoirement qu'en cas d'une telle intervention, S. M. ne pouvait, quoi qu'il en pût arriver, en prendre aucune part » (1).

L'armée française franchit seule la Bidassoa le 6 avril 1823, entra à Madrid le 24 mai, et força les Cortès à s'enfuir. Ferdinand VII était entraîné par eux comme otage ; mais délivré lors de la prise de Cadix (3 octobre), il fut rétabli sur son trône peu de jours après.

La question intérieure était résolue ; la question extérieure, celle des colonies, se posait à nouveau. Mais le refus d'intervention, manifesté par l'Angleterre dans la première, devait se retrouver nécessairement dans la seconde.

Dès 1818, la Grande-Bretagne avait offert à l'Espagne sa médiation entre elle et ses colonies (2). L'Angleterre avait accompagné ces offres de commentaires qui laissaient entendre qu'elle s'était toujours refusée à l'intervention ; qu'elle n'userait jamais que de l'autorité morale de ses conseils ; qu'elle reconnaissait la suprématie de l'Espagne, mais qu'elle ne

(1) LAWRENCE, op. cit., II, p. 293 et s.

(2) Note de Lord Castlereagh du gouvernement américain (31 juillet 1818).

pouvait pas admettre la politique d'intervention de l'Europe
vis-à-vis des colonies révoltées. Ainsi présentées, les offres
anglaises étaient une assistance aux colonies révoltées, en
même temps qu'un affront déguisé à l'Espagne. Encoura-
geantes pour les colonies, humiliantes pour la métropole,
elles furent repoussées.

Alors Ferdinand VII essaya de ramener les colonies par lui-
même et les invita (avril 1820) à venir siéger aux Cortès,
mais son appel resta sans réponse.

Au congrès de Vérone, où on avait décidé l'intervention de
la France en Espagne, les plénipotentiaires avaient négligé de
traiter la question des colonies espagnoles, songeant d'abord
à l'Espagne avant de songer à ses dépendances.

Mais l'Angleterre avait fait un pas en avant en leur faveur.
Pour empêcher l'expédition française en Espagne, elle avait
menacé de reconnaître les nouvelles Républiques (1). En agissant ainsi, le gouvernement anglais répondait du reste aux
désirs de ses commerçants. Dès 1822, des marchands et arma-
teurs de Liverpool, des marchands et manufacturiers de
Glasgow intriguèrent auprès de Canning pour l'établissement
de relations politiques avec l'Amérique du Sud. L'année suivante cette demande fut renouvelée par les chambres de commerce de Manchester et de Belfast et par un grand nombre
d'Anglais.

Une fois la guerre d'Espagne décidée, Canning n'hésita
plus. Il reconnaîtrait les nouveaux Etats, et cette reconnaissance ne serait plus qu'une affaire de temps (2). Un moment,
le cabinet de Saint-James craignit de voir ses projets déjoués.
L'Espagne avait en effet envoyé (1823) des commissaires
pour traiter avec les colonies révoltées, et l'un d'eux avait

---

(1) Cf. Mémorandum du duc de Wellington (21 novembre 1822), et CESPÉDÈS,
La doctrina de Monroe, p. 47.

(2) Cf. note de Sir Charles Stuart, 31 mars 1823 ; LAWRENCE, *op. cit.*, II,
p. 291.

même réussi à passer une convention avec le gouvernement de Buenos-Ayres. Mais Ferdinand VII devait, par sa faute, empêcher ces négociations d'aboutir. Le 1er octobre il revint sur tous les décrets et traités qui avaient accordé un semblant de liberté aux dépendances de l'Espagne et les déclara nuls et non avenus.

Aussitôt l'Angleterre envoya une escadre prendre possession de l'île de Cuba. Elle ne se contentait plus de faire opposition à l'intervention contre les colonies espagnoles, elle intervenait en leur faveur. Elle ne craignait plus seulement que l'Espagne gardât ses colonies, mais encore qu'elle en cédât une partie à la France, comme prix de son intervention en faveur de Ferdinand VII. Elle redoutait que la cession de Cuba à la France ne fût le prix de l'expédition d'Espagne. La chose était d'autant plus vraisemblable que les Cubains avaient demandé aux Etats-Unis d'intervenir en leur faveur. Monroe refusa, malgré les avertissements qui lui étaient donnés par le gouvernement anglais et malgré les dangers d'une intervention française. Il répondit que les relations amicales des Etats-Unis avec l'Espagne ne lui permettaient pas de promettre protection aux Cubains. Il voulait y conserver la domination espagnole, mais par contre il déclarait nettement ne devoir souffrir aucune tentative ni de la France, ni de l'Angleterre pour prendre possession de cette île. Ce n'était pas l'Angleterre que craignaient les Etats-Unis, c'était la France : car l'Angleterre voulait l'indépendance, la France au contraire voulait l'annexion. Il fallait éviter l'augmentation de l'empire colonial français. Sur ce point les Etats-Unis et l'Angleterre étaient d'accord.

Le 16 août 1823, M. Rush, ministre des Etats-Unis à Londres, était entré en négociations avec Canning ; il lui avait montré combien la soumission des colonies à l'Espagne était « non-seulement un fait problématique et incertain, mais un acte transcendant d'injustice ». Il lui avait exposé ses craintes vis-à-vis de la France. L'Espagne n'allait-elle pas payer l'intervention française en Espagne, par la cession de Cuba? La chose était imminente et aussi dangereuse pour l'Angleterre que pour les Etats-Unis.

Canning comprit l'avance et répondit à M. `Rush immédiatement : « Sitôt l'expédition française en Espagne terminée, disait-il, il demanderait la réunion d'un congrès destiné à régler la question des colonies espagnoles : l'Espagne et les colonies arriveraient toujours à s'entendre d'"une façon satisfaisante sur la conduite à tenir; il n'y aurait aucun doute à ce que l'Espagne s'assurât des avantages commerciaux ou d'une autre nature avec les autres nations. La Grande-Bretagne ne s'opposerait pas à cette situation privilégiée. Elle espérait que la France n'interviendrait pas pour soumettre à nouveau les colonies à la domination de l'Espagne ; mais si elle en avait l'intention, l'Angleterre s'entendrait avec les Etats-Unis pour l'en empêcher » (1).

En donnant à l'Espagne une compensation commerciale, Canning espérait lui faire accepter la reconnaissance de ses colonies et détruire les visées de la France. Il insistait sur la nécessité de cette déclaration dans un congrès où les Etats-Unis seraient représentés ; il protestait contre toute tentative de la France et de l'Angleterre sur Cuba, dont la possession par l'Espagne devait être garantie solennellement par la France et les Etats-Unis. Enfin dans une lettre confidentielle à M. Rush, il affirme que l'Espagne ne peut plus garder l'espoir de reconquérir ses colonies ; leur indépendance n'est plus qu'une affaire de temps et de circonstances ; il dénie à nouveau toute prétention de la part de l'Angleterre d'acquérir un territoire quelconque des républiques hispano-américaines, mais n'admet point une prise de possession de ce territoire par une autre nation.

(1) CESPÉDÈS, *La doctrina de Monroe*, p. 170 et s.

Le 28 août, M. Rush adressa la dépêche suivante à Washington : « S'il arrivait que M. Canning me demandât si je serais prêt, en cas d'une reconnaissance immédiate par la Grande-Bretagne, à déclarer au nom de mon gouvernement que celui-ci ne resterait pas passif en présence d'une attaque de la part de la Sainte-Alliance contre l'indépendance de ces Etats, l'état présent de mon jugement me porterait à faire cette déclaration et à l'avouer à la face de l'univers ». Les circonstances étaient si graves, les craintes de l'Angleterre si fortes, que Canning en effet venait de se découvrir (19 septembre 1823) : il avait engagé M. Rush à faire une déclaration au nom de son gouvernement contre l'intervention européenne. M. Rush était très embarrassé : comme tous les diplomates dans l'embarras, il répondit qu'il n'y avait pas de précédent, que la politique des Etats-Unis était de ne prendre aucune part dans les affaires de l'Europe, qu'il n'était point à même de faire la déclaration demandée, étant sans instructions de ses chefs. Il ajoutait finement que le meilleur moyen de trancher les difficultés serait la reconnaissance de colonies espagnoles par l'Angleterre; ainsi tout projet d'intervention serait écarté.

« M. Canning me dit, rapporte M. Rush, qu'une pareille mesure provoquerait des objections, mais il voulut savoir si elle influerait sur mes pouvoirs ou sur ma manière d'agir. Je répondis qu'elle ne pouvait qu'influer notablement sur tous les deux, que je n'avais pas les pouvoirs nécessaires pour consentir à ses propositions sous la forme qu'il leur donnait dans sa note, que je n'avais pas non plus des pouvoirs spécifiques pour y consentir, lors même que son nouveau gouvernement reconnaîtrait l'indépendance des nouveaux Etats, mais qu'une fois que ce grand pas aurait été fait, je me prévaudrais de mes pouvoirs généraux comme ministre plénipotentiaire. Je n'avais aucune hésitation à dire qu'en partant de là je ferais, avec la Grande-Bretagne, la déclaration qu'il m'avait

invité à faire, que je la ferais au nom de mon gouvernement
et que je consentirais à sa promulgation formelle sous toutes
les sanctions et avec toute la validité que je pourrais lui donner » (1).

Le 26 septembre, M. Canning ne cache point son embarras
et demande à M. Rush s'il consentirait à une démarche collective au cas où l'Angleterre reconnaîtrait l'indépendance des
colonies. M. Rush fit de nouveau observer que, vu l'importance de la question, il ne pouvait y répondre avant d'avoir
pris l'avis de son gouvernement.

Les pourparlers engagés pour cette déclaration collective
n'ayant pas abouti, M. Canning, désireux d'en finir, s'ouvrit à
M. de Polignac, ambassadeur de France à Londres, pour lui
faire savoir que l'Angleterre considérerait comme un « casus
belli » l'intervention d'une puissance européenne dans les
affaires des colonies espagnoles. Menace intimidante devant
laquelle la France ne pouvait pas céder. Comment demander
aux Bourbons de pactiser avec l'Angleterre pour dépouiller
l'Espagne de ses colonies, tandis qu'ils combattaient pour la
délivrance de son roi? « La France, disait Chateaubriand, est
trop noble pour jouer un jeu double... Il ne fallait pourtant
pas trop s'avancer, car il fallait prévoir le cas où la folie de
Ferdinand et l'entêtement espagnol ne voudraient entendre à
aucun arrangement sage sur les colonies, et où l'Angleterre
prenant son parti forcerait la France à prendre le sien (2) ».

Chateaubriand recommandait à notre ambassadeur à Londres d'éluder toute réponse et d'alléguer pour se dégager
que la question des colonies était « une de ces questions ma-
jeures qui doivent être traitées en commun par tous les alliés
et dont personne ne doit faire son profit particulier. Cette

_____

(1) LAWRENCE, *op. cit.*, II, p. 301.

(2) Note à Polignac (5 octobre 1823). CHATEAUBRIAND, *Congrès de Vérone*,
II, p. 174.

tactique devait embarrasser beaucoup l'Angleterre, qui craindrait de se brouiller avec le continent... Tout ce que la France pouvait affirmer, c'est qu'elle n'agirait point contre les colonies espagnoles à main armée (1) ». Tandis que le 9 octobre 1823, le prince de Polignac se conformait à ces instructions, Chateaubriand saisissait des projets de l'Angleterre les puissances alliées : « Vous y verrez, disait-il, que le ministre de S. M. britannique ne dissimule plus ses projets, il avoue hautement qu'il reconnaîtra l'indépendance des colonies espagnoles, qu'il ne souffrira pas qu'aucune puissance puisse aider l'Espagne à pacifier des colonies et qu'enfin il prendra sur ces colonies tel parti que bon lui semblera, sans se croire obligé de traiter avec les Alliés ou d'attendre la décision du gouvernement espagnol, dans le cas où ce gouvernement serait trop longtemps à se décider (2). Il faut donc que le roi d'Espagne et les autres Alliés agissent de concert, qu'une conférence réunisse à Paris les ambassadeurs des puissances alliées les premiers jours de décembre ».

Chateaubriand indique ensuite nettement son projet : il veut arracher les colonies espagnoles à l'intervention anglaise et les transformer en royaumes constitutionnels représentatifs sous des princes de la maison de Bourbon. Vieux projet plusieurs fois présenté (3).

Le comte d'Aranda, lors de la reconnaissance de l'indépendance des Etats-Unis en 1783, n'avait-il pas proposé au roi d'Espagne un plan d'après lequel la couronne d'Espagne ne se réserverait dans l'Amérique du Nord que les îles de Cuba et de Porto-Rico, et dans l'Amérique du Sud qu'un poste correspondant, autant que possible. Elle donnerait à tout le continent l'indépendance sous une forme qu'elle déterminerait et qui serait celle-ci : trois trônes y seraient érigés, chacun

---

(1) Chateaubriand, *ibidem*.
(2) Chateaubriand, *ibidem*, I, p. 397, II, p. 306.
(3) Chateaubriand, *Congrès de Vérone*, II, p. 231 et s.

occupé par un infant d'Espagne, l'un au Mexique, l'autre au
Pérou, le troisième dans la Côte-Ferme (1). Le roi d'Espagne
aurait pris le titre d'empereur et aurait réuni sous son sceptre
les trois monarchies. En 1811, la junte de Zitacuaro avait offert
le trône du Mexique à Ferdinand VII, et le plan d'Iguala du
24 février 1821 était ainsi conçu : « Le Mexique avait pour
empereur soit le roi, soit un infant d'Espagne, soit même un
archiduc d'Autriche et, après le refus de tous les princes espagnols ce fut Iturbide qui monta sur le trône impérial. La
France même avait eu l'idée de placer le duc de Lucques, ma-
rié à une princesse du Brésil, sur le trône des Provinces-Unies
du Rio-de-la-Plata » (2). S'inspirant de ces principes, Chateaubriand proposa de transformer les colonies en monarchies indépendantes.

Mais l'Angleterre savait bien que de telles monarchies soumises à l'influence des Bourbons feraient, soit à l'Espagne,
soit à la France, des avantages commerciaux, qu'elle voulait
voir se réserver pour elle-même. Ce qu'il lui fallait, ce n'était
pas une indépendance dont elle se souciait peu ; c'était la dis-
parition de toute influence susceptible d'exercer une action
commerciale quelconque, la forme républicaine était d'ailleurs
la vraie garantie de l'indépendance des colonies.

C'est assez pour que l'Angleterre refuse d'entrer dans les
vues de Chateaubriand. Le dissentiment est tel qu'aucune
transaction n'est plus possible ; la France a en effet épuisé les
limites de la conciliation, et l'Angleterre se montre tout à fait
intransigeante. Détachée de la Sainte-Alliance, va-t-elle pouvoir à elle seule lui tenir tête ? Tout dépend de l'attitude des
Etats-Unis. Seront-ils entraînés par leur reconnaissance envers
la France, ou leur sympathie républicaine pour l'Amérique du
Sud ? C'est vers eux que l'Europe se tourne et regarde.

(1) LAWRENCE, op. cit., II, p. 306.
(2) CHEVALIER, Le Mexique ancien et moderne, 2ᵉ édition, p. 291 et s.

§ III

Dès 1818, le président s'était ému des tentatives d'intervention de la part des puissances européennes et il ne s'était jamais départi de cette crainte. Sans doute il agissait avec timidité, n'essayait point de demander une solution sur la question, se déclarant satisfait lorsqu'il avait montré aux Chambres l'état actuel de la question. Le secret espoir qu'il nourrissait était de voir enfin l'Europe mettre un terme à ces incertitudes en reconnaissant elle-même les nouveaux Etats. Et lorsqu'un membre du Congrès trop turbulent, trop patriote au gré du président, cherchait à attirer la discussion sur ce problème délicat, Monroe lui disait : « Patientez, le jour viendra où sans blesser personne, nous verrons enfin nos dignes sœurs de l'Amérique latine prendre leur place dans la communauté internationale » (1). De temps à autre il calmait l'impatience en examinant les progrès des gouvernements nouvellement établis et les défaites de l'Espagne; aussi ne fut-ce que lorsqu'il vit la situation moins tendue, l'Espagne plus divisée. qu'il se résolut à tenir un langage plus net : « Quand nous examinons, dit-il, la longue période qu'a duré la guerre sud-américaine, les conditions actuelles des belligérants et la complète impuissance de l'Espagne à apporter quelques changements à ce sujet, nous nous voyons forcés de conclure que la destinée s'est accomplie, que les provinces qui ont déclaré leur indépendance n'ont fait que la suivre et doivent être reconnues » (2).

Ce fut à la suite de ce discours que le Congrès reconnut l'indépendance du Mexique et des républiques sud-américai-

---

(1) Cf. les messages de 1819, 1820, 1821, et particulièrement celui de novembre 1822, et GILMAN, *op. cit.*, p. 229 et suiv. On trouvera le message de 1822 dans MARTENS, *Recueil général des traités*, 2ᵉ série, VI, p. 448.

(2) Message du 8 mars 1822. — Cf. aussi CESPÉDÈS, *La doctrina de Monroe*, p. 133.

nes et envoya en conséquence des représentants dans ces
Etats. Cet appui moral donné aux insurgés de l'Amérique
espagnole hâta les événements. Au Mexique, la République
succède au gouvernement passager d'Iturbide ; Bolivar fonde
l'Etat indépendant de Bolivie après avoir chassé les Espagnols du Vénézuéla et de la Nouvelle-Grenade ; le Chili et la
République Argentine repoussent aussi les troupes envoyées
d'Espagne pour les réduire; il ne restait plus au gouvernement de Madrid de son immense empire colonial américain
que Cuba et Porto-Rico. La France avait perdu Haïti, que
gouvernait Boyer, et celui-ci venait d'enlever aux Espagnols la
partie orientale de Saint-Domingue (1). Les Anglais, les
Français, les Hollandais avaient gardé à peu près les mêmes
colonies qu'ils possèdent aujourd'hui, et le Brésil, s'étant
séparé de la métropole (1822), avait élu comme empereur, en
1824, dom Pedro Iᵉʳ.

L'embarras des Etats-Unis était extrême ; ne devaient-ils
pas favoriser toute cause de liberté ? N'était-ce pas eux qui,
les premiers sur le continent américain, avaient donné
l'exemple en rompant tous les liens avec la métropole ? Ils se
trouvaient donc en face d'imitateurs qu'il fallait encourager,
et secourir. Du reste, en soutenant la rébellion, ils acquéraient d'énormes avantages : ils supprimaient l'intercourse
coloniale avec l'Espagne et s'ouvraient ainsi de nombreux
débouchés. Jusque-là la métropole s'était interposée entre
eux et ses colonies, avait pris en main la production de ses
dépendances ; supprimer le lien, c'était supprimer l'entrave,
ouvrir de nouveaux débouchés à leurs produits, leur permettre
de s'approvisionner chez des voisins, libérer l'Amérique de
l'esclavage commercial de l'Europe.

En agissant ainsi, ils vont se créer une clientèle toute
dévouée à leurs intérêts, qui saura les aider dans les luttes

---

(1) Moireau, *La doctrine de Monroe*, Revue politique et littéraire, 1ᵉʳ janvier 1896, p. 13.

futures, qui se souviendra de leur secours et qui saura les remercier de cet insigne bienfait.

Mais en regard, la prudence leur commande une autre conduite : sans doute il est beau d'obéir à un élan de générosité ; mais hélas ! que peuvent-ils ? Sont-ils assez forts pour braver la guerre que va peut-être déchaîner leur imprudence ? Ils sont un peuple jeune qui sort à peine de l'enfance (1). Sans doute, depuis 1778, leurs forces ont grandi, leur territoire a quadruplé, leur population est devenue trois fois plus considérable, leur commerce s'est augmenté dans de fort grandes proportions (2). Mais ne viennent-ils pas de subir une crise commerciale très grave qui les a affaiblis et, en ce moment où ils reprennent leurs forces, est-il sage pour eux, avant d'être complètement rétablis, de se lancer dans des complications aussi graves ? Sans doute une autre nation, l'Angleterre, leur promet son aide et sa protection. Mais l'alliance de l'ancienne métropole peut-elle convenir à l'ancienne colonie ? Les Etats-Unis n'ont-ils pas eu à la combattre, il y a quelques années, parce qu'elle agissait à leur égard en perfide ? Aujourd'hui ses sentiments se sont-ils à ce point changés qu'il soit possible de croire à sa parole ? Les Etats-Unis, qui viennent de con-

(1) En 1823, les Etats-Unis comprenaient en outre des treize Etats primitifs (New-Hamphire, Massachussets, Rhode-Island, Connecticut, New-York, New-Jersey, Pensylvanie, Delaware, Maryland, Virginie, Caroline du Sud, Géorgie), les Etats suivants : le Vermont, le Kentucky, le Tennesee, l'Ohio, la Louisiane, l'Indiana, le Mississipi, l'Illinois, l'Alabama, le Maine et le Missouri.

(2) Depuis 1778, leur territoire avait quadruplé, la population avait triplé, le commerce et la navigation s'étaient accrus dans des proportions considérables : au 1ᵉʳ octobre 1816, la population des Etats-Unis était composée de près de 9 millions de sujets, 7 millions de blancs et environ 1,650,000 sujets noirs. Quant aux exportations, voici, à en juger par les chiffres, la marche qu'elles avaient suivie : en 1794, elles s'élevaient à 32,026,123 dollars, et en 1806 elles atteignaient le chiffre de 101,536,960 dollars. Le nombre de ses navires de commerce était à peu près de 12,000; son revenu de 25,000,000 de dollars ; ses dépenses de 19,500,000 dollars, ce qui donnait un excédent de 5,500,000 dollars. (Tous ces chiffres sont empruntés à l'ouvrage de l'abbé DE PRADT, *Les colonies de l'Amérique*, II, p. 352 et s.).

quérir leur indépendance, peuvent-ils sans imprudence l'exposer pour celle des autres? Peuvent-ils, sans danger, sortir de cette politique d'effacement qu'ils ont suivie depuis la proclamation de leur indépendance, pour se lancer dans une politique d'action?

Sous John Adams, malgré les appels réitérés d'Adet, ambassadeur de France aux Etats-Unis, ils se sont abstenus, quand la France leur proposait une alliance contre la Grande-Bretagne ; ils sont restés neutres au risque de subir les vexations du Directoire et de laisser subsister entre eux et lui des hostilités latentes. En 1795, n'ont-ils pas payé un tribut au dey d'Alger qui n'y avait aucun droit et consenti aux réclamations injustifiées du bey de Tripoli et du bey de Tunis, cédant toujours afin d'écarter la guerre? Ils ne peuvent pas renoncer à la paix. Dès sa nomination comme président (4 mai 1801), Jefferson la leur a recommandée dans son premier message, malgré les vexations et les provocations de l'Angleterre. Madison, qui lui a succédé, a résisté aux menées des démocrates qui le poussaient à combattre l'Angleterre. Forcé par la nécessité de venger les injures qui leur étaient faites, le Congrès lui a déclaré la guerre (19 janvier 1812), mais dès que la paix a été possible, des négociations ont commencé et abouti, après la prise de Washington, au traité de Gand (1812), où les Etats-Unis désireux d'une paix rapide, n'avaient même pas tenté d'obtenir satisfaction sur la cause même de la guerre, qui était l'exercice abusif du droit de visite. Tels étant les précédents, peuvent-ils rompre avec cette politique de prudence qu'ils ont suivie pendant de si longues années et au prix de tels sacrifices? Ont-ils le droit de s'engager dans la mêlée au risque d'y voir périr leur indépendance? Avant de songer à celle des autres, ne doivent-ils pas songer à la leur?

CHAPITRE III

LES VRAIS AUTEURS DU MESSAGE DE 1823

—

§ 1. Monroe. — § 2. Les conseillers.

La situation était épineuse : le président devait-il se décider à tenir un langage énergique au risque d'encourir la susceptibilité et même l'hostilité de l'Europe? Ou bien devait-il s'abstenir, louvoyer, hésiter et agir avec lenteur et prudence? Tel était l'homme, telle devait être la solution.

§ 1

Tour à tour soldat et diplomate, politicien et administrateur, Monroe avait consacré sa vie à la défense de son pays et à l'administration des affaires publiques ; finalement, il avait été élu en 1817 comme président des États-Unis contre Rufus King, le candidat des Fédéralistes (1).

Né en 1758, disent les uns, en 1759, disent les autres, à Westmoreland, en Virginie (2), d'un charpentier qui avait eu pour ancêtre un capitaine de l'armée de Charles Ier envoyée en Virginie vers 1652, il fit d'abord ses études dans une école primaire, puis au collège William et Mary, où il trouva une éducation plus complète. Il quittait cet établissement en 1776 pour s'engager dans les troupes qui allaient lutter pour conquérir l'indépendance. Soldat courageux et discipliné, il s'attira bientôt l'attention de son chef, le colonel Mercer, et fut

---

(1) Voir les détails de cette lutte électorale dans HOPP, *Bundesstaat und Bundeskrieg*, p. 399.

(2) Sur la vie de Monroe, consulter sa biographie par MORSE, et surtout celle de GILMAN, à laquelle j'emprunte la plupart des détails que je donne ici.

nommé lieutenant. Il prit part aux combats de l'armée républicaine et se distingua principalement aux journées de Bran-
dywine, Germantown et Monmouth : il obtint ainsi rapidement
les galons de capitaine et de colonel aux côtés de Lafayette ;
mais, en 1778, il abandonnait la carrière des armes pour s'adon-
ner à l'étude du droit, sous la direction de Jefferson. Deux ans
après, nommé commissaire, il visitait les troupes du sud,
commandées par le baron de Kalb. En 1782, il était élu membre de l'Assemblée de Virginie et, l'année suivante, il arrivait
au Congrès comme représentant de cet Etat ; quelques années
plus tard, il en devenait sénateur. C'est durant cette période
que Monroe fut envoyé en France comme ambassadeur. Ses
bonnes relations avec les chefs de la République française le
rendirent suspect à John Adams, qui le rappela. Mécontent
de ce rappel qu'il ne méritait point, il publia une brochure
explicative où il étalait au grand jour sa vie publique et privée
et où il poursuivait de critiques acerbes le parti fédéraliste.
Cette diatribe n'était qu'une entrée en matière : il lui fallait
combattre comme autrefois.

A peine rentré aux Etats-Unis, il menait une campagne
active contre Adams et contribuait à l'élection de Jefferson :
ce qui lui valait le poste de gouverneur de Virginie (1799). Il
y resta pendant trois ans et fut choisi ensuite comme envoyé
extraordinaire pour négocier en France avec Liwingston l'achat
de la Louisiane. Puis il remplaça King à l'ambassade des
Etats-Unis, à Londres, et profita de ce qu'il avait été chargé
de la négociation d'un traité réglant les droits de neutralité
pour protester énergiquement contre les saisies et les persé-
cutions des vaisseaux de guerre anglais vis-à-vis des navires de
commerce américains.

Le gouvernement de Washington l'envoya ensuite en Espagne pour trancher les différends nés au sujet des frontières de
la Louisiane, et Monroe régla définitivement l'acquisition de
cette colonie au profit de l'Union. De retour à Londres, il

conclut avec l'Angleterre un traité relatif aux droits de neutralité et envoya le projet à son gouvernement. Jefferson le lui retourna et fut accusé même, à ce propos, d'éloigner Monroe des Etats-Unis pour l'empêcher de se présenter à la présidence contre Madison. Après l'élection du nouveau président, il fut nommé secrétaire d'Etat, puis secrétaire de la guerre, et occupa ces deux charges jusqu'en 1817. C'est alors qu'il fut élu président.

Le 3 décembre 1817, Monroe adressa son premier message au Congrès, pour lui faire connaître la situation intérieure et extérieure des Etats-Unis. La population était florissante, puisqu'aux 7 millions de sujets qui faisaient partie de l'Union, l'immigration venait chaque jour ajouter quelques apports (1).

On avait mis en œuvre les résolutions prises par le Congrès, en 1815, en créant la banque des Etats-Unis au capital de 35 millions de dollars. L'établissement central était fondé à Philadelphie et de nombreuses succursales étaient établies sur tous les points de l'Union. Monroe proposait donc, en la situation, d'abolir les taxes imposées pendant la dernière guerre (2). Par malheur, il y avait de graves difficultés à résoudre.

La crise économique et commerciale sévissait encore, des dissentiments éclataient sur les frontières, au sujet des Indiens séminoles qui sortaient sans cesse de la Floride (3) pour faire irruption sur le territoire des Etats-Unis et y exercer des déprédations considérables. Monroe en profita pour y envoyer le général Jackson, et celui-ci saisit avec joie l'occasion pour envahir la Floride. L'Espagne protesta, mais l'entente se fit et, le 22 février 1819, don Luis de Onis et John Quincy Adams signaient un traité par lequel la Floride orientale et occiden-

(1) Nous n'avons pas de données officielles sur l'émigration avant 1820, le census de 1820 donne le premier le chiffre officiel des émigrants, chiffre qui, cependant, est bas.

(2) Le président faisait allusion à la guerre avec l'Angleterre. Cf. NOLTE, *Histoire des Etats-Unis*, II, p. 129.

(3) Ce territoire appartenait alors à l'Espagne.

tale (1), ainsi que les îles adjacentes, étaient cédées par l'Espagne aux Etats-Unis. En compensation, le gouvernement américain devait s'engager à employer une somme de 500 millions de dollars à dédommager ceux de ses nationaux qui avaient souffert des spoliations précédentes commises par les navires de guerre espagnols sur le commerce américain (2). Au mois d'octobre suivant, le roi d'Espagne, Ferdinand VII, ratifia le traité avec les Etats-Unis, mais les Etats-Unis ne prirent possession de la Floride que le 25 juillet 1821. Durant la première présidence de Monroe, quatre nouveaux Etats avaient été admis dans l'Union : en 1817, le Mississipi ; en 1818, l'Illinois ; en 1819, l'Alabama ; en 1820, le Maine. Cette même année, Monroe était réélu à une très grande majorité et s'efforçait de faire rentrer dans l'Union le Missouri. Ce n'était pas là une tâche facile, car déjà se posait la question de l'esclavage, dont les partisans étaient fort nombreux dans le nouvel Etat.

Voilà, dans ses grandes lignes, la vie politique de Monroe, mais peu nous importe cette vie politique ; ce qu'il nous faut connaître, c'est l'homme sous son aspect d'homme, l'homme sous son « personal aspect », comme disent les Américains ; car pour juger Monroe aux prises avec les difficultés, apportant une solution aux conflits existants, il faut savoir ce qu'il est et ce qu'il vaut.

Lisons donc les messages qu'il a écrits avant 1823 : il nous y apparaît comme un homme essentiellement pratique, il parle des vices de l'administration, il en signale les abus et indique les remèdes, il rend compte des pourparlers engagés entre les Etats-Unis et l'Angleterre pour faciliter le commerce international entre ces deux pays, il expose la question indienne avec clarté et méthode, il montre la nécessité d'envoyer en Floride

---

(1) On évaluait la superficie de ce territoire à 150,000 kil. carrés. Cf. MARTENS, *Recueil général des traités*, 2ᵉ série, IV, p. 320.

(2) NOLTE, *Histoire des Etats-Unis*, II, p. 131.

des troupes fédérales pour rétablir l'ordre, les avantages que les Etats-Unis pourraient retirer de la cession de cette colonie espagnole, il traite rapidement la question des esclaves qui commence à préoccuper l'Exécutif, il énonce le plan de protection douanière à adopter pour empêcher l'envahissement des Etats-Unis par les produits étrangers, il annonce la formation d'un gouvernement en Floride, il examine l'état des finances du Trésor ; en un mot, comme un intendant honnête, il rend compte à ses maîtres de ce qu'il a fait et de ce qu'il croit nécessaire de faire (1).

Dans sa vie privée ou dans sa carrière de diplomate, nous apparaît-il comme un esprit supérieur, comme une intelligence élevée ? Si nous consultons ses biographes, si nous relisons les relations de son séjour à Paris, par exemple, nous trouverons une foule de détails concernant la façon dont Monroe a été reçu par le Comité de salut public, concernant l'adresse qu'il a su employer pour se maintenir les bonnes grâces de Robespierre, concernant l'habileté qu'il a montrée à entretenir de bonnes relations entre le gouvernement ombrageux de la France et le cabinet de Washington, mais point d'actions d'éclat, point de traits saillants, partout une conduite honorable et surtout prudente (2). Lorsque, sous le Directoire, on apprend à Paris le traité passé à Londres, Monroe ne tente pas un coup d'éclat, une explication osée ; il feint de ne rien savoir ; et, grâce à cette dissimulation, parvient à ne pas rompre l'entente. Ce qui frappe le plus les auteurs qui ont écrit sa vie, ce sont les réceptions que lui font les salons parisiens ; la bonne grâce que lui témoigne le premier consul, l'amabilité dont le général Bonaparte fait preuve vis-à-vis de Mme Monroe, dont la fille suit les cours de l'institution Campan, que fréquente également la fille de Joséphine Beauharnais.

(1) Cf. Gilman, *James Monroe*, p. 229 et s.
(2) Gilman, *op. cit.*, p. 45 et s.

De tout cela, que résulte-t-il? C'est que le biographe qui n'est, en somme, que le panégyriste d'un homme, n'a su rien trouver pour faire valoir son héros. N'ayant rien à dire qui sorte de l'ordinaire, il s'en prend aux détails secondaires de l'existence journalière, il vante la bonne humeur de celui dont il écrit la vie, ses succès mondains et son affabilité qui lui valent les sympathies de tous, mais il doit s'arrêter là. Du reste, il ne se gène pas pour dire que Monroe est timide jusqu'à l'excès, craint le public et a peur de parler devant un auditoire nombreux.

Nous sommes donc en face, non pas d'un génie, d'un diplomate de premier ordre, mais simplement d'un homme d'une intelligence ordinaire, d'une capacité qui ne dépasse pas celle de la majorité ; c'est donc à un administrateur médiocre, bon plutôt que transcendant, qu'est échue la tâche de trancher dans le vif la question délicate posée par les événements. Quelles sont les qualités qu'il va déployer? Il ne peut nécessairement agir au-delà de ses propres ressources. Il va temporiser, consulter ceux qui ont, plus que lui, l'habitude des affaires publiques, prendre exemple sur ses devanciers et agir avec beaucoup de tact, avec une prudence qui semblera même être de la timidité. Il va lire et relire d'abord les documents qui ont été écrits par ceux-là même qui ont fondé la Fédération, espérant y trouver la solution des difficultés qui se présentent.

§ II

Pownell, dans son ouvrage intitulé : *A memorial to the sovereigns of Europa*, avait observé que l'Amérique devait éviter les complications de la politique européenne, et n'avoir avec l'Europe d'autre lien que celui des relations commerciales (1). Monroe prendra note de la recommandation, d'autant plus que des idées presque semblables se trouvent exprimées par Washington dans son adresse d'adieux du

(1) GILMAN, *op. cit.*, p. 162 et s.

17 septembre 1797, qui forme le testament politique de l'illustre fondateur de la République.

« Le grand principe de notre conduite vis-à-vis des nations étrangères est, dit-il, tout en étendant nos relations commerciales, d'avoir avec ces nations aussi peu de liens politiques que possible ; quels que soient les engagements que nous ayons pris à leur égard, nous devons les remplir avec la plus grande loyauté, mais il ne faut pas aller plus loin. L'Europe a une quantité d'intérêts primordiaux que nous n'avons pas, vu notre situation éloignée ; à cause de cela elle doit s'engager dans de fréquents débats, dont les causes sont essentiellement étrangères à nos intérêts. Désormais il serait imprudent pour nous de nous lier par des liens artificiels aux vicissitudes habituelles de sa politique, aux combinaisons ordinaires et aux collisions que font naître les amitiés ou les inimitiés européennes. Notre situation séparée et lointaine nous invite et nous engage à suivre une conduite différente. Si nous restons un seul peuple soumis à un gouvernement effectif, le temps n'est pas éloigné où nous pourrons défier les injures matérielles des nations étrangères, où nous pourrons prendre l'attitude qu'exige la neutralité et sur laquelle nous pourrons toujours nous baser pour être scrupuleusement respectés ; où les nations belligérantes, étant dans l'impossibilité d'acquérir sur nous de nouveaux territoires, ne voudront pas nous provoquer sans raison ; où nous pourrons choisir entre la paix ou la guerre, comme notre intérêt, guidé par la justice, nous le conseillera. Pourquoi vanter encore les avantages de cette situation particulière ? Pourquoi abandonner cette attitude vis-à-vis des nations étrangères ? Pourquoi, en mêlant notre destinée à celle d'une partie de l'Europe, engager (entangle) notre paix et notre prospérité dans les rets formés par l'ambition, la rivalité, les intérêts, l'humeur et le caprice de l'Europe ? » (1)

_____

(1) TUCKER, _The Monroe doctrine_, p. 3.

Les successeurs du premier président ont-ils renié ses conseils ? Ont-ils depuis lors renoncé à suivre le chemin qu'il
leur traçait ? Tout au contraire, dans son premier message
du 4 mars 1797, John Adams tient le même langage ; il veut
écarter les puissances étrangères de l'Amérique : « Si le contrôle de l'élection peut être obtenu par une nation étrangère
au moyen de flatteries, de menaces, de fraudes, de violences,
d'intrigues ou de dénonciations, le gouvernement ne sera pas
le choix du peuple américain, mais des nations étrangères. Ce
seront les nations étrangères qui nous gouverneront et non
notre peuple » (1).

Au cours de sa carrière diplomatique, Monroe, dans les
instructions qu'il a reçues, n'a pas vu ses chefs s'écarter
de cette règle de conduite. Ainsi, pendant son séjour à Paris, il
a reçu, dans des recommandations fréquentes, l'invitation de
ne point mêler l'Amérique aux discussions politiques des Etats
européens. Il a été rappelé parce qu'on lui reprochait de
prendre fait et cause pour le gouvernement français contre les
Alliés. Son maître et ami Jefferson n'a-t-il pas partagé ce
même avis ? Le 18 mars 1801, il disait à Thomas Paine : « Décidés comme nous sommes, à éviter, si possible, d'user l'énergie de notre peuple dans la guerre et le pillage, nous nous
efforçons d'éviter de nous allier avec les puissances d'Europe,
même pour mettre en œuvre les principes que nous désirons
appliquer » (2). Il répétait ces mêmes idées dans une lettre
adressée à Wiliam Short, le 3 octobre 1801 : « Nous avons
tenu à ne point nous mêler à toutes les politiques de l'Europe : ce serait avantageux pour nous d'user des droits de
neutralité assurés sur de larges bases (3), mais nous ne vou-
lons dépendre d'aucune coalition européenne ; à ce sujet ils

---

(1) GILMAN, *James Monroe*, p. 163.

(2) GILMAN, *op. cit.*, p. 166.

(3) Allusion à la deuxième ligne de la neutralité. Cf. DE MARTENS, *Correspondance de la Russie avec l'Angleterre*.

ont tant d'intérêts primordiaux opposés aux nôtres que les uns ou les autres seraient à sacrifier. Etre réunis à eux serait un bien plus grand mal qu'un acquiescement aux fameux principes qui ont prévalu » (1). C'est donc une règle immuable adoptée par tous les hommes d'Etat américains que la non-intervention des Etats-Unis non seulement en Europe, mais encore vis-à-vis des puissances européennes. Par conséquent, en face des colonies espagnoles, il ne faut pas intervenir.

Mais Monroe hésite encore. Il a fait pourtant un pas en avant le 3 mai 1818 lorsqu'il a proposé, dans une réunion tenue entre lui et les membres du cabinet : « Que les ministres des Etats-Unis en Europe seraient informés que les Etats-Unis ne se joindraient à aucun projet d'intervention entre l'Espagne et l'Amérique du Sud qui ne serait pas fait pour provoquer la complète indépendance de ces provinces, et que, si elle était formée, il appartiendrait aux autorités compétentes de ce gouvernement de décider, quand le cas se présenterait, quelle politique notre devoir et notre intérêt auraient à nous faire suivre; que des mesures seraient prises pour assurer que, si c'était la politique du gouvernement anglais, on puisse s'entendre avec lui pour soutenir cette politique » (2). Aussi, le 31 juillet 1818, M. Rush, fort de ces intentions, avait-il déclaré dans son entretien à lord Castlereagh, quels étaient les projets du gouvernement de Washington. Dans plusieurs messages le président a fait allusion aux colonies espagnoles ; en 1818, il s'est élevé déjà, quoique faiblement, contre l'intervention des puissances alliées dans le nouveau continent (3) ; en 1822, il a proposé de reconnaître l'indépendance des colonies espagnoles ; mais cette proposition a provoqué de la part du ministre d'Espagne à Washington des protestations où le gouver-

____

(1) GILMAN, *op. cit.*, p. 166.
(2) GILMAN, *op. cit.*, p. 167.
(3) Message du 17 novembre 1818. Cf. GILMAN, *op. cit.*, p. 232.

nement de S. M. catholique a rappelé les preuves d'amitié que son gouvernement a données aux Etats-Unis en leur cédant la Floride (1).

Monroe se souvient du bon accueil qu'il reçut naguère à Madrid, il se rappelle la facilité avec laquelle, dans la suite, étant président, il a obtenu la cession de la Floride, et il est pris de remords en songeant à l'ingratitude qu'il va témoigner à un gouvernement dont il n'a jamais eu qu'à se louer. Il croit sage alors de s'en remettre à la décision de son cabinet et des hommes éminents qui le composent (2).

Tous tombent d'accord pour conseiller au président une conduite prudente mais ferme ; sans doute, il ne fallait pas se mêler aux complications européennes, mais il fallait néanmoins prendre une attitude capable d'arrêter l'Europe prête à intervenir en Amérique.

D'autres se seraient cru couverts par cette décision, d'autant plus que Rush avait transmis à Washington les propositions de l'Angleterre, qui manœuvrait pour amener les Etats-Unis à une déclaration collective contre la Sainte-Alliance. Mais Monroe était un timide, incapable de prendre rapidement une décision de cette importance et surtout de la prendre seul. Instinctivement, il se tourna donc vers ceux qui avaient été ses initiateurs dans la vie publique : vers Jefferson « le sage de Monticello, l'oracle du parti démocrate » (3), et vers

---

(1) Message du 8 mars 1822. Cf. GILMAN, *op. cit.*, p. 238.

(2) Le cabinet comprenait le secrétaire d'Etat John Quincy Adams, tout l'opposé de Monroe, un néo-anglais, un puritain, le fils du deuxième président des Etats-Unis qui étudiait depuis sa naissance les ouvrages latins et grecs, qui, selon le mot de M. Reddaway, se croyait privé d'un de ses membres lorsqu'il était privé de Tacite ou de Cicéron (Cf. REDDAWAY, *The Monroe Doctrine*, p. 33). Et à côté de lui jouant un rôle important quoique secondaire, Calhoun, secrétaire de la guerre ; Willam Wirt, attorney général, Crawford, secrétaire du Trésor, l'ennemi juré d'Adams.

(3) PRESSENSÉ, *La doctrine de Monroe*, *Revue des Deux-Mondes*, 15 janvier 1896, p. 417.

Madison, son prédécesseur. Ce n'était pas la première fois que Monroe faisait appel à leur expérience (1). Une fois de plus, il allait mettre à l'épreuve leur science de la vie politique. Il leur écrivit donc pour leur communiquer la correspondance diplomatique relative à la question et leur demander conseil.

Monroe, dans deux lettres adressées à Jefferson, lui avait exposé les desseins de l'Angleterre (2). Il lui demandait s'il devait se jeter dans la politique européenne contrairement à la règle traditionnelle, ou s'il ne fallait pas craindre l'Angleterre et se méfier de ses avances? Jefferson communiqua la lettre du président à Madison (3) et c'est à la suite de cette communication que Jefferson et Madison adressèrent leurs réponses au président.

« La question que vous me posez dans la lettre que vous m'avez envoyée, répondit Jefferson (4), est la plus importante qui ait été soumise à ma réflexion depuis celle de l'indépendance. Celle-ci fit de nous une nation, celle-là va orienter notre compas et désigner la route que nous devons suivre à travers l'océan du temps ouvert devant nous. Et jamais nous n'aurions pu nous embarquer vers ce but dans des circonstances plus propices. Notre première maxime fondamentale doit être de ne jamais nous engager dans les disputes européennes; la seconde de ne jamais souffrir que l'Europe se mêle des affaires cisatlantiques. L'Amérique septentrionale et l'Amérique méridionale ont une série d'intérêts distincts de ceux de l'Europe et qui leur sont particulièrement propres. Elles doivent, pour ce motif, avoir un système à elles, séparé et distinct de celui de l'Europe. Tandis que celle-ci travaille

---

(1) Cf. Cook, *The original intention of The Monroe Doctrine*, *Fortnigthly Review*, septembre 1898.

(2) Voir le texte de ces lettres dans Cook, *art. cit.* p. 360 et 366. *Jefferson Papers, M. Letters from James Monroe*, vol. 58, n° 153, 4°, et n° 154, 4°.

(3) Cook, *art. cit.* p. 361, ou *Madison Papers*, vol. LXV, n° 42, 4°.

(4) Cf. Cook, *art. cit.* p. 361, ou *Monroe Papers*, vol. XXI, n° 264, 4°.

à devenir le domicile du despotisme, nos efforts devraient certainement tendre à faire de notre hémisphère le séjour de la
liberté. Une nation, surtout, pourrait nous troubler dans la
poursuite de ce but; elle nous offre maintenant de nous guider, de nous aider, de nous accompagner. En accédant à sa
proposition, nous la détachons des alliances européennes, nous
jetons son poids dans la balance des gouvernements libres et,
d'un coup, nous émancipons un continent qui, sinon, pourrait rester bien longtemps dans l'incertitude et les difficultés.
La Grande-Bretagne est la nation qui peut nous faire le plus
de tort parmi toutes les puissances du monde, tandis que si
elle est avec nous, nous n'avons pas à craindre le monde
entier. Il nous importe, en conséquence, d'entretenir assidu-
ment avec elle des relations de cordiale amitié, et rien ne ten-
drait à resserrer plus étroitement nos affections que de combattre une fois de plus pour la même cause. Ce n'est pas
que je voudrais cependant acheter son amitié en prenant part
à ses guerres. Mais la guerre, dans laquelle la présente proposition pourrait nous engager, si une guerre en résultait, serait non pas la guerre de l'Angleterre, mais la nôtre. Son but
est d'introduire et d'*établir le système américain qui consiste
à écarter de notre pays toutes les puissances étrangères, à
ne jamais permettre aux puissances européennes de se mêler
des affaires de notre peuple.* Il s'agit de maintenir notre
propre principe, et, non pas de nous en départir, et si, pour
faciliter la réalisation de ce projet, nous pouvions créer une
division dans le corps des puissances européennes, et amener
d'un autre côté son membre le plus puissant, assurément nous
devons agir ainsi.

« Mais je suis absolument de l'avis de M. Canning : c'est
que cette tactique empêchera la guerre d'avoir lieu, au lieu
de la provoquer

« Du moment que la Grande-Bretagne serait enlevée à leur
parti et jetée dans celui de nos deux continents, toute l'Eu-

rope combinée n'oserait entreprendre une telle guerre; comment ces puissances pourraient-elles, en effet, s'en prendre à un de ces deux ennemis sans avoir de flottes supérieures? Et il ne faut pas négliger l'occasion que nous offre cette proposition, de faire connaître notre protestation contre les atroces violations de tous les droits des gens perpétrées par suite de l'intervention de n'importe qui dans les affaires internes d'autrui ; ces violations que Bonaparte commença si honteusement, et que continue maintenant l'Alliance qui se donne le nom de Sainte, et qui est aussi peu respectueuse que lui de la loi ».

La réponse de Jefferson était d'autant plus intéressante à connaître qu'il n'avait pas toujours été abstentionniste, tant s'en faut. Au moment où la Révolution française éclatait, il avait conseillé aux Etats-Unis d'intervenir ; il s'était fait le chef de ce que l'on a appelé le Parti français en Amérique.

Quant à Madison, il partagea cette manière de voir : « Il est particulièrement heureux, dit-il (1), que la politique de la Grande-Bretagne, bien que guidée par des calculs différents des nôtres, ait manifesté une coopération avec la nôtre sur un point donné. Avec cette coopération, nous n'avons rien à craindre du reste de l'Europe, avec elle nous avons la meilleure assurance de succès pour nos vues louables. Il ne devrait pas, pour ce motif, y avoir aucune répugnance, je pense, à s'associer à l'Angleterre dans la voie qu'elle a proposé de suivre ; cependant on tiendrait compte, évidemment, de l'esprit et de la forme de la Constitution à chaque pas fait dans la route menant à la guerre, qui doit être le dernier moyen employé, au cas seulement où les autres ne produiraient aucun résultat. Il ne peut y avoir de doute que la proposition de M. Canning, bien qu'elle soit faite avec l'apparence d'une consultation et d'une entente, ne soit appuyée sur une

(1) Cook, *art. cit.* p. 363, ou *Monroe Papers*, XXI, n° 2650, 4°.

détermination antérieure de suivre la politique indiquée, quel que pût être d'ailleurs l'accueil réservé à son invitation. Mais cette considération ne doit pas nous écarter de ce qui est juste et légitime en soi. Notre coopération est due à nous-mêmes et au monde, et tandis qu'elle doit assurer le succès dans le cas d'un appel à la force, elle double les chances de succès dans le cas où cet appel n'aurait pas lieu (1) ».

En même temps, les dépêches de M. Rush devenaient plus pressantes et indiquaient très nettement les intentions de M. Canning vis-à-vis des Etats-Unis (2). Des notes officieuses étaient remises par Stapleton, secrétaire de Canning, à M. Adams, un de ses meilleurs amis, et M. Haddington, ambassadeur de S. M. Britannique auprès du gouvernement des Etats-Unis, confirmait toute la satisfaction qu'aurait l'Angleterre à voir le cabinet de Washington s'opposer à l'intervention de l'Europe en Amérique.

Enfin Monroe consultait encore Adams et « celui-ci poussant la fermeté jusqu'à l'obstination, le courage jusqu'à la témé-

---

(1) La traduction de ces deux lettres est empruntée à l'article de M. BARCLAY, *La doctrine de Monroe et le Venezuela*, R. D. I., XXVIII, p. 507-508. Ces deux lettres sont extraites du *Digest of the international Law of the United States*.

(2) M. Canning lui-même s'en est rendu compte et a exprimé ses sentiments à ce sujet dans une dépêche du 31 décembre 1823 à sir William Court : « Tandis que je n'étais pas encore décidé sur la forme à donner à la déclaration et à la protestation qui avait été énoncée en dernier lieu dans ma conférence avec le prince de Polignac, et tandis que j'avais des doutes sur l'effet qu'elle produirait, je sondai M. Rush sur ses pouvoirs et sur les dispositions qu'il pourrait avoir pour se joindre à nous dans toutes démarches que nous pourrions faire pour empêcher une entreprise hostile de la part des puissances européennes contre l'Amérique espagnole. Il n'avait point de pouvoirs, mais il aurait pris sur lui de se joindre à nous, si nous avions voulu commencer par reconnaître les Etats espagnols de l'Amérique. Nous ne pouvions pas le faire ; mais je suis persuadé que le rapport qu'il aura adressé à son gouvernement sur notre démarche (qu'il n'aura pas manqué de présenter comme une ouverture) aura beaucoup influé sur les déclarations officielles du président (Cf. LAWRENCE, *op. cit.*, II, p. 308).

rité, lui répondit : « Vous savez déjà mes sentiments à ce sujet, je ne vois aucune raison de les modifier ». « Eh bien, dit le président, ce qui est écrit est écrit. il est trop tard pour le changer à cette heure (1) ». Le lendemain, 2 décembre, le président adressait son message au Congrès, et le peuple américain comptait un article de plus à son décalogue (2).

(1) PRESSENSÉ, *La doctrine de Monroe, Revue des Deux-Mondes*, 15 janvier 1896, p. 431.

(2) *Ibidem*.

CHAPITRE IV

LA SOLUTION

—

§ 1. La fermeté. — § 2. L'accueil. — § 3. Le caractère intrinsèque.

§ I

Tous les hommes d'Etat, dans les conseils qu'ils avaient donnés à Monroe, avaient été dominés par cette seule et même idée : faire une réponse ferme et digne, mais sans arrogance, aux menaces d'intervention de la Sainte-Alliance et aux prétentions des cabinets de Londres et de Saint-Pétersbourg. Aussi, lorsque Monroe rédigea son message, ce qu'il proclama pour les Etats-Unis, ce n'est pas un isolement splendide, mais un isolement modeste. Il ne dit pas : « Nous restons seuls parce que nous sommes assez forts, parce que nous n'avons pas besoin de vous, parce que nous vous bravons », mais : « Nous restons seuls parce que tel nous le commandent notre passé et les circonstances présentes, parce que nous ne pouvons agir autrement sans manquer aux règles les plus élémentaires de la prudence ».

Monroe ne va pas trancher les difficultés séparément, les prendre une à une et indiquer la solution spéciale qu'il convient d'adopter pour les résoudre. Il les examine en bloc et cela avec beaucoup de calme et de sang-froid. Au lieu de parler ce langage pompeux qui n'admet ni la réplique, ni la discussion, langage que l'on retrouve dans tous les documents de la Sainte-Alliance, il se contente de phrases modestes, mais fermes. Loin de protester à nouveau contre les exigences anciennes de la Russie et de contester le bien-fondé de ses établissements, il laisse la question en suspens et se contente

de poser une interdiction pour l'avenir. Il ne touchera pas à
ce qui a été fait dans le passé, mais il prohibe à tout jamais
la fondation de nouvelles colonies en Amérique, sans préciser
davantage, voulant à la fois appliquer la défense qu'il vient
de faire aux agissements de l'Angleterre et à ceux du cabinet
de Saint-Pétersbourg. Aux menaces de la Sainte-Alliance il
ne répond point par une déclaration de guerre, il dit simplement : « Vous n'interviendrez pas, et nous, de notre côté,
nous n'interviendrons pas ; bien plus, nous respecterons les
colonies existantes ».

C'est donc une réponse unique que Monroe a faite : il a
déclaré le droit pour l'Amérique d'être un continent, il a proclamé un droit public américain à la place du droit public
européen qui n'aurait que l'Europe comme champ d'application. Dans les deux cas, c'est le *statu quo* qu'il demande, il
ne veut rien changer à l'état des choses : la Russie et l'Angleterre conserveront les terres qu'elles ont colonisées, l'Espagne ne verra point diminuer son empire, mais aucune
nation européenne ne pourra s'enrichir au détriment de
l'Amérique ; les puissances conserveront la même attitude
qu'en 1823, et, de leur côté les Etats-Unis sauront observer
la stricte neutralité dont ils ne se sont jamais départis.

Mais ne va-t-on pas taxer de faiblesse une telle conduite ?

L'indépendance de langage ne suffit pas, la fierté est nécessaire.

D'un ton très ferme, le président déclare nettement que les
Etats européens ne pourront plus faire aucune nouvelle colonisation en Amérique, et que les Etats-Unis considéreront
comme un acte d'hostilité toute tentative d'intervention en Amérique de la part de puissances européennes. Il motive du reste
nettement cette prohibition. Désormais l'Amérique est un territoire libre et indépendant, elle a conquis sa place au milieu des
autres continents. N'est-ce pas là un langage fier que celui qui
donne non seulement à un Etat, mais encore à toute une

série de Républiques, ses lettres de naturalisation internationale ?

Mais comme si sa parole était allée plus loin que sa pensée, Monroe, effrayé de sa hardiesse, se tait sur les moyens d'exécution. Il passe sous silence la sanction à édicter contre les infractions à ces deux règles. On ne sait si les États-Unis vont imposer ces principes les armes à la main, ou s'ils vont les laisser violer sans d'autres protestations que celles qu'ils pourront faire entendre par la voie diplomatique. Sans doute, pour les rendre plus efficaces il aurait été nécessaire d'être plus précis. Le président ne l'a pas été, sachant que les États-Unis étaient alors trop faibles pour parler trop haut.

Il serait cependant inexact de dire que Monroe n'a rien prévu à ce sujet. Il a promis aux nouvelles Républiques son assistance au cas où la Sainte-Alliance interviendrait en Amérique ; et cette promesse a semblé suffire à ses yeux pour arrêter tous les projets des puissances européennes qui n'auraient, dès lors, aucun souci de se lancer dans de nouvelles aventures. Il a parlé assez fort pour être entendu, il n'a pas parlé assez arrogamment pour susciter le mécontentement des puissances. Il a été assez clair pour éveiller en Amérique la conscience de l'indépendance, assez prudent pour arrêter l'Europe sans l'effrayer. Dans ces conditions, son message devait trouver le meilleur accueil, soit aux États-Unis, soit même en Europe.

§ II

Si Monroe avait eu lui-même l'idée personnelle de la doctrine qui porte son nom, si son message, comme toute œuvre personnelle, avait été l'expression spontanée d'une idée originale, son succès, comme celui de toute idée personnelle, eût été discuté, sa valeur contestée, sa portée réduite ; mais précisément la doctrine de Monroe n'était ni une théorie personnelle, ni une doctrine, ni surtout une doctrine de Monroe. Elle exprimait des idées antérieures qui formaient le fonds des traditions américaines où Monroe n'avait eu qu'à puiser sans même avoir à choisir, parce qu'il n'y avait jamais eu d'autres principes dans l'histoire toute neuve du peuple américain.

D'autre part, la doctrine de Monroe, prise en elle-même, était tout à la fois sage et hardie ; la solution donnée par elle aux difficultés du moment renfermait un heureux mélange de modération et de fermeté : c'était la voix de la prudence mais non celle de la faiblesse. Les Etats-Unis devaient en apprécier la fermeté, l'Europe en reconnaître la modération. La doctrine de Monroe, sans être la proclamation nouvelle d'un grand principe de droit, n'en était pas moins d'accord, dans son sens strict, avec les principes généraux du droit des gens. Toutes raisons pour lesquelles cette doctrine devait prendre une autorité considérable.

Aux Etats-Unis, l'accueil fut enthousiaste. Sous la formule vague, un peu obscure du message, les Américains saluaient la pensée maîtresse qui, dans ses deux parties, lui donnait un caractère de profonde unité.

L'Amérique, désormais, n'avait plus à subir la loi de l'Europe ; les Etats-Unis étaient fiers de voir accepter ce principe qui, après avoir fait de leur pays l'égal de l'Angleterre, faisait de l'Amérique l'égale de l'Europe. Les idées courantes du peuple américain se retrouvaient fidèlement traduites dans le message de 1823. Ce n'était pas asssez d'avoir déclaré les Etats-Unis indépendants de l'Angleterre, il fallait déclarer l'Amérique indépendante de l'Europe. — « Vous avez eu le mérite, écrivait à Monroe un membre de sa famille, de proposer une règle de politique qui promet d'assurer la liberté du Nouveau-Monde et de déjouer les projets invétérés de l'Ancien, pour établir un despotisme universel... Vous avez exalté le sentiment public, vous avez exprimé des sentiments qui auront dans le peuple un écho retentissant (1) ». Aussi, l'en-

(1) Cf. GILMAN, *op. cit.*, p. 172 et s.

thousiasme ne connut-il plus de bornes, lorsque les Etats-
Unis virent l'effet produit par le message de l'autre côté de
l'Atlantique.

Si Monroe avait fait des théories générales, en opposition
avec les principes admis par la Sainte-Alliance, il aurait trouvé
des contradicteurs plus ardents; mais il avait donné une
solution de fait et non une solution générale. Tandis que
l'Amérique, à considérer l'esprit du message, y voyait une
solution de principe, l'Europe, à en considérer la lettre, n'y
vit qu'une solution d'espèce. Tandis que la question de principe intéressait l'Europe, la question d'espèce n'intéressait que
l'Espagne et celle-ci seule protesta.

Le 26 décembre 1823, le ministre d'Etat d'Espagne, Don
Narciso de Heredia, au reçu du message, envoyait une circulaire aux principales puissances d'Europe, pour leur proposer
la réunion, à Paris, d'une conférence qui traiterait des meilleurs moyens de rétablir le roi Ferdinand « dans sa légitime autorité, afin qu'il puisse étendre les bienfaits de son gouvernement paternel sur les vastes provinces d'Amérique, qui reconnaissaient autrefois la suprématie de l'Espagne (1) ». La proposition ne trouva qu'un froid accueil auprès de l'Angleterre.
En vain, pour se la concilier, Ferdinand VII promit, par le
décret du 9 février 1824, la liberté commerciale aux colonies
espagnoles. En restreignant aussitôt sa promesse par l'annonce
d'un décret portant réglementation des ports ouverts et fixation
des impôts à établir, il provoquait du même coup les craintes
du gouvernement anglais.

A Londres, l'opinion fut très surexcitée ; lord Brougham
proclamait que la question des colonies espagnoles était désormais résolue par le message de Monroe, ce dont tous les
amis de la liberté en Europe devaient se féliciter ; et, sans refuser nettement de porter la question des colonies espagnoles

(1) Cespédès, *La doctrina de Monroe*, p. 189.

devant un Congrès européen, Canning répondait (30 juin 1824), que le commerce anglais avait pris une telle extension dans les colonies, qu'il était nécessaire de le protéger directement, par la nomination de consuls, dans les Républiques sud-américaines. « Le gouvernement anglais désirait que le cabinet de Madrid fût le premier à reconnaître cette indépendance, mais il ne voulait cependant pas attendre le bon plaisir de l'Espagne ; il avait à ménager des intérêts commerciaux qui ne pouvaient toujours rester en souffrance (1) ». Ce fut à la suite de ces négociations qu'une discussion très vive s'engagea à la Chambre des Communes, où Mackinstosh résuma l'opinion en faisant l'éloge du message de 1823 : « Je me réjouis de tout cœur du parfait accord de ce message avec les principes exposés par nous au ministre français et, ensuite, à toutes les puissances de l'Europe militaire ou maritime et au grand Etat anglais, le plus puissant de l'Atlantique. Le gouvernement anglais, sans faire aucune reconnaissance au sens strict du mot, se verra obligé de le faire en pratique, et devra nommer des consuls et agents diplomatiques. Ce sera une reconnaissance virtuelle, sans garantie, ni approbation à la révolte qui a triomphé (2) ».

Ainsi tombaient les projets d'intervention européenne en Amérique. Monroe avait gagné sa cause : il avait contenu les puissances en Europe.

L'Espagne reconnut l'indépendance de ses colonies par des traités postérieurs (3).

(1) Cf. DEBIDOUR, *Histoire diplomatique de l'Europe*, I, p. 204.

(2) CESPÉDÈS, *op. cit.*, p. 188.

(3) En 1836, traité avec le Mexique ; en 1840, avec l'Equateur ; en 1844, avec le Chili ; en 1845, avec le Vénézuéla ; en 1847, avec la Bolivie ; en 1850, avec la République de Costa-Rica et avec le Nicaragua ; en 1851, avec la République de Buenos-Ayres ; en 1855, avec la République de Saint-Domingue ; en 1863, avec le Guatémala ; en 1865, avec le Pérou, et enfin la même année avec la République de San-Salvador.

La France ne le fit qu'avec Molé sous le gouvernement de Juillet ; mais, dès 1829, elle avait commencé des relations officielles avec les nouvelles Républiques.

C'était donc l'approbation de l'Angleterre qui avait porté le dernier coup aux tentatives de l'Espagne, et c'est ce qui fit dire à Canning quelques années plus tard (16 décembre 1826) : « J'ai appelé un nouveau monde à l'existence et j'ai rétabli l'équilibre de l'ancien (1) ». Quel était donc le caractère de cette règle pour qu'elle produisît un tel effet ?

§ III

La doctrine de Monroe, issue de circonstances politiques, était-elle autre chose qu'une simple règle de conduite politique ?

Le message a recueilli un tel succès aux Etats-Unis et a remporté une telle victoire en Europe qu'à première vue on serait tenté de soutenir la négative. Les publicistes et les hommes d'Etat se sont laissés fasciner par ce mirage, et ont essayé d'expliquer l'influence de la parole du président, en représentant qu'il avait émis une véritable règle de droit. Partant, pour justifier leurs dires, ils ont érigé des théories, bâti des systèmes dont l'unique but était de démontrer que, soit dans le fond, soit dans la forme, la doctrine de Monroe avait le caractère d'une loi obligatoire pour tous.

Cependant la doctrine de Monroe, dans la forme, ne pouvait être regardée ni comme une règle juridique de droit interne, ni comme une règle juridique de droit international.

Inscrite dans un message présidentiel, elle n'avait aucune force législative. Le message, simple communication du président aux Chambres, n'a pas plus la valeur d'une loi qu'un discours du trône ou une déclaration ministérielle en Europe. Le message est une adresse au Congrès, dans laquelle le pré-

(1) LAWRENCE, op. cit., II, p. 310.

sident donne des indications sur la politique à suivre, où il apprécie les réformes à faire et énonce les moyens de les accomplir. N'est-ce pas du reste la définition même qui nous en est donnée par la Constitution (1) : « Le président, y est-il dit informe de temps en temps le Congrès de l'état de l'Union et recommande à son examen toutes les mesures qu'il juge nécessaires et convenables » (2). Dans un pays où le président est directement responsable devant le Parlement, c'est un moyen facile de le forcer à rendre compte au Congrès des faits passés, des précautions prises et de permettre ainsi à son juge d'exercer ses droits de contrôle.

On a du reste si bien compris que la déclaration de Monroe n'était pas une loi qu'on a essayé sans cesse de lui donner une sanction législative.

Dès le 20 juin 1824, M. Clay, alors speaker, essaya d'arriver à cette fin en déposant une résolution sur les bureaux de la Chambre des Représentants (3). Il ne réussit même pas à provoquer l'examen d'une telle motion. Mais l'exemple ne fut pas perdu et M. Poinsett, député de la Caroline du Sud, reprit, quelques jours après, la même idée sans plus de succès (4). Devant ce mauvais vouloir (26 mai 1825), M. Clay retira lui-même sa résolution, prétextant que tout danger avait disparu et que cette démarche pourrait inquiéter les puissances de l'Europe.

---

(1) Section III, chap. II.

(2) Cf. DARESTE, *Les constitutions modernes*, II, p. 361.

(3) Voici le texte de cette résolution :

« Il a été résolu par le Sénat et la Chambre des représentants des Etats-Unis d'Amérique, réunis en Congrès, que le peuple des Etats-Unis ne verrait pas sans une sérieuse inquiétude une intervention armée des puissances alliées de l'Europe, dans le but d'aider l'Espagne à réduire à leur primitive sujétion les parties des continents américains que ces Etats avaient proclamé et établi à leurs yeux comme des gouvernements indépendants et qui avaient été solennellement reconnus par les Etats-Unis. »

(4) TUCKER, *The Monroe Doctrine*, p. 21.

Lors du Congrès de Panama (1825), de nouvelles résolutions furent déposées, et l'une d'entre elles fut votée par 99 voix contre 95 (1); mais on en resta là. Plus tard de nouvelles propositions de ce genre furent faites : elles n'aboutirent jamais. La doctrine de Monroe est restée une simple règle de politique.

Mais, si la doctrine de Monroe n'est pas une règle de droit interne dans la forme, n'est-elle pas une règle de droit international? Communiquée à toutes les chancelleries d'Europe, n'a-t-elle pas pu s'imposer comme une règle du droit des gens ? La chose n'est pas possible : un Etat ne peut se lier que par des traités et non par des déclarations unilatérales, quand bien même elles ont été notifiées à d'autres Etats. Il faudrait, pour que ces déclarations fussent obligatoires, que ces Etats y eussent adhéré formellement. Or jamais aucune puissance n'a reconnu officiellement la doctrine de Monroe ; bien plus, dès son apparition, la Russie, l'Angleterre et l'Espagne ont protesté contre elle. Les Américains eux-mêmes l'ont reconnu à propos d'un autre message. Quand, en 1850, lors de la Révolution de Hongrie, M. Hülsemann, chargé d'affaires de l'Empereur d'Autriche, protesta contre les mesures prises par le président des Etats-Unis pour se rendre compte du progrès et du résultat probable des troubles, mesures qu'il avait annoncé devoir prendre dans un message, le secrétaire d'Etat, M. Daniel Webster, se contenta de répondre « qu'une commu-

---

(1) Voici cette résolution :

« Résolu que le gouvernement des Etats-Unis ne doit prendre parti pour toutes les Républiques ou pour une République en particulier pour déclarer conjointement les moyens de protéger, contre l'intervention des pouvoirs européens, leur indépendance ou leur forme de gouvernement, ou pour s'unir en vue d'empêcher la colonisation sur les territoires américains, mais que le peuple des Etats-Unis doit être laissé libre d'agir dans n'importe quel cas suivant ce que lui dicteraient ses sentiments d'amitié envers ces Républiques, leur propre honneur ou leur propre politique (Cf. MOORE, *The Monroe Doctrine*, Political Science quarterly, XI, p. 8).

nication du président à l'une des deux Chambres du Congrès était considérée comme une communication d'ordre intérieur (domestic) dont ordinairement aucun étranger n'avait connaissance, et qu'en plusieurs circonstances récentes on avait signalé qu'il n'y avait pas lieu d'entamer à propos de communications de cette nature des correspondances et des discussions diplomatiques » (1).

Nous pouvons donc dire avec M. Sibley (2) « que c'est une pure opinion et non une règle du droit des gens. »

On a essayé alors de présenter la doctrine de Monroe, comme une règle internationale quant au fond.

La doctrine de Monroe, a-t-on dit, c'est le principe de l'équilibre appliqué à l'Amérique. Opinion ingénieuse dont on ne peut nier la vérité, car il est fort possible que la doctrine de Monroe soit la « balance of powers » de l'Amérique. Mais faut-il en conclure qu'elle devienne par là même une règle internationale ? « L'équilibre est, suivant le mot de Gentz, l'organisation d'après laquelle, entre des Etats existant les uns à côté des autres, aucun ne peut menacer l'indépendance ni les droits essentiels d'un autre sans rencontrer une résistance efficace de l'un ou de l'autre côté et par conséquent sans danger pour lui-même ».

Malgré le rôle que cette règle a joué dans toute l'histoire moderne, on ne peut lui attribuer le caractère d'une règle de droit des gens. C'est en vain que les diplomates l'ont appliquée au congrès de Vienne (1815), au congrès de Berlin (1878) ; elle est restée une simple règle politique, et rien autre de plus (3).

Par conséquent, même en reconnaissant que la doctrine de Monroe applique à l'Amérique la théorie de l'équilibre euro-

(1) BARCLAY, La doctrine de Monroe et le Vénézuéla, R. D. I., XXVIII, p. 502.
(2) The Law Times, 4 janvier 1896, p. 215.
(3) Cf. CHRISTOFANETTI, Teoria e storia del equilibro politico et NYS, La théorie de l'équilibre européen, R. D. I., XXV, p. 34.

péen, on ne peut lui reconnaître le caractère de loi internationale.

Quelques auteurs allant alors plus loin ont prétendu que la doctrine de Monroe était une règle internationale, restreinte au continent américain. Sans prétendre qu'il y ait un droit international essentiellement américain, Alcorta dit qu'en Amérique on n'a pas fait des principes du droit des gens le fondement du droit international, et que tous les Etats ne sont pas soumis aux règles qui en découlent. Il affirme que, dans l'état actuel des choses et prenant en considération les faits qui se sont passés, il faut reconnaître qu'il existe un droit américain, et que, soit dans les relations des Etats de l'Amérique entre eux, soit dans leurs rapports avec les Etats de l'Europe, il convient d'en tenir compte, si l'on ne veut pas s'exposer aux plus graves erreurs (1).

Sans doute, il y a bien des différences entre le droit positif européen et le droit positif américain : l'arbitrage, par exemple, est beaucoup plus développé en Amérique qu'en Europe ; les fédérations, clairsemées en Europe, sont très nombreuses en Amérique ; ici l'exception, là elles sont la règle ; mais ces différences, qui donnent du droit positif une physionomie spéciale, ne constituent pas pour l'Amérique un droit indépendant, mais simplement un usage différent plus ou moins avancé d'institutions communes.

Quant à prétendre que l'Amérique, par cela même qu'elle est un continent séparé, ait un titre à un droit exclusif, telle est bien l'idée du président Monroe, mais elle n'a rien de juridique ; bien au contraire, elle se heurte au droit.

La doctrine de Monroe est-elle alors une règle de droit international, parce qu'elle est la consécration même du principe de non-intervention, proclamé par la Révolution, méconnu ensuite par elle après la déclaration de Pilnitz, ignoré des

_____

(1) ALCORTA, *Droit international*, I, p. 61 et s.

coalisés de 1794 et des alliés de 1815 ? Il y aurait, dans le
fond même du message de 1823, la proclamation d'une
règle de droit, du principe de non-intervention, et, en défendant à l'Europe d'intervenir en Amérique, Monroe aurait posé
ce principe.

Il ne faut pas être dupe des apparences. Rien n'est plus
difficile à préciser que les cas d'intervention. Talleyrand n'a-
t-il pas dit en en parlant : « On ne sait où commence l'intervention et où elle finit » ? Les termes mêmes du message de
1823 sont assez confus et assez vagues pour qu'on puisse dire
que Monroe n'a pas eu conscience du principe de non-intervention. Sans doute, il a affirmé sa volonté de ne pas aider
les colonies révoltées contre l'Espagne, mais, en agissant
ainsi, il n'a pas obéi au principe de non-intervention. Il avait
reconnu les colonies espagnoles comme indépendantes ; aussi,
en 1823, avait-il en face de lui une difficulté d'ordre international et non une difficulté d'ordre interne ? Intervenir, c'est
s'immiscer dans des difficultés d'ordre interne entre un Etat
et ses sujets. Or, en reconnaissant les colonies espagnoles,
Monroe s'était octroyé la faculté de les assister sans faire acte
d'intervention.

De ce côté donc, aucune allusion à la non-intervention.

D'autre part, en interdisant à l'Europe d'intervenir, il invoquait des raisons non pas tirées du droit des peuples à disposer d'eux-mêmes, mais des raisons tirées de ce que l'Amérique indépendante n'avait pas à recevoir les lois de l'Europe.
Il contestait non pas le principe de la Sainte-Alliance, mais
seulement la compétence et l'étendue géographique de ses
pouvoirs. Il signifiait à l'Europe qu'elle ne pouvait faire la loi
en Amérique, non pas parce que son principe était injuste,
mais parce que l'Amérique n'était pas de son ressort.

Monroe n'était pas un juriste : il avait cherché les éléments
de son message non pas dans des livres de droit, ni même
dans l'opinion de tous les hommes d'Etat, mais dans celle des

fondateurs de la République américaine ; il donnait une formule politique et rien autre de plus. C'était l'opinion personnelle du président en exercice pendant l'année 1823 sur la
situation des Deux-Mondes, « la simple opinion de l'exécutif
destiné à produire un effet sur les conseils de la Sainte-
Alliance (1) » ; « la simple énonciation d'un principe patriotique par un patriotique président (2) ».

(1) Discours de Polk au Sénat (1826).

(2) TUCKER, *op. cit.*, p. 14. Cf. WOOLSEY, *Introduction to the study of International Law*, p. 56. — JUDSON, *The growth of american Nation*, p. 199.

CHAPITRE V

LE POINT DE DROIT

—

§ 1er. La 1re partie du Message. — § 2. La 2e partie du Message.

En prohibant d'une part l'établissement de nouvelles colonies en Amérique, et d'autre part en défendant aux puissances européennes d'intervenir sur le nouveau continent, Monroe ne violait-il pas les principes du droit des gens ? N'allait-il pas à l'encontre des règles admises par toutes les puissances civilisées ? N'agissait-il pas au-delà de sa compétence ? Il est difficile de répondre catégoriquement à cette question. Pour résoudre ce délicat problème, il faut scinder la solution, examiner chaque règle, la délimiter, voir exactement le sens et la portée des paroles du président avant de le condamner ou de l'absoudre.

Tout d'abord une observation est nécessaire : comme nous le verrons dans la suite, en étudiant les différentes applications de la doctrine de Monroe, on est frappé de voir attribuer au président des choses qu'il n'a point dites ni peut-être même pensées. Suivant une constatation faite par plusieurs de ses biographes, il est très vraisemblable que Monroe ne se figurait point « quelle devait être l'action durable engagée par ses paroles, il disait ce qu'il croyait et ce qu'il savait (1) », mais il n'avait pas cette prescience dont on l'a trop souvent doté. L'obscurité du message, le vague des termes employés ont été propres à amener nombre de discussions sur la portée exacte de la doctrine. Aussi est-il nécessaire d'examiner séparément les deux parties du message; la pre-

(1) Morse, *James Monroe*, p. 161,

mière relative à la colonisation, la deuxième relative à l'intervention, en ayant soin de fixer auparavant les limites exactes des paroles du président.

§ 1

Monroe déclare que le continent américain ne pourra plus être désormais sujet à une colonisation quelconque; réciproquement il s'engage à respecter les colonies ou établissements alors existants en Amérique.

Mais qu'entend-il au juste par cette interdiction de toute colonisation? Faut-il limiter cette défense à l'Amérique du Nord ou bien l'étendre à tout le continent américain?

1° Et d'abord qu'entendre par colonisation? L'auteur responsable de la doctrine de Monroe peut seul nous l'apprendre. Ce n'est point le président qui le premier a déclaré le continent américain impropre à la colonisation ; c'est Adams, son secrétaire. Toutes ces idées ont été développées dans les notes du 22 juillet 1823 adressées aux cabinets de Londres et de Saint-Pétersbourg, en réponse à l'ukase du tsar et aux réclamations de l'Angleterre sur la frontière nord et nord-ouest de l'Union. Elles ont servi de matière à discussion entre le secrétaire d'Etat et le baron Tuyl. On y retrouve les termes « settlements », « colonization », « colonial establishments », employés par le président lui-même. Dès lors on peut s'adresser à Adams pour avoir par lui le sens exact de ces termes. Il a dit d'abord dans un passage de ses mémoires : « Le mot « colonization » a un sens précis, il désigne l'établissement (settlement) des immigrants dans une région qui n'est pas encore sous le joug d'une nation civilisée, réserve faite de celles qui appartiennent à l'Europe (the parent country) » (1). Puis il est revenu sur le même sujet dans ses instructions à M. Rush. « S'ils sont déjà occupés par des nations civilisées,

(1) Moore, *The Monroe doctrine*. Political Science quarterly, XI, p. 4.

écrit-il, les continents américains seront accessibles aux nations européennes, mais alors seulement dans ces conditions » (1).

Et plus tard, c'est toujours dans le même sens que Monroe prend le terme « colonization » quand il déclare que les continents américains, par suite de la condition libre et indépendante qu'ils ont acquise et qu'ils maintiennent, ne peuvent plus désormais être considérés comme sujets à une colonisation faite par une puissance européenne (*subjects for future colonization by any european power*) » (2).

Le président n'a donc en vue que la colonisation par premier établissement, c'est-à-dire l'acquisition d'un territoire *res nullius* par occupation, et il écarte ainsi tout autre moyen, la force, la donation, l'achat par exemple.

2° Cette défense de coloniser s'applique-t-elle aux territoires de toute l'Amérique, ou bien n'a-t-elle en vue que les territoires contestés du nord-ouest ?

Les termes mêmes du message nous fixent sur ce point ; le président a eu en vue l'Amérique tout entière : « *The american continents...* » c'est-à-dire toute l'Amérique, celle du Nord comme celle du Sud. Un motif sérieux nous force à interpréter ainsi ses paroles. Les puissances européennes ne permettaient pas à leurs colonies de commercer librement avec les nations étrangères. L'ukase de 1821 le prouve jusqu'à l'exagération : n'avait-il pas interdit le commerce, la navigation et la pêche jusqu'à 100 milles italiens de la côte septentrionale de l'Amérique, depuis le détroit de Behring jusqu'au 51° parallèle de latitude nord ? D'après la convention relative au détroit de Nootka (28 octobre 1790) (3), la Grande-Bretagne n'avait-elle pas reconnu à l'Espagne dans les colonies espagnoles du nord un droit exclusif de navigation et de pêche sur toutes les côtes et à une distance de cent milles d'elles ?

(1) *Ibidem.*
(2) § 7 du message.
(3) Martens, *Recueil général des traités*, 2ᵉ série, IV, p. 575.

C'est contre ces monopoles qu'Adams avait protesté; c'est, animé des mêmes intentions, poussé par les mêmes mobiles, que le président prohibe la colonisation européenne en Amérique. Il veut, avant tout, faire cesser l'intercourse coloniale qui porte de si grands préjudices au commerce américain; il pense ainsi ouvrir les côtes du Pacifique et l'Océan lui-même à l'expansion des Etats-Unis. Une raison aussi générale ne permet pas une solution partielle; elle veut une formule totale. C'est donc à toute l'Amérique qu'il faut appliquer le § 7 du Message.

Ainsi précisée, la déclaration de 1823 était-elle en désaccord avec les principes généraux du droit international? Au fond, dans l'espèce précise où Monroe se plaçait, avait-il raison de protester? En droit, dans la portée générale qu'il donnait à ses protestations, celles-ci étaient-elles légitimes?

Il faut distinguer ces deux questions pour bien comprendre ce qu'il y avait d'exact et ce qu'il y avait d'erroné dans la formule de 1823.

En tant qu'il s'adresse à la Russie pour protester contre l'ukase de 1821, Monroe a parfaitement raison. Les Russes réclamaient un territoire au seuil duquel ils avaient à peine pénétré; ils s'adjugeaient des régions qu'ils n'avaient même pas explorées, des territoires encore inconnus. Le tsar se les attribuait d'un trait de plume, de la même manière qu'en 1493 le pape Alexandre VI avait cru pouvoir, d'un trait de plume aussi, partager des océans et des terres entre les Espagnols et les Portugais (1). L'ukase de 1821 reproduisait, au début de ce siècle, le même principe d'occupation fictive que consacrait au XVe siècle la bulle papale. L'une et l'autre tombaient au même titre sous la critique comme contraires au droit. La souveraineté ne saurait pas plus s'établir par une déclaration unilatérale que la propriété. En droit public, pour l'acqui-

_____

(1) Cf. Nys, R. D. I., XXVII, p. 485.

sition de la souveraineté, il faut, comme en droit privé, à
défaut d'un titre, une occupation sur une chose sans maître.
De même que l'occupation en droit privé suppose la réalité
d'un pouvoir matériel, de même l'occupation en droit public
suppose l'exercice de la souveraineté sur le territoire occupé.
Tel est le principe qui, longtemps méconnu, devait peu à peu se
préciser (1). L'occupation, de fictive, devait devenir effective.
Il a fallu attendre jusqu'à l'heure récente du partage africain
pour trouver dans l'acte de Berlin (26 février 1885) l'expression de ce principe, qui est l'un des axiomes indiscutables
du droit international moderne.

Monroe a eu le mérite de protester contre la violation de
ce principe avant l'heure même où il a été posé. A cet égard,
si le message de 1823 n'est pas d'accord avec le droit de
l'époque, il n'en est cependant que plus juridique, puisqu'il
contient contre l'occupation fictive la protestation qu'allait
consacrer l'avenir. Lorsqu'il combat l'ukase de 1821, le message de 1823 est donc l'expression première des principes
scientifiques les plus modernes et les plus perfectionnés.

Mais Monroe ne se contente pas de repousser l'ukase de
1821, il généralise ; il ne parle pas seulement des points précis que la Russie convoite ; il s'occupe, nous l'avons établi, de
l'Amérique tout entière. Il ne proteste pas contre la colonisation russe, parce qu'elle procède par voie d'occupation fictive,
il proteste contre toute colonisation européenne « *parce que,
dit-il, les continents américains sont libres et indépendants,* » en un mot, parce qu'ils ne sont pas *res nullius.* Ici,
son langage est une affirmation de pur fait, car déterminer si
un territoire est ou non *res nullius*, c'est une question d'espèce. Monroe s'avance donc à la légère, s'il prétend qu'aucune occupation nouvelle n'est possible, parce qu'il n'y a plus
de territoire *res nullius.*

_____

(1) Cf. SALOMON, *De l'occupation des territoires sans maîtres.*

Aussi, faut-il chercher un autre sens à cette formule « que les continents américains étant de condition indépendante et libre ne peuvent plus être soumis à une colonisation postérieure ». L'idée de Monroe n'est pas d'affirmer qu'aucune *res nullius* n'existe en Amérique, mais bien plutôt de consacrer que, par suite de l'indépendance où se trouvent actuellement les Etats-Unis d'Amérique dans le nord et les colonies espagnoles dans le sud, l'*Amérique a cessé d'être une terre colonisable* : elle n'est plus vis-à-vis de l'Europe dans la situation inférieure d'une terre d'établissement (settlement). En conquérant leur indépendance, les Etats-Unis ont racheté l'Amérique de cette condition inférieure; ils l'ont élevée au même rang que l'Europe. De même que l'Europe, siège de gouvernements libres et indépendants, n'est pas susceptible de colonisation, de même l'Amérique ne doit pas en être susceptible à son tour. La conquête de leur liberté pour les Etats-Unis se trouve ainsi étendue à tout leur continent. De l'affranchissement d'un peuple américain résulte l'affranchissement d'un continent tout entier. La colonisation par l'Europe est par cela même abolie comme incompatible avec l'affranchissement du continent américain.

Il y a là une idée curieuse, plus politique que juridique, plus sentimentale qu'exacte. A l'heure où le président Monroe raisonnait, il y avait déjà des colonies dans des pays où cependant existaient des Etats indépendants, en Asie par exemple; à l'heure actuelle, la terre coloniale par excellence, l'Afrique. renferme à côté de colonies et de *res nullius*, des Etats complètement et parfaitement organisés : le Maroc, le Congo, par exemple. Il est donc impossible de prétendre, en droit, qu'un continent cesse d'être colonisable, en quelqu'une de ses parties, par cela seul qu'il est devenu le siège d'Etats organisés libres et indépendants.

Monroe avait raison d'interdire à la Russie toute occupation par colonisation fictive; il avait tort de fonder cette interdic-

tion sur ces titres nouveaux que la liberté des Etats-Unis
d'Amérique donnait au continent américain.

§ II

Monroe avait-il le droit d'interdire à la Sainte-Alliance
d'assister l'Espagne contre ses colonies révoltées, et celui de
menacer l'Europe d'une contre-intervention à main armée, si
elle-même intervenait en Amérique ? Par une coïncidence curieuse, il en est de ce second point comme du premier. Là
encore, la solution est juste et le motif est inexact.

La solution est juste. En défendant à la Sainte-Alliance
d'assister l'Espagne contre les républiques sud-américaines,
Monroe n'excède pas son droit; car, si la Sainte-Alliance, en
secondant en Europe les Bourbons d'Espagne, outrepassait les
siens, Monroe a d'autant plus le droit d'arrêter son action en
Amérique qu'en Europe même il eût pu lui défendre d'agir.
Ce n'était pas seulement l'extension de son système au Nouveau-Monde qui était injustifié, c'était le principe même
de son action qui était incorrect. Créée au lendemain des
traités de 1814 et 1815 pour assurer à l'Europe reconstituée
l'équilibre des trônes et la stabilité des monarchies, la Sainte-
Alliance donnait aux princes alliés le droit de se gouverner
eux-mêmes. Considérant la souveraineté, suivant les idées de
l'absolutisme, comme un don de Dieu fait au Prince, elle ne
reconnaissait pas à ses sujets le droit de modifier la forme de
leur constitution, et permettait à l'étranger, pour les y contraindre, de s'immiscer entre le peuple et le roi, c'est-à-dire
d'intervenir dans l'exercice même de la souveraineté. Sur deux
points à la fois, ce système était inadmissible : d'abord, au
point de vue du droit public, parce que la souveraineté réside
dans le consentement de ceux qui s'y soumettent, dans la volonté des hommes, source de tout droit, et non dans la grâce
divine ; ensuite au point de vue du droit international, parce

que la souveraineté, formée par un faisceau de volontés, ne
saurait souffrir l'immixtion d'une volonté étrangère à celle qui
la constitue. Définie par les auteurs comme un pouvoir qui
n'a rien de supérieur à lui, la souveraineté ne serait plus elle si
un pouvoir étranger s'établissait au-dessus d'elle et limitait
son choix. En prétendant imposer aux peuples la monarchie
voulue par les rois étrangers, la Sainte-Alliance méconnaissait
le droit interne des nations, et par cela même niait aussi
le droit international des souverainetés. Qui dit souveraineté
dit indépendance ; la souveraineté n'est pas un pouvoir absolu :
de même qu'en droit interne elle est limitée par les droits
individuels, de même, en droit international, elle est limitée
par les droits de l'humanité : ainsi, par le droit de libre accès
sur la mer territoriale et les fleuves internationaux en faveur
du droit de l'homme au commerce, par l'extradition, les capi-
tulations, les tribunaux mixtes en faveur du droit de l'homme
à la justice, par le droit de visite ou l'enquête du pavillon en
matière de traite en faveur de la liberté des noirs, et encore
par la neutralité perpétuelle de certains Etats en faveur de la
paix. Mais, pour qu'une telle limitation à la souveraineté soit
possible, il faut qu'elle procède d'un intérêt général, d'une
raison d'humanité et non d'une vue égoïste ou d'un intérêt
particulier. Or, la Sainte-Alliance se donnait pour mission de
limiter le jeu des souverainetés et de paralyser leur indépendance en imposant aux Etats la forme monarchique. Tandis
que la souveraineté ne peut se limiter qu'au profit de l'humanité, elle prétendait la restreindre au profit de quelques intéressés. Voilà pourquoi la Sainte-Alliance choquait tous les principes, non pas parce qu'elle pratiquait l'intervention, car
l'intervention en faveur de l'humanité peut être légitime (les
puissances en ont donné plus d'un exemple dans la question
d'Orient), mais parce qu'elle en posait le principe pour le profit
égoïste des rois et non pour le bien général de l'humanité (1).

_____

(1) DE LAPRADELLE, *Cours de droit internat. public*, professé à Grenoble, 1899.

Bien plus, en se fondant sur cet intérêt d'humanité, Monroe aurait eu le droit d'intervenir, c'est-à-dire de s'immiscer entre l'Espagne et ses colonies indignement exploitées par la métropole. Considérant ses colonies comme le planteur regarde ses esclaves, l'Espagne méconnaissait leur droit à la libre existence et au développement économique, au même titre que le planteur à cette époque méconnaissait le droit du noir en lui imposant l'esclavage. Ce n'était pas seulement les esclaves, pour lesquels les traités de Paris de 1814 et de 1815 avaient posé le principe de liberté, qu'il fallait émanciper ; c'était les colonies elles-mêmes qu'il fallait affranchir. La justice même l'exigeait, or la justice de la cause légitime l'intervention.

Monroe aurait ainsi pu prendre en mains la défense des colonies espagnoles contre la métropole, alors même que celles-ci, sans réclamer l'indépendance, eussent simplement demandé l'amélioration de leur sort. Ce n'est pas intervenir — au sens prohibé du mot — que s'immiscer entre une colonie ou une province qui désire l'amélioration de son sort, et la mère-patrie ou l'Etat qui, dans sa conduite vis-à-vis d'elle, se met au ban de l'humanité ; ce n'est pas une intervention prohibée, mais une intervention légitime que celle de l'Europe en faveur des chrétiens d'Orient (1). Suivant une comparaison que l'on a souvent reprise, les colons espagnols se trouvaient dans la même situation que les Crétois et les Arméniens vis-à-vis des Turcs. Alors même que les colonies espagnoles n'eussent sollicité que des réformes internes sans réclamer l'indépendance, comme la Crète et comme l'Arménie, l'intervention des Etats-Unis eût été légitime ; à plus forte raison devait-elle l'être, si l'on considère la situation des colonies espagnoles vis-à-vis de la mère-patrie.

Il y a un point sur lequel les auteurs glissent trop souvent sans le remarquer : les colonies espagnoles ne récla-

---

(1) Traité de Paris 1856. Traité de Berlin 1878, art. 62.

maient pas des privilèges ou une amélioration de leur sort ;
elles demandaient leur autonomie, c'est-à-dire qu'elles se présentaient non pas comme une province vis-à-vis de la métropole, mais comme un Etat vis-à-vis d'un autre Etat. Sans doute
l'Espagne ne leur donnait pas la qualité d'Etats, mais elle
n'avait pu empêcher les Etats-Unis de la leur reconnaître. Dès
lors, ceux-ci pouvaient considérer les colonies espagnoles
comme ayant le caractère d'Etats ; ils en avaient d'autant
plus le droit qu'elles souffraient de la guerre depuis longtemps, qu'elles avaient un gouvernement régulier et stable,
que toutes les conditions nécessaires pour la reconnaissance en droit international se trouvaient réunies. Les Etats-
Unis pouvaient donc considérer la lutte des colonies espagnoles contre la mère-patrie non comme une lutte de sujets
contre leur roi, de colonies contre leur métropole, mais
comme la lutte d'un Etat contre un autre Etat. Ils avaient le
droit de prendre parti pour l'un ou l'autre des belligérants en
présence. La Sainte-Alliance, au contraire, ne le pouvait pas
puisqu'elle s'obstinait à voir dans les colonies des sujets et
non des Etats. Monroe avait transporté la question du droit
interne dans le droit international ; plus heureux que l'Europe,
il avait le droit de pratiquer l'intervention en face des républiques américaines, parce qu'un Etat a le droit de prêter
secours à un autre Etat en lutte avec un troisième. Agir
ainsi, c'est sortir de la neutralité, non point faire acte d'intervention.

Le président Monroe se trouvait donc dans cette situation
particulière : il avait, sans violer le droit, la possibilité d'assister les colonies espagnoles contre l'Espagne, en défendant à
la Sainte-Alliance d'assister l'Espagne contre ses colonies. A
plus forte raison restait-il dans les limites de la correction, en
attendant, pour user de son droit, que la Sainte-Alliance, en
intervenant, eût méconnu son devoir.

Mais Monroe n'a pas fait cette analyse. Il ne se doutait pas de ces raisons qui justifiaient sa conduite. Le commentateur moderne peut donner de son message une interprétation qui met en relief son absolue correction juridique, mais il ne peut en attribuer le mérite au président. Monroe a fait ici du droit sans le savoir; car il n'était pas un jurisconsulte : soldat, puis administrateur de carrière, il a eu une vie trop active pour étudier le droit, et il ne s'est pas embarrassé, lors de son message, de faire des recherches dans le droit des gens. Ceux qu'il a consultés, ce sont des hommes politiques, fondateurs de l'indépendance, soldats et administrateurs comme lui, non des hommes de droit. D'ailleurs les idées sur l'intervention étaient confuses à cette époque : les événements ont toujours leur action sur les théories; et l'intervention, pratiquée constamment depuis le manifeste de Pilnitz contre la France, avait tellement pénétré dans les faits qu'elle s'était infiltrée dans le droit. Monroe n'avait pas arrêté sa pensée sur les droits abstraits de la souveraineté; il n'avait pas distingué entre l'intervention légitime qui limite l'Etat au profit de l'humanité, et l'intervention prohibée qui limite la souveraineté dans l'intérêt égoïste d'une autre souveraineté ou d'un seul homme. Toutes ces nuances lui ont échappé : toutes ces distinctions n'ont pas été aperçues par lui; on n'en trouve la trace ni dans les documents qui constituent la prédoctrine de Monroe, ni dans le message même qui la formule.

Monroe n'a pas eu davantage l'intention que les commentateurs lui prêtent, de proclamer, vis-à-vis de la Sainte-Alliance, le principe de non-intervention. La chose était inutile, puisque les Etats-Unis avaient reconnu les colonies espagnoles comme Etat indépendant et se trouvaient par là même, non pas entre un Etat et ses sujets, mais entre deux Etats, situation étrangère à l'intervention. La chose était, de plus, dangereuse ; car, poser le principe de non-intervention, c'était non pas seulement s'opposer à la Sainte-Alliance en Amérique, c'était encore l'attaquer en Europe et contester son principe

d'action. Or, Monroe n'avait pas à le faire ; il lui suffisait de
contester la compétence et l'étendue géographique du principe, pour arriver à ses fins. D'autre part, si Monroe avait eu
cette idée, il eût été embarrassé d'expliquer ensuite comment
refusant aux autres le droit d'intervenir, il le prenait pour lui-
même.

En vain les auteurs disent-ils qu'en menaçant l'Europe d'une
intervention, Monroe ne méconnaissait pas le principe de la
non-intervention, parce que la contre-intervention en est le
corollaire nécessaire. Sans doute on peut intervenir pour réprimer une intervention ; contre-intervenir est légitime alors qu'intervenir est prohibé. Mais si Monroe était parti de cette idée que
l'Europe n'avait pas le droit d'intervenir en Amérique, il aurait
été obligé de justifier par cette explication la justesse de la
contre-intervention ; il aurait dû montrer comment cette exception rentrait dans la règle et lever l'apparence de contradiction que cette interprétation donnait à ses paroles. Ce que les
auteurs ont fait plus tard en commentant son message, il aurait dû le faire lui-même si telle était sa pensée ; mais, à la
différence des auteurs qui, depuis, ont expliqué sa doctrine,
— jurisconsultes qui ont voulu y trouver du droit, — Monroe
n'y fit que de la politique.

Sa solution, qui s'est trouvée juste, procède non pas d'une
analyse raisonnée et nuancée de droit, mais d'une idée toute
particulière, très étroite et même très fausse. L'erreur peut
dans certains cas conduire à la vérité ; Monroe nous en donne
un exemple. Il s'est laissé guider uniquement par cette idée
qui est la pensée maîtresse, le lien et le nœud des paragraphes 7, 48 et 49 de son message : l'Amérique, formant un continent particulier, échappe au système politique de l'Europe ; et
les mesures prises pour assurer l'ordre et la tranquillité en
Europe sont sans force en ce qui concerne l'Amérique. Voilà
son idée. Il ne conteste pas l'intervention de la Sainte-Alliance
en Amérique parce que le principe de l'intervention est inexact,

il le rejette pour la seule raison que les puissances d'Europe,
libres d'organiser à leur gré l'équilibre européen, n'ont aucun
titre pour organiser l'équilibre américain. C'est à cette idée
d'équilibre bien plus qu'à l'idée d'intervention qu'il faut s'attacher pour caractériser la deuxième partie du message de
Monroe (1). Les Américains ne s'y sont pas trompés. Tandis que
les auteurs continentaux célèbrent dans le message de Monroe
la déclaration du principe de non-intervention, les auteurs
anglo-américains ont une idée plus juste en la rattachant à
l'équilibre. Monroe défend à la Sainte-Alliance de s'occuper
des colonies espagnoles parce que la tranquillité, l'ordre, l'organisation de l'Amérique ne regardent pas plus l'Europe que
les affaires de l'Europe ne regardent l'Amérique. Comme il y
avait le principe de la séparation des pouvoirs, il y aura le principe de la séparation des continents ; chacun s'administrera
par lui-même avec son équilibre propre. Les grandes puissances formeront un concert pour régler les questions pendantes ; mais ce concert se limitera au continent où il s'est formé.
Dans la grande communauté internationale, les continents
constitueront entre les Etats le siège de sociétés internationales particulières, chargées de régler les affaires politiques
de ce continent, mais de ce continent seul.

Voilà l'idée juridique que produisait chez Monroe, sous
l'impression des circonstances du moment, l'exaltation de la
notion d'indépendance américaine. Il a fondé son système sur
une raison qui a sur celles des commentateurs, trouvées après
coup, la très grande supériorité de joindre entre elles les deux
parties du message et d'en affirmer l'unité, et qui a de plus
le très grand mérite d'être simple et par conséquent vraisemblable chez un homme qui n'était pas un juriste, à une époque où les notions de la souveraineté des peuples et de l'intervention étaient confuses, aussi confuses dans la théorie que

(1) LAPRADELLE, loc. cit.

méconnues dans la pratique. L'idée avait de plus le mérite,
qu'il ne faut pas refuser à Monroe, d'être profondément originale. Elle n'a qu'un inconvénient, c'est d'être fausse.

Elle est fausse, non pas seulement d'une fausseté relative,
mais d'une fausseté absolue. Ce n'est pas seulement une erreur,
c'est presque une monstruosité.

Présenter les continents comme la base de sociétés internationales particulières, limitées à ce continent lui-même,
c'est bouleverser de fond en comble tous les principes du
droit des gens ; condamner les nations à se développer seulement sur le continent géographique où elles se forment, c'est
limiter du même coup leur activité coloniale, fermer à leur
action civilisatrice les régions arriérées et barbares de ces continents inférieurs que sont l'Asie, l'Afrique, l'Océanie. S'il fallait que chaque continent s'organisât par lui-même, à l'heure
actuelle, l'Afrique aurait-elle ses fleuves, le Congo, le Niger,
ouverts à la liberté commerciale ? la population noire serait-
elle préservée contre le commerce des esclaves par les prohibitions relatives au commerce des armes, au trafic des spiritueux (1) ? La Chine ouvrirait-elle ses ports au commerce
européen et ses provinces à la construction des chemins de
fer ? L'Europe, avant-garde de la civilisation, pourrait-elle
accomplir sa mission ? Les vieilles nations pourraient-elles
conduire, dans la voie où elles les ont précédées, les nations
qu'elles y mènent ? Le progrès serait-il possible, si on prenait
à la lettre ce principe étroit qu'est au fond la doctrine de
Monroe ? L'Amérique n'oubliait-elle pas avec lui la reconnaissance qu'elle devait à l'Europe ? N'avait-elle pas été civilisée
précisément parce que les nations d'outre-mer n'avaient pas
été arrêtées par cette idée, que là où s'arrêtait la terre ferme
du continent, là s'arrêtait aussi la limite de la compétence
politique ?

(1) Acte final du Congrès de Bruxelles (2 juillet 1890).

Sans doute Monroe a bien saisi le danger de ce reproche, car il a soin d'établir (et ceci nous confirme dans l'interprétation que nous donnons de sa doctrine), que le continent américain est désormais libre et civilisé. Mais, à supposer que les continents civilisés fussent seuls isolés les uns des autres en sociétés particulières, n'ayant rien de commun avec les autres continents également civilisés, la pensée de Monroe n'en serait pas moins fausse. En effet les continents ne sauraient former entre les Etats des groupements naturels. Puisqu'on n'admet pas que le système des frontières naturelles puisse servir de base à l'Etat, comment admettre qu'il serve de base à la constitution d'un concert, d'une fédération d'Etats! Qu'est-ce qui caractérise les continents ? La géographie n'est-elle pas artificielle quand elle dit de l'Europe, de l'Asie et de l'Afrique qu'elles n'en constituent qu'un seul ? N'y a-t-il pas plus de différence entre elles qu'entre l'Europe et l'Amérique ? c'est cependant, à proprement parler, le même continent. De plus, si les continents forment de petites sociétés internationales n'ayant aucun lien, — hors le commerce, — avec les autres, un Etat pourrait-t-il contracter des alliances, souder une union politique de continent à continent ? Non, ce serait impossible, et cette impossibilité démontre l'inanité même du système. Les peuples sont libres de disposer d'eux-mêmes ; toute souveraineté peut s'unir à une autre, et l'on ne peut concevoir un obstacle tiré non pas d'un traité, mais de la situation géographique des deux parties. Du même coup serait rompue l'unité de la vie internationale, et seraient rétablies de continent à continent ces murailles que les préjugés et l'étroitesse des souverainetés locales élevaient jadis d'Etat à Etat, et qui, disparues de peuples à peuples, ne sauraient, sans danger, se rétablir de continent à continent.

Monroe avait donc, sur les deux questions soumises à son examen, donné deux solutions justes, mais ces deux solutions, reliées entre elles par une idée fausse, trouvaient une justification dans des principes tout différents de ceux qu'il avait dans la pensée. Prise en elle-même, dans les circonstances du moment, sa doctrine était admissible ; seul, l'esprit qui se trouvait au fond du message de 1823 était en opposition profonde avec le droit. En 1823 on pouvait dire que la doctrine de Monroe était juridique ; mais, au fur et à mesure qu'elle allait se développer conformément à sa pensée maîtresse, on allait voir qu'entre elle et le droit il n'y avait eu qu'une rencontre d'occasion et une coïncidence de hasard. Quoi qu'il en soit, en 1823, nul ne le soupçonnait encore ; à prendre le message dans sa lettre, ses idées étaient correctes et cela suffisait pour le rehausser d'un vernis d'élégance et de correction juridique qui devait contribuer à son succès.

DEUXIÈME PARTIE

LA DOCTRINE DE MONROE
ET SES APPLICATIONS

CHAPITRE PREMIER
EXTENSIBILITÉ DE LA DOCTRINE DE MONROE

La doctrine de Monroe n'est donc qu'une simple règle politique : elle n'a reçu aucune sanction légale et n'est obligatoire pour personne. Et cependant, pendant tout le cours du xixᵉ siècle, elle a été considérée par les Etats-Unis comme une règle inviolable qu'aucune autorité, ni exécutive, ni législative ne pouvait rejeter, comme une loi plus forte que la Constitution elle-même, puisqu'aucun pouvoir ne pouvait la modifier ; elle s'est imposée au Président et au Congrès avec une force si incontestable, que le temps lui-même n'a pu la détruire.

Une question de politique extérieure se présente-t-elle à l'attention du gouvernement ? L'exécutif, avant de la décider, se demande ce que, dans la circonstance, exigent les principes du message de 1823 ; mais heureusement pour lui, cette soumission n'est pas un esclavage : principe de politique et non texte légal, la doctrine de Monroe, bien qu'énoncée dans des termes précis, peut, dans des circonstances particulières, aisément s'amplifier et s'étendre, parce qu'elle est la condensation des idées directrices des fondateurs de l'Union et le résumé des aspirations américaines. Ce n'est point un tissu serré de principes rigoureux, mais une formule un peu flottante, souple, capable de se plier aux circonstances sans se déformer complètement, et douée de la possibilité d'élargir son cadre primitif sans pourtant le briser. C'est peut-être cette qualité de souplesse qu'ont appréciée au plus haut point les Américains; ils ont craint peut-être, en donnant à la doctrine de Monroe le caractère d'une loi, d'en trop préciser le sens et d'en immobiliser la portée; ils ont eu peur d'être embarrassés par la rigidité d'un texte législatif qui, si ambigu qu'il pût être, n'aurait pu répondre à l'ambition qu'ils avaient de faire de la doctrine de Monroe un instrument de conquête et d'indépendance utilisable en toutes circonstances. Ils ont préféré lui laisser le caractère qu'elle avait, sachant bien qu'ils pouvaient compter sur leur génie particulier pour faire subir à ces principes une évolution particulière.

Les Américains, qui sont de race anglaise, avaient toutes les qualités nécessaires pour mener à bonne fin cette œuvre essentiellement coutumière. En Angleterre, la plupart des lois constitutionnelles ont pour base la coutume la « *common law* », c'est-à-dire un ensemble de dispositions appliquées une fois, deux fois, trois fois, finalement acceptées par tous et devenues plus solides ensuite que les lois les plus durables du législateur. Les principes y subissent des modifications semblables à celles que le préteur a fait subir aux lois romaines. En Angleterre comme à Rome, le texte s'élargit sans s'abolir, la coutume modifie la loi écrite sous couleur de l'appliquer ; mais, tandis qu'à Rome, il en est ainsi du seul droit privé, en Angleterre il en est ainsi du droit public où l'institution centrale, celle du cabinet, est toute coutumière.

Parents des Anglais, « *Kin beyond the sea* (1) », les Américains des Etats-Unis ont conservé les caractères de leur race, ce respect du texte ancien, cette adresse à le tourner, cette

---

(1) Le mot est de Gladstone.

habileté à l'assouplir, qui distinguent éminemment la race
anglo-saxonne. « Depuis l'origine de l'Union jusqu'en 1860,
la base du pouvoir s'est absolument déplacée en Amérique,
elle est devenue de républicaine démocratique, de démocratique presque ochlocratique. A ne consulter qu'elle (la Constitution), il semble que rien n'ait changé depuis 1789 et,
qu'entre l'Amérique de Washington, celle de Jackson, celle de
Buchanan, je laisse de côté la période contemporaine, il n'y a
pas de distinction politique à établir (1) ». « Les interprétations
qui s'accréditent, les polémiques accidentelles qui se répètent,
les usurpations que l'opinion épouse, les abandons qu'elle
cause, forment une législation particulière qui, tout en n'étant
pas incorporée au droit constitutionnel statutaire, n'en est pas
moins en pleine force (2) ».

Appliquant alors au message cette méthode d'exégèse souple et hardie qui lui est propre, le peuple américain a dégagé
de la doctrine de Monroe, non point seulement les règles qui
y étaient enfermées, mais le principe latent qui avait servi de
base à la déclaration du président et qui participait des opinions exprimées par tous les hommes d'Etat américains.

L'œuvre était d'autant plus facile que les deux parties du
message voyaient chaque jour diminuer leur sphère exacte
d'application. Pour la première (§ 7), les territoires *res nullius* disparaissaient de jour en jour, l'occupation des côtes par
les peuples civilisés étant à peu près complètement réalisée.
Pour la deuxième (§§ 47-48), les circonstances précises qu'elles
prévoyaient n'avaient plus reparu. D'autres colonies espagnoles
s'étaient soulevées; mais l'Europe n'avait plus tenté d'inter-
nir. Ainsi, les deux parties essentielles du message prises dans
leur sens strict, devaient perdre logiquement toute chance de
vivre en perdant chance de s'appliquer.

(1) BOUTMY, *Etude de droit constitutionnel*, p. 110.
(2) BOUTMY, *op. cit.*, p. 112.

Comment, cependant, la doctrine s'est-elle toujours trouvée vivante? C'est qu'à sa lettre la coutume avait substitué son esprit. Les deux parties du message se sont fondues en une seule et unique formule : « l'Amérique aux Américains ». Peut-être même, cédant à l'ambition que leur avait donnée la prospérité incomparable de leur nation, les Etats-Unis ont-ils trop souvent substitué au mot Américain le mot Nord américain. « Aussi bien les Saxons que les Latins ont usé de la doctrine comme arme de combat contre les Européens, mais ces derniers n'ont pas bien vu ce que les premiers avaient eu le désir d'écrire entre les lignes ; les Saxons, qui ont toujours regardé avec dédain ou avec mépris les républiques d'une autre essence, se sont appliqué à eux, à l'exclusion des autres, la qualité d'Américains. Pour eux, il n'y a pas d'autres Américains que ceux du Nord ; ce sont les seuls dispensateurs de la liberté, les seuls qui possèdent un gouvernement établi, les seuls qui soient capables de se gouverner par eux-mêmes et les seuls qui aient été choisis par la Providence pour absorber et dominer toute l'Amérique continentale et les Antilles » (1).

Pendant tout ce siècle, les Etats-Unis travaillent avec une logique rigoureuse et implacable à faire subir à leur doctrine une évolution tellement importante que certains auteurs l'ont qualifiée de déformation.

Dès 1823, l'orientation qu'ils vont suivre est nettement indiquée ; ils veulent exclure l'Europe de toutes les affaires américaines et lui substituer leur hégémonie. Le caractère vague et diffus du message, les termes obscurs et peu précis dans lesquels il a été émis, les fautes et les faiblesses de l'Europe, tout leur sert. « La pensée de Monroe n'a qu'un intérêt restreint ; ce qui vaut, c'est la façon dont les Américains l'ont comprise et interprétée » (2).

---

(1) CESPÉDÈS, *La doctrina de Monroe*, p. 7 et s.

(2) Pierre DE COUBERTIN, *Revue politique et littéraire*, 4 janvier 1898.

Mais à force d'étendre un principe, il arrive un moment où il vient à se rompre. A un jour donné, les Américains se sont trouvés dans l'impossibilité d'accorder leur conduite avec les principes du message de 1823. Et ce jour-là, ils ont été obligés, sinon de l'abandonner, tout au moins de ne plus le considérer comme applicable partout et toujours. C'est à cette lente évolution que nous allons assister en parcourant l'histoire des Etats-Unis au xixᵉ siècle.

CHAPITRE II

LE CONGRÈS DE PANAMA

—

§ 1. Les origines. — § 2. Son programme.
§ 3. L'attitude des Etats-Unis. — § 4. Les résultats du Congrès.

Comment l'Amérique accueillerait-elle la doctrine de Monroe.
La laisserait-elle aux Etats-Unis ou bien se l'approprierait-elle?
Et, dans ce cas, les Etats-Unis ne pourraient-ils pas fonder
dans le Nouveau-Monde une autre Sainte-Alliance pour y
défendre, non plus la monarchie absolue comme en Europe,
mais le régime républicain? Cette Sainte-Alliance du Nouveau-
Monde ne pouvait-elle tenir des Congrès chargés de résoudre les questions pendantes, d'ordonner les interventions
à opérer et de repousser les tentatives de l'Europe contre
l'indépendance américaine? En un mot, on pouvait songer
à la création d'une confédération républicaine qui mît à la
base de son système politique la doctrine de Monroe et qui
en eût été le couronnement.

§ I

Ces idées n'étaient pas de pures chimères : les hommes
politiques les plus influents les avaient conçues et allaient
tenter de les mettre à exécution deux ans après l'apparition
du message.

Dès 1822, Bolivar, président de la Colombie, se propose de
convoquer une assemblée de plénipotentiaires des Etats américains ; il voulait arrêter les moyens de préserver ces nouveaux
Etats des attaques de l'Espagne ou de toute autre puissance. Il
voulait opposer « une vaste fédération américaine à la Sainte-
Alliance et aux dangereux principes d'intervention adoptés par

les cabinets européens. Cette assemblée aurait pu, dans la pensée de Bolivar, servir de conseil dans les grands troubles, de point de ralliement dans les dangers communs, d'interprète fidèle des traités publics s'il s'élevait des difficultés, et enfin d'arbitre » (1).

Bolivar, qui avait à lui seul assuré l'indépendance du Vénézuéla, de la Colombie, de l'Equateur, du Pérou et de la Bolivie, avait senti la difficulté de maintenir son œuvre. Il avait vu les dissensions éclater dans tous les Etats de l'Amérique du Sud à cette heure où l'accord était si nécessaire et avait compris tout le danger d'une intervention étrangère (2). L'Espagne n'avait pas réprimé la rébellion américaine parce qu'elle avait eu à combattre la révolte chez elle ; mais, plus tard, si des dissensions intimes éclataient dans l'Amérique émancipée, les circonstances viendraient-elles empêcher l'Europe de profiter des troubles intérieurs de l'Amérique pour établir sa domination de l'autre côté de l'Atlantique ? Le doute était trop grand, la situation trop chanceuse pour que Bolivar n'essayât point de trouver un remède au danger. Il pensa trouver une garantie de l'indépendance de l'Amérique dans la Fédération de tous les Etats indépendants du nouveau continent. Il avait déjà réussi à former, avec le Vénézuéla et la Nouvelle-Grenade, la République de Colombie (3) ; l'union générale des Etats de l'Amérique serait peut-être facile ; car partout, sauf au Brésil, fonctionnait le régime républicain (4).

(1) DEBERLE, *Histoire de l'Amérique du sud*, p. 117.

(2) Voici quels étaient les principaux Etats de l'Amérique centrale et méridionale : Les Provinces Unies du Rio de la Plata ; la République de l'Uruguay ; la République de Colombie (Vénézuela et Nouvelle-Grenade); le Mexique ; les Républiques fédératives de l'Amérique centrale (Guatémala, Costa Rica, Nicaragua ; Salvador ; Honduras); le Chili ; le Pérou ; la Bolivie ; le Brésil.

(3) La réunion fut de courte durée : en 1830, la Colombie se fragmenta en trois républiques : Nouvelle-Grenade, Equateur, Vénézuéla.

(4) Le Brésil s'était séparé du Portugal sans révolution, lors de l'invasion française (1807). En 1821, Jean VI, qui s'y était réfugié dès 1807, revint en

Le premier devoir de cette fédération était d'accepter la nécessité du régime républicain, comme la Sainte-Alliance avait décidé l'établissement de la monarchie dans tous les Etats ; et pour rendre efficace cette déclaration, il était nécessaire de combattre les tentatives d'intervention de la part des puissances. Or rien ne semblait devoir mieux atteindre ce but que l'adoption par un Congrès panaméricain du message de 1823.

Fort de ces espérances, fort aussi de ce que les Etats-Unis, flattés dans leur orgueil de voir leurs conseils suivis, viendraient le seconder, Bolivar voulut exécuter ce grand dessein.

Il caressait depuis longtemps cette idée. En 1812, il avait réussi à amener le Pérou et la Colombie (6 juin) à signer un traité d'alliance offensive et défensive, et avait fait insérer, dans un des articles, l'engagement par les parties de solliciter de toutes les Républiques un pacte d'union perpétuelle. Il avait obtenu (3 octobre 1823) l'adhésion de la République de Buenos-Ayres (10 juin 1823) et du Mexique (3 octobre 1823). Effrayé de l'intervention française en Espagne, il essayait de combiner un vrai plan de défense et cherchait à organiser entre les puissances américaines un Congrès qui fût « un comité de salut public, indépendant de ses mandataires, et disposant d'une flotte puissante, ainsi que d'une armée de 100,000 hommes » (1), lorsque le message de Monroe vint lui apporter le moyen tant cherché de combattre les desseins de l'Europe avec l'appui de l'Etat le plus puissant de l'Amérique. Redoublant d'ardeur, il invite à un Congrès les Etats américains ; il leur demande de prendre en considération la déclaration du Président des Etats-Unis de l'Amérique du Nord, leur montre la nécessité de la rendre effective

Europe, laissant au Brésil en qualité de régent son fils aîné Dom Pedro. En 1822, une assemblée nationale prononça la séparation du Brésil d'avec le Portugal et nomma Dom Pedro empereur.

(1) DEBERLE, op. cit., p. 117 et s.

et en précise la ligne de conduite, en édictant les moyens
d'arrêter les tentatives de colonisation de l'Europe et l'intervention des puissances européennes dans les affaires intérieures de l'Amérique : il veut la déclaration d'un droit public
américain propre au Nouveau-Monde et la répudiation du droit
public européen, applicable seulement à l'Europe (1).

§ II

Le 26 juin 1826, les conférences s'ouvrirent à Panama
« dans cette magnifique position d'où la diplomatie américaine devait considérer les intérêts de dix peuples nouveaux
et constituer une fédération républicaine en regard de la vieille
organisation monarchique de l'Europe » (2).

Le congrès devait examiner d'abord le projet de fédération
entre les dix Etats jadis attachés à l'Espagne ou au Portugal,
puis, cette union formée, créer une barrière infranchissable
entre l'Europe et l'Amérique, en déclarant que les territoires
américains ne pourraient plus être sujets à la colonisation. Le
fait de n'être pas encore occupés et la raison d'une première
découverte ne pouvaient apporter de titre justificatif à leur
possession.

Il y avait à cet égard un précédent à exploiter dans la déclaration du président Monroe. L'effet de ce langage était
connu ; sa fermeté avait arrêté les puissances européennes
dans d'audacieux projets. Il fallait prolonger le bienfait du
message et en proclamer à nouveau les principes. L'Europe,
au moment de son apparition, n'avait que faiblement protesté ;
maintenant que l'union de la Sainte-Alliance tendait à disparaître, cette déclaration soulèverait des représentations encore
moindres ; il n'y avait pas à craindre de représailles ; le moment était donc propice pour donner une force plus grande

(1) Cf. CESPÉDÈS, La doctrina de Monroe, p. 189 et s.
(2) DEBERLE, Histoire de l'Amérique du sud, p. 118.

aux principes de 1823, en les faisant adopter par tous les
Etats de l'Amérique du Sud, réunis en une vaste fédération
pour les défendre et les faire observer.

Mais ce large programme réclamait le concours de tous les
Etats d'Amérique. Dès l'ouverture du Congrès, Bolivar et les
congressistes eurent le sentiment de son échec, en comptant
les nombreux invités qui manquaient à l'appel. Seuls les délégués du Mexique, du Guatémala, de la Colombie et du Pérou se trouvaient présents à l'ouverture des séances. Très peu
d'Etats s'étaient rendus à l'invitation, craignant de se voir
absorbés par les plus forts d'entre eux et principalement par
les Etats-Unis, qui avaient été conviés à la réunion. D'autre
part, l'appui que les promoteurs du Congrès de Panama avaient
compté trouver dans les Etats-Unis leur avait fait défaut.

§ III

C'était cependant John Quincy Adams, un des auteurs de la
doctrine de Monroe, qui occupait alors la présidence de
l'Union (1).

Dès qu'on connut à Washington les premiers projets de
Bolivar, le président se tint dans une prudente réserve. Son
attitude influa sur les membres du Congrès. M. Clay qui,
comme nous l'avons vu, avait, le 20 janvier 1824, proposé de
donner une sanction législative à la doctrine de Monroe, retira
sa motion le 26 mai, disant que l'intention actuelle des puissances européennes était suffisamment manifeste pour que tout
danger d'intervention en Amérique fût regardé comme conjuré.

Aussi, lorsque le gouvernement reçut l'invitation officielle
de Bolivar, le président, qui avait évité de transformer en loi
la doctrine de Monroe, se soucia peu de se lier par une for-

(1) Il avait été élu président des Etats-Unis en 1825, et il eût été tout à fait
logique d'y voir une espérance de plus pour la réussite du plan de Bolivar ;
les faits devaient aller à l'encontre des prévisions.

mule internationale. Sans doute, il ne repoussa pas le projet, mais il s'efforça de temporiser. Il ne fallait point faire tomber les espérances, mais il ne fallait pas les trop encourager. La doctrine de Monroe devait être conservée ; mais elle ne devait pas être trop précisée. Aussi, sans accepter l'invitation de Bolivar, Adams ne parut pas s'en désintéresser. C'est ce qui ressort des instructions données par le secrétaire d'Etat Clay à M. Poinsett, ministre des Etats-Unis à Mexico. M. Clay engage le représentant des Etats-Unis à faire ressortir l'importance des principes contenus dans la doctrine de Monroe. « Les continents américains ne doivent plus être considérés comme sujets à aucune colonisation européenne. Ce que le président Monroe a prévu, ce ne sont point les possessions coloniales telles qu'elles existent, celles-là il les tolère ; mais, pour les colonies qui pourront être créées dans la suite, la situation est tout autre, car il les a prohibées ».

En même temps, Adams cherchait à gagner du temps. L'invitation au Congrès de Panama était trop vague ; avant d'accepter, il était nécessaire d'en connaître la portée. Le gouvernement informa donc les ministres de Colombie et du Mexique, MM. Salazar et Obrégon, que le Président croyait à la nécessité de voir les Etats-Unis représentés à Panama, si toutefois il connaissait nettement les questions qui y seraient discutées. Il voulait savoir quelles étaient la nature et la forme des pouvoirs à donner aux agents diplomatiques qui devaient composer ce Congrès, le mode de son organisation et ses moyens d'action. La réponse ne se fit pas attendre. Au commencement de novembre 1826, Salazar et Obrégon adressèrent au secrétaire d'Etat des notes où ils définissaient les sujets probables des discussions du Congrès. L'artifice de Clay était déjoué, il fallait essayer d'autres détours.

Le 30 du même mois, M. Clay répondit à Salazar et à Obrégon en les remerciant de leur empressement ; le président n'adhérait point complètement à de tels préliminaires, mais néanmoins promettait d'envoyer des représentants, sous la réserve du consentement du Sénat, nécessaire pour une telle nomination. M. Clay adressait en même temps une note identique à M. Canaz, représentant du gouvernement de l'Amérique centrale. C'était faire bien des réserves et surtout se ménager avec prudence une sortie pour la suite. Néanmoins il fallait agir, puisqu'on avait accepté le principe de la convocation.

Le 6 décembre, le président Adams annonçait au Congrès dans son message qu'il avait accepté l'invitation des Républiques de Colombie, du Mexique et de l'Amérique centrale à prendre part au Congrès de Panama. Puis, le 26 du même mois, il envoyait un message spécial au Sénat pour exposer les motifs de cette conduite. Il définissait les questions qui seraient probablement traitées au Congrès de Panama, et terminait en désignant comme envoyés Richard C. Anderson de Kentucky et John Sergent de Pensylvanie, sans avoir toutefois oublié de rappeler la déclaration de Monroe et l'application de ses principes au différend russo-américain. Mais bientôt, s'étant trop engagé, il tâche de revenir en arrière. Il se retranche derrière le message de Monroe, le commente pour en préciser le sens et en réfuter les fausses interprétations. Le 15 mars 1826, il envoie dans ce sens un message à la Chambre des représentants. Il montre toute la vérité contenue dans le message du 2 décembre 1823 et insiste sur la nécessité de faire adopter ces principes par les nouvelles Républiques; mais par quels moyens assurer l'observance de ces règles sans exciter l'animosité de l'Europe? Il fallait décider que le principe serait garanti par chaque gouvernement sur son propre territoire et sur ce territoire seul (1).

Ainsi donc, pas de garantie collective, car sans cela les

_____

(1) Voici en quels termes il s'exprimait : « S'il paraissait à propos de conclure des engagements conventionnels à ce sujet, nos vues n'iraient pas au-delà d'un engagement réciproque entre les parties du continent, de maintenir l'applica-

Etats-Unis risquent d'encourir des représailles de l'Europe. La réponse est bien nette : elle est directement adressée aux promoteurs du Congrès de Panama. Les Etats-Unis respectent la doctrine de Monroe ; ils l'appliquent dans toute sa rigueur, mais à chacun à faire de même.

Et alors Adams explique les raisons qui l'ont poussé à accepter l'invitation adressée aux Etats-Unis, car il faut bien s'en justifier. Suivant lui, l'acceptation du rendez-vous de Panama ne saurait détourner les Etats-Unis de la politique indiquée par Washington. Le fondateur de l'indépendance a recommandé aux Etats-Unis de ne point prendre part aux querelles européennes et d'éviter avec soin les alliances étrangères. Mais alors les colonies espagnoles n'avaient pas leur indépendance. Depuis, de nouvelles nations se sont formées, et les Etats-Unis s'en sont réjouis. Il y a pour eux un intérêt primordial à voir respecter l'indépendance de ces jeunes Républiques. Contribuer à assurer ce respect, c'est suivre la vraie pensée de Washington et la déclaration de Monroe. « Monroe n'a-t-il pas dit que l'extension du système politique européen à quelque partie de cet hémisphère, serait considérée comme dangereuse à notre paix et à notre sécurité ?... En agissant de la sorte, continue Adams, les Etats-Unis ne se sont point attiré l'hostilité de l'Ancien Continent ». Le président affirme avoir tout fait pour que le Congrès panaméricain agisse avec modération et ne stipule rien qui puisse porter ombrage à l'Europe. La Sainte-Alliance s'est formée sans s'inquiéter des Etats-Unis ; le Congrès de Panama peut se former à son tour sans s'inquiéter d'elle. L'Europe ne peut se formaliser de décisions si pacifiques.

La discussion au Sénat fut pourtant très orageuse. Le

---

tion du principe dans leur propre territoire et de ne pas permettre sur leur propre sol des établissements ou des comptoirs coloniaux soumis à la juridiction de l'Europe ». LAWRENCE, *op. cit.*, II, p. 315.

Président perdait chaque jour de sa popularité et voyait avec crainte ses partisans diminuer ; de nombreux discours furent prononcés d'où résultait clairement l'impression que l'Union ne trouverait aucun bénéfice au Congrès de Panama où elle récolterait seulement des ennuis de toute sorte. Le Sénat approuva cependant la nomination d'Anderson et de Sergent comme envoyés extraordinaires et ministres plénipotentiaires. Restait à obtenir le concours de la Chambre pour le vote du bill d'appropriation destiné à mettre en œuvre la décision de l'exécutif. Ce fut l'occasion d'un nouvel assaut contre Adams. Daniel Webster, dans le comité des affaires étrangères, parla des devoirs du président ; il parla aussi de la déclaration de Monroe. « Je vois, dit-il, dans le message de Monroe, une page brillante de notre histoire, je n'aiderai ni à l'effacer, ni à la déchirer, ni à la ternir par quelque acte que ce soit ; cela fait honneur à la sagacité du gouvernement, et je ne veux pas diminuer cet honneur. Il a élevé les espérances et surexcité le patriotisme des peuples ; sur ces espoirs, je ne veux apporter aucune ombre et je ne veux point non plus me heurter à ce patriotisme généreux ». Il n'en était pas moins hostile à l'acceptation par les Etats-Unis du programme panaméricain de Panama.

Edouard Liwingston, dans un discours énergique, s'efforça de combattre devant la Chambre des représentants l'opinion du président : « La déclaration relative aux puissances alliées, disait-il, avait trait seulement à un état de choses existant alors ; elle était faite lorsque toutes les grandes puissances de l'Europe, à l'exception de la Grande-Bretagne, étaient réunies dans le dessein avéré de renverser le gouvernement représentatif en Europe, quand les projets de la Sainte-Alliance avaient été mis à exécution à Naples, au moment même où l'Espagne était prête à appliquer ces mêmes principes à l'Amérique, à un moment où ce n'était point un fait du hasard, mais un projet longuement discuté, une menace certaine contre nos propres institutions politiques » (1). Le même danger existait-il encore ? La Chambre ne le crut pas, et par 99 voix contre 95 blâma la conduite du président (2). Le président para le coup en usant de son droit de veto : « La résolution, objectait-il, empiétait sur les pouvoirs constitutionnels de l'exécutif ». La chose était possible, mais assurément une telle décision reflétait bien l'état d'esprit du Congrès. Il fallait retenir de la doctrine de Monroe ce qui était profitable aux Etats-Unis, et rejeter les obligations qui étaient le corollaire des avantages perçus. Après de nouvelles discussions, l'accord finit par s'établir et le Congrès résolut de nommer des représentants à Panama avec des instructions nécessaires pour prendre part aux délibérations dans la mesure des droits de neutralité qu'il ne fallait pas violer.

Les Etats-Unis avaient donc enfin nommé leurs délégués, et ces délégués partirent non sans avoir reçu de nouvelles recommandations leur enjoignant de ne pas s'engager. Mais les instructions du gouvernement de Washington étaient vaines, car ni l'un ni l'autre n'allaient pouvoir prendre part aux travaux du Congrès de Panama. Les deux délégués s'étaient à peine mis en route, que l'un d'eux mourut. L'autre ne se décou-

---

(1) Cf. MOORE, *The Monroe Doctrine*. Political science quaterly, XI. p. 22, en note.

(2) Voici le texte de cette résolution :

« Résolu que le Gouvernement des Etats-Unis ne devait pas être représenté au congrès excepté avec un caractère diplomatique et que les Etats-Unis n'avaient pas à former une alliance quelconque offensive ou défensive, ou à négocier au sujet d'une pareille alliance avec toutes ou avec une des Républiques espagnoles américaines : que les Etats-Unis n'avaient pas à devenir parties contractantes avec celles-ci ou avec une autre d'entre elles pour quelque déclaration commune dans le but d'empêcher l'intervention de n'importe laquelle des puissances européennes contre leur indépendance ou leur forme de gouvernement, ou pour quelque union dans le but d'empêcher la colonisation sur le continent de l'Amérique ; mais que le peuple des Etats-Unis serait laissé libre d'agir, dans toute crise, de telle manière que ses sentiments d'amitié envers ces Républiques et que son propre honneur et sa politique le lui dicteraient au moment même ». — MOORE, R. D. I., article cité. p. 308 et s.

ragea pas et continua son chemin. Mais il n'arriva qu'après le Congrès. Le vœu secret des Etats-Unis se trouvait réalisé par la complicité des circonstances. Ils n'avaient pas refusé de venir ; mais ils arrivaient juste à temps pour apprendre l'échec des projets qui les inquiétaient.

Malgré l'absence du délégué nord-américain, le Congrès avait-il fondé l'Union projetée ? était-il arrivé à élaborer un programme bien net ? Point du tout. On avait d'abord attendu les délégués américains, puis comme ils ne venaient pas, les délégués des quatre seuls Etats qui avaient pris part au Congrès (Mexique, Guatémala, Colombie et Pérou), désespérés de toujours attendre sans rien voir venir, avaient résolu de se séparer. Mais honteux de ne pouvoir rien présenter de leurs travaux, ils avaient bâclé un traité d'amitié, d'union, d'alliance et de confédération perpétuelle, auquel les autres Etats de l'Amérique pouvaient adhérer. Dans ce traité, ils avaient inséré une clause fixant le contingent que chaque Etat devait fournir pour la défense commune. Cela fait, ils s'étaient séparés (15 juillet 1826), après s'être donné un nouveau rendez-vous pour l'année suivante à Tacabuya, dans le Mexique. Non-seulement, l'année suivante, ils ne se réunirent pas ; mais le traité qu'ils avaient élaboré resta lettre morte ; une seule puissance, la Colombie, le ratifia.

Le Congrès avait piteusement échoué. La faute en était-elle aux Etats-Unis? La faute en était-elle au contraire à Bolivar dont l'ambition avait effrayé les nouveaux Etats? Quoi qu'il en soit, le Congrès de Panama, bien loin de réaliser l'union, en avait précipité la faillite.

§ IV

L'égoïsme et l'intérêt personnel avaient seuls réglé la conduite des Etats-Unis. Le message de Monroe avait, en effet, produit tout ce qu'ils en attendaient. L'Europe, ainsi que l'avait fait remarquer M. Clay, s'était décidée à ne pas intervenir en Amérique. Le danger ainsi écarté, il était inutile de chercher à nouveau à le combattre, puisqu'il n'existait plus. Mais ne fallait-il pas au moins en prévenir le retour? Non, parce qu'en prenant des mesures préventives, les Etats-Unis pouvaient s'attirer des représailles de l'Europe. L'ancien continent dormait ; il ne fallait pas le réveiller par des provocations inutiles.

A rester inactifs, les Etats-Unis avaient tout intérêt ; ils croissaient, et, pour pouvoir prendre leur essor, ils avaient besoin de toutes leurs forces. Ils ne pouvaient pas dépenser inutilement leur énergie, alors qu'elle leur était nécessaire : ils devaient songer au présent avant de se tourner vers l'avenir. Ce n'était pas le moment de transformer en une loi internationale cette doctrine de Monroe qu'ils avaient renoncé à consacrer législativement. En agissant ainsi, ils ne violaient pas le message de 1823. Monroe ne leur avait pas recommandé de faire adopter sa doctrine par toutes les puissances américaines. Le président Adams devait essayer de restreindre le message de 1823 en ne le déclarant applicable qu'à l'Amérique du Nord. Il n'avait pas besoin d'opérer cette restriction pour laisser tomber le programme du Congrès de Panama. En généralisant la doctrine de Monroe, Bolivar ne tendait à rien moins qu'à faire assumer par les Etats-Unis la garantie des indépendances américaines : c'était substituer à la déclaration de Monroe, purement unilatérale, un engagement contractuel que Monroe, prudent, n'eût jamais accepté. Les Etats-Unis avaient perdu une belle occasion de faire adopter par tous les Etats américains le principe du message de 1823, et ils devaient se convaincre plus tard à leurs dépens qu'ils ne trouveraient plus de circonstances aussi favorables, mais ils n'avaient pas violé les préceptes émis par le cinquième président des Etats-Unis. « En agissant ainsi, les Américains, comme le fait observer M. Moore, agissaient suivant ce que leur commandait leur paix et leur sécurité sans prétendre dicter aux autres Etats américains la conduite qu'ils devaient tenir » (1).

Néanmoins, la surprise fut grande pour les nouvelles Républiques : elles s'aperçurent que la doctrine de Monroe avait été écrite dans l'intérêt exclusif des Nord-Américains. Les Etats-Unis l'invoquaient quand ils pensaient en tirer un avantage, mais quand ils ne pouvaient en retirer aucun profit, ils restaient muets (2).

Les Etats de l'Amérique centrale et de l'Amérique du Sud se voyaient livrés à eux-mêmes, sans secours de la part des Etats-Unis de l'Amérique du Nord. Il y avait bien une doctrine de Monroe qui défendait la colonisation de l'Amérique par l'Europe et l'extension du système européen au nouveau continent ; cette doctrine, c'était bien les Etats-Unis qui l'avaient proclamée, mais c'était à chaque Etat à en assurer le respect sur son propre territoire, avec ses seules ressources. Il ne fallait pas compter sur l'Union pour faire observer les préceptes du message de 1823.

---

(1) Moore, *The Monroe Doctrine*. Political science quarterly, 1896, vol. XI, p. 18.

(2) Le Guatémala devait s'en convaincre encore plus nettement en 1835, lorsqu'il réclama le secours du gouvernement de Washington contre l'Angleterre : les Anglais, depuis plus de deux cents ans, avaient fondé dans la région qui s'appelle aujourd'hui le Honduras Britannique des établissements coloniaux. Plus tard, le corsaire Wallis, que n'avaient pu expulser les Espagnols, explora une rivière de ce pays, le Rio-Belize, et constitua dans ces territoires un gouvernement indépendant. L'Angleterre n'admit point les prétentions de Wallis, ne voulant point être gênée dans l'extension de ses colonies et désirant conserver à ces territoires le caractère de *res nullius*. Le nouvel état de Guatémala protesta et fit appel au gouvernement de Washington pour se débarrasser des Anglais (1835). Mais le président Jackson refusa de s'occuper de cette question, et en 1859, lorsque les frontières du Honduras Britannique furent fixées, elles englobèrent la ville de Belize.

CHAPITRE III

L'AFFAIRE DU TEXAS

—

§ 1. L'extension de la Doctrine de Monroe. L'application au Texas. Bon
vouloir de cet Etat. — § 2. Les intérêts des Etats-Unis. Leurs tergi-
versations. — § 3. Le recours à la Doctrine de Monroe. — § 4. La
solution. — § 5. La Doctrine Polk.

Au Congrès de Panama, les Etats-Unis s'étaient refusés à
étendre la doctrine de Monroe : avec un peu d'insistance, et
même, simplement, avec un peu de bon vouloir, ils auraient
pu la faire adopter par tous les Etats de l'Amérique. Ils
avaient préféré ne pas assumer d'obligations gênantes, et réserver leurs forces pour eux-mêmes, ayant à cette heure retiré de la doctrine de Monroe tout ce qui leur était nécessaire.
Vingt ans plus tard, les circonstances avaient changé : ils
étaient devenus plus forts, grâce à l'entrée de nouveaux Etats
dans l'Union (1) et l'Europe avait compris qu'il fallait compter
avec une nation si prospère. Le gouvernement voulait de nouveaux territoires pour accroître son domaine, il se rappela
l'effet magique de la doctrine de Monroe : elle avait sauvé
les Etats-Unis de l'intervention européenne, elle avait servi
d'instrument de défense contre l'ancien continent, elle devait
pouvoir aussi servir d'instrument d'acquisition vis-à-vis de
l'Amérique.

§ I

Que fallait il faire pour l'utiliser ainsi ? Au lieu d'appliquer
la doctrine de Monroe à la solution d'un conflit extérieur,

—————

(1) L'Arkansas en 1836 et le Michigan en 1837.

il fallait en user pour trancher des questions de politique intérieure. La doctrine de Monroe ne s'opposait pas à l'annexion américaine au profit des Etats d'Amérique, car elle
avait seulement défendu la colonisation européenne dans le
Nouveau-Monde ; elle ne s'opposait pas non plus à l'intervention des Etats-Unis dans les affaires intérieures du continent
américain, car elle n'avait prohibé que l'ingérence de la
Sainte-Alliance. Les Etats-Unis pouvaient donc, sans la méconnaître, s'annexer de nouveaux territoires et intervenir dans
la politique intérieure des Etats américains.

Les annexions des Etats-Unis s'étaient faites vers le Sud ;
ils avaient obtenu de Napoléon Ier la cession de la Louisiane
en 1803 ; ils avaient acheté la Floride à l'Espagne en 1819 ;
ils n'avaient plus que le Texas à obtenir pour occuper toute la
partie septentrionale du golfe de Mexique. Les circonstances
les secondèrent ; car de lui-même cet Etat vint s'offrir aux
Etats-Unis.

Depuis longtemps le Texas était en proie à la guerre civile
et avait fait l'objet des convoitises des Etats-Unis. Habité d'a-
bord par les Toltèques, supplantés au xiie siècle par les Aztè-
ques, il avait été découvert en 1524 par Sébastien Gomez, capitaine au service de l'Espagne ; il avait résisté avec succès aux
expéditions de Panfilo de Narvaez, chargé d'en faire la conquête (1527). Mais, dans le courant du xviiie siècle, il fut
soumis par les Espagnols, qui y créèrent les établissements
de San Antonio de Begar, de Badia et de Goliad, et en firent
une florissante colonie.

Dès 1812, les Américains furent jaloux de voir cette prospérité ne profiter qu'aux Espagnols. Ils essayèrent de rendre
indépendant le Texas. De nombreuses révoltes éclatèrent, les
Espagnols réussirent à les réprimer ; mais peu à peu, ils per-
dirent pied et, finalement, durent céder. Le 12 septembre
1816, Luis Aury et Manuel Herrera y organisaient la République et l'annexaient au Mexique. Les Etats-Unis profitèrent

alors de l'expédition d'un de leurs généraux, Mac Grégor, dans la Floride orientale, pour envahir en même temps le Texas. Le général Mac Grégor était allé trop vite, le président Monroe le désavoua et, lors de la convention signée avec l'Espagne (1819), relativement à l'achat de la Floride, le Texas fut laissé indépendant. Trop faible pour conserver son indépendance, il se joignit aux Etats-Unis du Mexique.

Le fait était significatif : les Etats-Unis s'étaient sentis trop peu forts pour stipuler d'autres avantages que l'achat de la Louisiane; ils abandonnaient le Texas sans perdre de vue leur projet d'acquisition. En 1827, sous la présidence d'Adams, le secrétaire d'Etat, Clay, avait engagé le ministre des Etats-Unis à Mexico à sonder les Etats-Unis du Mexique sur le point de savoir s'ils consentiraient à la cession du Texas : le gouvernement mexicain avait-il déclaré qu'il ne pouvait aliéner une partie du territoire fédéral, ou bien avait-il refusé d'accéder aux ouvertures des Etats-Unis? Quoi qu'il en fût les ouvertures n'aboutirent à aucun résultat (1).

Mais les Etats-Unis y revinrent. Trois mois après l'élection du président Andrew Jackson (2), le secrétaire d'Etat Van Buren priait M. Poinsett, ministre américain à Mexico, de traiter l'achat du Texas. M. Poinsett se flattait de réussir; il entretenait de cordiales relations avec le chef du parti démocratique du Mexique, alors au pouvoir ; la détresse financière de cet Etat et les menaces de guerre avec l'Espagne influeraient, pensait-il, sur les décisions du gouvernement mexicain. Le diplomate américain se trompait, il échoua comme ses prédécesseurs. Il ne restait plus qu'à attendre : les Etats-Unis s'y résolurent.

Quelques années plus tard (1830), la guerre éclatait entre le Texas et le Mexique, et le traité de limites, qui avait été signé

---

(1) Cf. à ce sujet GRIMBLOT, *Du Texas et de son annexion aux Etats-Unis*. *Revue indépendante*, 25 août 1844, p. 603.

(2) Il avait été élu en 1828.

le 12 janvier 1828 entre les Etats-Unis et le Mexique, ne reçut aucune exécution. Dès le début de la lutte, le gouvernement de Washington, sans entrer en scène, montra quel intérêt il y prenait. Jackson y revint à plusieurs reprises dans ses messages, constatant chaque fois combien sérieuses étaient les entraves apportées par la lutte au commerce américain, et combien graves étaient les atteintes à la sécurité des nationaux américains. Bustamante, alors président du Mexique, vit bien, dans ces allusions, les secrets désirs des Etats-Unis et déclara nettement s'opposer à l'acquisition par l'Union des territoires de la République mexicaine.

Pendant six années, la lutte se poursuivit entre le Mexique et le Texas ; une nouvelle République se constitua dans ce deuxième Etat pendant la guerre, et se donna une constitution dans la convention de San Felipe (22 novembre 1835). Le premier président, Houston, mena activement les opérations et infligea une défaite complète aux Mexicains à San Jacinto.

Le Texas ne devait pas jouir longtemps de son indépendance ; incapable de rester seul au milieu d'Etats forts qui avaient jeté sur lui leur dévolu et qui désiraient se venger des défaites essuyées, il devait songer au danger des représailles ou de la guerre. Le président du Texas trouva plus sage de le prévenir. Dès le mois d'octobre, il demandait au peuple de se prononcer sur l'annexion aux Etats-Unis, et le peuple, par 3,279 voix contre 91, se déclarait en faveur de cette solution.

Dans son message inaugural du 22 novembre 1836, Houston proclame bien haut la sympathie des Texiens pour les Etats-Unis : « Cet élan est un droit pour un peuple libre et ami ; nos voisins nous le refuseront-ils ? Ils nous ont favorisés de leur plus ardente sympathie, les sentiments les plus reconnaissants et les plus généreux ont été exprimés de notre part ; nous avons donc l'espérance d'être admis à participer aux droits civils, politiques et religieux accordés à la grande famille des hommes libres » (1). Le tout était de savoir si la grande famille des hommes libres voudrait bien admettre le Texas dans son sein. Au premier abord, il semblait paradoxal de mettre en doute l'empressement avec lequel les Etats-Unis accepteraient la proposition : n'avaient-ils pas tout fait jusque-là pour acquérir le Texas ? Et, aujourd'hui, où cet Etat leur demandait d'entrer dans l'Union, allaient-ils refuser ? La chose n'était pas possible, car ils avaient de nombreuses raisons pour désirer cette annexion (2).

§ II

Par l'accession du Texas, les Etats-Unis achevaient de prendre position sur le golfe du Mexique et de s'y établir définitivement. La prospérité de cet Etat ajoutait à la richesse de l'Union, et, par son incorporation, les relations commerciales avec le Sud, déjà si nombreuses, se trouvaient facilitées. L'entrée du Texas, au nombre des Etats formant la confédération nord-américaine, allait augmenter le nombre des esclavagistes. Or, la question de l'esclavage commençait à se poser avec une réelle acuité, et les Etats du Sud, esclavagistes, craignaient d'être vaincus par les Etats du Nord, anti-esclavagistes. La balance, si elle n'était pas rompue au détriment de ceux-ci, allait cependant être profondément modifiée par l'annexion du Texas. Tout semblait donc faire présager que de nombreux partisans défendraient au Congrès la cause du président Houston.

L'attitude du gouvernement fut d'abord très réservée, il semblait se rappeler le désaveu par Monroe des premières tentatives des aventuriers américains commandés par Mac Grégor. Le président Jackson était hésitant et ses hésitations se traduisirent dans son message du mois de décembre 1836. Il rappe-

(1) Cespédès, *La doctrina de Monroe*, p. 207.
(2) Voyez à ce sujet l'article de Grimblot, *Revue indépendante*, 25 août 1844 : *Du Texas et de son annexion aux Etats-Unis*.

lait la stricte neutralité observée par les Etats-Unis durant la
lutte soutenue par le Texas contre le Mexique; mais, ajoutant
immédiatement un correctif à sa pensée, il annonçait qu'il
avait permis à un officier supérieur de l'armée américaine de
se porter sur le territoire réclamé comme partie intégrante du
Texas pour le protéger contre les déprédations des Indiens. Le
langage du président était énigmatique : d'un côté, il passait
sous silence la reconnaissance de l'indépendance du Texas; de
l'autre, il déclarait intervenir.

Le gouvernement de Washington faisait la sourde oreille. Il
craignait l'influence des anti-esclavagistes, membres des deux
Chambres (1), qui ne voulaient pas laisser le Texas renforcer au Congrès les partisans de l'esclavage. Mais ce moment
d'hésitation ne devait pas durer. L'arrivée aux affaires de Van
Buren (2), l'élu du parti esclavagiste, vint apporter de profondes modifications à l'attitude des Etats-Unis (1837). Le
nouveau président exprima ses regrets de n'avoir pu renouer
de bonnes relations avec le Mexique (3) sans faire allusion au
Texas; mais il prit ses dispositions pour arriver à l'annexion.
Tout en paraissant décidé à suivre la même politique que ses
prédécesseurs, tout en simulant de ne pas prendre en considération la résolution déposée sur le bureau du Sénat par le
sénateur Preston de la Caroline du Sud en faveur du nouvel
Etat, il laissa l'agitation populaire s'exercer en faveur de l'ad-
jonction du Texas, malgré les protestations de Bustamante et
de Bocanegra, ministre des Relations extérieures du Mexique;
finalement, il dut fournir des explications et chargea le secré-

---

(1) C'est ainsi que Channing, le prêtre américain qui avait une si grande influence sur ses compatriotes, comptait parmi les membres de l'opposition Le
1er août 1837, il écrivait à Henri Clay pour protester contre l'annexion du
Texas.

(2) Il avait été élu à la présidence en 1836, par 24 voix de majorité sur ses
concurrents Clay, Webster et Harrison.

(3) Voyez ses messages de 1837 et de 1838.

taire d'Etat Daniel Webster de répondre au gouvernement
du Mexique que : « Les Etats-Unis n'étaient point maîtres
de s'opposer aux réunions publiques en faveur du Texas, pas
plus qu'ils ne pouvaient empêcher les particuliers de prêter
main forte au gouvernement en introduisant au Texas de l'argent ou des armes. » Aussi le gouvernement du Mexique fit-il
une verte réponse à Webster. « Vous avez manqué, lui écrivit
don Juan Almonte, ministre plénipotentiaire à Washington, à
la bonne foi et aux principes de justice pour commettre l'attentat de vous approprier une partie intégrante du territoire
mexicain » (1).

En même temps (mars 1837) les Etats-Unis reconnaissaient
le Texas, sans toutefois répondre à l'offre qui leur avait été
faite par Houston. Aussi celui-ci ne cachait-il pas sa surprise et son dépit dans son message du 5 mai 1837. « Il
convient de rendre compte, disait-il, que notre attitude touchant l'annexion aux Etats-Unis de l'Amérique n'a pas produit un changement important ; lors de la dernière réunion
du Congrès, nos représentants à Washington nous ont donné
un rapport de tout cela : ils méritent des éloges de notre part
pour l'attitude qu'ils ont eue en soutenant nos intérêts dans
une cour étrangère... Nous espérons que le nouveau Congrès
prendra en considération notre vœu et le mettra à exécution
le plus vite possible ».

§ III

Il fallait justifier une telle conduite : le gouvernement de
Washington recourut à la doctrine de Monroe. Les Texiens,
qui avaient été vivement irrités du refus des Etats-Unis,
avaient résolu de se constituer en Etat indépendant. En
1839 et en 1840, la France, l'Angleterre et la Hollande
avaient reconnu leur indépendance, et Houston, le partisan

(1) CESPÉDÈS, op. cit., p. 210.

des Etats-Unis, avait été remplacé par Mirabeau Lamar,
le champion de l'indépendance absolue. Mais les menées des
partisans de Houston le ramenèrent au pouvoir en 1843 ; cette
fois, le gouvernement du Texas était décidé à pousser avec
activité la campagne, d'autant plus que les élections de 1840
aux Etats-Unis avaient amené comme président Harrison.
Peu de temps après, le nouvel élu était mort et avait été remplacé par le vice-président Tyler (1840) (1). Tyler fut aidé
dans sa tâche par le secrétaire d'Etat Calhoun, l'un des partisans avérés de l'annexion. Tyler était d'autant plus heureux
de saisir cette occasion qu'il espérait ainsi se rallier des élec-
teurs pour la présidence. Le 12 avril 1844, un traité était signé entre M. Calhoun, pour les Etats-Unis, et MM. Van
Zandt et Henderson, pour le Texas. « Par ce traité, la République du Texas, agissant conformément aux désirs du peuple
et du gouvernement, cédait aux Etats-Unis tous ses territoires,
pour être possédés par eux, en toute propriété et souveraineté, et être assujettis aux mêmes règlements constitutionnels
que leurs autres territoires. Les Etats-Unis respectaient les
titres et prétentions à des possessions légitimes validés par le
Texas, prenaient à leur charge les dettes publiques et autres
créances du Texas émises jusqu'à ce jour et évaluées à dix
millions de dollars au plus » (2). Le président Tyler avait
commencé l'explication de ce revirement l'année précédente (3) ; il avait montré que la situation troublée du Texas
était intolérable ; le Mexique n'avait plus aucune chance de
reconquérir sa souveraineté, et le Texas s'était déclaré indépendant ; mais, il était, de l'aveu général, trop faible pour
pouvoir conserver son indépendance. Déjà, les Etats euro-

---

(1) Suivant un article de la constitution, lorsque le président meurt en cours
d'exercice, il est remplacé par le vice-président (chap. 2, section I, art. 6.
Constitution des Etats-Unis).

(2) GRIMBLOT, art. cité, p. 612.

(3) Message du 5 décembre 1843.

péens l'avaient reconnu, et avaient montré leur dessein d'intervenir. Il fallait à tout prix arrêter ces projets : « Nous ne pourrions tolérer, disait-il, une intervention qui serait à notre désavantage : le Texas n'est séparé des Etats-Unis que par une ligne géographique ; le Texas, suivant l'opinion de plusieurs personnes, fait partie intégrante du territoire de l'Union ; sa population est homogène, son commerce identique à celui des Etats limitrophes, la plupart des citoyens de ce pays ont appartenu à l'Union, et les institutions politiques en sont les mêmes. Les devoirs politiques pourront contraindre les autorités des Etats-Unis à adopter une conduite déterminée par l'obstination du gouvernement mexicain : dans ce cas, le pouvoir exécutif fera un appel au patriotisme du peuple pour qu'ils soutiennent le gouvernement » (1). Le président n'avait pas invoqué la doctrine de Monroe elle-même ; mais, il s'était servi des principes, qui y étaient contenus, pour défendre sa cause. Monroe avait défendu l'intervention de l'Europe en Amérique, cette intervention était imminente au Texas, il fallait l'empêcher par son annexion aux Etats-Unis. Néanmoins, la partie était loin d'être gagnée : le Sénat rejetait, en effet, le 8 juin 1844, le projet par 35 voix contre 16. C'était l'échec complet de la nouvelle politique inaugurée par Tyler.

§ IV

Le président Tyler ne se découragea pas, et ce qu'il n'avait pu faire par un traité, il voulut le faire par une loi.

Le 10 juin 1844, il adressait un message à la Chambre des représentants, où il comptait de nombreux partisans, pour exposer son nouveau projet : « L'autorité du Congrès, dit-il, est compétente d'une autre manière pour faire tout ce qu'aurait pu faire une ratification formelle du traité, et je croirais man-

(1) LAWRENCE, op. cit. II, p. 335.

quer à mon devoir vis-à-vis de vous ou vis-à-vis du pays si je
ne vous communiquais pas toutes les pièces qui ont été sous
les yeux du pouvoir exécutif afin de vous mettre en état d'agir
en pleine connaissance de cause, si vous le jugez à propos » (1).
La Chambre l'écouta et presque aussitôt le colonel Thomas
Benton introduisit un bill en faveur de l'annexion du Texas.
Au mois de décembre, le président pouvait constater que le
nombre des partisans de l'annexion avait sensiblement augmenté : les Etats-Unis s'étaient convaincus que les craintes de
Tyler pouvaient être justifiées par les événements. L'Angleterre avait, en effet, nettement offert son appui au Texas,
et la France, par l'entremise de son plénipotentiaire, M. Dubois de Saligny, avait offert sa médiation pour négocier un
arrangement entre le Mexique et le Texas, en prenant pour
base l'indépendance de celui-ci. M. Guizot avait été même
chargé de faire un rapport au roi sur la question. Le Congrès
prit peur ; le 25 janvier 1845, la Chambre des représentants
approuva par 120 voix contre 98 une série de résolutions qui
déclaraient que la République du Texas devenait un Etat de
l'Union : le Sénat adoptait ces mêmes résolutions, par 27 voix
contre 25, et le 1er mars 1845 le président Tyler, quelques
jours à peine avant son départ de la Maison-Blanche, pouvait
ratifier l'acte du Congrès : le Texas faisait désormais partie de
l'Union.

§ V

C'était sans doute une application de la doctrine de Monroe que le président Tyler avait faite : mais une application
lointaine. Un rapport existait entre la situation actuelle et la
situation de 1823, mais il fallait le faire ressortir pour rendre incontestable l'application au Texas des principes de 1823.
Le président James Polk (2) s'en chargea. Elu du parti démo-

---

(1) LAWRENCE, op. cit., II. p. 335.

(2) Il avait été élu président en 1844.

cratique qui avait favorisé l'annexion du Texas, il arrivait trop tard pour accomplir l'œuvre, mais il avait à cœur de l'expliquer tout en la glorifiant dans un document officiel. Il le fit dans le message du 2 décembre 1845 : « Récemment, disait-il, la doctrine a été émise chez quelques-unes de celles-ci (les puissances d'Europe), d'un équilibre de pouvoirs sur ce continent pour enrayer notre avancement. Les Etats-Unis... ne peuvent permettre, en gardant le silence, aucune intervention *sur le continent de l'Amérique du Nord* ; et si une pareille intervention était jamais tentée, ils seront prêts à résister à tout assaut... Nous devons toujours maintenir le principe que les peuples de ce continent seuls ont le droit de décider de leur propre destinée. Si quelque portion d'entre eux, se constituant en Etat indépendant, proposait de s'unir à notre confédération, *ce serait une question à trancher entre eux et nous, sans qu'une intervention étrangère soit possible.* Nous ne pouvons jamais consentir à ce que des puissances européennes puissent intervenir pour empêcher une telle union, sous le prétexte qu'elle pourrait troubler l'équilibre des pouvoirs qu'ils peuvent maintenir sur ce continent » (1).

Ainsi le président Polk proclame à nouveau le droit pour l'Amérique d'être un continent libre et indépendant de l'Europe. Le président Monroe avait affirmé la séparation des continents ; le président Polk réitère cette affirmation et refuse aux pouvoirs européens le droit d'intervenir en Amérique pour y établir un équilibre, fruit de leur décision. Le Nouveau-Monde, libre et indépendant, ne doit pas être l'objet d'une décision de l'Europe, quelle qu'en soit la cause. Forts d'un tel raisonnement, les Etats-Unis s'annexent le Texas. Il faut faire cesser la cause même des conciliabules qui se tiennent de l'autre côté de l'Atlantique et adjoindre aux Etats-

_____

(1) MOORE, R. D. I., XXVIII, p. 317. — Le message contient une seconde partie relative à l'Orégon.

Unis les territoires convoités par l'ancien continent. Monroe avait prohibé l'intervention européenne, Polk la prohibe à son tour. En cela il donne une solution conforme à la doctrine de Monroe. Mais il en augmente la portée, car si le cinquième président avait menacé de contre-intervenir si l'Europe intervenait en Amérique, son successeur proclame une nouvelle idée. Au lieu de répondre à l'intervention par l'intervention, il n'attend pas qu'elle se produise, il lui suffit qu'elle se prépare pour aussitôt s'interposer lui-même dans les affaires intérieures d'un Etat. Afin de le sauver de l'intervention européenne imminente il l'engage à se joindre à l'Union nord-américaine pour faire tomber d'un seul coup les désirs des puissances.

Cette extension si grave de la doctrine de Monroe est en germe dans le message de 1823. Monroe veut exclure l'Europe de l'Amérique et n'emploie pour arriver à ces fins qu'un moyen platonique, une déclaration. Tyler passe de la parole à l'action, en favorisant l'annexion du Texas, et Polk justifie sa conduite, en disant qu'elle est nécessaire pour empêcher l'intervention de l'Europe. Dès lors, le sens de la doctrine de Monroe n'est plus le même. Le cinquième président s'en est servi pour se défendre ; Tyler et Polk s'en servent pour attaquer, et pour attaquer non plus seulement l'Europe, mais un Etat américain, le Mexique, auquel ils enlèvent le Texas. Si, au Congrès de Panama, les Etats américains avaient pu se convaincre que la doctrine de Monroe n'avait pas été écrite pour eux, aujourd'hui ils pouvaient perdre leur dernière illusion en découvrant qu'elle avait été faite contre eux.

La transformation de la doctrine de Monroe ne s'opère pas sur ce seul point : le président Polk se rend compte de la gravité de l'extension qu'il a fait subir au message de 1823, il entrevoit les conséquences qui peuvent découler d'un pareil raisonnement ; alors, saisi de frayeur à l'idée qu'il va peut-être engager les Etats-Unis dans les aventures en les poussant à s'annexer des territoires éloignés, il restreint le domaine de la doctrine de Monroe et ne la déclare applicable qu'à l'Amérique du Nord. « Les Etats-Unis ne peuvent permettre, en gardant le silence, aucune intervention sur le continent de l'Amérique du Nord » (1). Vingt ans plus tard, il reproduit les mêmes affirmations qu'Adams. La doctrine de Monroe n'a pas pour domaine tout le nouveau continent, elle ne s'impose ni à l'Amérique centrale, ni à l'Amérique du Sud ; l'Amérique du Nord, où s'arrêtent actuellement les visées de l'Union, intéresse seule le gouvernement de Washington.

Aux yeux du président Polk, la doctrine de Monroe se condense donc dans ces trois mots : « l'Amérique aux Américains », mais, par Américains, il faut entendre Nord-Américains. « En Amérique, dit Polk, il y a bien des Américains, mais il n'y en a pas de plus Américains que nous. La colonisation, l'intervention, l'établissement d'un pouvoir quelconque sont défendus à l'Europe ; mais, nous, nous avons carte blanche pour conquérir, coloniser et intervenir quand il y aura lieu. Sans doute, nous avons retiré des droits aux Européens, mais nous les avons retirés pour nous les approprier et en profiter seuls tout à notre gré, sans respecter les autres Etats du Nouveau-Monde ». Polk prévenait l'intervention européenne par l'annexion au détriment de l'indépendance des Etats nord-américains, que la doctrine de Monroe, faite dans l'intérêt de l'Amérique, devait au contraire assurer.

(1) Message du 2 décembre 1845. MOORE, loc. cit.

CHAPITRE IV

L'AFFAIRE DU YUCATAN

—

§ 1. Les origines de la question. – § 2. La solution proposée par Polk. § 3. Son interprétation de la doctrine de Monroe.

En déclarant au nom de la doctrine de Monroe qu'il fallait s'ingérer dans les affaires intérieures des Etats nord-américains pour s'opposer à l'établissement d'un pouvoir européen en Amérique, le président Polk avait innové sur deux points : il avait d'abord restreint à l'Amérique du Nord le champ d'application de la doctrine de Monroe, et avait prévenu l'intervention par l'annexion. Il avait voulu ainsi justifier la conduite du président Tyler; mais il ne s'était pas contenté de cette déclaration platonique; il avait voulu surtout, par cette justification, poser un précédent au sujet du Yucatan.

§ I

Deux raisons principales pouvaient, dans ce cas, justifier l'application de la doctrine de Monroe telle que l'avait formulée Polk.

Le Yucatan était le théâtre de troubles fort graves. Des dissensions sérieuses avaient éclaté entre les Blancs et les Indiens, et à la guerre civile était venue s'ajouter la révolte contre le Mexique (1). La rébellion n'ayant pu être réprimée, les Etats-Unis se trouvaient donc en face d'un Etat faible par lui-même, peu étendu, dont l'isolement au sein d'une nation puissante et prospère accroissait la faiblesse. Le gouvernement du Yucatan s'était rendu compte de la situation sans pouvoir y remédier. Aussi s'était-il offert successivement aux

(1) Depuis sa séparation de l'Espagne vers 1815, il faisait partie de cet Etat.

Etats-Unis, à l'Angleterre et à l'Espagne ; finalement, il avait
même supplié un de ces Etats d'intervenir pour mettre fin à
l'anarchie dont il était victime. C'était assez pour éveiller la
susceptibilité du gouvernement des Etats-Unis : ne seraient-
ils pas heureux d'acquérir un nouvel Etat qui leur donnerait,
non seulement, comme le Texas, la possession de la partie
septentrionale du Mexique, mais encore la possession d'un
point d'appui au sud de ce golfe? c'était la réalisation du rêve
si longtemps caressé, de la création d'une Méditerranée américaine au milieu des Amériques.

L'occasion était belle : d'autant plus que l'accession du Yucatan à l'Union présentait les mêmes avantages que l'accession
du Texas. La Maison-Blanche n'avait-elle pas à craindre l'intervention européenne plus même que précédemment? On
avait arrêté le danger pour le Texas, il fallait l'arrêter pour le
Yucatan en appliquant la même solution, c'est-à-dire l'annexion. Mais, si le cas paraissait identique à première vue, il
ne l'était plus après un sérieux examen.

§ II

Le président s'était efforcé de présenter l'affaire du Yucatan sous les couleurs de l'affaire du Texas, mais il n'avait
oublié qu'une chose : son raisonnement antérieur. Il avait,
pour affermir son système et en écarter les inconvénients, restreint la doctrine de Monroe à l'Amérique du Nord; par malheur, le Yucatan n'en faisait pas partie. L'oubli était irrépa-
rable, la nouvelle doctrine inaugurée par Polk empêchait
l'annexion du Yucatan.

Le 14 janvier 1846, M. Allen, sénateur de l'Ohio, déposa au
Sénat une résolution tendant à sanctionner législativement la
doctrine énoncée par Polk. Il y eut un assaut entre ses partisans
et ses adversaires, et l'un des défenseurs du président, M. Cass,
insista sur la prudence du novateur : « Il avait su, disait-il,
restreindre la déclaration de Monroe à l'Amérique du Nord ».

C'était couper court à l'effet espéré relativement au Yucatan, car la remarque de M. Cass avait été probablement la raison pour laquelle le 26 janvier le Sénat avait voté, par 26 voix contre 21, l'autorisation d'introduire la résolution. La proposition fut renvoyée au comité des affaires étrangères et n'eut pas de suite.

Polk comptait peut-être sur le temps pour faire oublier son imprudence, lorsque la question revint avec plus d'acuité. De nouvelles révoltes d'Indiens éclatèrent et ne purent être repoussées par les autorités locales. De nouveau, celles-ci s'adressèrent aux Etats-Unis pour leur offrir le Yucatan.

Le Président n'hésita plus : le Yucatan s'offrait, insistait même pour qu'on l'annexât, et les Etats-Unis tergiversaient. Il prit sa plume et envoya au Congrès le message du 29 avril 1848 ; il montrait, avec l'art qui lui était familier, le Yucatan envahi par les puissances étrangères, la doctrine de Monroe violée, et violée par la faute des Etats-Unis !

« Le Yucatan a appelé à son aide plusieurs fois les puissances européennes, elles ne sont pas encore venues, mais elles arrivent, elles vont demander, en échange de la protection qu'elles apportent, le pouvoir et la souveraineté de l'Etat auquel elles ont prêté secours. Nous ne pouvons le tolérer. Si quelques personnes viennent m'objecter que nous ne pouvons admettre dans l'Union le Yucatan, parce qu'il n'a pas proclamé son indépendance, à celles-là je répondrai : Oui, le Yucatan n'a pas déclaré qu'il était libre, mais il s'est toujours comporté comme tel et a même été traité par le Mexique comme un Etat indépendant ». Le langage du président produisit l'effet désiré. Dès le 4 mai 1848, un bill était déposé au Sénat, tendant à l'occupation militaire du Yucatan.

C'était la déclaration de guerre, le combat allait commencer et le président Polk allait voir combien était différente la vraie doctrine de Monroe de celle qu'il soutenait.

§ III

Si la doctrine de Polk relative au Texas était différente du message de 1823, celle qu'il énonçait à propos du Yucatan était bien autrement étrange.

Lors de l'annexion du Texas, Polk avait dit seulement que la doctrine de Monroe s'opposait à l'intervention d'un pouvoir européen ; pour justifier l'incorporation de cet Etat à l'Union, il avait fait ressortir le droit des peuples à régler leur propre destinée. Ici, plus de place pour une telle idée. Polk dénie aux peuples de l'Amérique le droit de disposer d'eux-mêmes. Il veut s'opposer à ce que le Yucatan tombe aux mains d'une puissance d'Europe, même de son propre élan, parce que c'est un danger pour la paix et pour la sécurité des Etats-Unis.

C'était méconnaître les principes de 1823. « La doctrine de Monroe, dit M. Moore (1), dans toutes ses parties, était fondée sur le droit des Etats américains, dont les Etats-Unis avaient reconnu l'indépendance, à disposer d'eux-mêmes comme ils le jugeraient convenable ; elle était dirigée contre l'intervention des puissances européennes, ayant pour objet de disposer de leurs destinées contre leur volonté. C'était méconnaître l'idée exprimée par Adams dans son journal : Considérant les Américains du Sud comme des nations indépendantes à l'exclusion de toutes autres nations, eux seuls ont le droit de disposer de leurs destinées. Nous n'avons pas le droit de disposer d'eux, ni seuls, ni avec l'assentiment d'autres nations, et aucune autre puissance n'a non plus le droit de disposer d'eux sans leur consentement » (2). Mais Polk a oublié tous ces principes ; peu importe que les Etats y consentent ou s'y refusent, l'Europe ne doit pas établir à nouveau sa domination en Amérique.

C'est bien en vain qu'un des partisans de l'annexion du Yucatan le lui faisait observer au Congrès, lors de la discus-

(1) MOORE, R. D. I., 1896, XXVIII, p. 319.
(2) Cf MOORE, art. cité, p. 319,

sion du bill d'appropriation relatif à l'occupation militaire.
« Le Yucatan, disait Cass, a le droit d'aller où il veut, avec sa
souveraineté en mains, de demander protection à toutes les
puissances de la terre, et de leur offrir sa propre obéissance
en retour ; que le Yucatan puisse agir ainsi sans vous donner
le moindre motif d'offense, et, de cette façon, accomplir sa
mission sans être impliqué dans une controverse avec nous ;
voilà ce qui est trop clair pour être mis en question » (1).

Ici cependant, Polk est en contradiction avec lui-même : il
avait restreint la doctrine de Monroe à l'Amérique du Nord,
comme le lui fit remarquer M. Hannegan ; maintenant il revenait sur son erreur et l'appliquait à toute l'Amérique. Peu lui
importait la logique de sa conduite : il voulait, avant tout,
l'incorporation du Yucatan. Il ne craignait même pas l'opposition du Mexique avec lequel les Etats-Unis venaient de signer
le traité de Guadalupe-Hidalgo (1848). Malgré les observations
de M. Calhoun, le seul survivant du cabinet de Monroe, qui
lui remontra combien il allait au-delà du message de Monroe,
il proposait d'engager les Etats-Unis dans de grosses dépenses
nécessitées par une expédition aussi lointaine.

Ce qu'il voulait, c'était l'application d'une nouvelle doctrine
de Monroe au Yucatan. Le Congrès refusa de souscrire aux
idées de Polk et laissa le Yucatan au Mexique ; du reste les
révoltes avaient cessé et les Blancs s'étaient réconciliés avec
les Noirs.

De tout cela, que restait-il ? Une nouvelle transformation de
la doctrine de Monroe. L'Amérique avait vu, lors de l'affaire
du Texas, que la doctrine de Monroe était une arme à deux
tranchants, destinée à l'Amérique et à l'Europe, elle venait de
voir que la doctrine de Monroe, fondée sur l'indépendance des
peuples, devait servir aussi à la combattre.

(1) Moore, art. cité, p. 320.

CHAPITRE V

L'AFFAIRE DE L'ORÉGON

—

§ 1. L'essai de solution par Polk et son échec. — § 2. La solution du traité de Vashington. — § 3. Influence sur la Doctrine de Monroe.

A propos du Texas et du Yucatan, le président Polk avait énoncé une nouvelle doctrine qui devait se substituer à la doctrine de Monroe. Il avait prohibé l'intervention européenne dans l'Amérique du Nord, avait étendu ensuite cette prohibition à l'Amérique tout entière, sans se soucier du droit qu'ont les peuples à disposer d'eux-mêmes : même quand il s'agissait de l'Amérique du Nord, même quand il ne courait pas le risque de violer le droit des peuples, il avait encore trouvé le moyen de développer encore la doctrine en la détournant de son vrai sens. La déviation qu'il avait fait subir à la doctrine de Monroe, ne portait jusqu'alors que sur les paragraphes 48 et 49, il lui restait encore à transformer le paragraphe 7 relatif à la colonisation de l'Amérique par l'Europe, pour rajeunir le message de 1823. Alors seulement le nouveau système inauguré par Polk préviendrait, sur tous les points, l'envahissement du Nouveau-Monde par l'Ancien. En agissant ainsi, Polk donnait une nouvelle ampleur non pas seulement à l'une mais aux deux parties du message. L'occasion s'en présenta dans la question de l'Orégon, pendante depuis la dernière guerre entre les Etats-Unis et l'Angleterre.

§ 1

Le différend, qui remontait au temps où l'Amérique avait été colonisée par les Européens, avait été entretenu par l'ignorance de la géographie des contrées objets du litige et le

mauvais vouloir des parties (1). Polk, enhardi par le succès du
président Tyler dans l'affaire du Texas, crut, en 1845, l'occasion favorable pour trancher la difficulté au profit des Etats-
Unis en faisant application de la doctrine de Monroe. Dans
son message, après avoir examiné les questions du Texas et
du Yucatan, il rappelait la prohibition du cinquième président au sujet de la colonisation par l'Europe d'un continent
américain. « Il y a près d'un quart de siècle, disait-il, le principe fut clairement annoncé au monde dans le message annuel
d'un de mes prédécesseurs, *que les continents américains,
en raison de la condition libre et indépendante qu'ils ont
su atteindre et qu'ils maintiennent, ne peuvent plus, dès
lors, être considérés comme sujets à une colonisation future
de la part d'aucune puissance européenne.* Ce principe
s'appliquerait avec bien plus de force encore, si une puissance européenne quelconque essayait d'établir une nouvelle
colonie dans l'Amérique du Nord... Les droits existants de
chaque nation européenne doivent être respectés ; mais d'autre part, il est dû à notre sécurité et à nos intérêts que la
protection efficace de nos lois puisse s'étendre sur nos limites
territoriales entières et qu'il soit nettement annoncé au monde
comme notre politique établie *qu'aucune colonie ou domination européenne dans l'avenir ne pourra, sans notre consentement, se fixer ou s'établir dans quelque partie du continent de l'Amérique du Nord* » (2).

Il était curieux de voir tenir un pareil langage par celui
qui, en 1826, avait déclaré que la doctrine de Monroe était
« la simple expression de l'opinion de l'exécutif destinée à produire un effet sur les conseils de la Sainte-Alliance ». Les
temps avaient changé. Polk était monté au pouvoir ; encore

(1) Sur toutes les contestations antérieures et contemporaines du traité de
Gand, cf. GROLIER, *Négociations relatives au territoire de l'Orégon, Revue
indépendante*, 10 décembre 1845, p. 356 et s.

(2) MOORE, R. D. I., 1896, XXVIII, p. 317.

plus que les hommes, les sentiments changent avec les circonstances.

Cette simple expression de l'exécutif, Polk maintenant l'in-
terprétait à sa façon, en innovant sur deux points.

1°) Au lieu de prévoir la seule colonisation par premier établissement, il prévoyait en outre la domination quelle qu'elle
fût. Du moment où l'Europe apparaissait, il fallait la chasser.
Il avait violé le droit des peuples à disposer d'eux-mêmes en
empêchant le Yucatan de s'offrir à une puissance européenne;
aujourd'hui, fort de la première interprétation, il prohibait
tout nouveau pouvoir européen en Amérique, quel qu'en fût
le mode d'établissement. Le raisonnement était logique, mais
il était antijuridique au dernier chef. Les Etats-Unis ne pouvaient se faire les dispensateurs du Nouveau-Monde.

2°) Ne s'arrêtant pas là dans ces déductions, il venait y apporter un correctif, en déclarant que l'Europe pouvait être
relevée de la prohibition par le consentement du gouvernement de Washington.

Etait-ce là ce qu'avait dit Monroe? Non, il avait prohibé la
colonisation par premier établissement sur le continent américain, mais il n'avait prévu que ce seul cas d'établissement du
pouvoir. Polk au contraire prévoyait l'acquisition par conquête, par transfert volontaire ou par tout autre mode. Son
langage différait donc profondément de celui de Monroe; il
faisait subir tout à la fois une extension et une restriction
aux principes du message de 1823 : une extension en prohibant l'établissement d'une nouvelle domination européenne;
une restriction en envisageant la possibilité de le faire avec le
consentement des Etats-Unis.

En émettant de pareilles prétentions, Polk cherchait à pré-
juger la solution de la question de l'Orégon. Il s'agissait de
régler la ligne des frontières de cet Etat. Le président ne voulait pas laisser les Anglais empiéter sur le territoire de l'Union,
tout au contraire il voulait profiter du doute pour le trancher à

son profit. Il essaya, mais en vain, de faire ratifier par le Congrès ses déclarations ; et vis-à-vis de la Grande-Bretagne, il ne réussit pas mieux. Après avoir déclaré ses réclamations irréductibles et refusé de montrer aux commissaires anglais les titres qu'il possédait et qualifiait de certains, il dut céder devant les exigences du cabinet de Saint-James et accepter le traité du 15 janvier 1846 (1). La ligne des frontières passait par le 49° degré de latitude nord : c'était l'échec des prétentions américaines.

§ II

Le traité de 1846 n'était pas suffisant, la démarcation donna lieu à de nouvelles difficultés, à mesure que le peuplement blanc se faisait vers les points contestés ; elles furent tranchées définitivement par le traité du 8 mai 1871, signé à Washington entre les Etats-Unis et la Grande-Bretagne (2). L'article 24 expose en ces termes le point en litige et l'arrangement conclut à la constitution d'une cour d'arbitrage : « Attendu qu'il a été stipulé par l'art. 1ᵉʳ du traité signé à Washington le 15 juin 1846, entre les Etats-Unis et S. M. britannique, que la ligne de démarcation entre les territoires des Etats-Unis et ceux de S. M. britannique, depuis le point sur le parallèle du 49° latitude nord jusqu'où elle a été déjà établie, continue vers l'ouest, que l'un desdits parallèles latitude nord va jusqu'au milieu du chenal qui sépare le continent de l'île de Vancouver et de là vers le sud au milieu dudit chenal et du détroit de Fuca jusqu'à l'Océan Pacifique ; que les commissaires nommés par les H. P. C. pour déterminer cette portion de la frontière qui se dirige vers le sud par le milieu du chenal susdit, n'ont pu réussir à s'entendre à ce sujet ; que le gouvernement de S. M. britannique prétend que la fron-

---

(1) MARTENS, Recueil général des traités, 1ʳᵉ série, IX, p. 27.

2) MARTENS, Recueil général des traités, 1ʳᵉ série, XX, p. 698.

tière devrait, aux termes du traité cité plus haut, être tracée au milieu du détroit de Rosario, et que le gouvernement des Etats-Unis soutient qu'elle devait l'être au milieu du canal de Haro, il est convenu que les prétentions respectives des Etats-Unis et de S. M. britannique seront soumises à un arbitrage et au jugement de S. M. l'Empereur d'Allemagne, qui, conformément à l'article sus-mentionné dudit traité, décidera finalement et sans appel laquelle de ces prétentions est la mieux justifiée, la vraie interprétation du traité du 15 juin 1846 » (1). La procédure était réglée par les articles 36 à 42 et les conférences devaient se tenir à Berlin en présence des représentants et agents des parties. L'empereur d'Allemagne s'acquitta avec beaucoup de conscience de sa tâche (2). Il confia à trois jurisconsultes célèbres : MM. Grunin, Riepert et Goldschmidt le soin d'examiner la question et, sur leur rapport, il fut décidé que la prétention des Etats-Unis était la plus conforme à l'interprétation du traité de 1846. Les Etats-Unis acquéraient ainsi un archipel important comprenant l'île San Juan, située entre le continent et l'île Vancouver. Ce fut avec un grand contentement que fut accueillie en Amérique cette sentence, et le président des Etats-Unis, dans son message du 2 décembre 1872, constata que pour la première fois depuis la formation des Etats-Unis, les Etats-Unis n'avaient plus de frontières contestées avec la Grande-Bretagne.

§ III

Mais les Etats-Unis, en acceptant l'arbitrage, violaient la doctrine de Monroe : car les arbitres pouvaient attribuer à l'une des deux parties des territoires qu'elles ne possédaient pas en 1823, et par là, se trouvait violée, non seulement la

(1) MÉRIGHNAC, *Traité théorique et pratique de l'arbitrage international,* p. 101.

(2) Voyez à ce sujet l'article de M. ROLIN JAECQUEMYNS, R. D. I., p. 473 et s.

doctrine Polk mais la doctrine de Monroe (§ 7), qui défendait toute colonisation par l'Europe. Sans doute on peut objecter que la possession remontait à une époque antérieure à 1823, et que, par conséquent, le message de Monroe était respecté, mais le contraire pouvait avoir lieu.

Ils la violaient encore sur un autre point (§§ 48 et 49). Dans son sens large, la doctrine de Monroe prohibait l'intervention de l'Europe, quelle qu'elle fût. Elle avait proclamé la séparation des continents et avait défendu à l'Europe de trancher les difficultés américaines et de les trancher suivant le droit européen. En acceptant l'arbitrage d'une puissance d'Europe, les Etats-Unis permettaient à l'Europe de régler les difficultés américaines suivant les règles par elle admises.

Plus tard, dans un autre conflit, l'Union a imposé l'arbitrage, mais elle l'a accepté sous réserve de certaines conditions ; elle a compris qu'en l'acceptant, elle violait la doctrine de Monroe, et a stipulé que les territoires possédés avant 1823, seraient hors de conteste (1). N'est-ce pas là la preuve la plus évidente qu'en acceptant l'arbitrage de 1871, les Etats-Unis ont violé le message de 1823?

Mais nous n'en sommes pas encore à ce moment dans l'histoire de la doctrine de Monroe.

---

(1) Voir *infra* le conflit anglo-vénézuélien.

CHAPITRE VI

LE CANAL INTEROCÉANIQUE

—

§ 1. Les projets d'établissement. Comment se pose la question pour les Etats-Unis. — § 2. Les traités avec les Etats de l'Amérique centrale. Échec des Etats-Unis. — § 3. Le traité Clayton-Bullwer. — § 4. Repentir des Etats-Unis. Leurs essais. L'opposition au projet français. — § 5. L'activité parlementaire et gouvernementale. — § 6. La Maritime Canal Company et le traité Hay-Pauncefote. — § 7. La solution en droit. Le Canal de Panama et la Doctrine de Monroe.

Sortie de son vrai sens avec l'interprétation Polk, la doctrine de Monroe recule dans une application où elle aurait dû nécessairement être invoquée pour faciliter la lente transformation du monroeisme en américanisme. Il eût été cependant facile aux diplomates de s'en servir ici, car il n'y avait plus à la restreindre ni à la faire sortir de ses prémisses pour en tirer la conclusion voulue. La doctrine de Monroe avait défendu tout nouvel établissement européen en Amérique ; elle avait prohibé, sous toutes ses formes, l'installation d'un contrôle européen sur le nouveau continent ; or, en laissant construire un canal interocéanique, dont la neutralité eût été garantie par l'Europe tout entière ou par quelqu'un de ses Etats, le gouvernement de l'Union allait abdiquer les principes mêmes du message de 1823.

§ 1

Unir le Pacifique à l'Atlantique, tel est le rêve successivement caressé par tous les maîtres de l'Amérique.

Déjà Christophe Colomb concevait le projet d'une voie artificielle destinée à relier les deux océans. Plus tard, des navigateurs et des historiens, le Portugais Antonio Galvao et l'Espagnol Francisco Lopez de Gamara développent cette même idée dans des mémoires. Philippe II charge des Hollandais, par une cédule royale du 24 mai 1607, d'explorer l'Amérique centrale et de lui faire un rapport sur la possibilité de construire un canal. Le Conseil des Indes est saisi de la question et ne l'abandonne que par suite des manœuvres politiques, faites dans le but d'écarter de la cour de Madrid les auteurs de ces projets. « D'autres plans ou informations d'un caractère soit officiel, soit privé, prouvent jusqu'à l'évidence, non seulement le désir d'unir les deux océans au moyen d'un travail dû à la main des hommes, mais encore la persistance d'une sorte de tradition indienne d'après laquelle une communication naturelle aurait existé autrefois et prétendant qu'il suffisait d'en retrouver la trace pour la rétablir et l'utiliser » (1).

Il serait trop long d'énumérer tous les projets qui ont eu pour but d'établir une communication entre le Pacifique et l'Atlantique. C'est à l'historien ou au géographe qu'il appartient de faire cette longue énumération ; qu'il nous soit permis seulement de montrer quelles sont les principales routes tracées par les soins des explorateurs et des ingénieurs chargés de dresser de tels projets.

Dans un premier tracé par le Tehuantepec, le canal partirait de la baie de Campêche pour aboutir dans le Pacifique, à l'estuaire formé par les embouchures de la Chivela, le Tarifa et l'Ostuta.

Un autre plan tente d'unir les baies des Honduras et de Fonseca à travers les Honduras. Viennent ensuite tous les projets destinés à percer l'isthme de Nicaragua, les uns partant de Greytown pour aller aboutir à San Juan del Sud ou

---

(1) ANTONIO DE BUSTAMANTE, Le canal de Panama et le droit international, R. D. I., XXVII, p. 112.

Brito, les autres traversant le lac de Nicaragua dans toute sa longueur, au lieu de le couper vers son extrémité sud, et arrivant à Corinto ou dans la baie de Fonseca. D'autres tentatives ont été faites dans le but de traverser le Costa-Rica, en partant de la lagune de Chiriqui pour aboutir au golfe de Dolce. Enfin, dans d'autres projets, le canal traverserait la République de Colombie, soit entre Panama et Colon, soit entre San Blas et Chepo ; soit entre la baie de Calédonia et le golfe San Miguel ; soit entre le golfe de Darien d'une part, et d'autre part la baie de Humboldt, ou la baie de Zepico, ou la ville de Chirambica (1).

De tous ces projets, deux sont sans contredit les plus importants : l'un qui traverse l'isthme du Nicaragua en utilisant le lac, l'autre qui a pour but d'unir Colon à Panama.

La diversité des projets et des plans n'a pas seulement pour cause les difficultés techniques. Elle tient aux rivalités politiques des nations, mutuellement jalouses d'accaparer le canal.

Au xviii° siècle, l'Espagne et l'Angleterre se disputent l'Amérique centrale (2). Dans leurs raids hardis, des flibustiers anglais viennent s'établir sur le fleuve San Juan, avec l'appui de leur gouvernement contre les Espagnols. Ce qui caractérise toutes les entreprises de cette époque, c'est que chaque nation cherche son avantage propre, sans essayer d'intéresser à ses projets les autres nations qui, comme elle, ont intérêt à voir s'ouvrir cette nouvelle route.

Au lendemain de la grande évolution des colonies espagnoles, le problème n'intéresse plus seulement l'Europe, mais l'Amérique tout entière. Le Nicaragua lui-même fait appel

_____

(1) Cf. KEASBEY, *The Nicaragua Canal and the Monroe Doctrine*, introduction.

(2) Il serait faux cependant de croire que les autres nations n'aient pas songé elles aussi à ouvrir une autre route à travers les isthmes. C'est ainsi qu'il faut mentionner pour la France les explorations de La Condamine, Bouguer et Godin.

aux Etats-Unis, la république la plus forte du Nouveau-Monde, pour l'aider à réaliser ce projet. Bolivar charge deux ingénieurs, Lloyd et Falmarck, d'explorer les lieux et de faire un avant-projet; c'est à la suite de leur rapport, qui mentionnait toutes les difficultés de l'entreprise, que la construction d'un chemin de fer entre Chagres et Panama est décidée. Ce travail devait être terminé vers le milieu du siècle (1).

Il était tout naturel alors que les Etats-Unis vinssent aussi se préoccuper de la question du canal interocéanique. Ils avaient grandi et prospéré; ils avaient contenu l'Europe en Europe par le message de Monroe; ils s'étaient ainsi acquis une place prépondérante en Amérique, il fallait en profiter. Au congrès de Panama, ils s'étaient peu souciés de s'attirer la clientèle turbulente et ennuyeuse des républiques latino-américaines; mais ils avaient retenu des pourparlers engagés, qu'on avait sollicité leur aide et leur protection. Sans assumer les inconvénients de la tutelle, ils voulaient néanmoins s'en réserver l'avantage et, le cas échéant, construire le canal.

Mais le roi de Hollande, désireux d'étendre son influence sur cette partie de l'Amérique, où il possédait la Guyane, essayait, lui aussi, de tenter l'aventure et poussait à la formation d'une compagnie hollandaise. Le péril était là; il ne fallait pas se laisser devancer par l'Europe, d'autant plus que le gouvernement par le territoire duquel devait passer le canal faisait des offres. Le Sénat des Etats-Unis prit les devants; le 8 mars 1885, il engagea, par une résolution, le président Jackson à négocier la concession du canal avec les gouvernements de l'Amérique centrale et de la Nouvelle-Grenade; et M. Charles Biddle leur fut envoyé.

Pendant ce temps-là, soit en Europe, soit en Amérique, les gouvernements ne restaient pas inactifs. Le gouvernement de

---

(1) Consulter sur tous ces projets, BANCROFT, *History of Central America.*

la Nouvelle-Grenade cherchait à percer l'isthme de Panama (1).
En 1843, la France, sur les instances de M. Humboldt et de
M. Alphonse Morel, chargeait deux ingénieurs, Garella et
Courtines, d'examiner le projet soumis à l'approbation du roi
par la maison Salomon et Cie. Louis-Napoléon Bonaparte
écrivait, à cette époque, une brochure sur le canal interocéanique, où il concluait à l'établissement de ce canal à travers
l'isthme de Nicaragua (2). En même temps, la question préoccupait la Société royale de géographie de Londres, et lord Palmerston lui-même signalait les avantages à retirer du canal.

De telles nouvelles n'étaient pas faites pour calmer les
appréhensions des Etats-Unis. Ils se rappelaient que la doctrine de Monroe avait défendu l'intervention européenne,
qu'elle avait proclamé la séparation des continents soumis à
des systèmes juridiques indépendants. Même ils se rappelaient
que cette doctrine de Monroe, le président Polk venait de l'interpréter contre les Américains eux-mêmes au profit de
l'Union (3). Raison de plus pour l'appliquer au canal interocéanique : il leur fallait édifier dans l'Amérique centrale une
œuvre essentiellement nord-américaine et, pour y arriver, obtenir des gouvernements de cette contrée toutes les concessions possibles.

Les Etats-Unis avaient rêvé de faire du Mexique une Méditerranée nord-américaine. Leur rêve eût été détruit sans espoir, si
l'Europe était parvenue à s'implanter sur les bords de cette Méditerranée. Sans cesse, depuis le commencement du siècle, ils
avaient étendu leurs territoires vers le sud. Le canal, qu'ils
veulent seuls construire, doit être la vraie limite du domaine

---

(1) Cf. Lefebvre de Bécour, *Des rapports de l'Europe avec l'Amérique
du sud*, *Revue des Deux-Mondes*, 1er juillet 1838.

(2) N. L. B. (Napoléon Louis Bonaparte), *Canal of Nicaragua or a project to connect the Atlantic and Pacific Oceans by Means of a Canal*, Londres, 1846.

(3) Message de 1845.

qu'ils espèrent acquérir. Napoléon Ier songeait à transporter
le centre du monde sur les rives du Bosphore : ils songent à
transporter le centre du monde sur les rives du canal pour
réaliser d'un seul coup l'unique désir qu'ils caressent : « le
monde aux Américains ». Voilà les avantages à retirer. Ils
sautent aux yeux de tous, « hommes, femmes, enfants, qui
appartiennent à l'Union (1) ».

§ II

Pour arriver à ce but, les Etats-Unis multiplient les traités
avec les petits Etats. Ils cherchent à obtenir pour eux seuls, à
l'exclusion de toutes les autres puissances, le droit de construire et de garantir le canal. Ils passent d'abord, le 12 décembre 1846, un traité avec la Nouvelle-Grenade (2), afin de
se garantir : « *le droit de passage ou de transit à travers
l'isthme de Panama, par tous les moyens de communication
qui existent maintenant ou qui seront construits plus
tard* (3) ». Cette faveur est accordée non seulement au gouvernement lui-même, mais encore aux citoyens des Etats-
Unis. Le bénéfice en est étendu à tous les produits manufac-
turés ou bruts, à toutes les marchandises dont le commerce
légal appartient à tout citoyen des Etats-Unis, dans le but de
leur assurer la jouissance tranquille et constante de tous ces
avantages. En compensation des bénéfices qu'ils retiraient de
la signature de ce traité, les Etats-Unis garantissent positive-
ment et efficacement la neutralité de l'isthme, les droits de
souveraineté et de propriété que possède la Nouvelle-Grenade sur ledit territoire (4).

(1) Corry M. STADDEN, *The latest aspects of the Nicaragua Canal.* North
american Review, décembre 1898.
. (2) Cet Etat forme aujourd'hui les Etats-Unis de Colombie.
(3) Cf. MARTENS, *Nouveau recueil général des traités*, XIII, article 35. —
Cf. aussi BUSTAMANTE, art cit., p. 114.
(4) Le traité fut ratifié le 10 juin 1848.

La Colombie engagée, M. Hise, représentant des Etats-Unis au Guatémala, négocia un traité avec le Nicaragua, le signa de son propre mouvement, persuadé que le cabinet de Washington ne désapprouverait pas sa conduite. Il obtint ainsi, pour son gouvernement, le droit exclusif de construire, sur le territoire de Nicaragua, un canal interocéanique, promettant en revanche la protection du territoire par l'Union et son aide dans les guerres qui seraient déclarées dans la suite (1849). M. Hise fut félicité de son intelligente démarche et le traité ratifié par le congrès des Etats-Unis (1).

C'étaient bien là des victoires que la diplomatie nord-américaine venait de remporter ; mais il fallait les conserver. Les Etats-Unis n'avaient pas mesuré leurs forces, ils avaient cru pouvoir réussir seuls, sans l'aide d'aucune puissance, et, maintenant, ils apprenaient par les événements qu'ils s'étaient trompés. En face d'eux, jalouse de leurs succès, désireuse elle-même d'accaparer le canal, se dressait leur ancienne rivale, l'Angleterre.

De l'autre côté de l'Atlantique, le cabinet de Saint-James surveillait la tactique américaine et préparait un contre-plan pour déjouer les desseins des Etats-Unis. Il comptait sur l'intimidation et surtout sur les luttes intérieures de l'Union (2), pour amener le gouvernement de Washington à composer. Il ne restait plus qu'à lier la partie.

L'Angleterre exerçait un protectorat très contestable sur un territoire situé entre les isthmes de Nicaragua et de Panama, le territoire des Mosquitos ; à Washington, on ne le reconnaissait pas, puisque le canal devait y passer : il fallait donc protester.

Pour appuyer ces protestations, il fallait remonter à la fin du XVIIIe siècle. A cette époque, un navire espagnol chargé

---

(1) MARTENS, *Recueil général des traités*, XV, 1re série, p. 180.

(2) La question esclavagiste se posait d'une façon sérieuse.

de nègres échoua sur la côte; les nègres furent sauvés et se mélangèrent aux tribus indigènes pour former un peuple à moitié sauvage, sans organisation politique, les Mosquitos. L'Angleterre profita des troubles occasionnés par les attaques des flibustiers, par elle probablement suggérés, pour soumettre ces peuplades et leur imposer son protectorat. Mais des différends éclatèrent entre ces Indiens protégés par l'Angleterre et le Nicaragua. Le Nicaragua recourut aux armes et prit la ville de San Juan del Norte (9 janvier 1848). Presque à la même époque, était signé entre les Etats-Unis, le Mexique et le Nicaragua, le traité de Guadalupe-Hidalgo qui ne tenait aucun compte des protestations anglaises et attribuait au Nicaragua le territoire des Mosquitos. La Grande-Bretagne épousa la cause des indigènes dans leurs réclamations contre le traité.

En 1850, elle profita de ces discussions pour soutenir un ancien marin anglais, Shepperd, qui réclamait, en son nom, le royaume des Mosquitos. Ce pseudo-souverain soutenait que le trône lui avait été cédé à prix d'argent par le prince régnant; il eût été plus vrai de dire que le trône lui avait été donné à prix de wisky; déjà, le vrai possesseur avait vendu son trône cinq ou six fois au moins à des trafiquants étrangers. Mais Shepperd ou plutôt l'Angleterre ne s'arrêtait pas à des distinctions de la sorte. Il fallait intervenir en Amérique pour avoir un droit sur le futur canal interocéanique. L'occasion était bonne, l'Europe était occupée à réprimer la révolution; il lui serait facile d'agir : elle agit.

Les Etats-Unis comprirent que la partie était à moitié perdue. Ils ne pouvaient songer à trouver en Amérique l'aide et la protection nécessaires pour résister à l'Angleterre. La situation était trop agitée de l'autre côté de l'Atlantique pour pouvoir demander aide et secours à l'Europe, ce qui eût été d'ailleurs contraire à la doctrine de Monroe. Quant à lutter seuls, c'était affronter un combat inégal, dont l'issue leur semblait menaçante. C'est dans cet esprit d'inquiétude et de perplexité que les Etats-Unis virent les faits se précipiter.

Un navire anglais s'empara de l'île de Taya ou de Tigre, située au fond de la baie de Fonseca. C'était là une erreur, Shepperd avait été persuadé que cette île appartenait au Nicaragua et, en réalité, elle était l'objet de réclamations fort justes de la part des Etats-Unis vis-à-vis du San Salvador et du Honduras. Quoi qu'il en fût, l'erreur mit le feu aux poudres, les Etats-Unis protestèrent ; et, aussitôt, lord Palmerston donna l'ordre d'évacuer l'île; mais, en même temps, il fit prendre possession de la ville de San Juan del Norte, la débaptisa et lui donna le nom·de Greytown. Il y établit un juge, un surintendant de police, un chef du pouvoir exécutif, en un mot tout ce qui était nécessaire pour donner à cette ville l'apparence d'une capitale d'un Etat organisé.

L'émoi fut grand à Washington; il ne s'agissait plus de savoir si le canal serait nord-américain ou américain, il fallait savoir si le canal ne serait pas anglais, partant européen. L'instant était critique. Songer à résister par la force était impossible, l'Angleterre était forte et les Etats-Unis avaient été affaiblis par la guerre soutenue contre le Mexique. Alors, plutôt que de voir l'Angleterre s'établir dans l'Amérique centrale, ils renoncèrent à la doctrine de Monroe et décidèrent l'alliance avec leur vieille ennemie. Le sacrifice était dur, mais il était nécessaire. La résolution du cabinet de Washington était sage et d'autant plus louable que l'opinion publique était contraire à ces projets. Il se tenait aux Etats-Unis des meetings pour engager l'exécutif à opposer la doctrine de Monroe et ses prohibitions à l'Angleterre; des sociétés s'étaient formées en masse pour l'exploitation de chemins de fer à Panama et pour la construction d'un canal à travers l'isthme de Tehuantepee.

Le gouvernement de Washington ne tint aucun compte de ces considérations et se tira du mauvais pas avec beaucoup d'habileté; il envoya dans le Nicaragua un agent diplomatique chargé d'obtenir pour les citoyens américains de nombreuses concessions et cet agent réussit dans ses négociations. En agissant ainsi, on espérait à la Maison-Blanche amener l'Angleterre à faire des avances. Le cabinet de Saint-James ne demandait pas mieux : peu lui importait d'avoir un canal essentiellement anglais. La politique anglaise était déjà, à cette époque, préoccupée surtout de vues économiques; elle voulait, avant tout, une expansion commerciale favorable à ses intérêts; et pour la faciliter, un canal anglo-américain servait aussi bien les besoins de la cause qu'un canal essentiellement anglais; bien plus, en faisant cette concession, elle facilitait sa tâche et aplanissait avec l'Amérique les difficultés présentes et futures. L'Angleterre proposa donc d'abandonner ses droits sur les Mosquitos et n'exigea en retour que la neutralité des ports et des territoires de San Juan de Nicaragua. Après quelques pourparlers, les Etats-Unis arrivèrent à l'entente et ce fut à M. Clayton que revint l'honneur de mener à bien les négociations. Le 9 avril 1850, était signé entre les Etats-Unis et l'Angleterre, le traité fameux qui porte le nom de ses négociateurs, le traité Clayton-Bullwer. Le 4 juillet, ce traité était ratifié par le Sénat et, le 5, le président des Etats-Unis, Taylor, le promulguait.

§ III

Qu'était-ce donc que le traité Clayton-Bullwer ?

M. Tucker, dans son livre : « *The Monroe Doctrine* » (1), a fort bien caractérisé cette convention, en disant qu'elle avait pour objet « de découvrir et de fixer les vues et intentions des deux gouvernements au sujet d'un canal maritime qui devait être construit entre l'Atlantique et le Pacifique, en empruntant pour ce tracé le cours de la rivière San Juan de Nicara-

_____
(1) P. 48 et s.

gua ou les lacs de Nicaragua et de Madagua, pour aboutir à un port quelconque de l'Océan Pacifique ». C'est, en effet, par cette première stipulation que débutait le traité. Les deux parties cherchaient à prévenir toute manœuvre de l'une d'elles au détriment de l'autre (1).

Puis il fallait, une fois le canal construit, indiquer dans quelles mesures, en temps de guerre, le commerce serait permis. Il était stipulé (2) que les vaisseaux des H. P. C. ne pourraient être bloqués, retenus ou pris. D'accord sur les conditions générales de construction du canal, les contractants garantissaient les intérêts des entrepreneurs qui construisaient le canal, et des propriétaires des terrains sur lesquels il passerait (3). Puis ils s'engageaient à ouvrir des négociations pour amener les autres gouvernements intéressés ou souve-

---

(1) Cf. MARTENS, *Recueil général des traités*, XV, 2ᵉ série, p. 187 et s.
L'article 1ᵉʳ est ainsi conçu : « Le gouvernement des Etats-Unis et de la Grande-Bretagne déclarent, par le présent acte, qu'aucune des deux puissances n'exercera et ne conservera jamais pour elle-même le contrôle exclusif sur ledit canal navigable ; qu'aucune d'elles n'élèvera ni entretiendra jamais aucune fortification qui commande ledit canal et ses environs, n'occupera, ne fortifiera, ne colonisera et n'exercera aucune souveraineté sur le Nicaragua, Costa-Rica, la Côte des Mosquitos, ni sur aucune partie de l'Amérique centrale, n'utilisera aucun avantage déjà concédé ou qui pourrait l'être, aucune alliance conclue ou qui pourrait l'être avec n'importe lequel desdits Etats ou Nations, pour élever ou conserver des fortifications, ou occuper, fortifier ou coloniser Nicaragua, Costa-Rica, la Côte de Mosquito ou un port quelconque de l'Amérique centrale, ou pour exercer la souveraineté sur eux. Les Etats-Unis et l'Angleterre ne devront ni par intimidation, ni au moyen d'alliance de connexion ou d'influences qu'ils pourraient avoir sur les Etats ou gouvernements, sur le territoire desquels passera le canal, obtenir ni conserver pour les citoyens ou sujets de l'un d'eux les droits ou avantages relatifs au commerce et à la navigation par le canal qui ne seraient pas accordés d'une manière identique aux citoyens ou aux sujets de l'autre ».
J'ai emprunté la traduction des articles traduits à l'étude de M. de Bustamante. Pour ceux qu'il n'avait pas traduits, j'en ai fait la traduction sur le texte anglais donné par M. de Martens.
(2) Cf. article 2.
(3) Article 3.

rains du domaine que traversait le tracé, à aider l'Angleterre
et les Etats-Unis (1).

Restait la question de la garantie de la neutralité. Comme il
était facile de le prévoir, c'était d'une garantie collective qu'il
était question, garantie qui assurait la parfaite neutralité du
canal. Pour le moment, la Grande-Bretagne et les Etats-Unis
étaient seuls engagés, mais les H. P. C. devaient faire tout
leur possible pour amener des adhérents à l'œuvre entreprise (2). Ceci posé, il fallait trouver la compagnie qui se
chargerait d'une telle entreprise, et, pour cela, les H. P. C.
promettaient tout leur appui à celui qui voudrait entreprendre
le travail (3).

(1) « Les H. P. C. devront, disait l'article 4, user de toute leur influence sur
l'Etat, les Etats ou les gouvernements possédant ou réclamant le pouvoir, la
juridiction ou tout autre droit sur le territoire où doit passer ledit canal, où
sera prise l'eau nécessaire à le remplir, pour amener ces Etats ou gouvernements à faciliter la construction dudit canal par tous les moyens en leur pouvoir et dans la suite la Grande-Bretagne ou les Etats-Unis acceptent d'user de
leurs bons offices dans l'endroit et de la forme dont il sera le plus avantageux
pour eux, afin de procurer des établissements de ports libres à l'une ou l'autre
extrémité du canal.

(2) Article 5. Les parties contractantes s'engagent lorsque le canal sera terminé, à le protéger contre toute interruption, saisies ou confiscations injustes,
et garantiront sa neutralité, de manière que le canal soit toujours ouvert et
libre, et que le capital engagé soit en sûreté. Cette garantie s'opérera non
seulement entre les parties, mais encore vis-à-vis des autres puissances.

Article 6. Les parties contractantes s'engagent à inviter tout Etat, avec lequel
elles auraient ensemble ou séparément des relations d'amitié, à adopter avec
elles des conventions semblables à la présente, afin que tous les Etats puissent
partager l'honneur et l'avantage d'avoir contribué à une œuvre d'une aussi
grande importance et d'un intérêt si général ; et les parties contractantes conviennent aussi que chacune d'elles entrera en négociations avec les Etats de
l'Amérique centrale en cas opportun, afin d'assurer le succès de l'idée capitale
de cette convention qui est de protéger, de construire et de conserver le passage pour les navires entre les deux océans, pour le bien de l'humanité et
dans des conditions égales pour tous et elles conviennent aussi que chacune de
son côté emploiera ses bons offices quand l'autre le demandera pour aider et
favoriser les négociations de ces traités.

(3) Article 7.

Enfin, pour couronner dignement un tel traité, et pour lui enlever le caractère égoïste qu'on n'aurait pas manqué de reprocher aux H. P. C., il parut nécessaire aux diplomates de terminer le document par de belles protestations de dévouement à l'intérêt général et d'abnégation ; et après un préambule pompeux, pour mieux assurer les positions acquises, les plénipotentiaires s'étaient fait un devoir d'ajouter qu'ils ne visaient point seulement la construction d'un canal, quel qu'il fût, mais qu'ils entendaient parler de tout autre moyen de communication. Ils doutaient du succès de l'entreprise qui aurait eu pour but le percement d'un canal; il valait mieux s'en tenir à la réalité. On allait créer un chemin de fer, les travaux étaient sur le point d'être terminés, il était donc urgent de prévoir le cas (1).

Ces prévisions n'étaient pas de pures chimères : en 1855 était achevée la ligne entre Panama et Chagres (2).

Telles étaient les dispositions du traité Clayton-Bullwer. Les Etats-Unis avaient renoncé aux principes formulés par le mes-

(1) Article 8. Les gouvernements des Etats-Unis et d'Angleterre n'ont pas obéi uniquement à des motifs d'intérêt particulier, mais ils ont voulu affirmer aussi un principe général. C'est pourquoi ces Etats sont d'accord, comme le constate le présent acte, pour étendre leur protection au moyen de conventions à toute autre communication praticable par le canal ou par chemin de fer à travers l'isthme qui unit l'Amérique du nord à l'Amérique du sud, et spécialement aux communications par canal ou par chemin de fer actuellement projetés par la voie de Tehuantepec ou de Panama, pourvu qu'il soit prouvé qu'elles sont praticables. Cependant, en garantissant leur protection commune auxdits canaux ou chemins de fer, les Etats-Unis et l'Angleterre entendent que les parties qui les construiront ou les posséderont n'imposeront pas d'autres charges ou conditions que celles qui auront été approuvées comme justes et équitables par lesdits gouvernements, et que ces canaux et chemins de fer, ouverts également aux citoyens et aux sujets des Etats-Unis et d'Angleterre seront aussi ouverts dans les mêmes conditions aux citoyens ou aux sujets de tout Etat qui voudrait garantir à son tour la protection à laquelle s'obligent les Etats-Unis et l'Angleterre.

(2) La Compagnie qui avait construit ce chemin de fer était composée de capitalistes anglais et américains, en grande partie citoyens de l'Union.

sage de 1823 et avaient oublié les préceptes de Washington, recommandant de fuir les alliances continentales. Quoi qu'il en fût, le traité était signé : il ne restait plus qu'à en appliquer les dispositions.

§ IV

Le traité venait à peine d'être ratifié que les deux parties s'en repentirent.

L'Angleterre se reprochait d'avoir perdu l'occasion de se créer en Amérique une sphère d'influence exclusive. Il lui aurait été facile d'agir sans l'aide des Américains, et de construire un canal anglais. Elle aurait servi ainsi non seulement ses intérêts économiques, mais encore ses intérêts politiques. Aujourd'hui, elle ne pouvait revenir sur ce qu'elle avait fait, il lui importait donc de garder ses positions. Quant aux Etats-Unis, ils avaient violé toutes leurs traditions politiques pour accéder aux vues de l'Angleterre. N'aurait-il pas été préférable pour eux de laisser leur rivale s'emparer du terrain, pour exposer ensuite leurs réclamations à un moment où ils auraient été plus forts? Dans le cas de résistance, ils auraient pu appeler à leur secours l'Europe pacifiée, et profiter ainsi des dissensions pour s'emparer du canal interocéanique.

On peut donc aisément comprendre que le traité Clayton-Bullwer devint la source de difficultés considérables.

Tout d'abord, les dissentiments éclatèrent à propos de l'interprétation des différents articles. M. Clayton prétendait que les réclamations nouvelles de l'Angleterre au sujet du Honduras, et l'occupation par des navires anglais de Bay-Island, étaient autant de violations du traité de 1850 (1). Les deux parties ergotèrent sur les termes de l'article 1, et les discussions s'éternisèrent. La Grande-Bretagne proposa même de

---

(1) Cf. Note de Clayton, du 4 juillet 1850. — MARTENS, *Nouveau recueil général des traités*, XV p. 192.

recourir à l'arbitrage ; mais les Etats-Unis refusèrent, parce que la doctrine de Monroe le leur défendait (1).

En 1854, on crut que ces difficultés allaient être résolues par le traité Clarendon-Dallas (17 octobre), traité qui résolvait la question des Mosquitos et certaines questions territoriales de l'Amérique centrale. Ce traité fut accueilli avec joie par les Etats-Unis ; mais la Grande-Bretagne refusa d'adhérer aux amendements qui avaient été apportés par le Sénat américain et, dès lors, la situation resta aussi inextricable que par le passé.

En 1856, sur les instigations du secrétaire d'Etat, William L. Marcy, les Etats-Unis furent sur le point d'user d'un expédient pour trancher la question.

Le gouvernement de la Nouvelle-Grenade n'ayant pu réprimer un soulèvement dans le territoire de Panama, où résidaient de nombreux citoyens des Etats-Unis, Marcy proposa, le 3 décembre, la solution suivante : on détacherait une bande de terre de 20 milles de large entre l'Atlantique et le Pacifique, à égale distance de la voie ferrée, actuellement existante entre Panama et Chagres. Les municipalités de ces deux villes seraient chargées de régir ce territoire et les Etats-Unis acquerraient les îles situées dans le Pacifique ou dans l'Atlantique, en face de ces deux ports, pour assurer la garantie de l'isthme. Cette double proposition fut repoussée par le gouvernement de la Grande-Bretagne.

Le cabinet de Saint-James essaya de ramener les populations des républiques de l'Amérique centrale. De 1859 à 1860, il passa différents traités avec elles et consentit même, pour s'attirer leur sympathie, à abandonner certaines réclamations de territoires. Ainsi furent passés avec le Guatémala la convention relative à la délimitation du Honduras anglais, et avec

(1) Certains sénateurs avaient ratifié le traité, pensant que le canal était irréalisable.

la République de Honduras le traité par lequel la Grande-
Bretagne reconnaissait la souveraineté de la République de
Honduras sur les Mosquitos et Bay-Island, à condition que le
port de Greytown fût déclaré libre.

Dès lors, les Etats-Unis feignirent de ne plus s'inquiéter du
traité Clayton-Bulwer. Ils reprirent le même plan qu'auparavant. Ils essayèrent de signer avec les républiques centro-
américaines des conventions qui leur accordaient le privilège
exclusif de construire le canal interocéanique. Ils profitèrent
de la révolution qui venait d'éclater dans la Nouvelle-Grenade,
pour essayer de négocier une convention avec le nouvel Etat.
Le président Pierce et surtout son secrétaire d'Etat, Marcy,
mirent tout en œuvre pour arriver à leur but. Ils profitèrent
des dommages causés à des citoyens de l'Union pour intervenir : ils étaient décidés à se montrer aussi faciles que possible dans leur réclamation d'indemnités pour obtenir en
échange la concession exclusive du canal. Mais, à ce moment,
les catholiques tenaient le pouvoir et s'opposèrent de toutes
leurs forces aux projets américains. Le parti qui gouvernait
était en outre assez favorable à l'influence française et, particulièrement, à l'influence d'un Français domicilié au Nicaragua, M. Belly, qui projetait la construction d'un canal
garanti par les puissances signataires du traité de Paris du 30
mars 1856. A Washington, on ne se découragea pas de cet
échec. On essaya de monopoliser les services maritimes, trouvant que c'était là peut-être le vrai moyen d'acquérir de
l'influence dans ces contrées et surtout le vrai remède à apporter aux expéditions des flibustiers anglais. Le président Lincoln traita longuement la question dans son message inaugural de 1864 (1), tout en signalant les difficultés que présentait le percement d'un canal à travers le Nicaragua.

Mais ce qui rendit plus intenses les ambitions des Améri-

---

(1) Cf. message du 4 décembre 1864.

cains, ce fut l'expédition du Mexique. A partir de cette époque, le canal interocéanique devint pour eux « a national vision » (1), et c'est là le point de départ de cette longue période, où l'activité nationale américaine ne connut plus de bornes pour arriver à ses fins. C'est la « period of governmental activity » (2). La paix est rétablie entre le Sud et le Nord. Le Nord trouve dans le canal interocéanique un placement pour ses capitaux, le Sud y prend l'espoir d'écouler plus facilement ces produits. En même temps, les relations diplomatiques avec les Etats centro-américains se sont améliorées. Le poste de secrétaire d'Etat est occupé par M. Seward, diplomate habile qui sait montrer, en les exagérant, les convoitises de l'Europe, et qui donne, pour meilleure preuve de la véracité de ses agissements, l'expédition européenne du Mexique.

Les Etats-Unis passent avec le Honduras le traité du 4 juillet 1864, qui accorde aux Etats-Unis la concession du canal, dont eux-mêmes garantissent la neutralité. Des conventions analogues sont signées avec le Nicaragua (1868) (3) et avec la Colombie (14 janvier 1869). Malheureusement, le Sénat américain ne ratifia point ce dernier acte.

Grant, élu président en 1869, manifesta son enthousiasme pour le canal, qui était, assurait-t-il, très faisable, et pour mieux convaincre les adversaires, il évoqua le danger européen : « Si l'Amérique ne le fait pas, dit-il, il est indubitable que ce sera l'œuvre d'un de ses rivaux en pouvoir et en influence... Je regarde comme d'une énorme importance politique pour cette contrée, qu'aucun gouvernement européen ne

---

(1) KEASBEY, op. cit., p. 297.

(2) Ibidem.

(3) Ce traité est plus connu sous le nom de traité Dickenson-Ayon. Il fut ratifié par le Congrès des Etats-Unis le 20 juin 1868. Il était passé pour une durée de quinze ans, tacitement renouvelable pour la même période, à moins de notification contraire douze mois avant son expiration.

puisse faire un tel ouvrage (1) ». On négocia donc à nouveau avec la Colombie, et ce fut M. Hurlbut qui fut chargé de ces négociations. Mais les Colombiens ne voulurent pas accepter les mêmes bases. On avait refusé la ratification du précédent traité, le traité Cushing, parce qu'on le considérait comme trop peu favorable pour les Etats-Unis ; aujourd'hui les avantages stipulés étaient moindres, puisque la Colombie, en voulant entrer dans le contrôle de la neutralité du canal, refusait la garantie exclusive de l'Union. Le sort du traité était marqué d'avance, le Sénat vota contre la convention passée par Hurlbut le 26 juin 1870.

Ayant échoué en Colombie, les Etats-Unis se retournèrent vers le Nicaragua ; alors, suivant une expression heureuse, « l'opinion publique américaine identifia le grand intérêt national des Etats-Unis dans la question du canal interocéanique avec le choix du tracé par le Nicaragua » (2).

Les Etats-Unis étaient décidés à n'approuver qu'un canal exclusivement américain par le Nicaragua. Ils avaient monopolisé les concessions dans tous les Etats de l'Amérique centrale, sauf dans la Colombie.

On peut conjecturer, d'après ces données, quel fut l'accueil que reçut aux Etats-Unis le projet français.

Dès 1875, M. de Lesseps avait exposé à la Société de Géographie de Paris son désir d'unir le Pacifique à l'Atlantique, et, à la suite de cette communication, il s'était fondé un comité chargé d'aplanir les difficultés diplomatiques. En même temps se formait la *Société civile internationale du Canal de Panama*, qui choisissait pour directeurs M. Lucien-Bonaparte Wyse et le général Türr. Le 28 mars 1876, la Colombie concédait à la Société la permission de construire un canal. Il ne

---

(1) KEASBEY, *op. cit.*, p. 314.

(2) Rapport du conseil d'administration de la Compagnie nouvelle du Canal de Panama à l'assemblée générale des actionnaires du 30 décembre 1899.

restait plus qu'à choisir le tracé : on résolut, avant de faire
ce choix, de réunir à Paris un Congrès international scientifique chargé d'opter pour le meilleur chemin. Les Etats-Unis
avaient à peine appris la chose qu'ils faisaient tous leurs efforts
pour s'y opposer.

Une séance orageuse se tint au Congrès. Le général Burnside proposa une résolution où il manifestait la crainte de voir
l'Europe établir sa domination en Amérique et la doctrine de
Monroe violée. Le comité des affaires étrangères l'examina et
arriva à cette conclusion : le canal ne pouvait être ouvert au
commerce et au monde que s'il était placé sous la protection
des Etats-Unis. Cependant il fut décidé qu'on enverrait un
Américain au Congrès scientifique, pour soutenir que le plan
choisi par M. de Lesseps était impossible à réaliser.

En même temps se formait à New-York la *Provisional Interoceanic Canal Society*, qui choisissait Grant comme président. Il est inutile de dire que le tracé choisi comme seul possible fut l'isthme de Nicaragua. Malgré l'opposition, le projet
Lesseps avançait ; en 1879 les fonds nécessaires étaient sous-
crits et M. de Lesseps partait, avec la commission technique,
pour inaugurer les travaux.

L'échec était visible ; le président Hayes le comprit et essaya de nouveaux moyens pour s'opposer au canal de Panama.
Il s'autorisa des conventions signées par le gouvernement de
Panama, sous la présidence de Lincoln, avec la *Chiriqui Im-
provment Company* pour établir de nouvelles stations navales
sur l'Atlantique et le Pacifique. Il montra la nécessité d'avoir
des ports de relâche sur les côtes de l'Amérique centrale et,
dans un message (8 mars 1881), il précisa sa pensée en disant
que ce qu'il fallait aux Etats-Unis, c'était un contrôle exclusif sur
le canal. « Les Etats-Unis ne peuvent, disait-il, consentir à
l'abandon de ce contrôle au profit d'un pouvoir européen (1) ».

(1) KEASBEY, *op. cit.*, p. 374.

La création d'un canal bouleverse les relations commerciales à un tel point que leur intérêt commercial et politique leur commandent d'avoir un canal américain.

M. de Lesseps vint à Washington et à New-York, fonda un comité américain, mais rien ne put ramener les citoyens de l'Union. Voyant que la *Panama railway Company* aidait la Société civile internationale du canal interocéanique de Panama, un Américain, le capitaine Ead, proposa la création d'un chemin de fer destiné à transporter les vaisseaux à travers l'isthme de Tehuantepee. L'activité américaine ne s'arrêta point là ; il serait trop long d'énumérer toutes les tentatives faites, tous les tracés projetés. Contentons-nous maintenant d'examiner comment le Congrès se comporta.

§ V

La proposition Burnside avait montré qu'au Congrès il existait de nombreux partisans du canal interocéanique qui, au lieu de regarder dans sa construction une affaire à traiter, avaient des visées plus hautes ; ils voyaient, dans cette entreprise, un moyen d'augmenter la puissance des Etats-Unis. Mais, si Burnside avait des partisans, il avait aussi des ennemis. On avait pu compter deux opinions nettement opposées : l'une soutenue par les jingoës, voulant le canal, au dire des démocrates, simplement pour créer des embarras avec les puissances étrangères, pour soulever des cas de guerre, pour aliéner aux Etats-Unis la seule nation en Europe qui leur fût sympathique, la Grande-Bretagne (1), voulant par conséquent un canal exclusivement américain ; l'autre, soutenue par les démocrates, voulant un canal neutre placé sous la garantie de plusieurs puissances. C'est cette thèse qu'avait soutenue M. Evarts contre Burnside. Il avait montré que le percement

_____

(1) Cf. *The Nation*, 26 mai 1898, p. 397.

du canal de Panama ne pouvait pas justifier l'intervention ni des Etats-Unis, ni des puissances européennes. C'était affaire au gouvernement colombien de régler quels seraient les droits de la compagnie concessionnaire. A cela M. King répondit que l'on ne pouvait considérer le percement de cette voie de communication comme une entreprise particulière ; les capitaux employés devaient être bien supérieurs à ceux mêmes de l'Etat où devait passer le canal.

La discussion avait engagé le combat : ce fut à partir de ce jour une lutte sans relâche entre les partisans des deux opinions. M. Blaine se fit le porte-drapeau du parti qui voulait le canal exclusivement américain : « On ne pouvait, disait-il, imposer au commerce américain l'obligation de se soumettre dans des eaux américaines à un contrôle étranger ». Il fallait donc exclure la possibilité de concéder l'œuvre en question à une compagnie étrangère : le seul moyen de trancher la question était « d'assurer doublement la propriété du canal par le droit de la Colombie et par la garantie supérieure des Etats-Unis » (1). Et, à ce propos, il comparait la situation future du canal de Panama à celle du canal de Suez. Il montrait comment l'Angleterre à Suez s'était peu à peu arrogé tous les droits au détriment des autres puissances étrangères. Or, pour lui, la doctrine de Monroe ne permettait point d'introduire le système politique européen en Amérique, et c'était là précisément le terme fatal auquel on serait forcé d'arriver en permettant à une compagnie française de prendre la concession du canal interocéanique.

En 1881, M. King reprenait la même argumentation, mettant en regard de l'Europe les Etats-Unis dont la superficie était supérieure à celle de l'empire allemand et des pays latins de l'Europe réunis.

Le comité des affaires étrangères de la Chambre des repré-

---

(1) R. D. I., XXVII, BUSTAMANTE, art. cit., p. 124.

sentants, qui avait été chargé de l'examen de ces diverses résolutions, admit que le percement du canal de Panama sous la suprématie des Etats-Unis était une condition *sine quâ non* de la prospérité commerciale de l'Union, de la défense et de la conservation de son territoire. C'étaient là les mêmes motifs qu'avait déjà invoqués à la Chambre des représentants, M. Crapo, député des Massachusetts, dans une résolution qu'il avait déposée. Pour lui, la construction d'un canal interocéanique unissant les eaux des océans Atlantique et Pacifique, au moyen d'un capital étranger, sous les conditions d'une concession octroyée à un gouvernement européen, était en contradiction avec la politique constante des Etats-Unis, en violation avec l'esprit et les déclarations de la doctrine de Monroe. Les Etats-Unis devaient assurer et maintenir un contrôle et une surveillance sur ce canal interocéanique, parce qu'il était « nécessaire de protéger leurs intérêts nationaux, leurs moyens de défense, leur unité et leur sécurité ». Avant de songer à d'autres préoccupations, il fallait assurer la prospérité et augmenter le commerce des Etats de l'Atlantique et du Pacifique qui faisaient partie de l'Union.

Le rapport du Sénat arriva lorsque la session était close. Mais comme nous l'avons vu, dès le 9 mars 1880, le président Hayes, en transmettant au Sénat tous les documents relatifs à la question, avait fait connaître son opinion. Il avait voulu un canal sous le contrôle américain, et dès lors, il avait cru nécessaire d'entamer des négociations avec les Etats de l'Amérique centrale pour liquider les droits préexistants des autres nations : « Le capital nécessaire à l'entreprise, disait-il, pouvait être pris dans n'importe quel pays ; mais seuls, les Etats-Unis pouvaient garantir la construction de ce canal, qui affectait à un si haut point les intérêts commerciaux et politiques de l'Union ».

Au moment même où commencèrent les travaux du percement de l'isthme de Panama, le président Garfield répétait les

mêmes idées et, de nouveau, M. King faisait savoir qu'étant
donnés les faits passés, il ne restait plus qu'un seul moyen à la
disposition des Etats-Unis, l'achat de la plus grande partie des
actions du Panama ; l'Angleterre ne l'avait-elle pas fait pour
Suez ?

Les travaux de la Compagnie française de Panama préoccu-
paient le cabinet de Washington : aussi fut-il décidé, après
maintes et maintes hésitations, que M. Blaine, secrétaire d'Etat,
ferait une communication à M. Lowell, ministre des Etats-
Unis à Londres, à l'effet de connaître les idées du cabinet de
Saint-James.

De nouveau, les Etats-Unis ne se sentaient pas assez forts,
et pour gagner la cause, s'adressaient à l'Angleterre. S'ils
avaient violé la doctrine de Monroe avec elle en signant le
traité Clayton-Bullwer, ils espéraient, avec elle, réussir à en
redemander l'application. Blaine proposa la reconnaissance de
la neutralité du canal telle qu'elle avait été prévue dans le
traité de 1846 avec la Nouvelle-Grenade (1).

Sans doute, au point de vue commercial, les Etats-Unis
n'interviendraient pas ; mais, au point de vue politique, il n'en
pourrait être de même ; leurs intérêts exigeaient que la direction leur fût réservée. En temps de paix, ils n'exigeaient aucun
privilège exclusif pour leurs vaisseaux ; mais, en temps de
guerre, les nombreuses possessions qu'ils avaient sur le Pacifique, ne pouvaient leur permettre d'agir de même. Accepter la garantie collective de la neutralité par l'Europe serait
perdre tout contrôle politique et compromettre gravement
leurs intérêts. Les Etats-Unis n'avaient jamais participé aux
arrangements survenus en Europe pour garantir la neutralité des Etats. En cela, ils ne faisaient que suivre une politique traditionnelle, qui les avait dissuadés de s'immiscer
dans les imbroglios de l'Ancien Monde. Par contre, ils n'avaient

(1) Note du 24 juin 1881.

jamais accepté l'intervention européenne dans les affaires politiques de l'Amérique. C'était là aussi un des principes de cette même politique traditionnelle.

M. Lowell communiqua cette lettre à lord Granville, qui répondit, dès le 10 novembre, à M. Hoppin, secrétaire de la légation américaine, pour lui accuser réception de la dépêche de M. Blaine ; il se retranchait derrière le traité Clayton-Bullwer, qui avait fixé tous ses points, et reprenait, article par article, le traité, pour réfuter les prétentions du secrétaire d'Etat.

M. Blaine avait prévu que ce serait là la forteresse derrière laquelle se retrancherait le gouvernement anglais ; et il reprit la discussion du traité (1). Le traité Clayton-Bullwer, répétait-il en substance, avait été fait il y avait trente ans. Mais les conditions avaient changé : les Etats-Unis avaient pris un développement que rien ne faisait prévoir, et ce développement s'était effectué principalement du côté du Pacifique. Il était, par conséquent, urgent de faire les modifications rendues nécessaires par le changement de la situation. L'effet du traité avait été d'accorder à la Grande-Bretagne un contrôle sur le canal interocéanique. Depuis, la Grande-Bretagne, elle aussi, avait augmenté considérablement son domaine colonial et ses forces maritimes, ce qui constituait pour les Etats-Unis de nouveaux dangers qu'ils n'avaient pu prévoir en 1850. Le gouvernement américain devait défendre ses intérêts, comme la Grande-Bretagne avait défendu les siens. N'avait-elle point pris elle-même une place prépondérante à Suez, et cela, sous le fallacieux prétexte de contribuer à la liberté et à la neutralité de ce canal ? L'attitude de l'Angleterre à Suez donnait aux Etats-Unis l'exemple qu'ils devaient suivre et le précédent qu'ils pouvaient opposer.

M. Blaine envisageait alors la situation des possessions nord-

_____

(1) Dépêche du 19 novembre 1881.

américaines sur le Pacifique et leur extension au moins aussi
importante, sinon plus, que l'extension anglaise aux Indes.
Leur imposer un canal où ils n'auraient point la première
place, c'était vouloir les condamner à rester sans défense. Il
fallait donc admettre la surveillance exclusive des Etats-Unis,
surveillance qui constituerait la meilleure garantie de la neutralité du canal interocéanique ; car ils n'avaient aucune com-
promission avec les intérêts européens par suite de la distance
qui les séparait de l'ancien continent.

M. Blaine concluait en proposant au traité Clayton-Bullwer
les modifications suivantes : le canal pourrait être fortifié. La
Grande-Bretagne ni les Etats-Unis ne pourraient faire de nouvelles acquisitions dans le territoire de l'Amérique centrale.
Il serait, comme par le passé, établi des ports libres aux
extrémités de la voie de communication. La garantie pourrait
porter soit sur un canal soit sur un chemin de fer. La distance
à laquelle les prises seraient licites en temps de guerre serait
reculée aussi loin que possible.

Le 29 novembre 1881, M. Blaine rappelait à M. Lowell toutes les difficultés qui avaient surgi à propos de l'interprétation
du traité Clayton-Bullwer. Il rappelait aussi qu'on avait songé
à trancher ces difficultés par le traité Clarendon-Dallas. Autant
de preuves qui venaient corroborer son opinion : le traité
Clayton-Bullwer ne pouvait être définitif. Lord Napier avait
reconnu lui-même l'impossibilité de laisser tel quel le traité
de 1850.

Lord Granville répondit à M. Blaine, dans une lettre à
M. Lowell du 19 novembre 1881 (1). Il soutenait la validité
du traité Clayton-Bullwer, disant que M. Blaine était en train
d'émettre certaines règles, qui étaient des innovations dans
le droit international. Refusant toute comparaison avec le ca-

(1) Dans une communication adressée à M. West, ministre de la Grande-
Bretagne à Washington (7 janvier 1882), lord Granville reprit les mêmes
idées.

nal de Suez, il fit observer que le développement des Etats-
Unis sur le Pacifique ne pouvait constituer un fait nouveau
de nature à changer les relations entre les parties contractantes. Les colonies anglaises s'étaient développées bien avant
la signature du traité, et, du reste, n'était-il pas dangereux de
fortifier le canal de Panama? Pourvoir de défenses une voie
de communication aussi importante n'était-ce pas en contradiction avec la neutralité? Lord Granville ajoutait malicieusement
que le canal de Panama ne se trouvait situé dans le territoire
de l'Union que dans l'esprit de M. Blaine.

Quant aux prétendues interprétations contradictoires du
traité de 1850, elles n'existaient plus. Le président Buchanan
l'avait constaté dans son message du 3 décembre 1860, où
il avouait lui-même avoir obtenu pleine satisfaction du gouvernement anglais dans les difficultés relatives au traité Clayton-Bullwer. L'origine des contestations, c'était aujourd'hui
seulement la demande même de M. Blaine ; les déclarations
des Etats-Unis, faites à cette époque, étaient en contradiction
évidente avec celles que M. Blaine faisait maintenant : le gouvernement anglais avait, pendant dix ans, regardé le traité
comme lettre morte, et, après la convention passée par l'Angleterre avec le Guatémala, le Honduras et le Nicaragua, c'était
le gouvernement de Washington qui lui-même avait réclamé
l'application du traité.

M. Blaine avait voulu, pour donner plus de portée à ses
revendications, les faire connaître à l'Europe entière. M. Po-
meroy, ministre de France à Washington, après avoir fait connaître à M. Evarts les intentions de la France à propos du
canal de Panama, avait assuré le secrétaire d'Etat américain
que la France n'avait aucun intérêt politique dans l'entreprise.
Néanmoins, M. Blaine lui fit tenir une copie de sa note du
24 juin. Quand cette copie parvint au quai d'Orsay, M. Bar-
thélemy Saint-Hilaire, alors ministre des affaires étrangères,
n'y répondit pas. En Espagne, le marquis de la Vega de Ari-

mijo, alors ministre d'Etat, après avoir reçu la note, attendit pour se prononcer. En Italie, le ministre des affaires étrangères, Mancini, ne voulut faire aucune réponse avant d'avoir consulté les puissances intéressées (1). Bref, il n'y eut aucune approbation ni désapprobation, et les Etats-Unis conservèrent leur liberté d'allures.

Sur ce, M. Blaine vint à être remplacé par M. Frelinghuysen. Mais l'attitude des Etats-Unis ne changea pas. Le président Arthur, qui venait de succéder au président Garfield assassiné, exposa les difficultés relatives au canal dans son premier message et combla d'éloges M. Blaine. Quant au nouveau secrétaire d'Etat, il tint à M. Lowel un langage identique à celui de son prédécesseur : « Les Etats-Unis, d'après lui, devaient avoir le protectorat exclusif du canal : la doctrine de Monroe, que la Grande-Bretagne elle-même avait autrefois reconnue, s'opposait en effet à ce que les autres puissances pussent garantir la protection d'un pays américain ; la Grande-Bretagne exerçait depuis 1850 sa domination sur Belize et le Honduras anglais, mais, en cela, elle était en contradiction formelle avec la doctrine de Monroe, qui défendait expressément la colonisation d'une partie quelconque du territoire américain par une puissance européenne. La Grande-Bretagne avait violé et continuait à violer cette doctrine : les Etats-Unis pouvaient donc, quand ils le voudraient, annuler le traité qui lui avait reconnu des droits qu'on ne pouvait lui reconnaître ».

Alors M. Frelinghuysen revint sur le traité Clayton-Bullwer, violation écrite de la doctrine de Monroe. Il montra comment les Anglais avaient eu pour seul but de construire un canal pour se l'approprier dans la suite, et comment ils s'en étaient tenus là. L'article VIII de ce traité n'avait parlé que d'un canal passant par le Nicaragua et avait laissé en dehors le canal

_____

(1) Cf. BUSTAMANTE, art. cit., p. 126 et s.

passant par le Panama. Par contre, les Etats-Unis avaient signé en 1846 un traité avec la Nouvelle-Grénade, traité encore en vigueur, qui prévoyait ce cas particulier.

Lord Granville ne laissa pas sans réponse les arguments de M. Frelinghuysen et, le 30 décembre 1882, il répondit à M. West qu'il ne pouvait admettre l'argument que le secrétaire d'Etat semblait tirer de l'article VIII du traité Clayton-Bullwer. Les Etats-Unis ne pouvaient abroger un traité sous prétexte qu'il existait des hypothèses auxquelles le traité ne pouvait être appliqué ; il ne pensait donc pas qu'il fût nécessaire de revenir sur ces questions et d'en faire le sujet d'une nouvelle convention.

Frelinghuysen, le 5 mai 1883, s'adressait à M. Lowell, en le priant de présenter sa réponse à lord Granville, et, dans cette réponse, il insistait particulièrement sur l'appui que lui avait donné et lui donnait encore le président des Etats-Unis. Lord Granville répondit une fois de plus qu'il n'avait aucune concession à faire ; la doctrine de Monroe, qu'on invoquait, n'avait point reçu l'adhésion de tous les successeurs du cinquième président de l'Union ; et la preuve la plus grande de cet état de choses, c'était ce protectorat conjoint que les Etats-Unis avaient établi sur le canal.

Frelinghuysen ne se découragea point ; il fit observer alors (22 novembre 1883) que Clayton, en négociant le traité de 1850 avait, à son sens, laissé la doctrine de Monroe de côté.

Mais il ajoutait que c'était de la part de M. Clayton un oubli passager, que l'on était revenu à la doctrine nationale et que, depuis lors, le gouvernement ne l'avait plus abandonnée.

Ne pouvant rien obtenir de l'Angleterre, les Etats-Unis se tournèrent vers un procédé déjà employé : la stipulation de concessions exclusives au profit des Etats-Unis. C'est ce que Frelinghuysen essaya de faire par le traité Frelinghuysen-Zavala (1884). D'après cette convention, les Etats-Unis obtenaient le contrôle exclusif sur une étendue de douze milles où serait construit le canal ; en retour, ils payaient au Nicaragua quatre millions de dollars ; les prévisions pour la construction du canal, la protection des travaux étaient complètes, et le Sénat allait voter la ratification du traité, lorsque arriva le message du président Cleveland de septembre 1885.

Les choses avaient changé, le président Arthur étant parvenu au terme de son mandat, les élections avaient amené à la présidence un démocrate. M. Cleveland. C'était la mise à l'écart de M. Blaine et du parti républicain, l'avènement du parti sage et pondéré qui voulait empêcher les difficultés extérieures de naître. Le président reprit les idées émises par M. Clay et M. Cass, et les exposa tout au long dans son premier message de 1885. « L'intérêt, disait-il, qui existe pour les Etats-Unis dans la création d'une voie maritime à travers l'isthme qui sépare l'Atlantique du Pacifique, s'est révélé plus d'une fois pendant ces cinquante dernières années. Mon prédécesseur a combiné avec le Nicaragua un traité ayant pour but la construction par les Etats-Unis et à leurs frais d'un canal creusé à travers le territoire de Nicaragua et il a présenté ce projet de traité au Sénat. Cette affaire n'étant pas encore résolue, je l'ai retirée pour l'examiner moi-même, et, après une étude approfondie de la matière, j'ai renoncé à la présenter de nouveau ». M. Cleveland ne voulait pas que l'Union assumât l'entreprise d'une telle œuvre. Il voulait un canal neutre et non pas un canal américain. Il profitait de sa position pour laisser tomber la question du canal interocéanique et, il faut bien l'avouer, les faits vinrent l'aider dans ses résolutions. C'était l'époque où sombrait la Compagnie internationale du canal interocéanique de Panama et où on doutait de la possibilité de construire le canal.

§ VI

L'attitude ferme et résolue de Cleveland ne découragea pas les jingoës. Une Compagnie se fonda à New-York, la *Maritime*

Canal Company, avec Warner Miller comme président. Pour obtenir la concession, la Compagnie, qui avait bénéficié des études faites par la *Provisional Interoceanic Canal Society*, s'adressa aux gouvernements du Nicaragua et de Costa-Rica. Il était nécessaire de faire la demande à ces deux Etats ; car, à ce moment, il y avait entre eux des contestations de souveraineté sur une portion des territoires où le canal devait passer. Le Congrès dut approuver la *Maritime Canal Company* qui ne lui demandait aucun appui financier, ayant assez de ressources pour mener à bien cette entreprise colossale dans un délai de dix ans. Mais la Compagnie eut le tort de se charger de responsabilités trop lourdes et de refuser toute aide financière du gouvernement. Sous l'instigation de Judge Holman on inséra dans le contrat une stipulation prévoyant que : « rien de contenu dans cet acte ne pouvait être rédigé de façon à engager les Etats-Unis à un secours financier pour n'importe quel besoin de cette Compagnie ; les Etats-Unis ne seraient aucunement tenus ou responsables des dettes ou obligations que pourrait contracter cette Compagnie, quand bien même ils garantiraient un engagement ou un contrat de la dite Compagnie (1) (4 janvier 1889). « Ce n'est pas, disait-il, le pouvoir nécessaire pour se constituer que ces Messieurs recherchent ; ils veulent obtenir d'un seul coup et définitivement les pouvoirs et ressources morales financières et politiques des Etats-Unis ; ces Messieurs qui ont entrepris ce canal, aspirent à employer, (et c'est là une vieille histoire qui se répète). le pouvoir et les ressources du gouvernement pour enrichir quelques personnes aux dépens de la multitude. Si cette entreprise doit réussir, régie par ce bill, les entrepreneurs, leurs associés ou

---

(1) Cf. STADDEN, *The latest aspects of the Nicaragua Canal Project*, *North american Review*, décembre 1898. p. 701. — Consulter sur le tracé l'article de REED, *North american Review*, mai 1899, et sur les traités avec le Nicaragua, *Corry Stadden, Our diplomatic relations with Nicaragua*, dans *The american Monthly*, octobre 1899, p. 558.

les actionnaires récolteront une riche moisson de profits et amasseront une fortune ; si, au contraire, c'est un désastre qui doit arriver, comme cela a déjà eu lieu pour des entreprises aussi importantes, cette nouvelle société sera exposée à ce que les actionnaires d'Europe et d'Amérique et leurs associés amassent des fortunes avec les valeurs et actions que vous permettrez à cette société d'émettre, parce que, quand vous entrez dans cette entreprise de la manière et dans la forme que vous proposez, vous ne pouvez pas échapper à ces conséquences inévitables ». Le Congrès accepta l'amendement Holman ; le Sénat le vota sans débat et la *Maritime Canal Company* accepta les conditions imposées, assurant qu'elle n'avait, en aucune façon, besoin des ressources de l'Etat. Ce fut un coup mortel pour son crédit, et les élections, en grande partie favorables aux démocrates, vinrent encore augmenter les difficultés.

Le 11 avril 1890, le Sénat adopta une résolution demandant quels étaient les conditions et projets de cette entreprise ; le Comité des affaires étrangères devait faire une enquête et examiner quels étaient les intérêts des Etats-Unis à voir s'ouvrir cette voie de communication (1).

Dès janvier, le sénateur Shermann, président du comité des affaires étrangères, fit un rapport où il concluait à la nécessité de prêter secours à la compagnie. Le bill, qu'il proposait, contredisait en somme les termes mêmes du contrat, tels qu'ils avaient été arrêtés à la suite de l'amendement Holman ; il garantissait les actions de la *Maritime Canal Company* jusqu'à concurrence de 100 millions de dollars. En outre, il proposait de rembourser à la compagnie le montant des avances faites ; en retour, les Etats-Unis acceptaient pour eux 70 millions de valeurs de la compagnie : c'est ce qu'expliquait le rapport du comité : « Les hommes qui ont entrepris ce travail sont confiants dans leur aptitude à mener à bien cette entre-

---

(1) *North american Review*, Corry Stadden, art. cit., p. 102.

prise ; ils n'ont pas demandé d'aide, ils semblent avoir une
entière confiance dans leur succès. Ils ont déjà dépensé, comme
nous en avons été avisés, à peu près quatre millions, et né-
gocié des contrats et emprunts... S'il semble à un moment
quelconque que les Etats-Unis soient en danger pour une raison ou pour une autre, les Etats-Unis pourront toujours acheter la plus grande partie des actions, acquérir ainsi le contrôle et la possession même du canal, pourvu qu'ils paient
ses actions à leur juste prix ». Il fallait donc accorder à la
Compagnie l'aide financière de l'Etat. Mais le Congrès ne ga-
rantit pas les actions de la compagnie, qui ne put trouver
l'argent nécessaire, et dont la crise financière de 1893 vint
encore augmenter le désarroi.

De 1891 à 1897, ce fut une succession ininterrompue de
bills, dont la plupart avaient toujours pour but de garantir les
actions émises par la *Maritime Canal Company* jusqu'à concurrence de chiffres variant entre soixante-quinze et cent millions de dollars, et ayant aussi pour but le remboursement de
l'entreprise. Dès 1895, un comité spécial fut formé au Congrès pour examiner les propositions relatives au canal interocéanique, qui devenaient de plus en plus nombreuses et
variées.

C'est ainsi qu'un bill, garantissant les actions jusqu'à concurrence de cent millions de dollars, fixait le remboursement
des avances de l'entreprise à quatre millions et demi de dollars et réduisait le nombre des directeurs de la compagnie de
quinze à onze, un pour le Nicaragua, un pour le Costa-Rica,
un pour la compagnie elle-même et les huit autres désignés
par le Président des Etats-Unis sur une liste particulière, où
seraient inscrits au moins quatre des fondateurs de la compagnie. En résumé, le choix des Etats-Unis était réduit à quatre
membres; mais néanmoins l'action qu'ils pouvaient exercer
leur maintenait une influence prépondérante dans la direction
de l'entreprise. En d'autres termes, comme l'avoue M. Stad-

den (1), le bill assurait aux Etats-Unis le contrôle et la possession du canal, tandis que, pour les étrangers, c'était la
compagnie seule qui semblait contrôler et diriger l'entreprise.
L'opposition empêcha tous ces projets d'aboutir. En effet, les
démocrates, tout en admettant le principe du contrôle, ne
voulaient pas y souscrire, craignant de paraître approuver les
projets de leurs adversaires ; ils renouvelaient la lutte qu'ils
avaient soutenue, lors de la création du chemin de fer du
Pacifique, contre les partisans de l'or.

D'autres se basaient sur un terrain légal ou constitutionnel
pour s'opposer au projet. Les uns se retranchaient derrière le
texte du traité Clayton-Bullwer, qui existait avec autant de force
que les premiers jours ; d'autres encore ergotaient sur les
termes de la concession accordée en 1887 par le Nicaragua à
la *Maritime Canal Company*, concession qui, disaient-ils,
empêchaient le transfert à un gouvernement étranger : l'art.
53 stipulait même que la violation de cette clause devait amener la déchéance de la concession. D'autres enfin, préoccupés de voir les Etats-Unis réduire à leur avantage le nombre et le choix des directeurs, rappelaient aussi que l'article 10
de cette même concession stipulait un choix spécial d'hommes
chargés de la direction, choix dont on ne pouvait se départir.
Les Etats-Unis semblaient faire bon marché de la clause
d'après laquelle le Nicaragua s'était réservé une certaine part
d'actions dans chaque nouvelle émission. D'après le plan proposé, l'ancienne compagnie disparaissait. « Il ne restait plus
de ses relations avec l'entreprise que l'ombre d'une personnalité représentée par un vote unique dans une assemblée de
directeurs composée de onze membres, tandis que, dans ses
relations avec le Nicaragua, elle pouvait toujours requérir le
bénéfice de la concession, quoiqu'elle n'eût pas les moyens nécessaires pour obliger le gouvernement à remplir ses obligations ».

---

1) *North american Review*, art. cit., p. 703.

Pour examiner la situation le Sénat choisit parmi ses membres les jurisconsultes les plus éminents et les internationalistes les plus distingués ; MM. Caffery de la Louisiane, Turpie de l'Indiana, Daniel de Virginie et deux membres du comité des affaires étrangères composèrent le conseil chargé de cette étude. Tous conclurent que la concession était abolie.

Le sénateur Turpie eut des doutes sur la possibilité qu'il y avait à garantir législativement la concession faite à un citoyen des Etats-Unis ou à une société particulière. Il n'y avait rien dans la Constitution qui pût empêcher cela ; mais ce n'était point réfuter l'objection de dire qu'on pouvait faire ce qui n'était pas défendu. « La Constitution, disait-il, est un moyen d'user des pouvoirs concédés; mais ces pouvoirs n'existent pas s'ils ne sont point concédés et, par conséquent, comme ce pouvoir n'est pas concédé par la Constitution, il ne peut pas être proposé pour être concédé, reconnu comme concédé, ni concédé par une interprétation tacite ». Il en concluait qu'en agissant ainsi le Congrès dépasserait l'autorité à lui reconnue par la Constitution (1).

Sur ce arriva au pouvoir une nouvelle administration, celle du président Mac-Kinley (2). Une nouvelle commission fut chargée d'une enquête sur la possibilité de faire le canal. Cette commission conclut à la possibilité d'établir une voie maritime à travers l'isthme de Panama. Le canal aurait comme points terminus Brito et Greytown et coûterait de soixante-dix à cent cinquante millions de dollars.

Entre temps s'étaient produit, dans l'Amérique centrale, des changements qui avaient exercé une répercussion importante sur la question, une nouvelle confédération d'Etats s'était formée et s'était donné une nouvelle constitution. La con-

---

(1) *North american Review*, art. cit. p. 707.

(2) M. Mac-Kinley, républicain, partisan de l'or, fut élu contre M. Bryan, par 272 voix contre 175 (1896).

cession accordée à la *Maritime Canal Company*, qui était
de dix ans, touchait à sa fin et l'on racontait que le gouvernement de l'Amérique centrale n'était pas disposé à la re-
nouveler.

C'est dans ces conditions que, le 20 juin 1898, à la fin de
la session, le sénateur Morgan présenta un bill proposant la
garantie de 100 millions d'actions comme base des négociations. La compagnie offrait de vendre au gouvernement son
entreprise à condition d'être remboursée de ses dépenses.
Elle proposait, en même temps, aux Etats-Unis la nomination
de huit et même de neuf directeurs, sans compter les représentants de Nicaragua et de Costa-Rica. Elle ajoutait que ces
directeurs, nommés par le président des Etats-Unis, pourraient n'avoir aucun intérêt dans l'entreprise. C'était dire que
le traité Clayton-Bullwer était lettre morte et qu'il fallait négocier avec l'Amérique centrale une nouvelle convention, reconnaissant aux Etats-Unis le droit « de faire un canal essentiellement américain sous le contrôle américain », c'est-à-dire
un canal « construit et régi par le peuple et le gouvernement
des Etats-Unis, sous le contrôle du Congrès et du président
de la Grande-République ». C'étaient là les termes dont se
servait le sénateur Turpie pour soutenir ses projets (1). Entre
temps, le Nicaragua renouvelait le privilège de la *Maritime
Canal Company* à une nouvelle compagnie formée de capitalistes de New-York et de Chicago.

La question passionnait encore à ce point les esprits, qu'au
mois de décembre 1898 il fut question de vendre la concession aux Etats-Unis, moyennant une somme de 650 millions
de francs. Si l'offre était repoussée, le canal serait achevé
néanmoins, mais il serait ouvert aux navires de guerre étrangers et les droits de péage seraient perçus par une compagnie
privée.

(1) *North american Review*, art. cit., p. 708.

Sans donner suite à ces projets, le gouvernement de Washington poursuivit l'action avec ardeur sur le terrain diplomatique. En décembre 1898, M. Iglésias, représentant de l'Amérique centrale, étant allé voir le président Mac-Kinley, avait convenu d'agir de concert avec les Etats-Unis, pour éviter que le futur canal interocéanique ne passât sous un contrôle étranger même d'un caractère privé. Du reste, le président, dans son message annuel, avait fait allusion au canal; il avait recommandé au Congrès la construction du canal de Nicaragua par le gouvernement américain, en vertu des concessions accordées à la *Maritime Canal Company* ; on ne tiendrait plus compte de celles données par le Nicaragua au nouveau syndicat Eyre-Cragin, ni des offres des représentants du canal américain.

Enfin, le président annonçait qu'une commission serait réunie et présenterait sous peu son rapport au Congrès. « Etant donné, disait le président, la concession actuelle du Nicaragua et du Costa-Rica à la Compagnie de la *Maritime Canal Company*, et les ouvertures que d'autres parties se proposeraient de faire au Nicaragua et au Costa-Rica au cas présumé de déchéance des contrats de la compagnie avec ces deux Etats, il est nécessaire de maintenir le *statu quo* jusqu'à ce que la commission du canal ait présenté son rapport et que le Congrès ait eu l'occasion d'adopter définitivement sa politique sur cette question dans la session actuelle ; la construction du canal est maintenant plus indispensable que jamais, et même notre intérêt le plus impérieux exige que le gouvernement américain construise ce canal » (1).

C'était faire disparaître toutes les illusions que l'Angleterre pouvait encore garder sur le maintien du traité Clayton-Bullwer. Les journaux anglais, en commentant ce message du président, ne laissèrent pas de témoigner leur mécontente-

---

(1) *Journal des Débats*, 7 décembre 1898.

ment vis-à-vis de cette république sœur que lord Salisbury avait traitée avec tant d'indulgence et même de bienveillance au banquet du lord-maire du 9 novembre 1898, quand il était allé jusqu'à dire : « Je ne refuserai pas ma sympathie à la République américaine dans les difficultés au milieu desquelles elle a passé ; mais personne ne peut nier que l'apparition de l'Amérique au milieu des facteurs de la diplomatie asiatique et peut-être européenne, est un événement rare et sérieux qui ne peut pas servir les intérêts de la paix. Je pense, en tout cas, qu'il *servira vraisemblablement les intérêts de la Grande-Bretagne* » (1).

Lord Salisbury se trompait; le traité Clayton-Bullwer n'allait plus compter dans les rapports entre la Grande-Bretagne et l'Amérique. Le chargé d'affaires américain, M. White, dut, sur l'ordre de son gouvernement, ouvrir des négociations soit pour l'abrogation du traité Clayton-Bullwer, soit pour la modification de ce traité, soit pour la conclusion d'une nouvelle entente, et le *Daily-Telegraph* déclara que, depuis plusieurs mois, la Grande-Bretagne avait conçu l'idée de revenir sur le traité Clayton-Bullwer, à condition que les Etats-Unis appuyassent la politique anglaise en Extrême-Orient.

L'Angleterre demanderait que le canal fût construit par le gouvernement américain et non par des entreprises privées. C'est là ce qui expliquait le langage tenu par le président dans son dernier message. De nombreuses conférences eurent lieu pendant tout le mois de décembre pour la confection d'un bill qui serait présenté au Sénat américain.

M. Mac-Kinley, le secrétaire d'Etat Hay, le sénateur Morgan et divers autres membres de la commission des affaires étrangères, furent chargés de la confection de ce bill. D'après les projets du gouvernement, la neutralité du canal serait déclarée, l'égalité des taxes de passage pour tous les pavillons serait

(1) *Temps*, 11 novembre 1898.

établie, mais les Etats-Unis auraient le droit de contrôle exclusif sur l'administration de l'entreprise. Déjà il existait au Sénat une majorité importante en faveur du contrôle exclusivement américain. Dès janvier 1899, le gouvernement déposa un bill dans ce sens devant le Sénat. Le sénateur Gear apporta un amendement au bill du canal de Nicaragua, pour autoriser le président à effectuer l'achat du droit de passage aux républiques de Costa-Rica et de Nicaragua et pour demander l'affectation d'une somme de cent quarante millions de dollars à ce projet.

Le 22 janvier, le bill du canal du Nicaragua était adopté par 48 voix contre 6 et envoyé à la Chambre des représentants. En même temps, le Sénat adoptait un amendement du sénateur Spooner autorisant le président des Etats-Unis à négocier pour le contrôle de tout autre canal, s'il ne pouvait obtenir du Nicaragua ou de Costa-Rica une concession permettant aux Etats-Unis de posséder et de contrôler le canal de Nicaragua. Ce bill, qui avait été présenté dans sa forme originale par le sénateur Morgan, amendé comme nous venons de le voir, décidait que la construction du canal de Nicaragua serait effectuée par la compagnie américaine maritime qui en avait reçu la concession du Nicaragua et du Costa-Rica, mais cette compagnie n'était qu'un prête-nom pour le gouvernement, car le gouvernement américain avait le contrôle et détenait tout le stock d'actions, sauf la fraction assignée au Nicaragua et au Costa-Rica. Le bill prescrivait en outre l'émission d'un million d'actions de cent dollars et le gouvernement américain souscrivait d'ores et déjà neuf cent vingt-cinq mille actions. Sept directeurs étaient nommés, cinq Américains, un Nicaraguen et un Costa-Ricien. La Compagnie, avec l'approbation du président des Etats-Unis, traitait avec des entreprises et des citoyens américains pour la construction du canal, qui devait être achevé dans les six ans ; les travaux devaient être effectués sous la surveillance du département et des ingénieurs de la marine américaine ; le coût n'en devait pas dépasser cent quinze millions de dollars, fournis par le Trésor des Etats-Unis, à raison d'un crédit annuel permanent de vingt millions de dollars, moyennant une hypothèque sur toute la propriété de la Compagnie. La loi requérait en outre le président de négocier l'abrogation du traité Clayton-Bullwer, ou de tout autre traité de nature à intervenir dans la construction du canal ; la neutralité du canal était garantie : toutes les nations devaient jouir des mêmes conditions de passage; mais le droit de préserver les travaux de toute interruption était réservé aux Etats-Unis. Un amendement apporté à ce bill, l'amendement Spooner dont nous avons déjà parlé, donnait pleins pouvoirs au président en cas d'échec de ce projet, pour entrer en négociations afin d'acquérir le droit de construction et de contrôle de tout autre canal reliant l'Atlantique au Pacifique.

Ce bill fut envoyé à la Chambre des représentants, mais malheureusement la commission compétente lui fut en majorité hostile parce qu'il établissait le principe de la construction par une compagnie.

Le représentant Hepburn déposa donc un nouveau bill, qui ne tenait aucun compte des conditions existantes et autorisait le président à acquérir des gouvernements américains intéressés la bande de territoire traversée par le futur canal et le droit exclusif de le construire et d'assurer sa défense.

La Commission du commerce de la Chambre vit d'un œil favorable le projet Hepburn, mais y introduisit certaines modifications. Le président était autorisé à acheter aux gouvernements du Nicaragua et du Costa-Rica les territoires nécessaires pour le percement du canal et à procéder ensuite à sa construction, dont la direction serait confiée au département de la guerre. Une somme de cent vingt-quatre millions de dollars était allouée pour cet objet. Enfin un article autorisait le gouvernement à acquérir la propriété, la juridiction et la souve-

raineté entière du canal, mais ce dernier article avait été
rejeté. Le projet ne faisait aucune mention du traité Clayton-
Bullwer, ni de la neutralité du canal.

Mais, lorsque vint en discussion la motion de M. Hepburn
qui avait voulu introduire, sous forme d'amendement aux diverses lois financières, le projet du canal du Nicaragua, le
président de la Chambre des représentants déclara contraire
aux règlements la démarche faite par le député. M. Hepburn
protesta, mais la Chambre confirma par 127 voix contre 109
la décision du speaker.

On en resta là pour le mois de février, mais au mois de
mars, la commission parlementaire des rivières et des ports
examina le projet du canal de Nicaragua : elle entendit les
représentants de la *Maritime Canal Company*, qui se mon-
trèrent disposés à vendre aux Etats-Unis leur concession. Ils
étaient prêts à déposer une garantie pour l'achèvement du
canal dans une période de sept à dix ans, aucune somme d'argent ne devant être demandée aux Etats-Unis jusqu'à ce que
le canal fût fini. Ce fut ce projet que le Sénat et la Chambre
des représentants adoptèrent. Ce rapport modifiait considérablement le projet primitif relativement au canal de Nicaragua.
Il donnait sans doute toute autorisation au Président d'étudier
les divers tracés que pourrait suivre le canal, principalement
par le Nicaragua et Panama. Un million de dollars étaient affec-
tés au projet, mais aucune clause ne spécifiait la date du commencement de la construction du canal lui-même. Peu après,
les Etats-Unis profitèrent alors des troubles qui avaient éclaté
dans l'Amérique centrale, pour intervenir, sous prétexte de
protéger les Américains ; un navire de guerre, le *Marietta*,
fut envoyé à Greytown, et le gouvernement offrit ses bons
offices au cabinet centro-américain pour lui aider à rétablir
l'ordre ; comme on le voit, le gouvernement de Washington ne
pensait plus qu'au canal de Nicaragua.

En même temps l'intelligence et le dévouement de certains

Français amenaient les Américains à s'occuper du canal de Panama. Sur leur instigation, dans les bills présentés en 1899, M. Spooner avait proposé de ne pas se laisser fasciner par cette seule voie du Nicaragua, mais de songer que, plus au sud, on avait tenté de relier le Pacifique à l'Atlantique. Grâce à leur insistance, le général Abbott avait réussi à se faire écouter par le secrétaire d'Etat Hay, et M. Mac-Kinley, à force de persévérance, avait réussi à faire nommer un commissaire américain pour examiner les travaux effectués par la nouvelle compagnie du canal de Panama. Les administrateurs de cette société financière avaient compris qu'il fallait tout faire pour attirer sur leur entreprise l'attention du Congrès américain et y avaient réussi (1).

Dans le message inaugural de 1899, le président Mac-Kinley rappelait les projets en cours; puis, dans une communication qu'il adressait au Congrès, il répondait à la résolution du sénateur Lodge concernant l'archipel de Galapagos, et son acquisition par les Etats-Unis par l'assurance qu'aucun gouvernement européen n'avait songé à acquérir ces fameuses îles. Leur situation au débouché même du futur canal interocéanique dans le Pacifique, méritait qu'on ne perdît pas de vue leur sort.

De nouveau, la commission du commerce de la Chambre des représentants et la commission sénatoriale du canal approuvèrent les résolutions relatives au futur canal de Nicaragua, en passant sous silence toutes les propositions relatives à l'abrogation du traité Clayton-Bullwer.

Ce silence était voulu. Les Etats-Unis, profitant de l'embarras causé à l'Angleterre par la guerre du Transvaal, avaient repris activement les négociations relatives à l'abrogation du traité Clayton-Bullwer, et, le 5 février 1900, M. Hay, secré-

---

(1) Cf. LEROY-BEAULIEU, *L'expansion américaine dans le Pacifique et le projet de canal interocéanique, Economiste français*, 1er juillet 1899,

taire d'Etat, et lord Pauncefote signaient une convention
amendant le traité Clayton-Bullwer dans les dispositions qui
s'opposaient à la construction du canal de Nicaragua par les
Etats-Unis. Les art. 1 et 8 du traité de 1850 étaient purement et simplement abrogés. Les Etats-Unis s'engageaient à
maintenir une neutralité perpétuelle dans les eaux du canal,
à le tenir perpétuellement ouvert et d'un libre accès au commerce du monde entier. Aucune puissance ne pourrait s'ad-
juger un avantage et prendre possession des débouchés du
canal. La garantie serait assurée d'après les termes de la convention de Constantinople de 1888 relative au canal de Suez.
Il n'y avait aucune désignation de tracé dans cette convention.
On prétendait, dans les milieux diplomatiques, qu'en revanche l'Angleterre réclamerait des concessions dans l'Alaska ;
mais, rien de précis n'avait été stipulé à ce sujet.

La signature de ce traité du 5 février souleva de nombreuses contestations. Depuis longtemps, le traité Clayton-
Bullwer était considéré comme abrogé et il était inutile d'y
revenir. Mais le Sénat voulait apporter des amendements à la
convention, car les droits des Etats-Unis étaient mal définis.
Il fallait qu'il leur fût permis d'élever des fortifications sur
le canal, et rien ne le leur permettait. L'abrogation du traité
Clayton-Bullwer ainsi signée n'était ainsi qu'une défaite diplomatique pour les Etats-Unis.

De tous ces faits souvent confus, une conclusion se dégage :
les Etats-Unis ne veulent que d'un canal essentiellement américain sous un contrôle américain. C'est en vain qu'on essaiera
de construire une voie neutre garantie par les puissances,
l'Union n'en veut point et n'en voudra jamais. Peut-être pren-
dra-t-elle le canal de Panama au lieu de s'en tenir au canal de
Nicaragua? Peu lui importe ; mais elle n'autorisera la construction du canal de Panama que le jour où elle aura pu s'assurer la main-mise sur cette entreprise.

Déjà on annonce, sans préciser, la formation, à New-York,

d'une société au capital de 30 millions de dollars, pour racheter la concession de Panama, société qui serait commanditée
par MM. Vanderbilt, Morgan et d'autres banquiers de New-York.
Les Américains sentent trop de quel intérêt est pour eux ce
canal pour ne pas se montrer intransigeants. Tous les jours,
leurs relations commerciales avec l'Extrême-Orient s'accrois-
sent. Aujourd'hui, où ils semblent vouloir se transformer en
une grande puissance militaire, et où ils veulent avoir une
armée et une flotte, il leur faut un canal interocéanique américain. Sans le canal, que de gêne dans leurs relations avec la
Havane et les Philippines, et que de dépenses énormes pour
leur défense !

Lors de la dernière guerre, n'ont-ils pas éprouvé, par suite
de la lenteur avec laquelle le navire *Oregon* s'était porté vers
les Philippines, la gravité de cet inconvénient? Le trajet qui,
par le canal, aurait été de deux ou trois semaines au plus, a
duré deux mois et les a empêchés d'exercer une action brus-
que qui par là même aurait pu être définitive.

Ils sont obligés, sans le percement du canal, d'avoir deux
flottes, l'une pour défendre le Pacifique, l'autre pour défendre
l'Atlantique. Le canal, une fois creusé, ils pourront, sans renoncer à cette dualité de défense, avoir deux flottes qui ne
seront point indépendantes l'une de l'autre, qui auront entre
elles des liens multiples et dont les éléments pourront servir
à l'une aussi bien qu'à l'autre.

§ VII

Le traité Clayton-Bullwer n'était-il pas un obstacle à tous
ces projets?

Non, disent les Américains. Si nous avons entamé des pourparlers avec l'Angleterre à propos de son abrogation, ce n'est
point que nous ayons reconnu l'existence du traité de 1850;
si nous avons ainsi agi, c'est que nous n'avons pas voulu froisser la Grande-Bretagne dans son amour-propre. Le traité

Clayton-Bullwer n'existait pas. Il ne pouvait même pas exister, car il était la violation de la doctrine de Monroe.

Les Américains l'ont proclamé, le secrétaire d'Etat Frelinghuysen, dans sa lettre à M. Lowell, du 22 novembre 1883, l'a suggéré : « Peut-être, dit-il, M. Clayton en négociant le traité en 1850, a-t-il eu l'intention de laisser de côté (disregard) la doctrine de Monroe » (1), et il ajoute : « Cet abandon ne tire point à conséquence, le message de 1823 est un de ces dogmes auxquels on ne peut renoncer »; il trouve donc dans ce raisonnement un argument pour infirmer le traité Clayton-Bullwer.

En effet, que défend la doctrine de Monroe? L'extension du système politique européen au nouveau continent. Or, en permettant à l'Angleterre de venir exercer un contrôle quelconque sur le canal interocéanique, en s'alliant avec elle pour exercer ce contrôle, les Etats-Unis ont violé la doctrine de Monroe; ils ne le peuvent pas, puisque le message de 1823 est la base de leur droit public. Ne pouvant renoncer à ce dogme, ils doivent considérer le traité Clayton-Bullwer contraire à cette doctrine comme inexistant. Raison mauvaise : car aucun Etat ne peut invoquer son droit public interne pour se délier d'une obligation internationale ; mais solution bonne, à laquelle les Anglais n'avaient rien à répondre, s'ils l'avaient justifiée par son vrai motif.

Ce vrai motif, est-ce la clause *rebus sic stantibus?* (2).

Au moment où deux puissances passent un traité, c'est un principe, d'après le droit moderne, qu'elles subordonnent l'accomplissement de leurs obligations au maintien des circonstances politiques contemporaines du traité ; à la différence des obligations entre particuliers, dont l'effet se limite à un petit nombre d'années, les obligations entre Etats, conclues sans li-

---

(1) Cf. PFAFF, *Clausel rebus sic stantibus.*

(2) Cf. TUCKER, *op. cit.,* p. 72.

mitation de durée, s'échelonnent sur une trop grande étendue
d'années, pour que la force obligatoire de la convention, absolue
en droit privé, ne soit pas restreinte en droit public. La
clause *rebus sic stantibus* a précisément cette fonction : en
réalité, elle fait échec à la force obligatoire du traité ; mais,
au lieu de le heurter brusquement, elle fait un circuit pour le
tourner. Ce détour consiste à trouver, dans l'intention des
parties, cette réserve qu'elles ont entendu subordonner leur
consentement au maintien des circonstances politiques envi-
ronnantes. Si donc ces circonstances se trouvent modifiées, le
traité perd sa force obligatoire, puisque sa survivance dépasse
l'intention des parties. Or, il y a depuis 1850 assez de
changements dans la situation particulière et respective des
deux puissances, pour qu'on puisse déclarer le traité de 1850
abrogé. D'abord l'extension commerciale des Etats-Unis sur le
Pacifique, le développement de leurs établissements sur ces
côtes, leurs relations avec l'Extrême-Orient, et en face de cela,
l'accroissement colonial de l'Angleterre, la prospérité de son
commerce et l'augmentation de sa marine marchande sont
autant d'événements survenus depuis 1850 qui ont profondément modifié l'état des choses.

Mais, il est impossible de prendre dans ce sens large
la clause *rebus sic stantibus*. Une modification quelconque
aux circonstances primitives du traité ne saurait compromettre
celui-ci ; il faut, pour avoir cet effet, que ces modifications
mettent en péril l'existence de l'Etat. Pour éviter des exagé-
rations inévitables, il faut dire qu'un Etat reste lié par ses
traités, sauf quand leur maintien met en péril soit l'existence,
soit la garantie de son indépendance. De même qu'une convention ne peut soustraire à l'homme soit la vie, soit la liberté ;
de même aucun traité ne saurait compromettre la vie ou l'indépendance d'un Etat. Du jour où ce résultat se produit, la
force obligatoire du traité tombe, bien moins parce que les
circonstances ont changé que parce que le traité est incompa-

tible avec les nécessités inhérentes au développement de l'Etat. Prise dans ce sens, la clause *rebus sic stantibus* procède d'une analyse correcte et conduit à des solutions légitimes.

C'est ainsi qu'en 1870 la Russie a pu l'invoquer pour se délier des entraves mises à son développement militaire et maritime par le traité de Paris du 30 mars 1856, stipulant la neutralité de la Mer Noire. C'est ainsi encore que les Etats-Unis ont pu l'invoquer pour se délier de leurs traités avec la Chine, le jour où l'immigration sans cesse croissante des Fils du Ciel constituait pour eux le péril jaune. Plus douteuses seraient les applications de la clause *rebus sic stantibus*, fondées sur un changement des circonstances ambiantes qui ne menacent pas l'indépendance de l'Etat : ainsi, lorsqu'en 1886, la Russie a fortifié le port de Batoum contrairement à l'art. 59 du traité de Berlin du 13 juillet 1878.

Or l'abrogation du traité Clayton-Bullwer ne tient qu'à la modification des circonstances politiques ambiantes. Il ne constitue aucun péril pour les Etats-Unis, auquel il fait encore la part assez belle, pour que leur indépendance n'ait pas à souffrir. A leur point de vue personnel, les Etats-Unis en jugent autrement ; mais, dans la réalité des faits, il en va différemment. La clause *rebus sic stantibus* peut bien avoir pour les Américains un sens significatif. Restreinte au sens spécial où nous venons de la prendre, elle n'a pas ici d'application objective.

Est-ce à dire que le respect du traité Clayton-Bullwer s'impose aux Etats-Unis ? En aucune manière, car nul ne peut être tenu de respecter un traité. contraire au droit. Les dispositions du traité Clayton-Bullwer n'ont aucune force obligatoire non pas parce que les circonstances ont changé, non parce que l'indépendance des Etats-Unis est mise en péril, mais parce qu'en s'associant avec l'Angleterre pour un contrôle exclusif les Etats-Unis ont méconnu le principe de la liberté des canaux. Les Etats-Unis se sont bien gardés d'invoquer cette raison, car en chassant du monopole du canal l'Angleterre, ils s'en excluaient eux-mêmes avec elle. Voilà pourquoi ils ont été singulièrement embarrassés pour réclamer l'abolition du traité. Il ne s'agit pas seulement pour eux de l'abolir, il s'agit, après son abolition, de rester seuls maîtres du terrain. Là est pour eux le grand avantage de la doctrine de Monroe, c'est qu'à la différence des raisons de droit international qui, chassant l'Angleterre du co-monopole, en expulsent aussi les Etats-Unis, le monroeisme écarte les Anglais pour laisser les Américains seuls maîtres de la place. Seulement il ne suffit pas d'invoquer la doctrine de Monroe, il faut la corroborer par des raisons d'ordre international.

Pour prendre le contrôle exclusif que le monroeisme réclame, les Etats-Unis ont essayé de se constituer soit par voie de protectorat, soit par voie d'annexion une souveraineté territoriale sur le tracé même du canal. Déjà, en 1846, ils avaient eu cette idée ; à partir de 1870, c'est de ce côté, qu'afin de rompre avec le traité Clayton-Bullwer, ils ont porté leurs efforts (1). Mais ils ont trouvé des obstacles ; ils ont trouvé devant eux l'Europe qui se serait émue de les voir s'avancer jusqu'au centre de l'Amérique ; ils ont craint aussi l'irritation des démocrates hostiles à toute expansion.

Alors, parallèlement à cette acquisition d'un pouvoir territorial, les Etats-Unis ont cherché à se rendre maîtres de la Compagnie chargée de l'exécution du canal. En même temps qu'ils poussaient la conquête du terrain, ils ont cherché la conquête de l'œuvre et se sont efforcés de prendre en mains l'entreprise du canal ; jaloux des projets français, ils ont, de tout leur pouvoir, empêché l'entreprise française à Panama ; peu après, ils ont encouragé et développé la *Maritime Canal Company*.

Mais, quand bien même les Etats-Unis auraient le canal et la

(1) Annexions, dernières tentatives avec Iglesias.

compagnie, leur influence ne serait pas décisive. Seraient-ils placés dans la situation où, — depuis l'achat des cent soixante-seize mille actions du khédive Ismaïl et l'établissement du condominium, — les Anglais se trouvent aujourd'hui à Suez, les Etats-Unis auraient à compter à Panama, comme les Anglais à Suez, avec le principe de la liberté des canaux.

Les canaux doivent être libres. Les fleuves internationaux ne le sont-ils pas ? Ils le sont parce qu'on les considère comme les accessoires de la mer ; les canaux, autre accessoire de la mer, doivent donc être aussi compris dans cette liberté : « *Accessorium sequitur principale* ».

Les canaux sont encore libres par analogie avec les détroits. On ne peut pas plus bloquer un canal qu'on ne peut bloquer un détroit (1). Le détroit est un passage. Or là où l'enclave existe, le passage est de droit. Suez est certainement une enclave vis-à-vis de l'Europe. Les isthmes de Panama ou de Nicaragua sont aussi des enclaves pour l'Amérique du Sud aussi bien que pour l'Amérique du Nord. Puisque l'enclave existe, la servitude de passage doit exister. En vain protesterait-on au nom du pouvoir absolu de la souveraineté locale. Pouvoir souverain n'est pas synonyme de pouvoir absolu. Nous l'avons déjà dit, la souveraineté est limitée par les droits de l'humanité. Issue de la volonté des hommes, qui ont eux-mêmes des devoirs les uns envers les autres, elle est limitée par les droits de la communauté des hommes. Le droit de commerce en est un. Aucun Etat n'a le droit de fermer au transit son territoire. Le droit de commerce crée par conséquent une servitude de passage au profit de tous, dès qu'est réalisée l'ouverture de l'isthme par le percement du canal (2).

(1) Convention de Constantinople, 29 octobre 1888, article 3.

(2) Cf. FAUCHILLE, *Du blocus maritime*, p. 184 et s. Et relativement à Suez sur ce sujet, FOURNIER DE FLAIX, *L'indépendance de l'Egypte et le régime international du canal de Suez*, p. 111. — RENAULT, *La Loi*, 19 août 1882. — *Annuaire de l'Institut de droit international*, troisième et quatrième années, I, p. 349.

Les Etats-Unis le reconnaissent bien, puisque dans tous les traités qu'ils ont stipulés jusqu'à présent, ils ont respecté le principe de la liberté ; mais, tout en reconnaissant le principe et en se déclarant prêts à l'appliquer au canal interocéanique, ils le menacent en plaçant le canal soit sous le contrôle de deux puissances, soit sous leur contrôle exclusif ; car il ne suffit pas que la liberté soit proclamée, il faut encore qu'elle soit assurée par un contrôle impartial et par un règlement loyal.

Le Rhin est libre, mais d'une liberté très incomplète, parce que les riverains seuls, d'après la convention de Manheim (17 octobre 1868), constituent la commission d'ailleurs purement consultative chargée du règlement de la navigation, — ce dont ils ont profité pour décider que chaque bateau serait conduit par un pilote domicilié dans les Etats riverains et commissionné par eux (1).

Le Danube est libre (2), mais, pour assurer cette liberté dans le Bas-Danube, les puissances ont dû transformer la modeste et précaire commission européenne d'études créée pour deux ans en une autorité stable et permanente, dotée de la personnalité civile et dernièrement reconduite pour 21 ans, c'est-à-dire jusqu'en 1904 (3). Livré aux riverains, le Moyen-Danube se ferme dans le règlement autrichien de 1858 à la batellerie européenne, privée par lui du cabotage fluvial. Au Niger, la liberté existe dans les textes (4), mais non en fait, parce que les Anglais, maîtres du Bas-Niger, ont été seuls chargés d'assurer cette liberté.

Quiconque est maître du règlement et du contrôle, est le maître de la liberté. Donc, pour que la liberté soit complète, il faut, comme au Danube, comme au Congo, un règlement et un contrôle international. Que toutes les puissances pren-

(1) Article 15 de la convention.
(2) Traité de Paris du 30 mars 1856.
(3) Traité de Londres (10 mars 1883).
(4) Chapitre V, Acte de Berlin (26 février 1885).

nent le fleuve sous leur garantie, voilà le complément nécessaire à l'exercice de la liberté des fleuves; voilà donc le complément nécessaire à l'exercice de la liberté des canaux.

L'exemple même du canal de Suez doit y conduire. Si les
puissances n'ont pas réussi à y constituer une commission
européenne comme au Danube, elles ont du moins posé le
principe du libre usage du canal en temps de guerre, même
quant aux vaisseaux de guerre, la Turquie fût-elle belligérante,
ce que les Etats-Unis, belligérants, n'admettraient pas. C'est
une commission internationale, qui a failli, sans l'opposition
de l'Angleterre, s'établir à Suez, et, en tout cas, c'est un règlement international, la Convention de Constantinople, qui en a
déterminé le régime. Les Etats-Unis ne sauraient donc arrêter
seuls, par un règlement national, le régime du canal interocéanique. En vain les Américains répondent-ils qu'à Suez la
situation est spéciale, que le canal de Suez jouit d'une situation particulière, en raison même de sa position géographique;
qu'il est situé sur le territoire d'un Etat faible, chez qui les
puissances se sont fait depuis plus d'un demi-siècle, une règle
de l'intervention; qu'au contraire l'Amérique centrale, sur les
territoires de laquelle passera le canal, soit par l'isthme de
Panama soit par l'isthme de Nicaragua, est un pays pleinement
souverain qui n'a jamais eu besoin de la tutelle d'une puissance
pour vivre, se développer et remplir ses devoirs internationaux.
Il y a un point de commun entre les deux canaux : tous deux
sont situés sur le territoire d'Etats faibles. Le Nicaragua, jusqu'à présent, a pu vivre parce qu'il n'excitait pas la convoitise, mais du jour où, sur son territoire, sera construit un
canal, qu'arrivera-t-il ? Les puissances viendront et s'empa-
reront du malheureux Etat qui ne pourra lutter contre elles.

C'est la raison qui a poussé le professeur Woolsey (1) à pro-

(1) *The Yale Review*, novembre 1895, p. 246 et s., *An interoceanic canal
in the light of precedent.*

poser pour le canal une neutralité perpétuelle basée sur le type de Suez. Il expose lui-même les raisons qui lui font adopter une pareille solution ; il veut la neutralité perpétuelle du canal à cause de la faiblesse de la Colombie, du caractère privé de l'entreprise, de l'intérêt commun des Etats de l'Europe et de l'Amérique. Il veut la neutralité perpétuelle parce que c'est la solution la plus conforme à l'histoire ; c'est ce plan de protection qu'ont ébauché les traités de 1846 entre les Etats-Unis et la Nouvelle-Grenade ; de 1850 entre les Etats-Unis et la Grande-Bretagne ; de 1867 entre les Etats-Unis et le Nicaragua. Il n'y a qu'à les développer et à les élargir. Le traité Clayton-Bullwer contraire au droit, si on le restreint aux contractants de 1850, ne l'est plus si on en ouvre libéralement l'accès à tous.

Les Américains l'accepteront-ils ? L'espérance en est douteuse, car ils violeraient ainsi la doctrine de Monroe. Monroe avait défendu l'intervention de l'Europe en Amérique, l'extension du système politique européen au nouveau continent ; en acceptant un contrôle général sur le canal, en recevant de l'Europe le régime de Suez, ils perdraient leur influence prépondérante en Amérique et rétabliraient entre les Deux-Mondes l'unité solennellement rompue en 1823.

CHAPITRE VII

LE MEXIQUE

---

§ 1. Le Mexique et les puissances européennes. — § 2. L'entente des
puissances. — § 3. Les craintes des Etats-Unis et les protestations.
§ 4. L'expédition française et la rupture de l'Alliance. — § 5. La
protestation et les exigences américaines. — § 6. La solution.

Jusqu'à présent, la doctrine de Monroe n'avait eu que des applications discutables, où il avait fallu presque toujours faire
usage d'une doctrine de Monroe transformée. Il avait été nécessaire d'user de l'esprit, non de la lettre du message. Ces
extensions et les doutes qu'elles provoquaient n'étaient pas
de nature à fortifier l'avenir et l'autorité de la doctrine ; il
fallait que l'histoire lui fournît une application directe, limitée
dans les termes mêmes du message, inspirée, non pas seulement par l'esprit, mais par le texte de la déclaration de 1823.
Les affaires du Mexique devaient lui fournir l'occasion que réclamait son évolution, et, dans sa marche ascendante, lui donner le repos nécessaire à son affermissement. Pour la première fois depuis l'origine, se présentait un cas qui rentrait dans la formule même du message : « Nous ne permet-
trons pas à l'Europe d'intervenir en Amérique; nous ne lais-
serons pas la Sainte-Alliance s'opposer à la constitution des
républiques d'Amérique ». Sans doute, au Mexique, il n'y a
pas, comme en 1823, une Sainte-Alliance prête à intervenir;
il n'y a pas, comme en 1823, lutte entre l'Espagne et ses colonies révoltées; mais il y a des puissances européennes unies
entre elles prêtes à s'immiscer dans les affaires intérieures
d'un Etat d'Amérique pour lui dicter leurs volontés. Il n'y a
pas seulement anarchie comme au Yucatan, ou difficulté pour

un peuple de vivre indépendant, comme au Texas, ce qui rentrerait dans la doctrine Polk ; il y a plus : une menace directe d'intervention, ce qui rentre dans la stricte doctrine de Monroe. Trois gouvernements sont prêts à descendre au Mexique : l'Espagne, l'Angleterre et la France.

§ I

Les causes qui avaient amené l'Espagne, la France et l'Angleterre à intervenir sont nombreuses et confuses ; aussi est-il nécessaire, avant de les examiner, de préciser exactement la situation du Mexique à cette époque.

Le Mexique, séparé de l'Espagne en 1821, avait été, depuis sa déclaration d'indépendance, la proie des révolutions intérieures. Deux partis rivaux, celui de l'Eglise et celui du Libéralisme, s'y étaient livré une guerre acharnée ; pendant trente-trois ans, ils avaient contraint les Mexicains à essayer jusqu'à trente-six formes de gouvernement. La conséquence inévitable de tous ces désordres fut l'anarchie. Les prêtres Hidalgo et Morelès, qui avaient été les promoteurs de l'indépendance, furent vaillamment aidés dans cette tâche par le clergé mexicain ; celui-ci s'en autorisa pour essayer d'un gouvernement clérical. N'ayant pu restaurer l'empire de Ferdinand VII, il fit tous ses efforts pour seconder le dictateur Iturbide. Celui-ci renversé, l'antagonisme se poursuivit et des luttes sanglantes et passionnées déchirèrent ce malheureux pays. A ces complications intérieures vinrent s'ajouter des difficultés extérieures de toute sorte. Le Mexique dut soutenir contre les Etats-Unis une longue guerre qui ne se termina qu'en 1848, le 2 février, par le traité de Guadalupe-Hidalgo (1). Puis, les catholiques cherchèrent l'appui de l'étranger. Les Espagnols sollicités par eux envoyèrent des vaisseaux sur les côtes du Mexique, pour soutenir les réclamations de plusieurs de leurs nationaux vic-

---

(1) Martens, *Nouveau recueil général des traités*, XIV, p. 7.

times des agitations mexicaines. Les agresseurs n'ayant
pas été punis, les relations diplomatiques furent même interrompues.

Le gouvernement mexicain cherche alors à ramener l'Espagne à des sentiments plus pacifiques ; il envoie à Madrid le
plénipotentiaire don José Maria Lafragua pour trancher amiablement le différend avec le ministre d'Etat espagnol, le
marquis de Pidal, homme cassant, aussi peu conciliateur
qu'il était possible de l'être.

Pidal commença par rappeler à l'envoyé mexicain que ce
n'était pas la première fois que l'Espagne avait eu à se
plaindre du Mexique. Déjà il y avait eu une intervention diplomatique collective de l'Espagne, de l'Angleterre et de la
France, intervention qui avait abouti au traité de 1853. Mais
ce traité n'avait eu d'autre effet que de mettre bon
ordre à l'inexécution d'une précédente convention de 1851.
Les H. P. C. avaient établi la justesse de leurs réclamations
pécuniaires ; néanmoins, le gouvernement mexicain, revenant
sur sa parole, avait modifié les clauses de l'accord. Il avait
fallu que l'Espagne envoyât un commissaire, don Miquel
de los Santos Alvarez, avec une flotte pour appuyer ses
droits. Généreusement, elle était revenue sur le traité qu'elle
aurait dû laisser tel quel ; elle en était mal récompensée par
de nouveaux attentats sur ses nationaux ; elle exigeait à l'heure
présente le châtiment des coupables, une indemnité et l'accomplissement du traité de 1853.

C'était vraiment trop. Lafragua, décontenancé, partit brusquement de Madrid, laissant un memorandum, où il affirmait
l'impossibilité pour le gouvernement mexicain de céder aux
réclamations injustifiées de l'Espagne. Il demandait la revision
des créances de 1853.

En Espagne, le général Prim, en réponse au discours du
trône le 13 décembre 1858, reproche à la reine cette attitude de son gouvernement : « Le Sénat, dit-il, a vu avec

peine que les différends avec le Mexique subsistent encore. Ces différends auraient pu obtenir une solution pacifique, Madame, si le gouvernement de Votre Majesté avait été animé d'un esprit plus conciliateur et plus juste. Le Sénat regarde l'origine de ce différend comme peu honorable pour la nation espagnole, et voit avec regret les préparatifs de guerre que fait votre gouvernement. La force des armes ne nous donnera point la raison d'agir ainsi qui nous manque (1) ».

Cependant le gouvernement mexicain, craignant le ressentiment de l'Espagne, punit les coupables dont on avait demandé le châtiment. Lafragua lui-même revint à Madrid pour entamer des négociations qui aboutirent au traité de Mon Almonte (1859). Le Mexique s'engageait à poursuivre les coupables qui n'avaient pas encore été mis en accusation, tout en protestant de son irresponsabilité, « cédant, disait-il, au désir d'aplanir les difficultés pendantes ; il promettait, en outre, de payer les indemnités stipulées » (2). Les relations diplomatiques furent alors reprises et don Joaquim Francisco Pacheco envoyé comme ambassadeur de Sa Majesté catholique au Mexique. Mais les causes de désordre allaient en augmentant, comme l'envoyé espagnol pouvait l'exposer à son gouvernement dans une lettre qu'il adressait dès son arrivée au ministre d'Etat, don Saturnino Calderon Collantes. Dans une note du 24 septembre 1860 il préconisait même l'intervention, disant que le Mexique avait perdu à un tel point toute notion de droit, tout principe de bien, toute idée et toute habitude de subordination et d'autorité, qu'il ne pouvait plus par ses seules forces mettre fin à l'anarchie et à la tyrannie. Il fallait que l'Europe lui vînt en aide pour lui imposer la liberté, la discipline et l'ordre.

Sur ces entrefaites, le parti clérical fut vaincu et les troupes

---

(1) CESPÉDÈS, *La doctrine de Monroe*, p. 259.

(2) Voir le texte de ce traité dans CESPÉDÈS, *op. cit.*, p. 297 et s.

libérales entrèrent à Mexico le 1ᵉʳ janvier 1861; c'était le triomphe des ennemis de l'Espagne, qui avait toujours favorisé le
parti de l'Eglise. Aussi le nouveau président, Juarez, décréta-
t-il aussitôt l'expulsion des ambassadeurs d'Espagne, des Etats
pontificaux, du Guatémala, de l'Equateur : don Joaquim Francisco Pacheco, don Luis Clementi, don Felipe del Barrio,
J. D. Franscisco de Paula Pastor.

Pacheco fit de son expulsion un *casus belli*. Le ministre
d'Etat espagnol n'était pas aussi belliqueux que son subor-
donné, mais il devait être poussé par les circonstances à suivre
son ambassadeur. En droit, du reste, on ne pouvait considérer
ce fait comme un *casus belli*, étant donné que don Pacheco
était sorti de sa neutralité professionnelle pour entretenir dès
son arrivée au Mexique des relations avec les chefs du parti
clérical.

Attentat contre ses nationaux, impunité de leurs agresseurs,
non paiement des dettes reconnues dans un traité (1), mesures de rigueur envers son représentant, tels étaient les griefs
de l'Espagne vis-à-vis du Mexique.

Quant à l'Angleterre, elle réclamait au sujet de vols faits à
la légation britannique, et dont le gouvernement mexicain avait
refusé de se reconnaître responsable, sous prétexte qu'ils avaient
été commis par des partisans du parti clérical dirigé par Miramon. Ce parti qui, en novembre 1860, était dans une situation pécuniaire fort embarrassée, n'avait point trouvé de solution meilleure que d'envahir, le 16, la légation britannique et
d'y prendre 152,000 liv. st. appartenant à des obligataires
anglais qui les y avaient mises en bonne garde. Miramon avait
objecté que ce vol n'en était pas un, car le montant des sommes prises compensait le préjudice causé au fisc par des
fraudes de douanes favorisées par l'Angleterre. Il alléguait
que, pour éviter le paiement de droits élevés sur l'expor-

---

(1) La dette due à l'Espagne était estimée à huit millions.

tation de l'argent, des marchands mexicains s'entendaient avec les fonctionnaires anglais pour obtenir d'eux le recel de cette marchandise et son transport à bord des vaisseaux de guerre anglais. Il assurait que c'était le motif qui l'avait engagé à envahir le consulat britannique. Le gouvernement anglais n'avait pas voulu admettre ce raisonnement et avait demandé le châtiment des coupables ainsi que le remboursement des sommes volées. Ses nationaux n'étaient même plus en sûreté : témoin l'assassinat de Marquez, chirurgien anglais, par les libéraux (avril 1859). Mais il faut le dire, le cabinet de Saint-James passait sous silence l'appui prêté par Marquez à Miramon, dont il était l'ami, appui qui avait motivé son meurtre.

Le gouvernement mexicain, saisi de ces réclamations, se réunit en assemblée extraordinaire et rejeta, comme non fondés, les motifs de l'accusation des coupables, mais il accorda l'indemnité demandée. Le ministre anglais ne se déclara point satisfait et se retira à Jalapa. Il invoquait encore, à l'appui de cette rupture des relations diplomatiques, un décret du 17 juillet 1861 par lequel le ministre de la Hacienda suspendait pendant deux années le paiement des sommes dues aux puissances par le Mexique d'après les traités antérieurs (1). L'Angleterre réclamait immédiatement le paiement de cette dette conventionnelle et la restitution de l'argent volé au consulat, ce qui portait le chiffre de ses réclamations à 68,000,000 liv. st.

Quant à la France, ses protestations étaient aussi nombreuses que vagues (2). Tout d'abord, il faut le faire obser-

---

(1) Avant ce décret du 17 juillet 1861, le gouvernement du Mexique avait pourvu au paiement de ses dettes par l'abandon des droits de douane, et ce fut par ce décret du 17 juillet 1861 que l'exécution de cette mesure fut suspendue.

(2) Cf. sur tous ces points DE LA GORCE, *Histoire du second Empire*, IV ; NOLTE, *Histoire militaire et diplomatique du XIXe siècle*, III, p. 345 et s.

ver, notre ministre, M. Dubois de Saligny, qui remplaça le 12 décembre 1860 M. de Gabriac, rappelé pour avoir pris parti d'une façon trop ouverte pour les cléricaux, s'attira tout de suite l'hostilité du gouvernement républicain en suivant une ligne de conduite absolument identique. Il empêcha par exemple des perquisitions chez les sœurs de la Charité qui étaient, disait-il, sous le protectorat des Français. Aussi peut-on dire qu'il fit naître à plaisir toutes espèces de motifs pour justifier la nécessité d'une intervention.

Dès son arrivée, le consul de France à Tepic ayant été insulté, Dubois de Saligny requit l'aide d'un navire français pour venger le représentant de la nation et demanda une indemnité de 10,000 pesos, que le Mexique lui accorda.

Quand fut promulgué le décret du 17 juillet, il rompit avec joie les relations diplomatiques; il y était du reste encouragé par le parti réactionnaire qui rêvait de placer la République mexicaine sous le protectorat de la France.

Dubois de Saligny réclamait les dettes françaises qui comprenaient, en plus de la dette conventionnelle, la créance Jecker (1).

Pour se faire rendre justice, les trois ministres d'Espagne, de France et d'Angleterre adressèrent au gouvernement mexi-

(1) Voir à ce sujet DE KÉRATRY, *La créance Jecker, les indemnités françaises et les emprunts mexicains.*

Voici en quoi consistait cette créance : Almonte, en 1859, avait signé avec l'ambassade d'Espagne, une convention par laquelle les bons de la dette intérieure qui appartenaient en grande partie aux Espagnols, seraient exigibles comme les dettes dues à l'Espagne. Cette garantie était illusoire. Les bons émis sous le président d'Almonte furent discrédités. Pour sauver la situation, un banquier suisse, Jecker, qui se fit ensuite naturaliser Français, vint proposer de retirer ces papiers dépréciés de la circulation. Dans ce but, il émit un emprunt de quinze millions de pesos (soixante-quinze millions de francs), mais pour prix de la garantie des nouveaux bons, appelés bons Jecker, le banquier se réserva une part de vingt-cinq pour cent de l'émission. Il préleva ainsi environ quinze millions de francs que le gouvernement mexicain devait lui verser. Jecker devait restituer la somme au bout de cinq ans, mais il ne payait pour ce prêt que 3 0/0 d'intérêt, ce qui était dérisoire, étant donné le taux habituel des prêts en Amérique.

cain un ultimatum dans lequel ils l'avertissaient que, si ce décret n'était pas rapporté le 25 juillet à quatre heures du soir, ils rompraient immédiatement les relations diplomatiques. Le gouvernement mexicain ayant fait la sourde oreille aux réclamations des puissances, on discuta à perte de vue. M. Dubois de Saligny prétendit à tort ou à raison, nul ne le sait, car des enquêtes contradictoires furent faites à cette époque, que la plupart des jours qui suivirent on vint crier sous ses fenêtres : « Mort aux Français » ; il alla même jusqu'à soutenir qu'on avait essayé de l'atteindre par des coups de fusil. Ce qu'il y a d'assuré, c'est que l'anarchie atteignit son point culminant, grâce aux efforts de Miramon, d'Almonte et d'autres membres du parti de l'Eglise qui comptaient sur l'intervention étrangère pour rétablir leur autorité perdue. Ils espéraient, par les troubles qu'ils susciteraient, prouver aux gouvernements étrangers que le Mexique n'était point assez raisonnable pour adopter le *self-government* ou la République.

§ II

Sur ces faits s'engagèrent des pourparlers entre la France, l'Espagne et l'Angleterre au sujet d'une intervention collective au Mexique.

L'Angleterre était prête à s'allier à la France et à l'Espagne pour obtenir la réparation des dommages causés aux sujets des trois pays et l'exécution des engagements contractés par le Mexique vis-à-vis des gouvernements respectifs, pourvu toutefois que dans la convention les trois puissances indiquassent nettement leur projet de ne pas intervenir dans les affaires intérieures du Mexique. Le cabinet de Saint-James proposait, en outre, d'inviter les Etats-Unis à adhérer à cette convention, sans attendre pourtant leur réponse pour commencer les opérations actives (1).

(1) Cf. dépèche du ministre des affaires étrangères de France au comte Flahaut, ambassadeur de France à Londres, *Documents diplomatiques*, 1862, p. 153.

La France accepta en faisant observer qu'à l'instar du gouvernement de la Reine, celui de l'Empereur ne voulait pas assumer la responsabilité d'une intervention directe dans les affaires intérieures du Mexique. Il était de la prudence des deux cabinets de ne pas décourager les efforts du pays lui-même, pour sortir de l'état d'anarchie où il était plongé; il était préférable de lui faire connaître qu'il n'avait à attendre, en aucune circonstance, ni appui ni secours.

L'intérêt commun de la France et de l'Angleterre était évidemment de voir s'établir au Mexique un état de choses qui assurât la sécurité des intérêts déjà existants et qui favorisât le développement de leurs échanges avec l'un des pays du monde les plus richement doués. Les événements, dont les Etats-Unis étaient en ce moment le théâtre, donnaient à ces considérations une importance nouvelle et plus urgente. Il était permis de supposer, en effet, que si l'issue de la crise américaine consacrait la séparation définitive du Nord et du Sud, les deux nouvelles confédérations chercheraient l'une et l'autre les compensations que les territoires du Mexique, livrés à une dissolution sociale, offriraient à leurs compétitions. Un semblable événement ne pouvait être indifférent à l'Angleterre comme à la France, et le principal obstacle qui pourrait en prévenir l'accomplissement serait la constitution au Mexique d'un gouvernement réparateur, assez fort pour arrêter sa dissolution intérieure; mais les éléments d'un semblable gouvernement existaient-ils au Mexique? C'était là une question fort douteuse. Il fallait un gouvernement qui donnât des garanties suffisantes au pays et aux nations étrangères. Si les Mexicains eux-mêmes, las de leurs épreuves, décidés à réagir contre leur passé désastreux, puisaient dans le sentiment du danger qui les menaçait une vitalité nouvelle, si revenant, par exemple, aux instincts de leur race, ils trouvaient bon de chercher dans un établissement monarchique le repos et la prospérité qu'ils n'avaient pas rencontrés dans les institutions républicaines, l'Angleterre et la France ne pouvaient s'interdire absolument de les aider, s'il y avait lieu, dans l'œuvre de leur régénération, tout en reconnaissant qu'elles devaient les laisser entièrement libres de choisir la voie qui leur paraîtrait la meilleure pour les y conduire.

Le gouvernement de l'Empereur dégageait du reste toute préoccupation intéressée, écartait d'avance toute candidature d'un prince quelconque de la famille impériale ; mais désireux de ménager toutes les susceptibilités, il verrait avec plaisir le choix des Mexicains se porter sur un prince de la maison d'Autriche (1).

Les parties voulaient donc stipuler une action collective dans le but de faire aboutir les demandes qu'elles avaient formulées, et non dans le but de retirer un avantage politique ou commercial, leur plus vif désir étant de voir à l'anarchie succéder un gouvernement stable.

Ces pourparlers aboutirent à la signature de la convention du 31 octobre 1861 entre la France, l'Espagne et l'Angleterre, c'est-à-dire entre le comte Flahaut, lord Russel et Isturiz (2).

Dans le préambule, les H. P. C. exposaient les motifs de leur intervention. La conduite arbitraire et vexatoire des autorités de la République du Mexique, la nécessité d'exiger une protection plus efficace pour les personnes et pour les propriétés de leurs sujets, l'exécution sans cesse différée des obligations contractées envers elles par ce même Etat avaient obligé les puissances à intervenir et à occuper toutes les forteresses du littoral (3). En même temps, pour mieux affirmer leur désintéressement, les puissances s'engageaient à ne rechercher pour elles dans l'emploi des mesures coercitives, prévues par la convention, aucune acquisition de territoires

(1) *Loc. cit.*

(2) Article 1er.

(3) *Archives diplomatiques*, 1862, I, p. 290.

ni aucun avantage particulier, et à n'exercer dans les affaires intérieures du Mexique aucune influence de nature à porter atteinte au droit de la nation mexicaine de choisir et de constituer librement la forme de son gouvernement (1). Une commission devait être établie avec pleins pouvoirs pour statuer sur toutes les questions que pourraient soulever l'emploi et la distribution des sommes recouvrées au Mexique. Ce fut en grande partie l'interprétation de cet article qui donna lieu à des discussions entre les plénipotentiaires, discussions qui devaient amener plus tard la rupture de l'alliance (2). Enfin, les puissances décidaient d'inviter le gouvernement des Etats-Unis à adhérer à la convention (3).

Dès le mois de novembre 1861, on fit occuper les ports du Mexique, afin de percevoir les droits de douane qui devaient garantir le paiement des sommes ou des indemnités diverses dues dès à présent ou pouvant être dues ultérieurement par le Mexique à titre d'indemnité de guerre. En même temps, comme la question des réclamations que chacun des gouvernements alliés avait à formuler exigeait un examen tout spécial, il fut institué une commission chargée de statuer à cet égard et d'aviser au mode de règlement le plus respectueux des intérêts particuliers (4).

Le gouvernement français comptait sur la présence des forces alliées au Mexique pour déterminer la partie saine de la population, fatiguée d'anarchie, avide d'ordre et de repos, à constituer dans le pays un gouvernement fort et stable. L'Angleterre partageait aussi cette espérance, et lord Russel l'exprimait dans une dépêche du 17 janvier 1862 à sir Charles Wike, ministre de la reine à Mexico : « L'archiduc Maximilien,

(1) Article 2.
(2) Article 3.
(3) *Archives diplomatiques*, I, p. 290.
(4) *Archives diplomatiques*, 1862, I, p. 294 et s. Instruction de M. Thouverel à l'amiral Jurien de la Gravière, 19 novembre 1861.

disait-il, sera invité par un nombre considérable de Mexicains à monter sur le trône et la nation applaudira à ce change-ment ». Si le peuple mexicain, par un mouvement spontané, plaçait sur le trône l'archiduc d'Autriche, l'Angleterre était décidée à s'incliner.

Le choix de ce souverain avait été soumis au gouvernement espagnol par l'ambassadeur de France (1), et le plénipoten-tiaire français avait montré qu'une telle solution écartait toute cause de froissements ou de rivalité, tout en sauvegardant la liberté de la nation mexicaine.

Les trois puissances observaient ici une conduite analogue à celle que la France, l'Angleterre et la Russie avaient obser-vée à l'égard de la Grèce, lorsqu'elles s'étaient engagées à n'accepter pour aucun de leurs princes le nouveau trône élevé par de communs efforts.

L'Empereur, dans l'exposé de la situation de l'Empire à l'ouverture de la session de 1862, parla de la réunion des escadres alliées dans le golfe du Mexique et du débarquement des corps expéditionnaires dans le pays, mais il se plut à répé-ter qu'aucune arrière-pensée d'ambition n'entrait dans l'expé-dition actuelle. Il n'aurait assurément que de la satisfaction à exprimer de l'intervention à laquelle les trois puissances s'é-taient vu contraintes, cette intervention devant produire, pour le Mexique lui-même, une crise de nature à favoriser la réor-ganisation de ce magnifique pays dans les conditions de force, de prospérité et d'indépendance, qui lui faisaient si complè-tement défaut (2). Cependant M. Michel Chevalier, l'un des amis et des confidents de l'empereur, prévoyait l'effet probable de l'expédition, en démasquant l'intention des puissances. « Le système monarchique, mais d'une monarchie parfaitement indé-

(1) Cf. dépêche de M. de Thouvenel à l'ambassadeur de France, 15 octobre 1861.

(2) LAWRENCE, *op. cit.*, II. p. 347.

pendante et aussi libérale que possible, y sera, disait-il, substitué à une république qui n'est que nominale et dérisoire » (1).

§ III

Il fallait maintenant mettre à exécution l'art. 4 de la convention de Londres, d'après lequel les H. P. C. devaient inviter
les Etats-Unis à adhérer à la convention. Jusqu'à présent, leur
conduite avait été bien nette. Dès 1858, ils avaient protesté
contre les agissements de l'Espagne, par l'organe de M. Dodge,
leur ministre à Madrid, spécialement lors de la résistance
de Pidal à Lafragua. « Ils ne permettraient point, avaient-ils
dit, la soumission par les puissances européennes d'aucun des
Etats indépendants du continent américain et ils ne souffri-
raient pas non plus que l'Europe exerçât un protectorat sur
ces Etats, ni même qu'elle employât aucune influence politique directe pour contrôler leur politique ou leurs institutions » (2).

Dès qu'il avait été question d'intervention collective, ils
avaient à nouveau manifesté leur mécontentement (3). Mais à
présent que l'intervention était décidée, qu'allaient-ils faire ?
Pouvaient-ils refuser à l'Europe de se faire justice ? Oui sans
doute, mais il fallait qu'ils réglassent la situation et fissent
cesser les causes mêmes de l'intervention européenne. L'intervention n'est-elle pas légitime, lorsqu'il y a méconnaissance du
droit individuel et des principes généraux du droit international (4)? Or, il y avait là certainement à la fois méconnais-

---

(1) *Revue des Deux-Mondes*, 1er avril 1862, p. 514, et aussi CHEVALIER, *Le
Mexique ancien et moderne*, p. 398 et s., p. 431 et s.

(2) LAWRENCE, *op. cit.*, II, p. 340.

(3) Cf. dépêche de lord Russel à lord Cowley, 27 septembre 1862, LAWRENCE,
op. cit., II, p. 340.

(4) Voyez à ce sujet BLUNTSCHLI, *Droit international codifié*, art. 474 et s.
— RIVIER, *Principes du droit des gens*, I, p. 403 et s.

sance du droit individuel et des principes généraux du droit des gens. Lorsqu'un Etat n'exécute point les obligations qu'il a contractées, comment le forcer à cette exécution, s'il est illégal d'intervenir dans ses affaires intérieures? Sans doute il est nécessaire aux puissances, avant d'en arriver à ce moyen, d'user d'ultimatums pour faire comprendre à l'Etat réfractaire la gravité de la situation dans laquelle il va s'engager; mais, une fois ces ultimatums signifiés, une fois la résistance de cet Etat constatée légalement pour ainsi dire, que reste-t-il à faire, sinon à intervenir?

Peut-être la France n'avait-elle pas le droit de prendre en mains les intérêts de Jecker, mais pour les autres sommes stipulées par les traités antérieurs, ou représentant les intérêts de la dette, la réclamation était parfaitement juste, et le décret de 1861 justifiait à lui seul l'intervention de l'Europe. On ne peut nier le droit d'intervention, lorsque les intérêts financiers des nationaux sont lésés (1). C'est là le motif de l'intervention européenne en Egypte et en Turquie.

Mais pour rendre efficace leur opposition aux desseins de l'Europe, les Etats-Unis ne devaient-ils pas s'interposer? Comment pouvaient-ils le faire, déchirés qu'ils étaient par la guerre civile (2)? Le traité de Londres avait consacré la violation de la doctrine de Monroe; si le danger de l'annexion était momentanément écarté, celui de la constitution d'une monarchie, à la tête de laquelle on mettrait un prince européen, était de plus en plus menaçant. Les termes mêmes du traité, les instructions de Napoléon à l'amiral Jurien de la Gravière, la correspondance diplomatique des trois cabinets, l'opinion de Chevalier, un confident de l'empereur, tout convertissait en réalités terribles les prévisions d'établissement

---

(1) Cf. Contra POLITIS, thèse, Paris 1894, Les emprunts d'Etat en droit international, p. 228 et s.

(2) Le 20 décembre 1860, la Caroline avait déclaré l'Union dissoute et les autres Etats du Sud avaient rapidement suivi cet exemple.

d'un gouvernement européen. Les Etats-Unis devaient-ils, pour écarter le danger, souscrire au traité de Londres, abandonner comme en 1850 (1) les principes de leur politique extérieure et pactiser avec les puissances? Eux aussi, ils avaient le droit d'intervenir ; ils avaient des titres de créances à faire valoir, des indemnités à réclamer au nom de leurs nationaux. Il ne fallait pas, pour un moment d'angoisse, renier tout un passé plein de gloire, il fallait une fois de plus être fidèles au message de 1823, suivre la même conduite que le président Monroe, refuser toute alliance et parler un langage ferme à l'Europe. Le secrétaire d'Etat, M. Seward, fut chargé de le aire. Le président des Etats-Unis ne contestait pas aux puissances le droit de déclarer la guerre, mais il ne tolérerait de a part de l'Europe « ni une acquisition de territoire, ni un autre avantage quelconque dont les Etats-Unis ou tout autre Etat civilisé serait exclu ». Les Etats-Unis voulaient le respect du droit du peuple mexicain de choisir ou de constituer librement la forme de son gouvernement, langage assurément étonnant de la part de ceux qui, dans l'affaire du Yucatan, avaient violé le droit des peuples à disposer d'eux-mêmes. M. Seward reconnaissait que les Etats-Unis avaient également des réclamations à faire, mais il ne voulait pas les joindre à celles des puissances européennes par respect d'abord pour leur politique traditionnelle, par sympathie ensuite pour les Mexicains. Cette réflexion du secrétaire d'Etat était visiblement inutile ; tout le monde savait, depuis la guerre qu'ils avaient engagée contre le Mexique, qu'ils désiraient vivement se l'adjoindre. M. Seward continuait en faisant observer que le moment était mal choisi pour obtenir satisfaction : le gouvernement du Mexique était troublé à l'intérieur et il se trouvait en guerre avec des nations étrangères.

Le travail de réfutation terminé, il fallait reconstruire. Le

(1) Je fais allusion au traité Clayton Bullwer.

secrétaire d'Etat indiquait alors la conduite américaine vis-à-vis du Mexique : dans son désir ardent de voir la République du Mexique sortir de son embarras, il avait essayé de transiger avec elle et, dans ce but, avait donné pleins pouvoirs au représentant de l'Union pour conclure un traité par lequel le cabinet de Washington proposait des aides de toutes sortes au Mexique, afin de le mettre à même de satisfaire aux justes réclamations et demandes des souverains européens et de les détourner par là de la guerre. Les Etats-Unis craignaient, une fois la note de Seward communiquée aux puissances, qu'on ne la prît pour une provocation : ils se hâtèrent d'écarter cette interprétation ; ils redoutaient que l'Europe ne profitât de la guerre civile pour les attaquer. Toutefois, comme leurs objections n'avaient rien empêché, ils indiquaient les mesures qu'ils comptaient prendre pour faire respecter leurs droits. Ils croyaient de leur devoir de faire stationner une force navale dans le golfe du Mexique pour sauvegarder les intérêts des citoyens américains pendant la durée du conflit qui pourrait surgir entre les H. P. C. et cette république. Ils autoriseraient en outre le ministre américain au Mexique à conférer avec les parties belligérantes, de manière à sauvegarder les justes droits des Etats-Unis contre toute atteinte involontaire (1).

En même temps, le cabinet de Washington tentait un dernier effort pour empêcher l'intervention armée. Il proposait au Mexique de lui fournir une somme de 11 millions de piastres pour faire face à l'intérêt de la dette étrangère, en attendant que le pays pût effectuer ce paiement. En retour, le Mexique donnait comme garantie de ce prêt les biens invendus du clergé et les terres inoccupées de la République. Mais cette proposition fut rejetée à la fois par le Sénat américain et par les cabinets européens. M. Thouvenel fit observer qu'il était

(1) Cf. à ce sujet la note de Seward aux cabinets européens, 4 décembre 1861, *Archives diplomatiques*, 1862, I, p. 293.

impossible d'empêcher les Etats-Unis d'offrir de l'argent au Mexique, et le Mexique d'accepter l'argent des Etats-Unis, mais, pour l'Europe, la proposition resterait lettre morte, les réclamations des puissances étaient trop fortes pour qu'elles pussent se contenter de telles garanties ; il fallait rester fidèle au premier plan de conduite, c'est-à-dire exécuter le traité de Londres.

§ IV

Sans insister sur l'expédition du Mexique, qu'il n'est point dans notre domaine d'étudier, constatons seulement qu'après quelques opérations militaires de fort peu d'importance, le désaccord éclata entre les trois puissances, les amiraux anglais, français et espagnols ne s'étant point entendus sur la tactique à suivre.

Le général Prim, qui commandait l'armée expéditionnaire de l'Espagne, suscita, le 13 janvier 1862, une réunion de ses collègues. Il voulait leur soumettre le manifeste que Juarez avait adressé, le 18 décembre 1861, à la nation mexicaine ; il voulait aussi en finir avec certaines questions particulièrement épineuses et en particulier avec la créance Jecker qu'il trouvait douteuse. Il était, du reste, sur tous ces points, parfaitement d'accord avec le ministre anglais.

Le 19 février 1862, après de longues discussions, les plénipotentiaires agitèrent la question de savoir si le gouvernement mexicain était capable de rétablir par lui-même l'ordre intérieur sans avoir besoin de l'appui des puissances. Ils adoptèrent ce premier point et renvoyèrent à plus tard l'examen des compensations à demander.

Ils décidèrent de se réunir à Orizaba et de convier à cette réunion les ministres de la République du Mexique. Les puissances, en attendant, devaient occuper les territoires de Cordova, Orizaba et Téhuacan ; dans le cas où les négociations seraient interrompues, les alliés quitteraient ces positions pour reprendre celles qu'ils occupaient précédemment.

Le général Prim, qui avait déjà manifesté soit dans ses discours aux troupes, soit dans ses relations avec le gouvernement mexicain, ses bonnes intentions vis-à-vis de la République, fut cependant chargé d'examiner ces divers points et de faire un rapport à ce sujet. Il conclut que le meilleur moyen d'en finir était de laisser le gouvernement indigène rétablir l'ordre et d'approuver toutes les stipulations faites précédemment (1). On adopta sa manière de voir. L'Angleterre et l'Espagne approuvèrent la conduite de leurs représentants et ratifièrent ces préliminaires qui devinrent la convention de la Soledad (19 février 1862).

Mais un nouvel embarras vint compliquer la situation : les conservateurs revinrent au Mexique avec l'aide de l'empereur Napoléon III et, au mois d'avril, le général Almonte, un de leurs chefs, arriva au Mexique dans l'espoir de faire une révolution au profit de son parti et d'établir sur le trône Maximilien d'Autriche. Un incident éclata à ce sujet entre le général Prim et M. Dubois de Saligny. Dès lors, la bonne harmonie entre les puissances avait cessé de régner : les nations européennes ne devaient plus agir de concert.

Les représentants de l'Espagne et de l'Angleterre adressèrent, le 23 mars, à leur collègue français, une note pour déclarer l'attitude de la France en contradiction avec la convention de Londres : ils proposaient à M. Dubois de Saligny de se réunir pour établir la conduite à suivre.

La conférence eut lieu. Il fut convenu que le plénipotentiaire français enjoindrait à Almonte et aux autres réactionnaires de se retirer à Vera-Cruz. Almonte refusa de se soumettre à l'ordre qui lui avait été intimé, disant que les Français lui avaient demandé quelques mois auparavant son

(1) Cf. note de Prim au gouvernement espagnol, du 20 février 1863.

appui. Le général Prim prévint aussitôt son gouvernement
que la meilleure solution serait de rompre immédiatement
avec les Français (1).

Le gouvernement de Juarez avait à peine appris les dissensions des puissances, qu'il se faisait un devoir de les ac-
centuer encore; dans ce but, il envoyait une lettre aux représentants des puissances pour demander l'expulsion des
conservateurs qui venaient, disait-il, empêcher son œuvre de
pacification. Aussi une nouvelle discussion éclata-t-elle entre
le général Prim et M. Dubois de Saligny. Celui-ci se découvrit alors, et exposa franchement son plan. Il voulait assurer
le trône du Mexique à l'archiduc d'Autriche et avait été approuvé par le gouvernement français. Prim en profita pour
se retirer immédiatement avec ses troupes. On avait violé,
disait-il, à la fois et le traité de Londres et la convention de
la Soledad. Il faut le reconnaître, en effet, la conduite du
gouvernement français était en contradiction flagrante avec
l'article II du traité du 31 octobre 1861, par lequel les
H. P. C. s'engageaient « à n'exercer, dans les affaires intérieures du Mexique, aucune influence de nature à porter atteinte aux droits de la nation mexicaine, de choisir et de
constituer librement la forme de son gouvernement »; en
contradiction flagrante aussi avec la décision de la convention
de la Soledad qui avait reconnu au gouvernement du Mexique
la possibilité de rétablir par lui-même l'ordre, sans avoir à
user des forces des puissances.

A la nouvelle de la retraite de Prim, la révolution sévit avec
plus de force à l'intérieur; une proclamation de Juarez fit
connaître au peuple mexicain les dess.ins de la France. L'empereur Napoléon n'avait point, en effet, ratifié le traité de la
Soledad, tandis que l'Espagne, comme l'Angleterre, avaient

---

(1) On trouvera tous ces sentiments exprimés très nettement dans une lettre
particulière qu'il écrivait à un de ses amis Don José de Salamanca. CESPÉDÈS,
La doctrina de Monroe, p. 312.

été unanimes à féliciter leurs représentants de leur conduite.

Les troupes espagnoles se réembarquèrent donc pour la Havane, et le ministre anglais s'apprêta à partir pour New-York. Il fut alors clair pour tout le monde que si l'intervention de l'Angleterre et de l'Espagne avait été motivée par les réclamations d'indemnités, celle de la France n'avait eu d'autre but que de réorganiser les institutions politiques du Mexique.

§ V

Le gouvernement français s'était découvert. Il voulait empêcher les Etats-Unis de s'étendre vers le sud et de gagner ainsi une prédominance incontestée dans l'Amérique, il voulait briser le projet de la Méditerranée américaine. Si le Mexique, en effet, conquérait son indépendance et maintenait l'intégrité de son territoire, si, par les armes de la France, il s'y constituait un gouvernement stable, la France dresserait un obstacle insurmontable aux invasions des Etats-Unis, assurerait l'indépendance de nos colonies des Antilles et de celles de l'infidèle Espagne.

« Ainsi, la France étendait sa bienfaisante influence dans le centre de l'Amérique, et cette influence rayonnait vers le nord et le midi, elle créait d'immenses marchés à notre commerce et procurait les matériaux indispensables à son industrie, tandis que le prince qui monterait sur le trône du Mexique se verrait obligé de prendre toujours les intérêts de la France, non seulement par gratitude, mais encore à cause des intérêts du nouvel Etat, qui serait en parfaite harmonie avec ceux de sa libératrice. Il ne pouvait se soustraire à notre influence… C'était, du reste, l'honneur militaire compromis, les exigences de la politique, les intérêts de l'industrie et du commerce qui imposaient le devoir de marcher sur la capitale du Mexique, d'y planter hardiment le drapeau français et d'établir, ou une monarchie, ou un gouvernement qui donnât des garanties de stabilité (1) ».

L'empereur avait discerné tout ce que la doctrine de Monroe contenait d'anti-européen. Il avait vu que la déclaration du cinquième président des Etats-Unis n'était autre chose qu'une déclaration de guerre au Vieux-Monde, et il voulait montrer à l'Amérique que l'Europe avait relevé le défi.

Napoléon III était rêveur ; il se laissait séduire par de grandes théories qu'il voulait mettre à exécution partout où il était possible de le faire. Il avait adopté le principe des nationalités dans la politique européenne ; il s'était rappelé que Napoléon Ier à Sainte-Hélène avait fait une adhésion tardive mais expresse à cette règle, et il voulait en étendre l'application au Nouveau-Monde. Il voulait une fédération des races latines opposée à la fédération des races anglo-saxonnes. Il comptait jeter la première assise de ce grand œuvre, en établissant au Mexique une monarchie latine, qui serait elle-même un point d'appui sur lequel pourrait compter l'Europe tout entière.

Il y avait aussi le revers de la médaille : si Napoléon III agissait de la sorte, c'était peut-être aussi pour détourner l'attention de ses ennemis. L'opposition faite par les républicains au gouvernement impérial allait toujours croissant : étrange illusion, la guerre du Mexique semblait faite, aux yeux de l'empereur, pour calmer les dissensions qu'il redoutait.

L'opposition était mécontente de la politique extérieure de l'Empire (2). La constitution de l'unité italienne n'avait point donné de bons résultats, l'Autriche était mal disposée à notre égard, le Pape n'avait pas oublié que Napoléon avait porté atteinte à son pouvoir temporel, l'opposition républicaine jointe

---

(1) Cf. Lettre de Napoléon III au général Forey (3 juillet 1862). CESPÉDÈS, *La doctrina de Monroe*, p. 278 et s., et KÉRATRY, *L'élévation et la chute de Maximilien*, p. 17. *Documents diplomatiques*, 1862, p. 190.

(2) Cf. BANCROFT, *The French in Mexico*, dans *Political science quarterly*, XI.

à l'animosité des catholiques ultramontains se faisait plus vive contre la grande politique impériale. Le seul moyen de mettre fin à ces difficultés était de lancer la France dans une aventure, et cette aventure se présentait dans l'affaire du Mexique.

Ainsi se trouvaient réalisées les craintes des Etats-Unis : ce qu'ils avaient à redouter, c'était non plus seulement l'intervention européenne, mais la constitution d'un pouvoir européen à leur frontière. C'était en vain que le cabinet de Washington s'était contenté de l'assurance à lui donnée par les alliés ; c'était en vain que M. Seward leur avait rappelé leurs promesses et le traité de Londres, et qu'il leur avait représenté l'instabilité d'une pareille monarchie, instabilité augmentée encore par l'élévation au trône d'une personne étrangère au Mexique (1). Il fallait enregistrer l'inutilité de ces efforts. La Maison-Blanche en avait reçu la nouvelle officielle (2). Bien plus, on parlait même d'agissements de la France au Texas ; le gouvernement de Washington avait intercepté une lettre que M. Benjamin, secrétaire d'Etat des Etats-Unis confédérés, avait adressée à M. Slidell, commissaire de ces mêmes Etats à Paris. Dans cette lettre, M. Benjamin signalait des intrigues du gouvernement français au Texas pour le soustraire à la Confédération du Sud. Les preuves qu'il en avait eues lui avaient suffi pour expulser le consul français de Galveston. Non seulement l'empereur avait le dessein de conquérir le Mexique et de le garder comme colonie, mais il désirait voir une puissance de peu d'importance séparer sa nouvelle colonie des Etats confédérés, afin de n'avoir pas à craindre d'interposition dans ses desseins relatifs au Mexique (3). Il y a quelques années, sous le ministère Guizot, la

(1) Circulaire de M. Seward aux représentants des Etats-Unis à l'étranger, du 3 mars 1862. *Archives diplomatiques*, 1862, II, p. 30 et s.

(2) Cf. note du 23 septembre 1862 de M. Dayton, ministre des Etats-Unis en France à M. Seward.

(3) LAWRENCE, *op. cit.*, II, p. 359 et s.

France n'avait-elle pas cherché à s'introduire au Texas ? Sa politique actuelle n'était-elle pas d'autant plus menaçante qu'elle était en conformité parfaite avec sa politique ancienne ?

La situation se précisait au Mexique. Le 3 septembre 1862, le général Forey, qui avait pris le commandement en chef du corps expéditionnaire, adressait aux Mexicains une proclamation dans laquelle il leur promettait de leur laisser une entière liberté dans le choix d'un gouvernement. Il avait démis le général Almonte de ses fonctions à la Véra-Cruz puis abrogé tous les décrets et ordonnances promulgués par le chef du parti catholique. Le 27 novembre 1862, le Congrès mexicain répondait à cette proclamation en louant sans réserves la conduite de l'Angleterre et de l'Espagne, tandis qu'il stigmatisait la lutte inique et dévastatrice soutenue par la France.

La guerre faite au Mexique était une guerre au continent américain. Le Pérou et le Chili l'avaient bien compris et les Etats-Unis à leur tour devaient le comprendre. Le Mexique n'était qu'un champ d'essai, une porte qui, une fois ouverte, donnerait accès à la France dans tout le reste du continent américain (1).

Le 10 juin 1863, le général Forey faisait son entrée dans la ville de Mexico et, par décret du 16 du même mois, il y établissait un gouvernement provisoire. Une junte composée de trente-cinq notables désignés par le ministre de France nommerait un triumvirat (2) de citoyens mexicains chargés d'exercer le pouvoir exécutif et de convoquer une assemblée de deux cent quinze notables qui se prononceraient sur la forme du gouvernement mexicain.

Le 10 juillet, cette assemblée se prononçait sur la question du gouvernement futur dans les termes suivants : « La nation

---

(1) LAWRENCE, *op. cit.*, II, p. 361.

(2) Les citoyens désignés furent Almonte, l'évêque Pelasgio de la Bastide et don Mariano Salas.

adopte comme forme de gouvernement la monarchie tempérée
héréditaire avec un prince catholique. Le souverain prendra
le titre d'empereur du Mexique. La couronne impériale du
Mexique est offerte à S. A. I. le prince Ferdinand Maximilien, archiduc d'Autriche, pour lui et ses descendants.

« Dans le cas où, par des circonstances qu'on ne peut prévoir, l'archiduc Ferdinand Maximilien ne prendrait pas la
possession du trône qui lui est offert, la nation mexicaine s'en
remet à la bienveillance de S. M. Napoléon III, empereur
des Français, pour qu'il désigne un autre prince catholique à
qui la couronne sera offerte » (2).

Le prince n'étant pas là pour prendre possession de son
trône, on forma une régence chargée de gouverner le pays au
nom du nouvel empereur jusqu'au moment de son arrivée.
Ce fut le triumvirat qui remplit cet office.

Le 30 octobre 1863, Ferdinand Maximilien acceptait la
couronne impériale, sous la condition que toute la nation
mexicaine confirmerait par une libre manifestation le choix
qui avait été fait.

Le vote se poursuivit dans les communes et une députation mexicaine apporta au nouvel empereur à Miramar, les
vœux de vingt-trois provinces sur vingt-cinq dont se composait le Mexique, en faveur de l'établissement de l'empire.

Le 10 avril 1864, l'archiduc recevait la députation et acceptait le pouvoir impérial : « Un mûr examen des actes d'adhésion que vous êtes venus me soumettre, dit-il, me donne
l'entière confiance que le vote des notables a été ratifié par
une immense majorité et que je puis à bon droit me considérer comme l'élu du peuple mexicain. Les garanties nécessaires pour asseoir sur des bases solides l'indépendance et la
prospérité du pays, sont également acquises grâce à la magna-
nimité de l'empereur des Français, de la loyauté et la bien-

(2) LAWRENCE, op. cit., II, p. 362.

veillance duquel, pendant tout le cours des négociations, je garderai toujours le souvenir ».

Le jour même de l'acceptation de la couronne par Maximilien, il passait avec le gouvernement français une convention par laquelle les frais de l'expédition française au Mexique, à rembourser par le gouvernement mexicain, étaient fixés à la somme de 270 millions, pour tout le temps de la durée de cette expédition jusqu'au 1ᵉʳ juillet 1864. A partir du 1ᵉʳ juillet, toutes les dépenses de l'armée mexicaine resteraient à la charge du Mexique; de plus 12 millions devaient être versés immédiatement entre les mains du gouvernement français pour couvrir les indemnités dues aux sujets français pour les préjudices antérieurs, qui avaient motivé l'intervention. Cette même convention fixait à 25,000 hommes le nombre des forces expéditionnaires qui devraient rester jusqu'à ce que l'empereur Maximilien eût pu organiser des troupes nécessaires pour les remplacer. Enfin, pendant six ans encore, la France laissait au Mexique une force de 8,000 hommes, qui seraient à la solde du gouvernement mexicain.

Le 12 juin 1864, l'empereur et l'impératrice du Mexique faisaient leur entrée dans la capitale; le nouvel empire était reconnu par toutes les puissances de l'Europe.

Les Etats-Unis protestèrent. Oubliant qu'ils avaient violé eux-mêmes le droit des peuples à disposer d'eux-mêmes, ils firent observer à la France que le plébiscite du Mexique n'était qu'un trompe-l'œil. Napoléon avait voulu importer au Mexique cette règle de droit public qu'il avait proclamée en France; mais il l'avait appliquée fallacieusement. Jamais le peuple mexicain n'aurait accepté de bon gré l'empire, qu'il n'avait pas voté librement, si toutefois il l'avait voté (1).

Néanmoins, il fallait avant tout ne pas brusquer les choses

---

(1) M. Seward avait exprimé ses craintes à ce sujet à M. Dayton, dans une dépêche du 23 octobre 1863.

pour ne pas forcer la France à intervenir aux Etats-Unis :
« Abstenez-vous, avait dit M. Seward à M. Dayton, si
l'empereur Maximilien paraît à Paris ». En même temps
M. Seward faisait donner un congé en règle au ministre américain à Mexico, M. Cousin.

La Chambre des représentants à Washington montrait plus
clairement quelle devait être la politique des Etats-Unis en
adoptant à l'unanimité, le 4 avril 1864, la proposition déposée
par l'un de ses membres : « Le congrès des Etats-Unis ne veut
pas, par son silence, laisser les nations du monde dans l'idée
qu'il reste spectateur indifférent des événements déplorables
qui s'accomplissent actuellement au Mexique. Il juge donc à
propos de déclarer qu'il ne convient pas au peuple des Etats-
Unis de reconnaître un gouvernement monarchique, élevé sur
les ruines d'un gouvernement républicain en Amérique, sous
les auspices d'une puissance européenne quelconque (1) ».

M. Seward, en envoyant le 7 avril 1864 à M. Dayton une
copie de cette résolution, ajoutait que cette résolution « tra-
duisait sincèrement le sentiment unanime des Etats-Unis relativement au Mexique ». Mais, en fin diplomate qu'il était, il
faisait ressortir que cette déclaration n'avait point le caractère
d'un acte législatif. Elle devait, disait-il : « recevoir la sanction du Sénat et l'approbation du président des Etats-Unis, ou
en cas de dissentiment, l'assentiment renouvelé des deux
Chambres du Congrès, qui devait être exprimé par une majorité des deux tiers de chaque corps ».

« Sans doute, le président reçoit la déclaration de la Chambre des représentants, avec le profond respect auquel elle a
droit, comme une exposition de ses vues sur un grave et important sujet ; mais, il vous ordonne d'informer le gouvernement français qu'il n'a nullement le dessein à présent de se
départir de la politique que ce gouvernement a suivie jusqu'ici

(1) LAWRENCE, op. cit., II, p. 365.

en ce qui touche la guerre existante entre la France et le
Mexique... Il est à peine nécessaire de dire que la Chambre
des représentants a agi d'elle-même et non sur aucune communication du département exécutif et que le gouvernement
français serait prévenu en temps raisonnable de tout changement à ce sujet, que le président peut juger dans l'avenir
convenable d'adopter » (1).

M. Dayton, au reçu de la dépêche, s'empressa de demander
une entrevue au ministre des affaires étrangères français,
M. Drouyn de Lhuys, et dans cette entrevue, il se rendit
compte de l'extrême émotion qu'avait produite sur le gouvernement français la déclaration de la Chambre des représentants : il parvint cependant à calmer cette inquiétude et, quelques jours après, on pouvait lire dans le *Moniteur* : « Le
gouvernement de l'Empire a reçu des Etats-Unis des explications suffisantes sur le sens et la portée de la résolution prise
par l'Assemblée des représentants à Washington, au sujet des
affaires du Mexique. On sait d'ailleurs que le Sénat avait
ajourné indéfiniment l'examen de cette résolution, à laquelle,
dans tous les cas, le pouvoir exécutif n'eût pas accordé sa
sanction » (2).

La Chambre des représentants à Washington avait eu à peine
communication de ce passage qu'elle demanda, le 23 mai, au
président, de lui faire connaître les explications qui avaient été
données à la France au sujet de sa résolution. Les dépêches
furent alors résumées dans un vaste document qui fut transmis au Congrès.

, Le 15 février 1865, à l'ouverture de la session législative,
l'empereur Napoléon III, dans son discours et dans l'exposé
qui y était joint, donnait les meilleures nouvelles du Mexique.
Peu à peu, la situation y devenait meilleure et le trône de

---

(1) *Archives diplomatiques* 1864, III, p. 78.
(2) LAWRENCE, *op. cit.*, II, p. 367.

Maximilien plus solide. Cependant, les choses allaient changer, car la lutte entre le Nord et le Sud touchait à sa fin. En avril 1865, les principales armées confédérées rendaient leurs armes; dès lors, le gouvernement de Washington allait pouvoir s'occuper des affaires extérieures. Le fameux mot de M. Seward : « Pourquoi nous engager dans cette gasconnade du Mexique, lorsque nous sommes aux prises avec la lutte pour la vie nationale » (1), cessait d'être applicable.

§ VI

Maintenant il n'était plus possible de temporiser : il fallait agir rapidement pour empêcher le gouvernement français de maintenir au Mexique Maximilien sur le trône. Les Etats-Unis pouvaient faire entendre des protestations plus nettes, car la guerre civile venait de se terminer par la défaite des esclavagistes (1865). Le Nord avait eu raison du Sud, et l'Union se trouvait définitivement affermie, capable de lutter contre l'étranger. M. Drouyn de Lhuys espérait que les Etats-Unis, au lieu de demander le rappel de Maximilien, reconnaîtraient le nouvel empire. Ainsi serait définitivement assis l'empire de Maximilien, et la France pourrait consentir au rappel de ses troupes (2). Mais le cabinet de Washington, bien loin d'accepter, montra son mécontentement en insistant sur ce « que l'armée française avait attaqué un gouvernement républicain profondément sympathique aux Etats-Unis et choisi par la nation mexicaine, pour le remplacer par une monarchie qui, tant qu'elle existerait, serait regardée comme une menace pour leurs propres institutions républicaines » (3).

(1) BANCROFT, *The French in Mexico, Political science quarterly*, XI, p. 38.

(2) *Archives diplomatiques* 1866, I, p. 385. Lettre de Drouyn de Lhuys au marquis de Montholon.

(3) Cf. réponse de M. Seward, du 6 décembre 1865. Le cabinet de Washington invoquait ici la doctrine de Monroe proprement dite. Monroe avait défendu l'extension du système politique européen à l'Amérique. M. Seward le rappelait à M. Drouyn de Lhuys.

Le 16 décembre, c'était un véritable ultimatum que M. Se-ward présentait au gouvernement français ; il montrait les Etats-Unis inquiets de savoir si la situation présente devait continuer au Mexique ; il y allait de l'intérêt national améri-cain ; aussi informait-il la France que, malgré ses désirs de cultiver avec elle des relations amicales, le cabinet de Was-hington devrait y renoncer si la France considérait comme in-compatible avec ses intérêts et son honneur de s'abstenir de la poursuite d'une intervention armée au Mexique pour ren-verser le gouvernement républicain et établir sur ses ruines une monarchie étrangère. Les Français n'avaient aucune raison suffisante pour s'y opposer. M. Seward refusait donc aujour-d'hui nettement de reconnaître l'Empire du Mexique (1). C'était dire à la France : « *Withdraw or fight* » (Retirez-vous ou la guerre) (2).

M. Drouyn de Lhuys fut étonné de cette résistance ; il rappela les motifs qui avaient poussé à la guerre du Mexique, motifs qui n'avaient rien d'hostile aux institutions du peuple ou des peuples du Nouveau-Monde et encore moins à celles de l'Union (3). L'empereur Maximilien avait été appelé par le vœu du peuple au trône du Mexique, et l'incompatibilité d'un tel gouvernement avec les institutions républicaines de l'Union n'était point aussi évidente que voulaient bien le dire les Etats-Unis. N'entretenaient-ils pas des relations avec le Brésil et même avec l'empire mexicain de 1822 ? Aucune maxime fondamen-tale, aucun précédent de l'histoire diplomatique de l'Union ne créait d'antagonisme nécessaire entre les Etats-Unis et le régime qui avait renversé au Mexique un pouvoir qui avait continuellement et systématiquement violé les obligations les

(1) *Archives diplomatiques* 1864, I, p. 434.

(2) Bancroft, *The French intervention in Mexico. Political science qua-terly*, vol. XI, p. 41.

(3) *Archives diplomatiques*, note du 9 janvier 1866.

plus positives envers les autres peuples (1). L'appui prêté au gouvernement mexicain par les armées françaises ne pouvait porter aucune atteinte ni à l'indépendance des résolutions du gouvernement mexicain, ni à la parfaite liberté de ses actes. « Quel est l'Etat, faisait observer le ministre français, qui n'a pas eu besoin d'alliés soit pour se constituer, soit pour se défendre, et les grandes puissances, telles que la France et l'Angleterre par exemple, n'ont-elles pas entretenu presque constamment des troupes étrangères dans leurs armées? Lorsque les Etats-Unis ont combattu pour leur émancipation, le concours donné par la France à leurs efforts a-t-il fait que ce grand mouvement populaire cessât d'être véritablement national? Et dira-t-on que la lutte contre le Sud n'était pas également une guerre nationale, parce que des milliers d'Irlandais et d'Allemands combattaient sous le drapeau de l'Union? »

Le droit de faire la guerre qui appartient, ainsi que le déclarait M. Seward, à toute nation souveraine, implique le droit d'assurer les résultats de la guerre. Les Français ne sont point allés au delà de l'Océan uniquement dans l'intention d'attester leur puissance et d'infliger un châtiment au gouvernement mexicain. Après une série d'inutiles réclamations, ils ont dû demander des garanties contre le retour de violences dont leurs nationaux avaient souffert, et ces garanties, ils les ont trouvées aujourd'hui dans l'établissement d'un pouvoir régulier qui se montre disposé à tenir honnêtement ses engagements. Confiant dans l'esprit d'équité du cabinet de Washington, M. Drouyn de Lhuys attendait de lui l'assurance que le peuple américain se conformerait à la justice, en maintenant à l'égard du Mexique une stricte neutralité. Puis il cédait aux exigences de M. Seward, en lui annonçant les négociations entreprises avec l'empereur Maximilien pour le retour des troupes françaises (2).

(1) *Archives diplomatiques* 1866, I, p. 393 et s.
(2) Cf. *Archives diplomatiques* 1866, I. p. 394.

L'empereur Napoléon se décida à rappeler ses troupes ; la convention de Miramar fixa les mesures et les conditions dans lesquelles il était permis à la France de consolider un gouvernement ami. C'est sur un motif d'ordre financier, la difficulté pour le gouvernement mexicain de payer les frais de séjour des troupes, que l'empereur s'appuyait pour justifier le départ des forces expéditionnaires.

Mais bientôt M. Drouyn de Lhuys essaya de revenir en arrière ; il fit observer que les engagements du traité de Miramar n'ayant pas été exécutés, la France se trouvait dégagée de toutes les obligations à elle imposées par cette convention. La France n'était point responsable des mesures intérieures prises au Mexique, et qui pouvaient être en désaccord avec les intérêts des autres nations et le droit international. Le 15 janvier 1866, la situation se tendait de plus en plus entre les Etats-Unis et la France. M. Bigelow demandait à M. Drouyn de Lhuys des explications sur certains décrets, rendus par l'empereur Maximilien, concernant l'émigration et la colonisation au Mexique. M. Drouyn de Lhuis refusa de répondre. Alors le représentant des Etats-Unis s'empressa de faire des observations au ministre des affaires étrangères : « Bien que la ligne qui sépare la responsabilité du gouvernement impérial et celle de l'organisation politique qu'il a établie (*planted*) au Mexique, dit-il, soit tracée assez indistinctement, je suis certain que mon gouvernement apprendra avec satisfaction que la France, qui était une des premières puissances à dénoncer l'esclavage à l'exécration de l'humanité, décline toute responsabilité au sujet de la tentative de rétablir cette institution dans un pays qui l'avait expressément flétrie » (1). M. Drouyn de Lhuys refusa d'accepter l'expression « planted » appliquée au rôle du gouvernement français au Mexique. Il fit remarquer que les mesures signalées par M. Bigelow étaient

(1) *Archives diplomatiques*, 1866, I, p. 399.

d'ordre absolument administratif, que le grand reproche fait à Maximilien était de n'avoir pas reconnu aux Mexicains qui lui étaient opposés le caractère de belligérants; c'était là son droit et la France ne pouvait rien pour l'y contraindre.

Dans son discours à l'ouverture des Chambres du 22 janvier 1866, Napoléon III loua la bonne situation du nouvel empire du Mexique; dans l'exposé il insistait sur le caractère des motifs qui avaient déterminé l'intervention française : « Le seul but des puissances, disait-il, avait été de faire mettre à exécution des obligations contractées par cet Etat ». Ces vues optimistes ne devaient pas être confirmées par les événements. Cette attitude désintéressée trouvait plus d'un incrédule.

De nouveau (12 février 1866), M. Seward démontrait clairement que l'expédition française avait été détournée de sa voie pour servir à une révolution politique. « Cette révolution n'aurait certainement pas eu lieu, si la France n'était pas intervenue par la force, et, s'il fallait en juger par le génie et d'après le caractère du peuple mexicain, elle ne serait pas soutenue aujourd'hui; si cette intervention armée venait à cesser, les Etats-Unis verraient si le peuple du Mexique s'était prononcé en faveur de la monarchie ». Les Etats-Unis étaient donc d'avis qu'en présence de l'armée française d'invasion l'acceptation d'un Empire n'avait pu librement avoir lieu.

Le départ des troupes françaises était nécessaire pour la loyale consultation du Mexique. L'empereur des Français avait naturellement le droit d'envisager la situation du Mexique comme il lui plaisait; mais, par contre, les Etats-Unis gardaient leurs coudées franches. Ils continueraient à reconnaître au Mexique l'ancienne république et n'engageraient point de relations avec le gouvernement du prince Maximilien (1).

Au début de l'expédition, le gouvernement français avait

(1) Cf. *Archives diplomatiques*, III, p. 318 à 322.

espéré l'alliance des gens de couleur avec les conservateurs; déçu par leur union avec les libéraux, contrecarré par l'attitude bien nette des Etats-Unis, il prit la résolution de retirer au plus vite ses troupes, et d'arranger, avec le plus de célérité possible, les conventions relatives aux indemnités dues à la France (1).

Dès le 9 mars, M. Drouyn de Lhuys pouvait annoncer que les troupes françaises évacueraient le Mexique en trois détachements : le premier partirait au mois de novembre 1866, le deuxième en mars 1867 et le troisième au mois de novembre de la même année (2). Mais il changea encore de résolution. De nouvelles conventions financières entre le Mexique et la France furent signées au mois de juillet, et le départ des troupes fut décidé pour le mois de mars 1867 sans distinction de détachement.

Le Président des Etats-Unis se félicita de la victoire (3), mais ne se tint pas pour satisfait. Il chargea M. Campbell, ministre des Etats-Unis à Mexico, de veiller à ce que les dispositions de l'empereur fussent intégralement exécutées.

Le gouvernement français cherchait encore à revenir sur sa décision; il voulait retarder le retrait des troupes, mais les Etats-Unis s'y opposèrent (4). Le marquis de Lavalette remplaçait à ce moment, au quai d'Orsay, le marquis de Moustier alors absent, qui avait succédé lui-même à M. Drouyn de Lhuys ; il s'excusa du retard apporté à l'évacuation, tout en assurant le cabinet de Washington de l'exécution prochaine de cette mesure.

Le 5 décembre 1866, une dépêche de l'empereur Napoléon informait le gouvernement de Washington de l'époque à la-

---

(1) Instructions de M. Drouyn de Lhuys du 16 février 1866 au ministre de France à Mexico.

(2) *Archives diplomatiques*, 1866, III, p. 334.

(3) Cf. Message inaugural du 3 décembre 1866.

(4) Instructions de M. Seward à M. Bigelow.

quelle l'armée française serait rappelée du Mexique, et exprimait la satisfaction du cabinet de Paris de voir la mission Sherman-Campbell terminée à la complète satisfaction de la Maison-Blanche. L'empereur renonçait à l'établissement d'un gouvernement monarchique et acceptait la formation d'une république, à la condition toutefois que les Etats-Unis maintinssent le gouvernement ainsi établi.

A la session de 1867, l'empereur Napoléon, ne voulant point constater l'échec de ses projets, cacha son insuccès sous d'éloquentes périphrases : « Les heureux résultats, disait-ils, ont été compromis par un fâcheux concours de circonstances. La pensée, qui avait présidé à l'expédition du Mexique, était grande ; régénérer un peuple, y implanter des idées d'ordre et de progrès, offrir à notre commerce de vastes débouchés et laisser comme trace de notre passage le souvenir des services rendus à la civilisation, tel était mon désir et le vôtre. Mais le jour où l'étendue de mes sacrifices m'a paru dépasser les intérêts qui nous avaient appelés de l'autre côté de l'Océan, j'ai spontanément décidé le rappel de notre corps d'armée ».

« Le gouvernement des Etats-Unis a compris qu'une attitude peu conciliante n'aurait pu que prolonger l'occupation et envenimer les relations qui, pour le bien des deux pays, doivent rester amicales (1) ». Le 13 mars 1866, le maréchal Bazaine quittait avec les troupes françaises la Vera-Cruz. Le 15 mai, suivant, Maximilien était fait prisonnier à Querétaro, traduit devant un conseil de guerre, condamné à mort et fusillé le 19 juin. C'était le triomphe de la doctrine de Monroe.

Les Etats-Unis avaient invoqué cette doctrine dès le commencement de la guerre, s'élevant d'abord contre l'intervention européenne, refusant ensuite de s'y associer, et protestant enfin contre l'établissement d'un gouvernement monar-

(1) LAWRENCE : *op. cit.*, II, p. 385.

chique. Dans les deux cas il avait été fait une application exacte de la doctrine de Monroe. Les Etats-Unis avaient respecté le droit du peuple du Mexique et s'en étaient faits les champions. Ce n'était plus la doctrine Polk, c'était la doctrine de Monroe elle-même, celle du message de 1823, qu'ils invoquaient.

Ainsi revivifiée par une saine et juste interprétation, la doctrine de Monroe prenait une nouvelle force. Elle échouait, il est vrai, à Saint-Domingue; mais après ce dernier échec, elle devait prendre son essor pour réussir désormais dans toutes ses applications.

CHAPITRE VIII

SAINT-DOMINGUE

—

§ 1. L'intérêt en jeu. — § 2. Les menées du cabinet de Washington.
§ 3. Les desseins de Grant. Leur échec. — § 4. L'influence sur la
doctrine de Monroe.

Les Etats-Unis, dans l'affaire du Mexique, avaient fait une
application exacte de la doctrine de Monroe, première manière,
mais ils n'avaient pas perdu de vue la doctrine de Monroe,
seconde manière, c'est-à-dire la doctrine Polk ; aussi allaient-
ils essayer, en dépit des échecs précédents, de l'appliquer à
Saint-Domingue. Partant de l'interprétation donnée au message de 1823 par le message de 1846, ils espéraient annexer
Saint-Domingue pour porter plus loin leurs désirs.

Sans cesse préoccupés de transformer le golfe du Mexique
en une Méditerranée américaine, ils espéraient, puisqu'ils
avaient échoué d'un côté, trouver leur revanche d'un autre.
Ils venaient de réussir au Mexique, en chassant la France qui
voulait y établir un pouvoir ami, mais la victoire n'était que
négative, il fallait enregistrer un succès véritable, un succès
positif qui leur donnât dans les Antilles non seulement un
allié, mais encore un vassal. Ce succès, les Etats-Unis espéraient le remporter à Saint-Domingue ; ce vassal, ils espéraient
le trouver dans le peuple dominicain.

§ I

En s'annexant la république dominicaine, les Etats-Unis
acquéraient une île qui, par sa position géographique, leur
assurait une bonne place dans les Antilles. Saint-Domingue

est avec Cuba la clef du golfe du Mexique, et fait de ses pos-
sesseurs les maîtres du canal interocéanique. L'île est de plus
fertile en ressources, d'une culture facile et rémunératrice,
qui compense largement les efforts faits pour la conquérir.
Les convoitises des diverses puissances prouvaient assez le
prix qu'il était permis d'attacher à une pareille conquête (1).
Christophe Colomb, qui l'avait découverte en même temps
que Cuba, avait été fier de la donner à l'Espagne et l'avait
baptisée du nom d'Hispaniola, montrant bien ainsi de quelle
valeur était le présent fait à son roi. Lorsqu'au traité de Ris-
wyck (1697), Louis XIV avait demandé des compensations à
l'Espagne, il avait obtenu entre autres la moitié de l'île, laissant l'autre moitié au vaincu et se contentant de cet abandon.
Puis l'Europe s'était disputé avec acharnement la possession
de cette belle colonie. Le traité de Bâle de 1795 avait cédé à
la France l'île toute entière; mais les traités de 1814 et de
1815 avaient reconnu à l'Espagne la partie de l'île qu'on lui
avait prise, tandis que l'ancienne partie française devenait
indépendante et formait la République d'Haïti (2). Et en 1822,
lorsque la partie espagnole s'était révoltée pour proclamer son
indépendance et former la République de Saint-Domingue,
suivant en cela l'exemple des colonies espagnoles, quels efforts
n'avait pas tentés l'Espagne pour reconquérir son ancienne
colonie?

On comprend sans peine qu'une telle prise excitât la convoitise des Etats-Unis.

§ II

Le cabinet de Washington était d'autant plus porté à intervenir à Saint-Domingue, qu'il se trouvait en face d'un
gouvernement en proie à l'anarchie.

(1) Cf. l'article sur Saint-Domingue, de M. LE PELLETIER DE SAINT-REMY,
dans la *Revue des Deux-Mondes* de 1861 (1er juin).

(2) En fait, elle l'était depuis 1803, depuis l'échec de l'expédition Leclerc
tentée sous le Consulat.

Les deux républiques, d'abord réunies, se séparèrent en 1844. Saint-Domingue se constitua en une république indépendante avec le président Pedro Santana, et la scission fut le signal de difficultés sans nombre. Santana fut remplacé par Baez, qui fut chassé à son tour par le peuple à cause de sa politique cléricale ; puis Santana revint avec peine occuper son ancien poste. Alors, les Etats-Unis profitèrent de ces désordres pour intervenir ; ils promirent leur appui à Santana par un traité que passa avec lui un agent des Etats-Unis, M. Pierce. Ce traité, qui demeura longtemps secret, opérait la cession au gouvernement américain de la baie de Samana. Mais Santana voulait avoir deux cordes à son arc pour être plus sûr de rester à son poste ; il voulait aussi s'attirer les faveurs du cabinet de Madrid et surtout se sauver d'embarras financiers ; alors il vendit, toujours en secret, sa patrie à Sa Majesté catholique, et un décret royal du 19 mai 1861 consacra la réincorporation du territoire de Saint-Domingue à l'Espagne. Les plans américains étaient déjoués ; tout le travail des diplomates américains avait été détruit par Santana.

La nouvelle était à peine parvenue à Washington qu'on protesta au nom de la doctrine de Monroe. La doctrine de Monroe ou plutôt la doctrine Polk avait prohibé l'établissement d'une domination européenne en Amérique ; l'Espagne faisait fi de ses principes en s'annexant Saint-Domingue. La chose n'était pas possible. Ces récriminations furent toutes platoniques, car les Etats-Unis étaient en proie à la guerre civile ; cependant il fallait enregistrer la réaffirmation de la doctrine Polk et de ses prohibitions. Les Etats-Unis avaient dénié aux peuples américains le droit de disposer de leur souveraineté au profit d'un Etat européen. Ils firent entendre à nouveau la même défense. Par bonheur, ils trouvaient une aide dans le mécontentement des Dominicains. Ceux-ci s'étaient révoltés contre la vente de Samana, ils s'étaient décidés à faire la guerre à l'Espagne. Après quelques mois d'hostilités (1864), ils fu-

rent vainqueurs ; l'Espagne dut revenir sur le décret de 1861.
Un nouveau décret fut présenté par le général Narvaez, voté
par les deux Chambres et confirmé par le roi le 5 mai 1865.
L'indépendance de la République était reconnue. Quant au
traité passé avec les Etats-Unis en 1854 au sujet de la cession de Samana, il était resté lettre morte et ne fut jamais
ratifié.

Les Etats-Unis ne l'avaient point oublié. Lorsqu'en 1867,
José Maria Cabral occupa la présidence de Saint-Domingue, ils en profitèrent pour reprendre les négociations. Sans
doute, le traité de 1854 avait été abandonné, mais ne pour-
rait-on pas le reprendre sur d'autres bases ? Cette fois, le
gouvernement américain serait moins égoïste, il demanderait
encore la cession de la baie de Samana, mais il accorderait en
revanche à la République de Saint-Domingue la somme de
5 millions de pesos. Un moment, à la Maison-Blanche, on
crut tout perdu, Cabral qui avait accueilli favorablement ces
propositions avait été remplacé par Baez (1868); mais il n'en
fut rien, Baez (29 novembre 1869) parfit l'œuvre commencée
par son prédécesseur et permit aux Américains de planter
leur drapeau à Samana, malgré les protestations du peuple
dominicain.

Ici, on ne pouvait faire appel à la doctrine de Monroe, car
l'intervention d'un pouvoir européen n'était pas à craindre,
l'Espagne, la seule puissance à redouter, s'étant elle-même
retirée. Quel raisonnement pouvait-on faire ? Ce fut le président Grant qui se chargea de rattacher ces faits nouveaux à
l'ancienne doctrine.

§ III

A cette époque, la révolte sévissait à Cuba ; la guerre de
Dix-Ans commençait, et les Etats-Unis, dans leur vif désir de
posséder la perle des Antilles, trouvaient avantageux de posséder un point rapproché du lieu de la révolte. Ce point, ils

pouvaient l'avoir en s'annexant Saint-Domingue. Dès 1869, le président Grant commissionna Benjamin Hunt, pour négocier les conditions d'annexion du pays aux Etats-Unis.

Hunt refusa cette mission; il fut remplacé par le général Babcock, qui, dès son arrivée dans l'île, annonça que le peuple dominicain était favorable à l'idée américaine. Baez signa une nouvelle convention tendant à l'annexion, il ne restait plus qu'à obtenir le vote du peuple pour tout confirmer.

Les Etats-Unis y employèrent leurs agents. Mais il fallait aussi convaincre le Congrès de Washington; le président Grant essaya d'approprier la doctrine de Monroe aux circonstances.

Il transmit au Sénat, pour le faire ratifier, un article additionnel au traité du 29 novembre 1869, relatif à l'annexion de Saint-Domingue, en l'accompagnant d'un message où il exposait ses idées (1).

Il était nécessaire d'introduire des amendements au traité ancien. Voici quelles étaient les légères modifications à y apporter : il fallait d'abord spécifier que les obligations des Etats-Unis ne dépasseraient pas le prix stipulé de 5 millions de pesos, puis déterminer exactement les réclamations de la République dominicaine et poser enfin les bases du gouvernement provisoire qui fonctionnerait dans l'île jusqu'à ce qu'elle fût admise à faire partie de l'Union.

Il était facile de faire un traité, mais plus difficile de le faire ratifier. Un seul moyen se présentait au président pour trancher la difficulté, c'était de montrer que le traité était l'application de la doctrine de Monroe. Qu'était-ce Saint-Domingue ? « Une île admirablement située, commandant l'entrée de la mer Caraïbe et le passage du canal interocéanique, quel qu'en fût le tracé; une île possédant le sol le plus riche, la

---

(1) Cf. Message, 31 mai 1870. Le texte de ce message se trouve en entier dans le livre de M. Cespédès : *La Doctrina de Monroe*, p. 251.

baie la plus spacieuse, le climat le plus salutaire, les produits
les plus variés et les plus appréciés; une île qui, dans les
mains des Etats-Unis, aurait rapidement un grand commerce;
une île, dont la possession viendrait doubler la prospérité des
Etats-Unis, une île enfin qui soupirait après la protection des
lois et des institutions américaines ». Les Etats-Unis allaient-
ils refuser? Une réflexion s'imposait; la République de Saint-
Domingue était une faible puissance de 120,000 habitants,
douée d'un territoire des plus riches, capable d'entretenir facilement une population de 10 millions d'habitants, mais ne
pouvant vivre dans l'état actuel de ses affaires. Elle devait
donc chercher du secours à l'extérieur. « J'ai, disait Grant, des
rapports, que je crois dignes de foi, me signalant qu'au cas où
nous rejetterions l'annexion, une puissance européenne serait
disposée à offrir 2 millions de pesetas pour la seule baie de
Samana ».

Il fallait donc empêcher une nation européenne de s'en assurer la conquête. Il fallait empêcher la violation de la doctrine
de Monroe, cette doctrine admise par tous les partis politiques
aux Etats-Unis. Comment y parvenir? Par l'annexion : le seul
moyen efficace dont ils pussent user.

« L'acquisition de Saint-Domingue est une application de
la doctrine de Monroe; c'est une mesure de protection nationale, c'est l'affirmation de la juste prétention du contrôle sur
le commerce par l'isthme de Darien ». En agissant ainsi, les
Etats-Unis augmentent leur marine marchande, aménagent de
nouveaux marchés aux produits de leurs champs, de leurs
ateliers, de leurs manufactures, rendent insupportable l'esclavage à Cuba, à Porto-Rico et au Brésil, et règlent enfin la
malheureuse condition de Cuba, en mettant fin à un conflit
exterminateur; ils acquièrent la possibilité de payer leurs dettes
sans surcharger le peuple d'impôts; ils pourvoient leurs
citoyens à bon prix des choses nécessaires à la vie, et peuvent atteindre rapidement cette grandeur qui, grâce à l'intel-

ligence, à l'industrie et à l'esprit spéculatif des citoyens de l'Union, placera leur nation parmi les premières du monde.

Voilà bien cette doctrine de Monroe, cette panacée universelle qui, tout en sauvant les Etats-Unis de l'intervention européenne et de l'établissement d'un pouvoir européen, par conséquent ennemi, va leur assurer la prospérité financière, commerciale et agricole. Grant a utilisé sa souplesse, il a profité des enseignements de Polk, de sa méthode déductive si séduisante, pour vaincre les résistances des annexionnistes : « Vous annexerez Saint-Domingue ou vous violerez la doctrine de Monroe », telle est la conclusion du message de Grant.

Le Sénat ne se laissa point convaincre ; le 30 juin 1870, il rejetait le traité conclu entre les Etats-Unis et la République dominicaine. Mais le raisonnement de Grant donna lieu à diverses discussions. Tout d'abord M. Mungen chercha à mettre au point la doctrine de Monroe, en déposant le 7 décembre 1871 une résolution, où il affirmait que les Etats-Unis regarderaient toute tentative de la part des puissances européennes pour obtenir la possession de la baie de Samana ou de toute autre partie de Saint-Domingue, comme une preuve d'hostilité contre les Etats-Unis et comme une contradiction de la politique énoncée par le président Monroe, touchant les actes indépendants du peuple du continent américain (1).

C'était un langage tout différent de celui de Grant. Grant avait dit : « Il faut prévenir la possibilité d'une intervention européenne en nous annexant Saint-Domingue ». M. Mungen corrigea ses affirmations en lui répondant : « Nous ne souffrirons pas que l'Europe intervienne ». C'était la répétition pure et simple du message de 1823 et la réponse à certains discours avancés tenus au Congrès au commencement de l'année 1871,

(1) CESPÉDÈS, *op. cit.*, p. 240.

et qui avaient abouti à cette époque au vote d'un projet d'annexion (1).

C'était aussi la réponse aux agissements du président, qui avait commissionné des envoyés pour aller à Saint-Domingue et lui fournir un rapport sur la situation, rapport qu'il transmit aux Chambres dans son message du 5 avril.

Quoi qu'il en soit, à partir de 1871, le gouvernement de Washington abandonna ses projets annexionnistes. Il avait rencontré une opposition très vive dans le gouvernement haïtien et il avait surtout trouvé un autre objet pour son activité, l'île de Cuba (2).

§ IV

Que retenait la doctrine de Monroe de tous ces événements? Un fait remarquable, la substitution complète de la doctrine Polk à la doctrine de Monroe. En effet, le président, dans son message, avait bien rappelé les règles émises par Monroe, mais en les déformant ; au lieu de rappeler les principes du message de 1823, il avait rappelé ceux du message de 1845. « Dans les affaires du Texas, du Yucatan, de l'Orégon, de la République dominicaine, disait-il, s'est affirmé ce principe : C'est que désormais *nul pouvoir européen ne peut acquérir par quelque moyen que ce soit, guerre, colonisation, annexion, alors même que le peuple annexé le lui demande-*

---

(1) Ce projet avait été voté au mois de janvier 1871 au Sénat, par 57 voix contre 15, et à la Chambre, par 123 voix contre 63.

(2) Tout dernièrement, en 1899, les Etats-Unis ont été sur le point d'intervenir à Saint-Domingue. Ils en étaient sollicités par un groupe de financiers américains qui avaient jadis souscrit un emprunt à la République dominicaine.

Lors de l'assassinat du président Heureaux, des troubles éclatèrent dans l'île et des préjudices sérieux furent causés à des propriétaires étrangers par les insurgés. On insinua que le cabinet de Washington favorisait la candidature du général révolutionnaire. Le *New-York Journal*, « l'organe jaune », rappela l'attitude du président Grant et engagea le président Mac-Kinley à annexer Saint-Domingue. Les Etats-Unis ne sont pas intervenus et ont laissé les Dominicains régler leurs affaires intérieures.

rait, *une partie quelconque du territoire américain* ». Et cette prohibition s'exerce au détriment des peuples américains eux-mêmes, au mépris de leurs droits, au profit des Etats-Unis seuls.

Monroe avait défendu la colonisation du nouveau continent par les puissances de l'Europe. Polk et Grant transforment la doctrine de Monroe en la dirigeant contre toute extension de l'Europe en Amérique, dans le but d'affirmer la suprématie des Etats-Unis. Et dans cette transformation, c'est le sentiment populaire qu'ont exprimé les présidents : les esclavagistes ont forgé d'abord cette arme qu'ils ont employée, au Texas, pour la défense de leur cause ; puis, les esclavagistes vaincus, tous les partis politiques, comme le dit le président Grant dans son message de 1870, l'ont acceptée sans protester, parce qu'ils y ont trouvé un moyen de faire grandir la République. Ils ont invoqué cette nouvelle doctrine d'abord contre les lois de l'humanité, au Texas, puis au nom de l'humanité contre l'esclavage comme dans l'affaire de la République de Saint-Domingue.

Il est bien éloigné, le jour où Monroe a parlé : les Etats-Unis sont un peuple à la vie intense, pour qui le temps s'écoule vite. Ils sont dévorés par l'obsession de se créer le passé qui leur manque. Dès lors, il est facile de comprendre l'extraordinaire rapidité avec laquelle s'est faite l'évolution de la doctrine contenue dans le message de 1823. Dans l'espace d'environ cinquante ans, les Etats-Unis sont arrivés à la transformer si complètement qu'elle devient méconnaissable et que l'observateur a peine à retrouver, à la base des nouveaux programmes, les grands principes du message du cinquième président. Chez les Anglais, la Common-law politique a mis des siècles à se former ; chez les Américains, quelques années lui suffisent pour naître. Les Etats-Unis se rappellent le dicton des Anglais dont ils descendent : « *Times is money* » ; sans perdre de temps ils veulent employer toutes leurs forces à

grandir et à grandir vite. Alors, ils prennent en mains la bannière magique que leur a léguée Monroe, et ils inscrivent, à la
place des mots que lui-même avait tracés, les pensées qui les
obsèdent ; il faut agrandir le domaine de l'Union, multiplier
ses relations commerciales, empêcher les puissances européennes de s'approprier les terres de l'Amérique. Pour y arriver,
ils décorent la doctrine Polk et la doctrine Grant du nom célèbre de Monroe, afin d'en faire un article de leur Décalogue
et de l'imposer à tous, Américains et non Américains.

CHAPITRE IX

LE CONFLIT ANGLO-VÉNÉZUÉLIEN

—

§ 1. Intérêt des Etats-Unis dans la question. — § 2. La discussion sur le terrain de la doctrine de Monroe. Le langage de M. Olney. La réfutation de lord Salisbury. Le message de Cleveland. — § 3. La répercussion. — § 4. La solution. — § 5. Les résultats de la doctrine de Monroe.

L'interprétation de la doctrine de Monroe par le président Grant avait consacré, dans le message de 1870, la victoire définitive des nouvelles idées sur les anciennes. Les Etats-Unis n'en étaient plus aux vieux principes de 1823 qui prohibaient la colonisation européenne et l'intervention des puissances de l'ancien continent en Amérique. Désormais, les Etats-Unis, s'ils toléraient les établissements antérieurs à 1823, prohibaient toute nouvelle domination, quelle qu'en fût la forme, de l'Europe dans l'Amérique. Mais, une fois l'Europe exclue du Nouveau-Monde, la doctrine de Monroe allait-elle profiter à l'Amérique tout entière ou aux Etats-Unis seuls? Le doute n'était pas possible; la doctrine de Monroe devait être une arme à double tranchant, dirigée aussi bien contre le Nouveau-Monde que contre l'Ancien. L'exclusion de l'Europe, prononcée par les Etats-Unis, devait profiter aux Etats-Unis seuls. Restait à préciser comment. Le cabinet de Washington devait en trouver l'occasion lors du conflit anglo-vénézuélien.

§ I

La situation du Vénézuéla préoccupait à maints égards les Etats-Unis. Pendant tout le XIXᵉ siècle, le Vénézuéla avait été, plus que tous les autres Etats de l'Amérique du Sud, soumis à une sorte de monarchie militaire. Ce despotisme s'y était exercé par intermittence, mais cette intermittence même avait suffi pour éveiller les susceptibilités de l'Union ennemie de la monarchie.

Déchiré en outre par d'incessantes révolutions, le Vénézuéla ne pouvait assurer la sécurité des nationaux européens qui venaient s'y établir. Sans cesse des réclamations étaient adressées au gouvernement vénézuélien par les grandes puissances européennes, et les Etats-Unis avaient dû, à plusieurs reprises, intervenir pour rétablir l'ordre et obtenir le paiement des indemnités dues à raison des vexations éprouvées par les étrangers (1). Aussi, à tout moment, craignaient-ils de voir l'Europe s'interposer sous ces prétextes, et cela d'autant plus que le Vénézuéla attirait les convoitises par sa bonne situation géographique.

Le Vénézuéla n'était-il pas à l'extrémité de cet arc de cercle qui passe par Haïti et Cuba pour aboutir à Key-West, de cet arc de cercle qui, dans l'esprit de certains politiciens d'outre-mer, doit être nord-américain et assurer aux Etats-Unis la possession ou tout au moins le contrôle du canal interocéanique ?

En outre, cette partie de l'Amérique du Sud était la terre classique des discussions de frontières. Tous les jours, au fur et à mesure que la géographie était mieux connue, les difficultés se faisaient plus grandes, les contestations plus nombreuses et il fallait les trancher par la délimitation exacte des territoires. S'imposer dans le conflit anglo-vénézuélien qui était essentiellement une discussion de frontières, c'était s'imposer dans tous les différends postérieurs, et s'assurer le rôle d'arbitre permanent dans les affaires du Nouveau-Monde.

_____

(1) C'est sous l'empire de ces préoccupations qu'en 1881 M. Blaine avait déclaré au quai d'Orsay que ce serait avec une grande anxiété que les Etats-Unis verraient la France employer la force pour obliger le Vénézuéla à payer à ses ressortissants les sommes dues. — Cf. WHARTON : *Digest*, 1, p. 57.

Pour le Vénézuéla, il fallait remonter bien loin pour fixer les termes de la discussion. C'était particulièrement avec le gouvernement anglais, au sujet de la Guyane, que les dissensions avaient éclaté. Du jour (1) où il avait pris possesion de ces territoires, la lutte avait commencé. Un traité conclu à Londres le 13 août 1814 entre les Provinces-Unies des Pays-Bas et l'Angleterre avait opéré la cession de la Guyane aux Provinces-Unies et avait établi que, suivant un accord très ancien intervenu entre l'Espagne et la Hollande, le fleuve Essequibo serait reconnu comme ligne de démarcation entre le Vénézuéla et la colonie britannique.

Sa Majesté britannique s'engageait donc à restituer au prince souverain des Provinces-Unies des Pays-Bas, dans un délai fixé ultérieurement, les colonies, comptoirs et établissements dont la Hollande était en possession au commencement de la dernière guerre, c'est-à-dire au commencement de l'année 1803, à l'exception de certains établissements qui formeraient désormais une Guyane anglaise ; mais, même en 1808, les Pays-Bas et l'Espagne souveraine de ce qui, plus tard, en 1819, forma la République de Colombie, ne s'entendirent point sur les limites de leurs possessions respectives.

En 1831, la République de Colombie se scinda en trois Etats, et dès lors le Vénézuéla, constituant un Etat indépendant, dut s'aboucher avec les Anglais, successeurs des Hollandais, pour la délimitation de sa frontière orientale.

Ce fut seulement dix ans plus tard que M. Fortyce, ministre de Vénézuéla, demanda à Londres de conclure un traité de limites ; la reine chargea un commissaire anglais, sir Robert Schomburgk, de tracer une ligne de démarcation, ligne qui reçut le nom de ligne Schomburgk et qui joua dans la suite un rôle important.

---

(1) En 1808, deux ans après que Louis-Bonaparte avait été nommé roi de Hollande, les Anglais s'emparèrent de la Guyane hollandaise,

La République vénézuélienne avait à peine eu connaissance de la démarcation proposée par le commissaire anglais, qu'elle protestait et opposait une nouvelle ligne divisoire. Cette ligne englobait une grande quantité de terrains situés à l'ouest du fleuve Essequibo et réduisait de moitié la superficie de la Guyane anglaise. Une nouvelle difficulté venait de surgir : les terrains contestés renfermaient des gisements aurifères fort riches, gisements qui allaient attirer plus que jamais les convoitises des deux États.

Aussi, lord Aberdeen proposa-t-il une commission mixte (1844). Le territoire contesté serait réparti en deux parts, entre l'Angleterre et le Vénézuéla. La nouvelle ligne empruntait à peu près le tracé de Moroco. Mais, en 1860, le gouvernement anglais, qui n'avait point reçu de réponse, fit savoir au Vénézuéla par son agent à Caracas, qu'il ne maintenait plus ses offres. Alors (février 1881) M. Rojas, ministre du Vénézuéla à Londres, essaya de revenir sur les propositions faites en 1844 par lord Aberdeen ; en même temps, pour se donner un appui, le Vénézuéla s'adressait aux Etats-Unis et les mettait au courant des négociations en cours. En réponse à ces pourparlers, lord Granville proposa une ligne différente de la ligne Schomburgk, mais le Vénézuéla refusa la transaction. Plus tard, en juillet 1886, lord Roseberry demanda à restreindre le différend aux seuls territoires compris entre les frontières successivement proposées par M. Rojas et lord Granville, et à soumettre le règlement de la contestation à une commission mixte ou à un arbitre.

Le président Guzman Blanco refusa la proposition, et l'Angleterre revenant sur tout ce qu'elle avait dit, déclara désormais la ligne Schomburgk irréductible. Les relations diplomatiques furent rompues entre le Vénézuéla et l'Angleterre, ce qui n'empêcha pas lord Salisbury en 1890, lord Roseberry en 1893, de proposer de nouvelles lignes divisoires par l'intermédiaire du cabinet de Washington.

Dès 1816, les Etats-Unis auraient pu intervenir, mais tout d'abord ils ne s'étaient pas inquiétés de ces querelles, ayant d'autres questions à liquider ; plus tard ils avaient compris le danger et craint que l'Angleterre ne fît de la mer Caraïbe une mer anglaise, alors qu'eux-mêmes désiraient faire de tout le golfe du Mexique une Méditerranée américaine. Ils avaient donc changé de politique. Dès 1881, M. Ewarts avait fait savoir à Caracas combien les Etats-Unis étaient préoccupés de la question ; c'était l'intérêt de l'Amérique tout entière et la défense même du nouveau continent contre les empiètements de l'Europe qui étaient en jeu. Les Anglais, fidèles, au Vénézuéla, à la ligne de conduite qu'ils avaient déjà suivie au Cap et dans l'Etat libre d'Orange relativement aux champs diamantifères situés sur la frontière des deux pays, s'avançaient tous les jours plus avant sur les frontières du Vénézuéla, où ils étaient attirés par la richesse des gisements aurifères. L'Angleterre acquérait des territoires « *by hook or by crook* » (par des détours et des crochets) (1). Le Vénézuéla protestait, mais le gouvernement de la Reine, bien loin de céder devant ces réclamations, envoyait des commissaires tracer de nouvelles lignes frontières qui devaient être acceptées sans réclamations.

M. Blaine, dont nous avons vu le jingoïsme ardent s'affirmer dans l'affaire du canal interocéanique, persista dans les mêmes sentiments au sujet du conflit anglo-vénézuélien. Son successeur, M. Frelinghuysen, fidèle aux mêmes idées, voulut un arbitrage et chargea M. Lowell, ministre à Londres, de proposer les bons offices des Etats-Unis au général Guzman Blanco pour les négociations avec lord Granville. C'est du reste dans ces dépêches échangées avec Lowel et Frelinghuysen que se trouve la première allusion à la doctrine de Monroe ;

(1) CARNEGGIE : *The Venezuelan difficulty. North american Review,* février 1896, p. 133. C'est ainsi que M. Coudert, membre de la Commission d'enquête américaine, évaluait à plus de 3,300 milles carrés les empiètements des Anglais pendant l'année 1885-1886.

le nom de Monroe n'est pas prononcé, mais le secrétaire
d'Etat parle d'une doctrine vieille de deux générations, faite
pour réprimer les empiètements des Anglais.

Blaine en 1889, Gresham en 1894, maintiennent cette attitude, mais l'Angleterre, comme le dit lord Salisbury, ne veut
pas accepter que quarante mille de ses sujets soient transférés
au Vénézuéla par une décision arbitrale.

Alors les Etats-Unis, pour vaincre les résistances, font
expressément appel à la doctrine de Monroe, et l'invoquent
contre les Anglais qui l'ont suscitée. Ainsi se trouvèrent réalisées les prévisions de Napoléon Ier qui, lors de la cession de la
Louisiane, avait dit à M. de Marbois : « Cet accroissement
de territoire consolide à jamais la puissance des Etats-Unis. Je
suscite à l'Angleterre une rivale qui, tôt ou tard, lui arrachera
le sceptre des mains ». C'était l'Angleterre qui avait vu d'un œil
sympathique le président Monroe empêcher les monarchies ab-
solues de se jeter sur le Nouveau-Monde, c'était elle qui, revenant sur la joie provoquée par ce langage, allait avoir la tris-
tesse de se voir opposer cette doctrine à laquelle elle avait
applaudi. « L'Angleterre, par sa forme spéciale de gouvernement, différait en 1815 des puissances de l'Europe, mais les
Etats-Unis devaient s'apercevoir, malgré cela, qu'elle ne res-
semblait en rien aux gouvernements du Nouveau-Monde (1) ».

§ Il

Avant de commencer l'étude de ces questions, il est absolument nécessaire de faire remarquer que les idées émises dans
cette correspondance diplomatique sont surtout l'expression du
sentiment de M. Olney, secrétaire d'Etat, qui, pendant les
derniers mois de l'administration de M. Cleveland, s'est attaché
avec une ardeur incroyable à l'étude des affaires extérieures.

(1) Cf. Bryce : *British feeling on the Venezuelan questions. North american Review*, février 1896, p. 147 et s.

Cleveland s'occupait surtout des affaires intérieures et laissait libre champ à M. Olney pour développer ses théories. Ce qui distingue principalement la correspondance anglaise, c'est la ténacité d'une volonté qui ne se lasse jamais, ce que l'Angleterre cherche à établir, c'est « la création d'un état de fait dont on retirera plus tard toutes les conséquences juridiques qu'il renferme... Contrairement à ce que l'on pourrait croire des deux cousins, c'est l'Américain qui apparaît dans ces documents comme l'imaginatif et l'idéaliste ; tandis que l'Anglais plaide les faits, l'Américain plaide la cause (1) ».

Dans la discussion, les Etats-Unis vont présenter un argument historique, ils vont faire le récit de la fondation des établissements hollandais, examiner le fondé des réclamations de la Grande-Bretagne, mettre en relief l'attitude toujours pacifique du Vénézuéla et l'importance de cette controverse. Ils vont reprendre ensuite les discussions de M. Blaine et de lord Salisbury, puis enfin gardant le plus fort des arguments pour leur péroraison, ils vont invoquer la doctrine de Monroe : « Cette doctrine qui n'est que la reproduction de l'adresse d'adieux de Washington » (2).

Mettant de côté la célèbre parole de Calhoun : « *No general rule con be laid down; every case, must be decided on its own merits* » « on, ne peut poser de règle générale, chaque cas doit être décidé d'après les circonstances particulières », M. Olney va essayer d'approprier les principes de 1823 au différend anglo-vénézuélien. La chose est difficile ; car la doctrine de Monroe n'a pas plus de relations avec le différend « qu'un dogme de théologie avec un problème de mathématique » (3). Mais le diplomate ne se décourage pas ; il a pour le soutenir les précédents de Polk et de Grant, il va suivre

---

(1) *Deux diplomaties*, *Revue de Paris*, 1896, 15 janvier 1896, p. 426.

(2) Cf. Dépêche d'Olney à Bayad, ambassadeur des Etats-Unis à Londres, du 20 juillet 1895.

(3) Cf. Bryce, art. cit. p. 147.

leur exemple et raisonner comme eux. La doctrine de Monroe a été motivée par une situation particulière, dont il faut tenir compte. Elle a été motivée surtout par l'antagonisme existant entre les idées reçues en Amérique et celles qui faisaient partie du patrimoine moral de l'Europe ; or, l'antagonisme n'a pas cessé et la doctrine de Monroe est ainsi devenue plus forte avec le temps. Elle a prohibé l'intervention européenne en Amérique, elle a prohibé la colonisation par l'Europe des continents du Nouveau-Monde ; ces prohibitions demeurent aussi vivantes qu'autrefois. Aussi les Etats-Unis doivent-ils considérer comme une injure pour eux-mêmes l'établissement d'un contrôle politique européen sur un Etat américain quelconque. Ce contrôle européen, l'Angleterre veut l'établir sur le Vénézuéla et les faits eux-mêmes sont venus démontrer la vérité de ce qu'avancent les Etats-Unis; car en deux ans, l'Angleterre a envahi plus de 33,000 milles carrés; alors, que faut-il faire? Il faut déclarer que, si la doctrine de Monroe n'a point voulu porter atteinte aux colonies européennes alors existantes, elle a du moins nettement défendu l'établissement de nouvelles colonies européennes en Amérique par quelque moyen que ce soit. On y aboutirait fatalement, par une voie détournée, en laissant les Anglais continuer leur empiètement. Le seul remède à la situation, c'est la solution du différend par l'arbitrage; si l'Angleterre ne cède pas devant les protestations des Etats-Unis, M. Olney chargera le ministre des Etats-Unis à Londres d'exposer le raisonnement à lord Salisbury ; mais il lui recommande d'abord de le tenir au courant de tous les faits et gestes du cabinet britannique.

Le secrétaire d'Etat ne doutait pas de l'efficacité de son langage, quelque peu logique que fût son raisonnement. C'était, en effet, un protectorat sur toute l'Amérique que M. Olney substituait aux prohibitions de la doctrine de Monroe. La surprise du diplomate américain fut grande, lorsqu'en réponse à cette mise en demeure, à ces propositions d'arbitrage forcé, lord Salisbury lui adressa deux dépêches, toutes deux datées du 26 novembre 1895 et communiquées par sir Pauncefote, ambassadeur de Sa Majesté britannique à Washington, pour remettre les choses au véritable point. Le ministre de la reine ne pouvait comprendre que la doctrine de Monroe trouvât une application dans le différend anglo-vénézuélien. Cette doctrine que M. Olney lui présentait comme faisant partie du droit public américain, avait été souvent abandonnée par le gouvernement de l'Union, témoin par exemple la conduite du président Taylor, au moment où Clayton était secrétaire d'Etat (1). M. Olney ne se rappelait-il pas que le président Monroe avait seulement fait deux déclarations? Dans la première, il avertissait l'Europe que l'Amérique ne serait plus désormais sujette à de nouvelles colonisations de la part des puissances; dans la deuxième, il lui faisait savoir qu'elle ne pouvait étendre son système politique en Amérique pour contrôler la constitution politique d'un Etat américain quelconque, qui venait de déclarer son indépendance. Ne se rappelait-il pas que la conduite du président Monroe avait été motivée par les agissements de la Sainte-Alliance, par la faiblesse des nouveaux Etats de l'Amérique du Sud? Autant de raisons qui, à l'heure actuelle, ne subsistaient plus. Dans le conflit anglo-vénézuélien, il n'était question ni de l'une, ni de l'autre de ces deux prohibitions. Il n'y avait donc pas lieu de s'appuyer sur la doctrine de Monroe pour demander un arbitrage. Les Etats-Unis n'avaient rien à voir dans les présentes discussions et lord Salisbury ne pouvait admettre leur intervention (2).

Les événements n'allaient pas au gré des Américains. M. Cleveland, pensant que la voix de M. Olney n'était pas assez autorisée pour s'imposer à l'Angleterre, résolut de prendre la parole. Il était d'autant plus heureux de le faire qu'il avait à racheter

---

(1) Allusion au traité Clayton-Bullwer de 1850.

(2) Cf. *New-York Tribune*, 18 et 24 décembre 1895.

sa faute de 1885. Il avait à ce moment empêché l'extension de
la doctrine de Monroe à Cuba, et par là même exposé les démocrates aux attaques du jingoïsme. Cleveland voulait montrer
aux républicains qu'ils n'avaient pas le monopole du patriotisme (1); il déclara donc à l'Angleterre qu'il n'y avait qu'une
interprétation possible de la doctrine de Monroe, l'interprétation de M. Olney et des Américains.

La doctrine de Monroe était spécialement applicable au cas
où une puissance européenne cherchait à étendre ses frontières
ou à s'emparer d'un territoire appartenant à une République
du continent américain. N'était-ce pas là ce qui se passait au
Vénézuéla? Et cette application était exigée non seulement
pour la sécurité des Etats-Unis, mais encore pour le maintien
de leurs institutions nationales.

M. Cleveland proposait, en conséquence, au Congrès de
voter les crédits nécessaires à l'envoi d'une commission d'enquête, chargée de faire aussi promptement que possible un
rapport sur la situation du Vénézuéla et sur la fixation des
frontières. Une fois ce rapport déposé, l'on discuterait par
quels moyens il y aurait à mettre à exécution les décisions de
la commission d'enquête.

« Les Etats-Unis, disait-il, sauraient assurer la stricte exécution de ce que leur commanderaient leurs principes ». Il
terminait son message en montrant quelles responsabilités il
assumait par de telles recommandations; il espérait que la
bonne entente qui existait entre les deux nations de langue
anglaise ne se romprait point, mais il souhaitait aussi que
l'Angleterre retirât ses demandes injustes devant la ferme
décision prise par les Etats-Unis de conserver intact leur honneur national.

C'était aller loin. M. Cleveland, sous couleur d'honneur
national, s'érigeait en protecteur de l'Amérique tout entière :

(1) Cf. Message du 18 décembre 1895.

conséquence inattendue de la doctrine de Monroe, quoique le
président la présentât comme une déduction logique du message de 1823. En même temps, M. Cleveland protestait par
voie diplomatique à Londres contre l'extension des frontières
de la Guyane britannique.

§ III

On ne pouvait douter du succès du message aux États-Unis,
car, pendant ce même mois (décembre), on avait essayé de
faire passer plusieurs bills pour encourager le gouvernement
contre les agissements de la Grande-Bretagne.

C'est ainsi que M. Lodge avait, le 3 décembre, introduit au
Sénat diverses résolutions tendant à sanctionner législativement la doctrine de Monroe et son application au contesté anglo-vénézuélien (1).

Le message de Cleveland suscita une explosion de patriotisme. Il suffit d'ouvrir un journal américain pour voir à chaque ligne l'éloge de Cleveland, témoin la manchette qui parut
dans le *Brooklyn Daily Eagle* du 17 décembre 1895 :

---

(1) **Voici le texte de cette résolution :**

« Résolu par le Sénat et la Chambre des représentants des États-Unis d'Amérique, réunis en Congrès, que le Congrès des États-Unis juge l'occasion favorable pour affirmer comme un principe touchant aux droits et intérêts des
États-Unis que les continents américains, par suite de la libre et indépendante
condition qu'ils ont acquise et maintenue, ne peuvent plus être désormais considérés comme sujets à une colonisation future de la part des pouvoirs européens.

« Résolu que nous devons considérer comme une tentative de leur part pour
étendre leur système à une partie de notre hémisphère comme dangereux pour
notre paix et notre sécurité. Avec les colonies existantes dépendantes des pouvoirs européens, nous n'avons pas à intervenir et nous n'interviendrons pas;
mais vis-à-vis des gouvernements, qui ont déclaré leur indépendance et l'ont
maintenue et dont nous avons reconnu l'indépendance avec une grande considération, et suivant en cela les justes principes, nous ne pouvons voir une
intervention dans le but de les opprimer ou de contrôler de quelque manière
leur but de la part d'une puissance européenne, d'une autre façon que comme

« *Cleveland stands firm* ». Et à la suite de cette inscription
en gros caractères, se trouvait imprimé le passage du message
relatif à la doctrine de Monroe, où le président déclarait qu'il
y allait de l'honneur et de la sécurité nationale, de respecter
ou de ne pas respecter ladite doctrine. Ce message fut, comme
le dit M. de Pressensé « un coup de foudre dans le ciel se-
rein ; c'était le document peut-être le plus grave qui fût parti
de la main d'un président des Etats-Unis depuis le manifeste de
Lincoln, relatif à l'arrestation des envoyés de la Confédération du
Sud, MM. Slidell et Mason, à bord du navire anglais « le Trent »
en 1861, ou depuis la proclamation d'émancipation en 1863 (1) ».

Aussi peut-on dire au premier abord qu'il n'y eut pas un
dissident parmi les Américains séparés naguère par les divi-
sions politiques. Le Sénat alla jusqu'à saluer de ses applaudissements la lecture du message ; à la Chambre, où les républicains étaient en grand nombre, le président Cleveland fut
encore acclamé ; quant à la presse, elle ne se contint plus. Il
faut lire les journaux parus à New-York à ce moment pour
se rendre compte du succès présidentiel. L'imagination américaine se donna libre cours pour proposer toutes les inven-
tions possibles pour la défense de la patrie.

Pendant que certains sénateurs demandaient la construc-

la manifestation d'une disposition hostile de leur part vis-à-vis des Etats-
Unis.

« Résolu que d'accord avec la doctrine énoncée par le président Monroe
comme elle a été établie dans les précédentes résolutions, les Etats-Unis déclarent qu'ils proposent de maintenir les principes contenus dans cette doctrine
et qu'ils regarderont comme une infraction toute tentative, de la part d'une
puissance européenne, de prendre ou d'acquérir de nouveaux territoires sur le
continent américain, même sous le prétexte d'une dispute de frontières ou
d'autres choses, comme un acte d'hostilité vis-à-vis des Etats-Unis.

« Résolu que le président est requis de communiquer ces résolutions aux
gouvernements de toutes les contrées avec lesquelles nous avons des relations
d'amitié ou de commerce ».

(1) Pressensé : *La doctrine de Monroe, Revue des Deux-Mondes* (15 janvier
1896), p. 420.

tion immédiate de cuirassés, de fusils, de canons à mélinite, et de forts sur la frontière du Canada, les ingénieurs adressaient toutes espèces de propositions au Congrès. Pour la mise en œuvre des découvertes scientifiques ou industrielles qu'il venait de faire, Edison imaginait (1) des machines mues par l'électricité, plus meurtrières les unes que les autres, capables d'anéantir d'un seul coup les flottes et les armées.

On reprochait à lord Salisbury d'avoir voulu violer non seulement la doctrine de Monroe, mais encore le principe de l'arbitrage adopté par toutes les nations américaines, qui fut l'objet des discussions spéciales du Congrès panaméricain de Washington (2).

Les spéculateurs profitèrent de cet affolement général pour lancer à New-York sur le marché une quantité de valeurs anglaises, tandis que le Stock-Exchange de Londres regorgeait de valeurs américaines. Le calme se fit alors et les sentiments changèrent. Tandis que les jingoës demandaient la guerre à tout prix, d'autres citoyens plus prudents, parmi lesquels il faut signaler Norton, le gouverneur de New-York, Sewel, sénateur, Burgess, professeur au Colombia College (3), affirmaient que la demande du gouvernement américain était par trop arrogante.

À l'étranger, l'accueil fait au message du président Cleveland fut plus significatif : le *Globe* fit savoir aux Etats-Unis qu'ils n'auraient pas seulement à compter avec l'Angleterre, mais même avec la France; le *Times* opposa l'attitude ferme de lord Salisbury aux démarches de M. Cleveland, qui n'étaient autre, disait-il, que de la réclame électorale (4).

(1) Cf. *Temps*, 20 décembre 1895.

(2) Amédée Prince : *Le Congrès des trois Amériques* et Gaspar Toro, *Notas sobre arbitraje internacional*.

(3) Burgess : *The recent Pseudo Monreism*. Political science quarterly, XI, p. 44.

(4) Cf. sur ce point Mérignhac : *La doctrine de Monroe à la fin du XIX⁰ siècle*, R. D. P., V, p. 229.

En même temps, à Londres, « *l'International arbitration society* », présidée par sir John Lubbock, faisait remarquer à lord Salisbury qu'il ne fallait pas s'entêter. Sans doute, elle ne voulait pas la paix à tout prix, mais elle voulait la paix quand elle était possible, et là elle l'était ; aussi, se permettait-elle de répéter à lord Salisbury la phrase du Christ : « Celui qui se sert de l'épée périra par l'épée » (1).

M. Gladstone, qui avait autrefois accepté l'arbitrage entre les Etats-Unis et l'Angleterre lors de l'affaire de l'Alabama (1870), disait à un reporter que ses sentiments n'avaient pas changé : il semblait ainsi désapprouver la conduite du premier ministre de la reine.

L'agence Dalziel, de Londres, publiait une interview d'un de ses correspondants avec M. Hanotaux, ancien ministre des affaires étrangères de France, interview dans laquelle M. Hanotaux, usant d'une réserve prudente à laquelle nous sommes habitués, disait qu'on ne pouvait se prononcer sur une telle application de la doctrine de Monroe. C'était aux Etats-Unis et à l'Angleterre de décider entre eux s'ils voulaient ou non appliquer le message de 1823. M. Hanotaux terminait en disant que ces principes ne pouvaient être appliqués sans restriction et d'une façon absolue.

M. Vignaud, premier secrétaire de l'ambassade des Etats-Unis à Paris, répondait à un rédacteur du *Gil Blas* que M. Cleveland avait énoncé une doctrine bien plus modérée que celle de la plupart des Américains. Il montrait que dans un gouvernement essentiellement démocrate comme celui de l'Union, on était obligé de tenir compte de l'opinion publique. Mais il faisait pressentir que l'Angleterre se plierait aux exigences des Etats-Unis, car les conséquences d'une guerre avec eux menaçaient d'être terribles pour elle.

Quant à sir Charles Dilke, il déclarait aux reporters du

(1) CARNEGGIE, art. cit. p. 137 et s.

Matin et du *Gaulois* que l'arbitrage était impossible, et que la conduite de lord Salisbury n'était point à critiquer. Il disait aussi, par contre, qu'il n'avait pas non plus à blâmer la politique du président Cleveland.

On pourrait multiplier les citations de ce genre, l'impression dominante qui en ressortait c'était que la doctrine exposée par M. Cleveland était celle d'une grande partie de la nation américaine : la doctrine de Monroe était donc complètement transformée.

Le Vénézuéla, du reste, accueillit avec enthousiasme l'intervention des Etats-Unis. Le président Crespo remercia M. Cleveland ; des meetings nombreux furent tenus, dans lesquels on prononça des discours violents contre l'Angleterre et des paroles enthousiastes pour les Etats-Unis.

§ IV

Entre temps, la Chambre des représentants ne perdait pas de vue le but qu'elle s'était assigné ; elle approuvait sans discussion la proposition de loi instituant une commission d'enquête, chargée d'étudier la question de la délimitation du Vénézuéla et de la Guyane anglaise ; elle votait le crédit de 100,000 dollars demandé par le Président.

Le Sénat ne se laissa point devancer ; un de ses membres, M. Hill, proposa de rendre tous les droits civils et militaires aux Sudistes pour qu'ils pussent défendre le pays ; un autre sénateur, M. Chandler, demanda un crédit de 100 millions de dollars, pour permettre de fabriquer des armes de toute nature.

Néanmoins, l'enthousiasme du premier moment s'arrêta. Le premier revirement se manifesta par le désir de la Chambre de restreindre les pouvoirs présidentiels au sujet de la nomination de la commission d'enquête.

Le président désigna finalement, pour faire partie de cette commission, MM. Brewer, White, Coudert, Gelman et Alwey.

La commission d'enquête devait décider quelle serait sa

procédure, la nature de ses preuves et la manière de recevoir les témoignages des gouvernements intéressés. Elle devait être aidée par le département d'Etat, qui, cependant, ne devait donner son concours que s'il en était requis.

Le gouvernement américain avait déjà fait savoir quelle serait sa conduite par une communication du sénateur Gray, ami intime du président Cleveland, au directeur du *World* : « Les Etats-Unis. était-il dit en substance dans cette communication, n'avaient pas l'intention, en nommant cette commission, de délimiter les frontières du Vénézuéla et de la Guyane britannique, mais simplement d'empêcher le gouvernement anglais, d'étendre ses possessions aux dépens du Vénézuéla ». Certains journaux européens, en apprenant la nomination de la commission d'enquête, ne craignirent pas de dicter aux puissances européennes les devoirs qu'elles avaient à remplir ; elles devaient fermer, disaient ces reporters, leurs archives à cette commission qui n'avait aucun pouvoir légal d'enquête.

Aussi avant de commencer ses opérations. la commission crut devoir demander au secrétaire d'Etat d'avertir les puissances intéressées de la charge qu'elle avait assumée en démontrant que l'objet de son enquête n'était point contraire au droit, mais faite pour le respecter. M. Olney répondit que les gouvernements anglais et vénézuélien avaient été informés, mais que le cabinet de Londres n'avait point cru devoir répondre à ses observations.

Quelques jours plus tard, des informations de Madrid et de Londres permettaient d'affirmer que les deux gouvernements mettraient à la disposition de la commission tous les documents qu'elle désirerait pour éclairer sa religion ; en même temps le Vénézuéla constituait une autre commission dans le but de plaider la cause vénézuélienne devant la commission américaine. Elle se composait de M. Séjas comme président, de MM. Villanueva, Viso et Saluzzo comme assesseurs.

Pendant que le président Cleveland cherchait ainsi une solution pratique aux difficultés, le Sénat se livrait à une discussion purement juridique sur la portée exacte de la doctrine de Monroe. Le sénateur Shermann approuvait la définition donnée par le président Cleveland, et M. Backer invitait en même temps le Congrès à affirmer que les Etats-Unis considéreraient comme un acte hostile de la part d'une puissance étrangère toute acquisition de territoire américain par traité, guerre, achat ou tout autre mode, les Etats-Unis jugeant ces territoires nécessaires à l'Amérique et eux seuls étant juges de la question.

Par contre, M. Sewel, sénateur du New-Jersey, que nous avons déjà signalé parmi les membres de l'opposition dirigée contre le message de Cleveland, déclarait que les Etats-Unis ne s'engageaient point à devenir les protecteurs de l'Amérique, étant donné que l'exécutif avait outrepassé toutes les déclarations primitives de la doctrine de Monroe. Il essayait même de convertir cette déclaration en résolution, en la déposant comme telle sur le bureau de la Chambre, presque en même temps que la proposition Backer.

Le comité des affaires étrangères du Sénat chargea alors un sous-comité de préparer un projet de résolution dans le but de définir à nouveau la doctrine de Monroe et d'en fixer exactement la portée. On fit prévoir que le comité de la Chambre, présidé par M. Hitt, partisan d'une politique modérée, serait cependant favorable à la proposition avancée du Sénat.

Mais malgré ces prévisions, on ne put que s'étonner quand, le 24 janvier 1896, M. Davis, sénateur du Minnesota, déposa un projet de résolution, où il reproduisait le texte du message de 1823 et y ajoutait ce qui suit : « Résolu que les Etats-Unis d'Amérique réaffirment et confirment la doctrine et les principes ainsi promulgués par le président Monroe et déclarent maintenant qu'ils soutiendront et maintiendront cette doctrine et ces principes, et considéreront toutes *infractions à l'une et aux autres, en particulier toute tentative d'une puissance européenne, de prendre, d'acquérir tout territoire nouveau ou additionnel sur le continent américain ou toute île adjacente, ou tout droit de souveraineté ou de possession dans lesdits continents et îles, dans tous cas ou circonstances où les Etats-Unis jugeraient cette tentative comme dangereuse pour leur paix et sécurité, que cette tentative soit faite par la force ou par voie d'achat, de cession, d'occupation, d'hypothèque, de colonisation, de protectorat, de tous autres moyens de transit à travers l'isthme américain, soit sous prétexte de droits mal fondés dans les cas de prétendus différends de limites, soit sous tout autre prétexte mal fondé, comme une manifestation de dispositions hostiles à l'égard des Etats-Unis et une intervention que sous n'importe quelle forme il serait impossible aux Etats-Unis de regarder avec indifférence* (1) ».

Cette solution fut mise à l'ordre du jour des travaux du Sénat, mais elle y fut accueillie de diverses façons, il y eut une joûte acharnée entre les partisans de l'extension de la doctrine et ceux qui voulaient, au contraire, l'appliquer dans son sens étroit. Le sénateur Thurston du Nebraska fut le porte-parole des premiers, tandis que M. Wolcott, sénateur du Colorado, et le sénateur Sewell du New-Jersey soutenaient l'opinion opposée. L'exagération même de la motion Davis fit qu'on dut abandonner la sanction législative de la doctrine de Monroe. Le Sénat, qui avait d'abord prodigué les éloges les plus vifs au président Cleveland, accueillit très froidement cette résolution. On commençait à voir que cette commission d'enquête était plutôt « une menace de guerre qu'une garantie de paix » (2).

Que faisait l'Angleterre pendant toutes ces discussions ? Il

---

(1) Mérignhac, art. cit. p. 227.

(2) Delarue de Beaumarchais, la doctrine de Monroe, p. 136.

est, dans l'histoire, des exemples nombreux de cas où la nécessité se fait cruelle et force les gens qui sont au pouvoir à
suivre la politique qu'ils ont décriée, alors qu'ils étaient membres de l'opposition. C'est ce qui arriva en particulier à lord
Salisbury dans cette affaire du Vénézuéla : en 1863, ce dernier,
alors lord Cranborn, disait à propos des affaires du Danemark,
à la Chambre des communes : « L'Angleterre a une échelle
mobile pour sa politique extérieure; elle empoche, sans mot
dire, les affronts des puissances de premier ordre et tend
même l'autre joue à un nouveau soufflet; elle se tait et rumine
son ressentiment, avec les Etats ses égaux; au contraire, avec
les faibles, elle se plaît à tirer une vengeance éclatante et à
leur demander compte de tous les ennuis dont elle n'a pas osé
se faire dédommager par leurs auteurs ». « L'ironie des choses
voulait que lord Salisbury fût alors le chef de la diplomatie
britannique; l'Angleterre tendit la joue » (1).

De son côté, le président Cleveland, voyant qu'il était allé
trop loin, recommandait à M. Crespo d'user de la plus grande
modération avec l'Angleterre.

Lord Salisbury revint sur son refus, et dans le discours du
trône du 11 février 1896, fit prévoir qu'il accepterait un arbitrage. En même temps, M. Balfour, qui représentait le cabinet
à la Chambre des communes, avertissait un député radical,
M. Atherley Jones, que des pourparlers en vue d'un arbitrage
étaient entamés et qu'il le priait, par conséquent, de vouloir bien retirer la motion qu'il avait déposée. C'était l'époque
du reste où les idées d'arbitrage étaient fort en honneur (2);

(1) DELARUE DE BEAUMARCHAIS, op. cit., p. 138.
(2) Dès cette époque il avait été question, comme en témoignent les correspondances entre Washington et Londres, d'un traité général d'arbitrage qui
serait signé ultérieurement (Cf. MARTENS, Recueil général, 2e série, XXIII,
2e livraison, p. 321).
Ce traité était la mise en œuvre d'une proposition faite en 1887 ou 1888 aux
Chambres américaines et qu'avait acceptée le président Cleveland.
D'après les pourparlers, il devait y avoir deux cours d'arbitrage, l'une char-

c'était aussi l'époque où le gouvernement américain trouvait une diversion dans les affaires cubaines.

Les pourparlers engagés dès le mois de juillet 1896 aboutirent à la signature d'un traité qui mit fin au conflit. Ce traité du 9 novembre 1896 réglait le différend par l'arbitrage : la cour d'arbitrage était composée de deux membres anglais et de deux membres américains ; en cas de désaccord, un cinquième arbitre devait être choisi par le roi de Suède et de Norvège. Il était entendu que les territoires possédés sans opposition par les deux parties depuis cinquante ans dans la région située entre le Vénézuéla et la Guyane britannique ne seraient pas soumis à l'arbitrage.

gée de trancher les différends pécuniaires, l'autre les différends territoriaux. La cour de la première catégorie était composée de deux représentants nommés chacun par son gouvernement. En cas de désaccord, ces deux représentants choisiraient un tiers départiteur ; en cas de désaccord sur la fixation de ce tiers, le roi de Suède nommerait, sans possibilité d'appel, un troisième arbitre.

Pour les différends territoriaux, la cour serait composée de six membres, trois désignés par la cour suprême ou une cour de circuit des Etats-Unis, trois par le gouvernement britannique choisis dans le conseil privé ou dans la cour suprême de justice. La majorité requise, pour rendre la solution définitive, serait de cinq voix ; les décisions de ce tribunal seraient exécutoires et, dans aucun cas, les nations ne pourraient recourir à la guerre sans avoir fait appel auparavant à l'arbitrage d'une ou plusieurs puissances. Le traité aurait une durée de cinq ans après l'échéance des notifications, mais se renouvellerait de plein droit tant qu'il n'aurait pas été dénoncé. — DE LAPRADELLE, R. D. P., IX, p. 531 et s.

Ce traité fut soumis par M. Cleveland à l'approbation du Sénat ; ce dernier, après l'avoir accueilli avec enthousiasme, lui fit des critiques sans nombre. On critiquait surtout la désignation du roi de Suède comme arbitre définitif dans des contestations pécuniaires, car les Américains n'avaient pas oublié combien le roi de Suède s'était montré peu favorable à leur cause lors de l'arbitrage relatif aux pêcheries de Behring. Après différentes rectifications, le traité revint au Sénat et le président Mac-Kinley, dans son message de 1897, demanda au Sénat la suppression des modifications faites ; mais le Sénat ne tint pas compte des observations présidentielles. Le texte, cependant, ne fut point adopté et, sur le désir de M. Mac-Kinley, un nouveau projet fut soumis au Sénat. Ce projet resta lettre morte.

La commission d'enquête terminait ses travaux et les résumait dans un rapport qu'elle déposait le 28 février. C'était la défaite de l'Angleterre.

Chose curieuse : la convention d'arbitrage était intervenue entre deux Etats, dont l'un, il n'y a pas à se le dissimuler, n'avait aucune raison pour y figurer. La discussion portait, en effet, sur des territoires placés sous la souveraineté du Vénézuéla et non sous celle des Etats-Unis, et cependant le traité était passé entre les Etats-Unis et la Grande-Bretagne. Les Etats-Unis s'étaient servis d'un moyen de droit pour mettre à exécution une intervention absolument anti-juridique.

Ils créaient ainsi un précédent fort important : ils forçaient l'Europe à accepter leur arbitrage dans les questions de délimitation des frontières des Etats de l'Amérique (1.

De plus, c'était l'acceptation formelle de la doctrine de Monroe, telle que l'avait interprétée M. Olney dans sa correspondance diplomatique (2).

(1) Tout dernièrement, un traité d'arbitrage (10 avril 1897) est intervenu entre la France et le Brésil au sujet de la délimitation des frontières de la Guyane. Les Etats-Unis ne sont pas intervenus, mais la France a accepté l'arbitrage.

Cf. à ce sujet R. D. I. P., 1897, p. 297, article de M. Rouard de Card.

(2) La sentence arbitrale a été rendue à Paris, le 3 octobre 1899, par un conseil arbitral composée de deux juges anglais et de deux juges américains, et présidé par M. de Martens. Les juges accordaient aux Anglais la plus grande partie des territoires qu'ils occupaient effectivement sur la rive gauche de l'Essequibo, mais les écartaient du point convoité, l'embouchure de l'Orénoque. Voici, du reste, le jugement :

« Nous, arbitres, soussignés, par les présentes, rendons et publions notre décision, détermination et jugement touchant et concernant les questions qui nous ont été soumises par ledit traité d'arbitrage et, conformément audit traité d'arbitrage, par les présentes, nous décidons et arrêtons définitivement que la ligne frontière entre la colonie de la Guyane britannique et les Etats-Unis du Vénézuéla est la suivante :

Partant de la côte de la pointe Playa, la ligne frontière suivra une ligne droite jusqu'au confluent de la rivière Baruna avec la rivière Mourourouma; ensuite, le thalweg de cette dernière rivière jusqu'à la source; de ce point, elle ira jusqu'au confluent de la rivière Haiowa, avec l'Amakourou; de là, elle suivra le thalweg de l'Amakourou jusqu'à sa source, dans la chaîne de l'Ima-

§ V

Mais cette doctrine de Monroe invoquée par Olney, par
Cleveland, par Davis, était-elle conforme à la doctrine de
Monroe de 1823 ?

C'est là une question qu'il importe de préciser. Nous
étudierons donc successivement la doctrine émise par MM. Ol
ney, Cleveland et Davis (1).

taka ; de là vers le sud-ouest, la crête la plus élevée de l'éperon des monts
Imataka, jusqu'au point le plus élevé de la chaîne desdits monts Imataka, en
face de la source du Barima ; de là, la chaîne principale des monts Imataka, et
se dirigeant vers le sud-est jusqu'à la source de l'Acarabisi ; ensuite, le thalweg
de l'Acarabisi jusqu'au Couyouni ; ensuite, la rive septentrionale de la rivière
Couyouni, vers l'ouest jusqu'à son confluent avec le Wenamou ; ensuite, le
thalweg du Wenamou jusqu'à sa source la plus occidentale ; de là, une ligne
droite jusqu'au sommet du mont Roraima ; du mont Roraima, elle ira jusqu'à
la source du Cotinga et suivra le thalweg de cette rivière jusqu'à son confluent
avec le Takoutou ; ensuite, le thalweg du Takoutou jusqu'à sa source ; de là,
une ligne droite jusqu'au point le plus occidental des monts Akarai ; ensuite, la
ligne de faîte des monts Akarai jusqu'à la source du Corentin, appelée rivière
Cutari. Etant entendu que la ligne de délimitation déterminée par ce tribunal
réserve et ne préjuge pas les questions actuellement existantes ou qui pourront surgir pour être résolues entre le gouvernement de Sa Majesté britannique et la République du Brésil, ou entre cette dernière République et les
Etats-Unis de Vénézuéla.

En fixant la délimitation ci-dessus, les arbitres considèrent et décident qu'en
temps de paix les rivières Amakouron et Barima seront ouvertes à la navigation des navires marchands de toutes les nations, sous réserve de tous règlements équitables et du paiement des droits de phare et autres semblables, à
condition que les droits imposés par la République du Vénézuéla et le gouvernement de la colonie de la Guyane britannique, sur le passage des navires le
long des parties de ces rivières possédées respectivement par elles, seront imposés suivant le même tarif aux navires vénézuéliens et anglais, ces tarifs n'ex-
cédant pas ceux qui frappent ceux de tous autres pays ; à condition également
que la République du Vénézuéla ou la colonie de la Guyane britannique ne
frappent d'aucun droit de douane les marchandises voyageant à bord de vaisseaux, navires ou embarcations passant sur ces rivières ; mais les droits de
douane ne pourront frapper que les marchandises débarquées sur le territoire
du Vénézuéla ou de la Grande-Bretagne respectivement » (Matin, 4 oct. 1899).

(1) Voyez la correspondance diplomatique de M. Olney. — Martens : Recueil
général des traités, 2ᵉ série, XXIII, 2ᵉ livraison ; Revue de Paris, 1895. I.
p. 425 et s. ; Archives diplomatiques, janvier-mars 1896, p. 169 et s.

Il y a d'abord un premier point qui ne saurait être contesté, c'est la défense faite par le président Monroe d'établir de nouvelles colonies en Amérique. Sans doute les Anglais au Vénézuéla n'avaient point établi de nouvelles colonies, mais ils étaient arrivés à un résultat presque semblable en étendant chaque jour les établissements qu'ils avaient dans le Vénézuéla. C'est cette extension progressive, que certainement le message de Monroe pris à la lettre ne pouvait permettre. Aussi peut-on qualifier de conforme à l'esprit de la doctrine l'intervention des Etats-Unis au Vénézuéla pour empêcher l'Angleterre d'augmenter ses possessions; on peut dire que cette commission d'enquête, nommée par eux à l'effet de savoir quels étaient les véritables droits de l'Angleterre, n'était que la mise en œuvre pure et simple du message de 1823. Mais ce n'est point ainsi que M. Olney, dans sa lettre du 5 mai 1890 à M. Bayard, M. Cleveland dans son message, M. Davis dans sa motion, ont posé la question.

Prenons d'abord la correspondance d'Olney (1). Après avoir énoncé à nouveau le message de 1823, M. Olney en entreprend la critique. Et d'abord il nous dit que la partie relative à la colonisation a eu pour conséquence logique la prohibition de l'intervention de l'Europe, et il établit que la doctrine de Monroe, pour n'avoir pas eu de sanction législative, n'en est pas moins obligatoire pour cela autant qu'une loi elle-même. « Il est manifeste, dit-il, que, si une règle a été ouvertement établie et constamment appliquée par la branche exécutive du gouvernement pendant plus de soixante-dix ans, sans avoir été répudiée par le congrès, on doit en conclure qu'elle a obtenu sa sanction ».

Ici, qu'il nous soit permis de faire observer que M. Olney semble oublier complètement le principe qui est la base même de la constitution, à savoir la séparation des trois

(1) Cf. *Archives diplomatiques*, 1896, janvier-mars. p. 180.

pouvoirs, séparation qui a été fort bien mise en lumière par
M. Whitney dans la *Yale Review* (1).

Si l'exécutif a besoin, pour certaines nominations, de l'assentiment du Sénat, il n'en a pas moins une liberté entière en
ce qui concerne la marche des affaires extérieures. Sur ce
point, le pouvoir législatif n'a aucun pouvoir sur le président.
On peut considérer comme inconstitutionnels les bills qui enjoignent au président de suivre telle ou telle politique; du
reste, en fait, le président a un moyen de retarder l'exécution
de ces bills, ce qui, en fait d'affaires diplomatiques, est essentiel : c'est le droit de veto. Par conséquent, on ne peut conclure, comme le fait M. Olney, que la doctrine de Monroe soit
devenue loi par le fait même d'avoir été appliquée par l'exécutif, pendant plus de soixante-dix ans.

Nous passerons l'énumération très longue des faits qui ont
donné lieu à l'application de la doctrine de Monroe, faits que
nous rapporte M. Olney, et qui sont la preuve que l'Amérique
doit à cette doctrine sa grandeur et sa prospérité. Remarquons
seulement que M. Olney a complètement adopté la doctrine
exprimée par Polk ou par Grant. Il n'entend plus le message
de Monroe dans son sens restreint : plus de colonisation en
Amérique. Il l'entend dans ce sens large que lui ont donné
les successeurs du cinquième Président : plus d'acquisition
par l'Europe de territoires américains.

Ce qu'on ne peut plus admettre, et qui n'est pas dans
la doctrine de Monroe, mais qui est une invention pure et
simple de M. Olney, invention qui lui est facilitée par les
déviations que l'on a déjà fait subir à la doctrine, c'est le
protectorat qui semble dévolu aux Etats-Unis par le fait même
de la doctrine de Monroe. L'argument que fait valoir M. Olney
en faveur de ce « monopole d'intervention » (2), c'est que

(1) *The Cuban revolt and the constitution*, mai 1898, p. 8.

(2) Le mot est de M. Catellani, *Nuova antologia*, 1er février 1896, *La questione della Venezuela et la dottrina di Monroe*.

les Etats-Unis sont, en fait, les souverains du continent américain, et que leur volonté a force de loi dans les matières où ils jugent à propos d'intervenir, argument inadmissible au premier chef, puisque, une fois ce protectorat admis, M. Olney nous montre les Etats-Unis chargés dans toute l'Amérique de la défense du *self government*, de la forme républicaine et de toute la civilisation.

En résumé, ce qu'il y a de conforme à la doctrine de 1823, c'est la prohibition faite à l'Angleterre d'étendre ses possessions au delà de ce qu'elles étaient en 1823 ; ce qu'il n'y a point dans la doctrine de Monroe, même étendue par la doctrine Polk, c'est la réclamation, par les Etats-Unis, d'un protectorat sur toute l'Amérique et la mise en œuvre forcée de toutes les idées nord-américaines.

Quant au message de M. Cleveland, il n'est que la répétition presque textuelle de la dépêche de M. Olney. Sur un point cependant, il donne encore une nouvelle extension à la doctrine telle que l'a formulée M. Olney dans la conclusion même du message.

M. Olney avait prescrit l'intervention en l'appuyant sur les principes de la constitution même de l'Union. Le président Cleveland va plus loin : suivant le mot très spirituel de M. Catellani (1), le plus grand argument du président Cleveland est celui-ci : « Qu'il en soit ainsi, parce que cela me plaît qu'il en soit ainsi ». Le président Cleveland affirme que les Etats-Unis ont seuls mission pour déterminer la ligne divisoire entre la République vénézuélienne et la Guyane anglaise ; eux seuls ont qualité pour prendre cette décision qui, seule, sera applicable. D'où cette conclusion : infaillibilité du gouvernement de Washington dans toutes les questions américaines, soumission forcée de tous les Etats américains à cette décision, respect obligatoire de cette décision pour tout le monde.

_____

(1) *Loc. cit,*

Il y a bien peu de chose à ajouter pour arriver à la troisième opinion émise par le sénateur Davis, du Minnesota. Ce qu'il vise surtout, ce sont les différents modes d'acquisition des territoires du continent américain ; il s'abandonne à l'imagination de son esprit, et au lieu d'adopter une formule brève comme par exemple celle-ci : « Il est défendu, désormais, à toute nation européenne d'acquérir un territoire à quelque titre que ce soit », il se livre à une énumération complaisante : force, achat, cession, occupation, hypothèque, convention, etc., et, non content d'avoir ainsi arrêté les convoitises des Etats européens, il veut encore leur défendre tout contrôle sur l'Amérique, car il veut arriver à substituer les Etats-Unis aux puissances européennes à propos du canal de Panama.

Certains auteurs américains ont combattu très énergiquement cette manière d'interpréter la doctrine de Monroe. C'est ce qu'ils ont appelé le *pseudo-monroeism* (1), et il n'est pas de critique que l'on n'ait adressée aux jingoës qui se faisaient les champions de la nouvelle manière de voir. Ce sont eux que Burgess a appelé *the slaveholders Monroe Doctrine*, faisant allusion aux principaux défenseurs de cette opinion ; dans son examen très consciencieux de la déviation que M. Olney a fait subir à la doctrine de Monroe, il est allé jusqu'à dire : « M. Tilden a exprimé une fois, je crois, qu'il pensait que la doctrine de Monroe serait une bonne chose si quelqu'un pouvait trouver ce que c'était », voulant montrer par là qu'il n'est pas de conséquences que certains politiciens de l'Union n'aient tirées de cette doctrine, conséquences aussi inattendues qu'impossibles.

En proposant l'arbitrage, les Etats-Unis semblaient cependant porter une grave atteinte à la doctrine de Monroe. En effet, les arbitres pouvaient attribuer à l'une des parties de

_____

(1) Burgess : *The Pseudo Monroeism*. Political science quarterly, XI. p. 49 et s.

nouveaux territoires. Mais le cabinet de Washington avait eu soin de poser en principe que les territoires possédés pendant cinquante ans ne devaient être l'objet d'aucune contestation ; c'était dire : « Nous ne pouvons pas vous accorder des territoires autres que ceux que vous possédiez en 1823, la seule chose qu'on pourra faire sera de tracer une ligne divisoire pour mettre fin aux empiétements illicites qui auront été consommés depuis cette époque ». Partant, sur ce point, la doctrine de Monroe était respectée.

Toutefois, en acceptant l'arbitrage d'un Européen, les États-Unis dérogeaient à la maxime fondamentale du message de 1823, l'exclusion de l'Europe des affaires de l'Amérique. Accepter la sentence d'un Européen était contraire à l'esprit même de la doctrine de Monroe, qui avait dénié à l'Europe le droit de s'occuper des affaires américaines. Les États-Unis avaient respecté le § 7 du message et avaient violé les §§ 48 et 49.

Par contre, ils avaient consacré définitivement l'interprétation de Polk relative à la défense de colonisation faite à l'Europe ; non seulement ils avaient prohibé la colonisation par établissement et l'acquisition par quelque mode que ce fût ; mais ils avaient déclaré que toute discussion sur les territoires américains les intéressait et leur donnait le droit d'intervenir. Se servant de la doctrine de Monroe comme d'un moyen d'attaque, et non plus seulement comme d'un moyen de défense, ils s'étaient imposés à l'Angleterre dans une question qui ne les regardait pas. Ils n'avaient plus qu'un pas à faire, pour attaquer plus ouvertement l'Europe, et la chasser de l'Amérique. C'est la conclusion extrême qu'ils allaient atteindre à Cuba.

CHAPITRE X

CUBA

—

§ 1. La première attitude des Etats-Unis. — § 2. Les tentatives d'achat. L'échec. Les expéditions flibustières. — § 3. La convention tripartite. — § 4. Nouvelles tentatives d'achat. — § 5. La guerre de Dix-Ans. — § 6. Le pacte de Zanjon. Les réformes. L'attitude des Etats-Unis. — § 7. L'insurrection de 1895. La répression. — § 8. La catastrophe du *Maine*. La guerre. — § 9. La paix. — § 10. La solution. — § 11. La conduite des Etats-Unis à Cuba et le droits des gens. — § 12. La conduite des Etats-Unis et la doctrine de Monroe.

§ I

Tous les publicistes américains, tous les hommes d'Etat de l'Union, voire même tous les citoyens des Etats-Unis, ont eu, depuis le commencement du siècle, les yeux fixés sur Cuba, l'île « la plus belle que jamais virent yeux humains », comme disait Christophe Colomb, en y abordant en 1492. Le court passage des Anglais à Cuba en 1762 avait suffi pour révéler aux Espagnols toutes les richesses de l'île et pour la désigner à leur ambition (1).

La fin de la révolution des colonies espagnoles fut pour les Etats-Unis le point de départ d'ambitions nouvelles. Jefferson avait lui-même recommandé ce délicat problème à l'attention du président : « J'ai toujours envisagé, disait-il, Cuba comme l'addition la plus intéressante, qui pût jamais

(1) L'Angleterre s'en empara en 1762 : pendant la guerre qu'elle soutint contre l'Espagne, un navire anglais, sous les ordres du comte d'Albermale, bombarda la Havane. Cette île fut rendue à l'Espagne par le traité de paix signé à Paris le 20 février 1763.

Cf. à ce sujet : *Nineteenth Century*, juillet 1898, *The capture of Havana by England*, par HEDGE, p. 116.

être faite à notre système d'Etats ; le contrôle qu'avec la Floride cette île nous donnerait sur le golfe du Mexique et l'isthme contigu, de même que sur les terres dont les eaux se déversent dans le golfe, assurerait complètement notre prospérité coloniale. Cependant, comme je sais que ce résultat ne pourra jamais être atteint, même avec le propre consentement de l'île si ce n'est par la guerre, et que son indépendance, qui est notre deuxième intérêt, et spécialement son indépendance de l'Angleterre, pourra être obtenue sans la guerre, je n'hésite pas à abandonner mon premier désir en le réservant à des chances futures et à accepter son indépendance avec la paix et l'amitié de l'Angleterre, plutôt que son association à nos Etats, qui nous coûterait la guerre et l'inimitié » (1).

Cette lettre, écrite avec le calme et la pondération du sage de Monticello, n'est-elle pas le meilleur exemple de ce don de seconde vue qu'ont eue presque tous les fondateurs de la République américaine ? Attendre jusqu'au jour où la nécessité des choses forcera Cuba à se séparer de l'Espagne et faire tout pour hâter les événements, tel va être le précepte politique qui va guider l'Union dans sa conduite à l'égard de Cuba. « Il y a des lois de gravitation politique autant que de gravitation physique ; et si une pomme, détachée par la tempête de l'arbre qui l'a produite, ne peut que tomber à terre en vertu de la loi de gravité, ainsi Cuba, séparée par la force de sa propre connexion avec l'Espagne, et incapable de se maintenir par elle seule, ne peut que graviter vers l'Union nord-américaine, laquelle, suivant la même loi de la nature, ne peut la rejeter de son sein » (2). Voilà ce qu'Adams écrit en 1823 à l'amiral Nelson, chargé de négocier en Espagne la cession de Cuba à l'Amérique. Mais tout ce raisonnement est vain ; Cuba

---

(1) BARCLAY, R. D. I., XXVIII, p. 511.

(2) Note de M. Adams à M. Nelson, du 28 avril 1823, citée par M. BENOIST, *L'Espagne, Cuba et les Etats-Unis*, p. 81.

vient d'être déclarée la plus fidèle des colonies espagnoles
malgré la révolution de Cadix et l'intervention de la France
en Espagne. Les Etats-Unis ne prendront pas Cuba, mais ils
veilleront à ce qu'aucune autre puissance ne s'en empare:
Adams se contente d'exiger cette promesse écrite de Canning.
« La Grande-Bretagne désavoue de la manière la plus solennelle toute idée d'occuper Cuba ou même de s'approprier
cette île. Mais elle ne peut envisager non plus avec indifférence tout effort qui serait fait pour en obtenir possession par
quelque autre puissance qui, comme elle, serait en termes
d'amitié avec l'Espagne, alors qu'elle-même se défend de tout
désir de la posséder » (1).

La promesse de Canning ne suffit pas, il faut une garantie
plus solide ; les Etats-Unis proposent de faire signer aux puissances un traité garantissant au Roi Catholique la possession
de Cuba, à condition toutefois qu'il lui accorde l'autonomie,
l'Angleterre arrête elle-même les bases de la convention en
déclarant que l'Espagne, la France et les Etats-Unis partici-
peront à cet accord. Le gouvernement espagnol s'engagera à
adoucir son vieux système colonial, à adopter pour ses îles
une politique plus libérale et à ouvrir les ports cubains au
commerce étranger. Mais un tel projet ne peut aboutir. A la
proposition des Etats-Unis, le cabinet de Saint-James répond
par des demandes plus explicites (2). L'Espagne devra être
partie au traité ; elle reconnaîtra les républiques sud-américaines ; en regard les H. P. C. lui reconnaîtront la possession de Cuba. L'Espagne ne veut pas admettre cette condition
et le Foreign-Office ne veut pas signer de traité léonin.

Mais déjà les Cubains ont conçu le projet de se soulever
contre l'Espagne. N'ont-ils pas demandé au président Monroe

---

(1) Lawrence, *Commentaire du droit international*, II, p. 317.

(2) De Olivart, *Le différend hispano-américain au sujet de la question
cubaine*, R. D. I., IV, p. 581.

en 1823, l'appui des Etats-Unis contre la métropole ? Ne s'est-il pas fondé à la Havane une association révolutionnaire, *les Soleils de Bolivar*, qui étend ses ramifications dans toute l'île (1823)? Ne s'est-il pas produit une conspiration sous l'initiative de Gaspar Antonio Rodriguez? Des Cubains retirés au Mexique ont cherché à se grouper pour obtenir la liberté de leur patrie et ont jeté les premières bases de la fameuse *Junte patriotique cubaine*.

L'Espagne se rend compte du danger : dès le 4 mars 1825, elle établit une commission militaire exécutive, chargée de juger les attentats contre la sûreté de l'Etat. Soucieux de tout prévoir pour augmenter la sécurité de ses possessions, le roi Ferdinand VII rend (8 mai 1825) un décret concédant aux capitaines généraux de l'île une sorte de despotisme militaire, en leur permettant de décréter à tout moment l'état de siège sur tout le territoire de l'île, et, pour être fidèle aux instructions de son souverain, le capitaine général Francisco Dionisio Vives promulgue une circulaire en sept articles, où il menace de la potence non seulement tous ceux qui se rendront coupables d'attentat, mais encore tous les suspects. C'est la période où la grande « Légion de l'Aigle noir » essaie de soulever le pays et où Jean Ferety qui a dénoncé lui-même la conspiration est condamné au dernier supplice avec la plupart des membres de l'association (7 juillet et 5 août 1830). Cette persécution ne fait que rendre plus intenses les aspirations à la liberté, et de pressants appels sont adressés par les Cubains à Bolivar pour lui demander de réaliser l'émancipation de Cuba. En même temps les Cubains demandent et obtiennent l'aide du Congrès du Mexique.

Toutes ces difficultés ne laissent pas d'embarrasser le cabinet de Washington. Fidèle à sa politique traditionnelle, il ne veut pas d'explication nette, d'engagement précis. Il veut seulement s'opposer à l'intervention européenne à Cuba. Aussi lorsque la mort de Ferdinand VII (1833) vient ajouter encore à l'imbroglio espagnol, lorsqu'il est question pour régler la dette de l'Espagne de donner Cuba en garantie d'un emprunt consenti par la métropole, les Etats-Unis protestent ; et, pour donner plus de poids à leurs protestations, pour montrer leur désintéressement, ils déclarent à nouveau rejeter l'annexion à leur profit, en exigeant toutefois en retour l'abstention européenne.

Les intérêts américains augmentent en effet tous les jours à Cuba (1843) : de riches planteurs américains s'y établissent, y acquièrent des droits de citoyens et une influence si grande qu'au bout de quelque temps on peut dire que « Cuba dépend de l'argent américain » (1).

Aux Etats-Unis, ces relations sont accueillies par les sympathies de tous les partis. Les Américains du Sud espèrent acquérir par l'incorporation de Cuba des marchés nouveaux pour vendre et acheter leurs esclaves, et augmenter ainsi le nombre des esclavagistes au Sénat. Quant aux Américains du Nord, ils espèrent se procurer un riche domaine et s'assurer la libre communication du golfe du Mexique (2) : « Aux noirs, les Etats-Unis promettent l'émancipation ; aux propriétaires d'esclaves, ils offrent la restauration et l'impunité de la traite à l'abri du pavillon américain, le partage de la prospérité commerciale et agricole des Etats-Unis ; ils s'adressent enfin aux susceptibilités locales, déclament contre la tyrannie militaire et l'avidité fiscale de la métropole, et vantent les douceurs du régime fédéral » (3).

A ce moment aussi, Turnbull, agent anglais résidant à Cuba, cherche à fomenter la révolte, mais, dès qu'il est convaincu des agissements du consul anglais, le gouvernement de Washington prend fait et cause pour l'Espagne et soutient

---

(1) Cf. MULLER, *Cuba*, Berlin 1898.

(2) MULLER, *op. cit.*, p. 15.

(3) Georges D'ALAUX, *Cuba et la propagande annexionniste*, *Revue des Deux-Mondes*, 15 juillet 1850.

les prétentions exposées par le ministre d'Espagne à Washington, Pedro Argaïz : « Je vous conseille, lui dit le secrétaire d'Etat américain, s'il se présente un autre cas semblable, (et il faisait allusion à l'aide prêtée par Turnbull aux
conspirateurs), d'en finir sur-le-champ avec les coupables, et
si les autorités sont tenues à le protéger. alors le peuple
même doit se faire justice dans *l'ingenio* le plus prochain.
Si, après, des réclamations surviennent, nous saurons quelles
mains ont armé le coupable et qui devait profiter de ses ex-
ploits » (1).

Mais l'Espagne ne peut assurer l'ordre et la sécurité à Cuba.
Une révolte de noirs se produit à Matanzas (1843), et il faut
toute la sévérité du général O'Donnel, gouverneur de l'île,
pour réprimer ces soulèvements. Aussi les Américains crai-
gnent-ils de plus en plus l'intervention européenne, et, pour
faire cesser leurs inquiétudes, ils pensent que le mieux est
d'essayer d'acquérir les colonies espagnoles. Le vice-président
Dallas ne dissimule pas ces désirs. La Grande-Bretagne
s'émeut et propose à nouveau la garantie collective de la
possession de Cuba.

Les Etats-Unis restent sourds à de telles avances: bien plus,
ils cherchent à fomenter la révolte : ils encouragent les flibustiers et les sociétés secrètes de toutes sortes, telles que les
Anilleros, les *Communistes*, les *Maçons*, etc... (2).

De son côté, l'Espagne cherche à réagir : elle organise une
répression sanglante, mais est mal secondée dans sa tâche
par ses représentants. La plupart des gouverneurs de Cuba
usent de leur pouvoir pour satisfaire leurs jalousies, leur
cruauté ou leur intérêt : le capitaine général Tacon fait lui-
même la traite des esclaves et profite souvent de sa situation

---

(1) De Olivart, art. cit. p. 583.

(2) De Gannibrs, *Les dessous de la diplomatie américaine*, *Nouvelle-Revue*,
1er et 15 janvier 1899.

pour aider son infâme commerce (1836) ; il demande à l'Espagne de sévir contre les Cubains, en enlevant à leur député la permission de siéger aux Cortès : « Les Cubains, n'étant point soumis au même régime que la métropole, il leur importe donc peu de siéger dans une assemblée où on ne traite point de l'administration de leur pays ». L'effet ne se fait pas attendre ; ces mesures exaspèrent les Cubains, qui, dès lors, n'ont qu'un but : se soulever contre la mère-patrie pour obtenir de sérieuses réformes. Quelques-uns vont même plus loin et demandent l'autonomie. La conspiration de Placido, sous le gouvernement de O'Donnel, celle d'Aguerro et d'Armentero sous celui de ses successeurs, prouvent jusqu'à quel point s'était fait vif le sentiment des représailles.

§ II

Le cabinet de Washington se tenait prêt à profiter de toutes ces fautes. A New-York fonctionnait une association flibustière, la *Lone Star*, destinée à propager la révolte. Elle était alimentée par des fonds secrets importants, entretenait une véritable flotte et établissait partout des succursales destinées à mettre en œuvre son programme : l'indépendance de Cuba. Les Etats-Unis espéraient, en la soutenant, l'amener à servir, non plus seulement la cause de l'indépendance cubaine, mais celle de l'annexion de Cuba à l'Union.

Mais c'était là des procédés peu corrects, critiquables en tous points. Le président Taylor essaya d'amener l'Espagne elle-même à la cession de Cuba. Dans ce but il chargea le secrétaire d'Etat Buchanan d'expliquer à M. Saunders, ministre américain à Madrid, la marche à suivre. Il devait se rendre auprès du président du conseil Narvaez ou auprès du ministre d'Etat le marquis de Pidal, et leur exposer les vues du gouvernement de Washington. L'importance de Cuba et sa valeur commerciale exigeaient une telle démarche.

M. Buchanan n'avait pas besoin de se faire violence pour donner de telles instructions. Membre dévoué du parti annexionniste, il avait eu déjà l'occasion de faire ressortir tous les arguments en faveur de l'annexion de Cuba. « Cuba, disait-il, est essentielle pour la sécurité des Etats-Unis c'est la clef du golfe du Mexique et des mers de l'ouest, c'est le chemin qui conduit directement à Panama ou à Nicaragua; c'est encore cette île qui, plus tard, si l'on creuse le canal interocéanique, en commandera l'entrée ; et en dehors de tous ces avantages, Cuba, c'est la perle des Antilles, l'île la plus fertile, la plus riche des îles situées au sud des Etats-Unis, unie à eux par des relations commerciales nombreuses et fréquentes ; une île qui, une fois l'annexion opérée, produira le double de richesses. Les statistiques elles-mêmes le prouvent : sur 128,000 kilomètres carrés, dont se compose le territoire de Cuba, un huitième à peine est cultivé. La population qui ne représente pas à l'heure présente un million d'habitants, atteindra facilement un chiffre de 10 millions. En rapprochant ces deux chiffres, il est facile de voir que, si les maxima de culture et de population sont atteints, résultat qui sera obtenu rapidement par l'annexion aux Etats-Unis, Cuba sera en état de fournir au monde entier le sucre et le café dont il a besoin (1) ».

Restait à fixer les bases du prix à proposer à l'Espagne. Pour cela, il fallait déterminer le revenu liquide que Cuba rapportait au trésor de la métropole et le revenu futur qu'elle rapporterait quand elle serait devenue partie intégrante des Etats-Unis.

Le calcul embarrassait Buchanan et il avouait ingénument qu'il ne pouvait l'effectuer d'une manière positive : « Effectivement, disait-il, si M. Mac Culloch, d'une part, affirme dans son *Gazeteer* que les revenus totaux de l'île de Cuba étaient

(1) DE GANNIERS, art. cit. p. 55.

en 1837 de 8,945,584 douros, le *Hunt's merchant's Magazine* de 1845 dit que cette même année (1845) ses revenus
s'élevaient à 10,490,252 dollars; d'autre part encore, je sais,
par M. Calderon, que le trésor de Madrid n'a jamais encaissé
par an plus de 2 millions de pesetas ; le reste servant aux
dépenses de l'île et notamment à l'entretien des troupes ».
Tout cela n'était qu'un préambule. Le secrétaire d'Etat
ajoutait : « Cependant, si l'on voulait se contenter des chiffres
que je viens de donner, il semble qu'une somme de 50 millions de dollars pour le transfert de l'île de Cuba aux Etats-
Unis serait une indemnité largement rémunératrice ».

Même une fois ces bases fixées, l'affaire était trop grave
pour laisser Saunders livré à lui-même. Il fallait le conseiller
étroitement. Buchanan lui dicta pas à pas sa conduite : le
président des Etats-Unis croyait le moment arrivé de tenter un
effort pour acheter Cuba. Le plénipotentiaire américain aurait
une première conversation avec le ministre d'Etat. Surtout, il
n'écrirait pas; car il pourrait ainsi s'exposer à un refus catégorique, et rendre toute nouvelle négociation impossible.
« Dans la première entrevue que vous aurez avec le président
du conseil, entamez les négociations en parlant, tout d'abord,
comme en l'air, de l'irritation actuelle des esprits à Cuba et
de l'éventualité d'une révolution. C'est là une situation dont
le gouvernement espagnol n'ignore certainement ni la vérité,
ni la gravité » (1). La plus grande discrétion était nécessaire,
car s'il transpirait quelque chose de ces négociations, la partie
aurait été perdue. Comment le cabinet espagnol se tirerait-il
d'une interpellation aux Cortès? Sans doute l'Espagne n'accepterait pas tout de suite les propositions, il fallait s'attendre à
des objections probables et les réfuter. Buchanan trouvait alors
un argument inespéré : l'exemple de Napoléon qui, au faîte
de sa grandeur, en 1803, avait cédé la Louisiane aux Etats-

(1) DE GANNIERS, art. cit. p. 56.

Unis. « Alors, et ce sont les propres termes de la dépêche, si le ministre espagnol prêtait l'oreille à ces propositions, il serait temps de parler de l'indemnité pécuniaire, et les renseignements que je vous ai donnés plus haut pourraient vous servir : en tout cas, la somme maxima qu'on pourrait offrir, (je vous donne ici l'appréciation du président), serait de 100 millions de dollars, et si l'Espagne se décidait à vendre, ce serait à vous à marchander, de façon que nous puissions acheter le moins cher possible ».

Le contrat de vente, s'il y avait lieu de l'établir, devait être rédigé suivant la teneur de l'instrument du 30 avril 1803, passé entre la France et les Etats-Unis. pour la vente et l'achat de la Louisiane.

Après toutes ces recommandations, il ne restait plus qu'à donner pleins pouvoirs à Saunders pour négocier le traité comme bon lui semblerait. « Je vous recommande de tenir fidèlement et exactement mon département au courant des conventions et des démarches qui auraient trait au sujet qui nous occupe, et je termine en vous assurant qu'en cas de réussite vous associerez votre nom à l'œuvre qui, plus que toute autre, contribuera à la grandeur et à la prospérité de notre patrie » (1).

M. Saunders, fidèle aux instructions qu'il avait reçues, s'empressa d'aller voir les ministres espagnols : il commença par entreprendre le général Narvaez dans l'espoir d'arriver à la reine-mère Marie-Christine, qui avait dans l'île de Cuba des propriétés très étendues et partant une influence considérable sur la direction des affaires cubaines.

Dans cette première conférence Narvaez, homme adroit, feignit de ne rien comprendre ; il éconduisit M. Saunders avec une affabilité remarquable en le priant de s'adresser à qui de

_____

(1) De GANNIERS, art. cit. p. 57. Voyez aussi sur ce point BENOIST, *op. cit.*, p. 102 et s.

droit. Il n'était point le maître ; il fallait s'adresser à Pidal.
Saunders rendit compte à son chef de l'insuccès de ses démarches et lui exposa que l'Espagne, loin d'abandonner Cuba
aux Etats-Unis, comptait au contraire sur eux pour la conserver. Ce qu'il y a d'assuré, c'est que le ministre des Etats-
Unis, s'il eût été le maître, eût arrêté les négociations (1).

Mais Buchanan désappointé par cet échec enjoignit à Saunders de s'adresser au marquis de Pidal. Saunders alla trouver le ministre d'Etat à la Granja. Rendu prudent par ce
premier échec, il n'aborda pas franchement le sujet, mais
proposa la garantie de Cuba par les Etats-Unis en cas de
trouble et de révolte. Seulement il fallait s'expliquer sur
cette garantie, et, pressé de questions par Pidal, le ministre des Etats-Unis dut répondre. Il le fit dans des termes
aussi obscurs et aussi vagues que possible, mais finit par se
découvrir ; cette garantie était peut-être dangereuse pour la
sécurité de l'Espagne et pouvait l'exposer à des hostilités avec
la Grande-Bretagne. Il valait mieux abandonner l'île, et le
meilleur moyen de réaliser cet abandon était de la vendre.
Pidal fit observer que le calme régnait à Cuba et que, si, dans
la suite, la révolte éclatait, le gouvernement espagnol saurait
certainement faire respecter ses droits. Les propositions américaines n'avaient aucune raison d'être et l'Espagne ne pouvait les accepter. L'échec était complet.

M. Saunders fut tout décontenancé ; mais quelques jours
plus tard, il recevait de Washington l'ordre formel de présenter de nouvelles propositions. Le président Polk venait de
succéder au président Tyler et tenait à faire lui-même de nouveaux essais ; il espérait, par sa ténacité, amener le gouvernement espagnol à composer.

Il n'en fut rien : le marquis de Pidal apprit que la presse
connaissait toutes ces négociations, et répondit à Saunders par

(1) BENOIST, L'Espagne, les Etats-Unis et Cuba, p. 103.

un mot célèbre : « Là-dessus, je ne puis rien entendre : que Cuba s'abîme plutôt dans l'océan ; accourre une vague qui l'engloutisse, plutôt que de céder l'île à une autre puissance » (1).

La situation de M. Saunders était devenue impossible, il n'avait plus qu'à donner sa démission, et à repartir pour New-York.

Puisque l'Espagne ne voulait pas céder volontairement Cuba, les Etats-Unis n'avaient plus qu'à fomenter la révolte. Dès ce moment s'organise la première expédition flibustière sur le sol américain avec l'argent américain.

Les Etats-Unis donnent, pour la forme, à la Junte et à la *Lone star*, l'avertissement officiel qu'en cas de répression de la part du gouvernement espagnol ils ne pourraient pas tolérer les menées de l'indépendance. Mais, en réalité, ils soutiennent l'effervescence cubaine.

Vendant la peau de l'ours avant de l'avoir tué, les Cubains émettent aux Etats-Unis des bons sur Cuba indépendant. L'émission en est accueillie en Amérique, comme autrefois en France l'émission des bons du Mississipi par Law ; la souscription est plusieurs fois couverte. Les bons étaient à 6 0/0 d'intérêt et remboursables dans les cinq ans en cas de réalisation des faits prévus.

Une banque de New-York prit l'entreprise de l'expédition, qui devait assurer l'indépendance de l'île et dont un aventurier espagnol, Lopez, était le chef Le président Tyler averti déclara qu'il observerait les traités et, par conséquent, s'opposerait à ce que les citoyens des Etats-Unis prissent part à des attaques illégitimes contre des puissances amies (2). Mais, hasard ou complicité, les précautions furent mal prises. La flotte de Lopez quitta New-Orléans pour se diriger vers

(1) BENOIST, *op. cit.*, p. 103.
(2) CESPÉDÈS, *op. cit.*, p. 362.

Cuba, où elle débarqua à Cardenas (18 mai 1850). Repoussés
par les Espagnols et abandonnés par les Cubains, les flibustiers se rembarquaient immédiatement. Une deuxième tentative eut lieu l'année suivante (3 août 1851) : Lopez, accompagné de 400 Américains, quitta New-Orléans et débarqua le
11 à Placitos. Lopez fut tué, et ses complices, même Américains, condamnés à mort par un tribunal militaire. De ce
côté encore, les Américains avaient échoué.

§ III

Inquiété de ces attaques, le marquis de Pidal résolut de
les communiquer aux chancelleries européennes, de manière
à les édifier sur les procédés américains. Il rappela les négociations diplomatiques, leur échec et l'organisation des expéditions de Lopez, largement subventionnées, disait-il, par les
Etats-Unis, qui voulaient ainsi se venger de leur insuccès.

Cette démarche fut accueillie avec bienveillance par les cabinets européens. L'Angleterre et la France en profitèrent
pour intervenir et donnèrent l'ordre aux commandants de
leurs flottes de se rendre à Cuba pour assurer la sécurité de
leurs nationaux. Les Américains avertis par les deux gouvernements de l'envoi de ces flottes, prirent de leur côté la même
mesure. Ils chargèrent le commodore Parker de protester
contre la répression trop sévère des partisans de Lopez. Parker
dut se contenter des explications du général Concha, gouverneur
de l'île. Quelque temps après, le président Fillmore, qui venait de remplacer Taylor (1850), dut reconnaître le bien-fondé
des demandes espagnoles. Il désavoua complètement les flibustiers de la Nouvelle-Orléans et menaça même de peines
graves ceux qui essaieraient d'organiser de nouvelles expéditions. Le gouvernement espagnol, heureux de ce revirement,
voulut montrer aussi ses bonnes intentions en grâciant ceux
des coupables encore détenus à la Havane. Malheureusement,

le cabinet de Washington n'eut pas confiance dans la sincérité de la conduite du cabinet de Madrid et surtout vit avec défiance l'intervention européenne. « Cette intervention, sous un autre point de vue encore, ne saurait être envisagée avec indifférence par le Président des Etats-Unis. La position géographique de l'île de Cuba, située non loin du Mississipi, et pouvant contrôler la voie fluviale la plus importante pour le commerce des Etats-Unis ne manquerait pas, si cette île passait entre les mains de quelque puissance européenne, de produire de la défiance et de l'appréhension chez le peuple de ce pays-ci. La possession de cette île par une nation plutôt que par une autre est donc une question qui touche à la sécurité et aux intérêts des citoyens américains. Ce gouvernement a déjà fait savoir officiellement à celui de la France de même qu'aux autres gouvernements européens qu'il ne verrait pas avec indifférence la cession de l'île de Cuba par l'Espagne à une autre puissance européenne. Le Président partage les mêmes vues et il appréhende qu'en cas d'événement, dont on peut admettre la probabilité, l'espèce de protectorat qu'on voudrait introduire n'entraîne à des résultats auxquels il y aurait tout autant à blâmer » (1).

A cette note du gouvernement américain, le ministre de France, M. de Sartiges, répondit que les mesures prises par la France s'adressaient, non pas aux Américains, mais à des pirates, à des aventuriers qui essayaient de troubler le territoire d'une puissance amie, sans égard à la nationalité à laquelle ils pouvaient appartenir.

M. Webster comprit qu'il était allé trop loin. Le 18 novembre 1851, il fit savoir au gouvernement français que les explications données lui paraissaient suffisantes pour clore le débat. Le gouvernement impérial se retourna alors vers l'An-

____

(1) Dépêche de M. Crittenden à M. de Sartiges, 22 octobre 1852, LAWRENCE. *op. cit.*, II, p. 318.

gleterre pour obtenir, avec son appui, une convention qui assurerait à Cuba la garantie du *statu quo*. M. de Turgot et lord Malmesbury envoyèrent des notes dans ce sens au secrétaire d'Etat américain, pour obtenir son consentement à une convention tripartite.

Mais pour aboutir, un tel arrangement réclamait la bonne volonté des Etats-Unis : les puissances espéraient se la concilier en affirmant solennellement que Cuba n'excitait la convoitise de personne (1). Or les Etats-Unis qui jadis, craignaient à Cuba soit l'Angleterre, soit la France, avaient, en se développant, changé de point de vue. Enhardis par leurs progrès, ils désiraient Cuba ; ils voulaient l'île et on leur demandait de déclarer solennellement le contraire. N'était-ce pas là une convention « *unusual* » « *extraordinaire* » (2)?

Le 29 avril 1852, M. Webster refusa : « La politique du gouvernement des Etats-Unis avait été uniformément de s'abstenir autant que possible de toute alliance et de toute convention avec d'autres Etats, et de ne prendre aucune des obligations internationales, à l'exception de celles qui touchaient au intérêts directs des Etats-Unis » (3). Les Etats-Unis n'avaient aucun dessein sur Cuba, et même si l'Espagne s'abstenait de faire cession de cette île à l'une des puissances européennes, elle pourrait compter sur l'appui et l'amitié des Etats-Unis pour l'aider à défendre et à conserver ce territoire.

---

(1) Cf. art. 1 et 2, I : les H. P. C. déclinent séparément et collectivement, maintenant et pour toujours, toute intention d'obtenir la possession de l'île de Cuba et elles s'engagent respectivement à s'opposer à toute tentative pour se rendre maître de cette île de la part de toute autre puissance ou de quelque autre personne que ce soit.

II : Les H. P. C. déclarent séparément et collectivement qu'elles ne veulent ni obtenir ni maintenir pour elles-mêmes ou pour l'une d'elles un contrôle exclusif sur ladite île, ni assumer, ni exercer quelque souveraineté sur celle-ci.

(2) TUCKER, *op. cit.*, p. 83.

(3) LAWRENCE, *op. cit.*, II, p. 79.

Mais la cession de Cuba à l'une des puissances européennes était impossible ; il fallait agir en conformité avec les principes mêmes de la doctrine de Monroe. Les ministres anglais et français revinrent à la charge : le 8 juillet 1852, ils firent ressortir les avantages, pour les Etats-Unis, de cette garantie collective. Mais M. Everett, devenu secrétaire d'Etat, ne se laissa point convaincre ; il opposa un refus formel aux démarches des puissances (1).

Pour la première fois se faisait jour une idée à peine esquissée jusqu'alors, idée qui va désormais faire son chemin et conduire tout droit à l'annexion, idée qui consiste à dire que la question de Cuba est surtout une question américaine : c'est là le motif même du refus de M. Everett. « La convention proposée, dit-il, se base sur un principe différent : elle prétend établir que les Etats-Unis n'ont pas un intérêt différent dans la question et que cet intérêt n'est pas plus grand que celui de la France et de l'Angleterre, alors qu'il suffit de jeter les yeux sur la carte pour se convaincre combien les relations de l'Europe avec cette île sont lointaines et combien celles des Etats-Unis sont intimes » (2).

M. Everett ne reprend point les arguments traditionnels, il n'oppose pas l'habitude politique du gouvernement fédéral de ne point s'occuper des questions européennes, de ne point entrer dans les alliances avec les nations de l'Ancien Continent, bien plus il fait ressortir l'anti-constitutionnalité d'une telle conception qui interdirait à tout jamais aux Etats-Unis de faire des traités avec elles (3). Ce qui l'arrête, c'est l'objection née de la situation géographique de l'île de Cuba. « L'île de Cuba est située à nos portes, elle commande l'approche du golfe du Mexique dont les eaux baignent les rives de cinq de

---

(1) Note du 1ᵉʳ décembre 1852.

(2) LAWRENCE, *op. cit.*, II, p. 320.

(3) Il fait ici allusion à l'achat de la Louisiane à la France (1803), de la Floride à l'Espagne (1819).

nos Etats; elle barre l'entrée du grand fleuve, qui arrose la
moitié du continent de l'Amérique septentrionale et qui, avec
les rivières qui lui sont tributaires, offrent la plus vaste combinaison de communications intérieures par eau qu'il y ait au
monde; elle est à portée de surveiller nos échanges avec la
Californie par la route de l'isthme. Si une île comme celle de
Cuba appartenant à l'Espagne se trouvait située de manière
à commander l'entrée de la Tamise ou de la Seine et que les
Etats-Unis vinssent proposer à la France et à l'Angleterre une
convention comme celle qui nous est proposée, ces Puissances
ne manqueraient pas de trouver que la renonciation faite par
nous aurait coûté beaucoup moins que celle qu'elles auraient
à faire » (1). Les affaires de Cuba vont mal, bientôt éclatera
une révolution intérieure qui renouvellera les horreurs et le
sort de Saint-Domingue. Quel est le but d'une telle convention?
M. de Turgot et lord Malmesbury l'ont déclaré, ils veulent
faire cesser les expéditions flibustières; mais ces expéditions
ne vont-elles pas immédiatement doubler une fois qu'on
aura conclu un pareil traité? Le dit traité sera impopulaire, et,
partant, dangereuse en sera la répercussion. Les partisans de
l'autonomie vont faire de nouveaux efforts pour introduire dans
l'île le gouvernement qu'ils désirent. De plus une pareille
convention ne peut manquer de blesser l'Espagne, cette anti-
que alliée, avec laquelle les Etats-Unis ont toujours entretenu
des relations d'étroite amitié. Le vrai moyen d'aider l'Espagne
serait de la débarrasser de cet empire colonial qui l'encombre
et lui coûte si cher.

Ainsi donc M. Everett, en interdisant à l'Angleterre et à la
France de s'occuper de la question cubaine, question essentiellement américaine, qui ne regardait point l'Europe, donnait une solution conforme à la doctrine de Monroe; pourtant
il ne s'appuyait point sur le message de 1823, pour prohiber

---

(1) LAWRENCE, *op. cit.*, II, p. 325.

l'intervention des puissances. Bien plus il s'était opposé à admettre que les Etats-Unis dussent s'abstenir de tout contact avec l'Europe, violant en cela l'esprit même de la doctrine de Monroe. S'il avait ainsi agi, c'était pour renforcer son raisonnement. Il avait dénié à l'Europe le droit de garantir à l'Espagne la possession de Cuba, non point parce que le message de 1823 interdisait à l'Europe d'intervenir en Amérique, mais parce que l'Europe n'avait aucun intérêt engagé à Cuba. Lord Russel le comprit et refusa à M. Everett d'entrer dans son raisonnement. Désormais l'Angleterre agirait comme bon lui semblerait (1).

Il n'en fallait pas plus pour susciter l'émoi du Congrès américain. Le 4 janvier 1853, M. Cass déposait au Sénat une résolution avec application spéciale à Cuba. Il faisait ressortir dans ce texte que tous les efforts tentés par une puissance européenne pour se procurer la possession de l'île de Cuba soit pacifiquement, soit par la force, devaient être considérés comme une atteinte à la souveraineté des Etats-Unis. Cette résolution ne fut point votée, mais elle fit l'objet d'un débat célèbre, où le sénateur John P. Hale du New-Hampshire proposa d'étendre cette motion au Canada (2).

§ IV

Sur ces entrefaites, M. Marcy était arrivé au secrétariat d'Etat, et M. Buchanan était devenu ministre à Londres (2 juillet 1853). Marcy chargea Buchanan d'expliquer à l'Angleterre l'attitude de son gouvernement. « Ni la France, ni l'Angleterre ne pouvaient, à propos de la convention tripartite, se montrer blessées de la manière d'agir des Etats-Unis ; n'avaient-elles pas montré par leur conduite qu'elles s'opposeraient au trans-

---

(1) LAWRENCE, op. cit., II, p. 321 et s. Dépêche de lord Russel, 16 février 1853.

(2) Cf. sur ce point MOORE, R. D. I., XVIII, p. 320 et s.

fert de Cuba aux Etats-Unis ? N'avaient-elles pas promis leur
assistance à l'Espagne, au cas où une intervention étrangère
viendrait aider les Cubains à secouer le joug espagnol ? (1) »
La diplomatie américaine ne se désintéresse pas de la question ; elle suit attentivement la conduite des puissances et,
sans exprimer nettement son désir de voir les Etats-Unis garantir seuls à l'Espagne la possession de l'île, elle se tient
sur une prudente réserve.

Mais l'hésitation devait être de courte durée. M. Everett
avait été soutenu dans sa campagne cubaine par les Esclavagistes désireux de se créer au Sénat des partisans par l'annexion de l'île. Aujourd'hui ce n'était plus seulement ce parti
qui arrivait au pouvoir, c'était l'association flibustière en personne qui amenait aux affaires le président Pierce (février
1853). Il suffisait d'une étincelle pour mettre le feu aux poudres. L'occasion ne s'en fit pas attendre.

Un navire américain, le *Black-Warior* avait été convaincu
de contrebande lors de son arrivée à la Havane ; il avait déclaré sa marchandise en lest alors qu'elle était en transit. On
découvrit la fraude, et le capitaine, plutôt que de payer l'a-
mende, préféra abandonner son bâtiment. En même temps, il
s'adressait à son gouvernement pour obtenir son appui. Le
gouvernement américain prit l'affaire en mains, et le message
du président (15 mars 1854) annonça qu'il souscrivait absolument à la réclamation du capitaine américain.

Cet incident refroidit singulièrement les relations des Etats-
Unis avec l'Espagne. On venait, du reste, d'apprendre à
Madrid qu'une nouvelle tentative de flibustiers avait eu lieu, et
la nomination de M. Soulé comme ministre américain à
Madrid n'était pas faite pour rassurer l'Espagne.

M. Soulé était plutôt avancé dans ses opinions ; déjà expulsé de France pour son exaltation, il s'était établi en Loui-

(1) LAWRENCE, *op. cit.*, II, p. 323.

siane comme avocat et avait réussi à entrer au Sénat comme
représentant de ce pays, il avait « l'éloquence intempérante,
exubérante, un peu déclamatoire, l'esprit absolu, tranchant ».
Cette impétuosité naturelle avait été mise par lui, de bonne
heure, au service des insurgés (1). Il s'était fait le défen-
seur de Lopez lors de sa tentative de débarquement à Cardenas : il avait reproché au président Fillmore de ne pas
avoir déclaré la guerre pour venger le sang américain. Le
25 janvier 1853, c'est-à-dire quelques mois à peine avant
son départ pour Madrid, il avait prononcé au Sénat un
panégyrique des flibustiers et un réquisitoire violent contre
l'Espagne. Il avait fait un parallèle très vivant entre ces flibustiers de 1850 et le général américain qui, sur l'ordre de
Monroe, alors secrétaire d'Etat, s'était emparé des îles Aurélia
et de Pentacola : entre ces mêmes hommes et Monroe qui
n'avait point restitué ces usurpations, il n'y avait point de
différence : « Flibustier Hamillon et flibustier aussi le général
Andrew Jackson, flibustiers ceux qui, en 1819, en 1820, en
1821, plus tard en 1836, voulurent aller émanciper et annexer
le Mexique » (2).

C'est dans ces dispositions d'esprit que M. Soulé s'embarqua pour Madrid, après avoir, le jour même de son départ,
accepté les banquets de la *Lone star* (3).

M. Marcy, qui envoyait à Madrid « le diable à barbe hir-
sute que le parti cubain faisait sortir de sa boîte, quand il
voulait faire peur à l'Espagne », lui avait donné à méditer
pendant son voyage des notes dans lesquelles il l'engageait à
reprendre les projets d'achat de l'île de Cuba.

M. Soulé ne devait point perdre son temps. En arrivant à
Madrid, il fut reçu avec froideur, mais avec politesse. On était

(1) BENOIST, *op. cit.*, p. 106.
(2) BENOIST, *op. cit.*, p. 107.
(3) Voyez sur ce point le fort intéressant récit de M. BENOIST, *op. cit.*,
p. 109 et 110.

arrivé à lui faire effacer de son discours de réception une allusion à l'indépendance de Cuba et le gouvernement espagnol lui en sut gré. Mais la contrainte pesait trop au bouillant tempérament de M. Soulé. Quelques semaines après son arrivée, il avait une altercation avec le marquis de Turgot, ambassadeur de France, à propos d'un duel entre son beau-fils, M. Néville, et un autre invité de notre ambassadeur, le duc d'Albe. On ne sut qui avait tort ou raison dans cette histoire, mais M. Soulé tint à conserver son rôle d'ogre (1), et à faire de nouvelles réclamations à propos de la médisance de certains sujets français. Tout cela montre jusqu'à l'évidence quel était l'homme avec qui l'Espagne allait avoir à traiter cette question particulièrement délicate de l'achat de Cuba.

Dans ses instructions à Soulé, M. Marcy, après avoir affirmé que le moment n'était pas opportun pour faire des propositions d'achat, laissait une porte ouverte à l'activité du diplomate improvisé : « Toutefois, disait-il, vous devez prévoir le cas où vous rencontreriez à Madrid un gouvernement enclin à dévisager l'avenir avec plus de prudence et à prévenir, en agissant ainsi, un événement qui ne peut manquer de se produire un jour. Ce gouvernement ne peut pas ne point voir que, dans un avenir assez proche, Cuba se débarrassera ou sera débarrassée de ses maîtres actuels. Or, en tenant compte de la probabilité, pour ne pas dire de la certitude, d'une telle éventualité, l'Espagne sauvegarderait à la fois son honneur national et ses intérêts, en allant au-devant de cette inévitable échéance. Elle aurait ainsi la gloire de donner naissance de sa propre initiative à une nation indépendante issue de son sang, de race identique, avec laquelle elle demeurerait unie par des relations plus fructueuses que les liens actuels tressés dans la servitude et maintenus seulement par la force » (2).

---

(1) DE GANNIERS, art. cit. p. 283.
(2) DE GANNIERS, art. cit. p. 236.

Puis il faisait allusion à l'avantage que retirerait l'Union de cette indépendance accordée à Cuba. Cuba libre serait la consolidation du système d'équilibre américain : « Si vous trouvez une occasion, continuait-il, de traiter la question, vous aurez à le faire dans le sens que j'indique ; toutefois, veillez bien à ne rien dire qui puisse faire croire à des intentions occultes de notre part, à ne rien faire qui puisse froisser les susceptibilités d'une puissance caduque et orgueilleuse. Les Etats-Unis verraient avec une satisfaction profonde l'indépendance accordée aux Cubains, et contribueraient de bon gré, s'il était nécessaire, à cette émancipation au moyen d'arguments plus substantiels que leur bonne volonté. Toutefois, aucune manifestation dans ce sens ne devra être rendue publique avant que les ombres que je vous ai signalées dans la situation générale se soient éclaircies » (1).

Les ombres ne disparaissaient pas ; elles n'avaient fait, au contraire, que devenir plus épaisses, grâce à la maladresse et à l'incorrection de M. Soulé. Celui-ci, qui se rendait très bien compte de son impopularité, mais qui pensait aussi en imposer par sa conduite, présenta les choses tout autrement à M. Marcy. Et alors le secrétaire d'Etat américain lui envoya pleins pouvoirs pour négocier la cession aux Etats-Unis de l'île de Cuba.

On était au commencement de 1854. Le président, dès 1853, avait cependant déclaré qu'il n'était pas utile de faire actuellement à l'Espagne aucune offre concernant l'acquisition de Cuba, considérant une telle démarche comme pleine d'inconvénients et même de périls. Un an avait passé et M. Marcy jugeait à présent qu'il était opportun de changer de conduite.

Il est évident que la situation politique n'était plus la même ; sans doute, M. Pierce occupait toujours la première magis-

trature de l'Union avec le même cabinet, mais en Europe on
était à la veille des difficultés qui devaient amener la rupture
entre la France et la Russie.

Ces craintes devaient peu agir sur la solution de la question cubaine. L'éclipse, que les désirs annexionnistes avaient
subie lors de l'envoi de M. Soulé à Madrid, n'était qu'une
dissimulation, une façon de cacher les difficultés en en présentant d'autres ; le désir de l'Union restait aussi impérieux
qu'en 1849, et ce désir, c'était celui de l'acquisition de Cuba.
La situation entre l'Espagne et les Etats-Unis se tendait de
jour en jour, à cause des réclamations américaines relatives à
l'affaire de *Black Warrior*. M. Soulé lui-même écrivait à
M. Marcy, le 3 mai 1854 : « L'indifférence et le mépris avec
lesquels l'Espagne envisage les réclamations américaines, paraissent indiquer la volonté de vérifier jusqu'à quel point elle
pourra défier et insulter impunément les Etats-Unis » (1).

Nous n'avons pas besoin d'insister pour montrer combien
était exagérée la correspondance du ministre américain : ce
qu'il voulait avant tout, c'était provoquer la guerre ; il espérait exciter dans tous les partis de l'Union un mouvement en
faveur d'une rupture avec le cabinet espagnol.

M. Soulé crut un moment avoir atteint son but ; car, au reçu
des dépêches de Madrid, le président Pierce envoya un message au Congrès ; il y exposait la difficulté de la situation avec
l'Espagne et demandait en même temps un crédit de 10 millions de dollars pour soutenir la guerre au cas échéant. La
discussion qui eut lieu à ce propos montra combien étaient
chimériques les espérances de M. Soulé. Mais la véritable
conséquence de cette motion fut que M. Pierce et tous les
hommes qui étaient au pouvoir avec lui, virent qu'ils n'avaient
point à Madrid l'homme qui leur convenait.

Il était difficile de rappeler le ministre de Madrid ; c'eût

(1) DE GANNIERS, art. cit. p. 238.

été prêter le flanc aux attaques du parti annexionniste, c'eût été aussi s'incliner trop profondément devant les prétentions espagnoles. Il fallait prendre un moyen terme. Il y avait alors en Europe deux hommes, MM. Mason et James Buchanan, qui tous deux étaient dévoués au parti annexionniste, mais qui tous deux étaient des diplomates d'un profond sens et d'une intelligence très vive ; ils connaissaient de plus la question cubaine à fond, surtout M. Buchanan, qui avait été secrétaire d'Etat en 1848, lorsque M. Saunders avait été chargé des premières propositions d'achat. Les conseils d'hommes de ce genre devaient être précieux pour M. Soulé ; aussi le président écrivit-il à ce dernier qu'il fallait utiliser le temps libre pour fixer les conditions exactes de l'achat. Ce serait le but que poursuivrait une commission composée des trois ministres des Etats-Unis en Angleterre, en France et en Espagne. On reprendrait la question à son origine et on verrait alors le remède à y apporter.

Les plénipotentiaires se réunirent d'abord à Ostende, puis à Aix-la-Chapelle, et firent à M. Marcy un rapport où ils aboutissaient à la solution par l'achat. Ce memorandum très long débutait par une phraséologie sans intérêt ; puis les trois commissaires montraient les avantages incommensurables qui résulteraient de l'acquisition de Cuba par les Etats-Unis ; ils exposaient ensuite les récriminations adressées au gouvernement espagnol, récriminations fort longues, ennuyeuses, toujours identiques ; enfin on arrivait à ces deux conclusions : « 1° les Etats-Unis devraient, si c'était possible, acheter Cuba dans le plus bref délai ; 2° il était probable que le gouvernement et les Cortès d'Espagne se montreraient disposés à céder Cuba, cette opération concordant avec l'intérêt du peuple espagnol ». Le prix fixé, d'après les données contenues dans le rapport, devait être de 120 millions de douros (1).

_____

(1) C'est le prix donné par M. DE OLIVART, R. D. I. P., 1897, art. cit., p. 600.

« On a presque envie de sourire, quand on voit trois hommes graves, trois diplomates sérieux, expérimentés, partir
l'un de Madrid, l'autre de Londres, le troisième de Paris,
franchir les mers, faire des centaines de kilomètres, se réunir,
s'aboucher, discuter pendant des journées entières, rédiger un
long factum pour apprendre au président des Etats-Unis
que l'Amérique avait intérêt à s'emparer de Cuba, ce dont
tout le monde était persuadé depuis longtemps en Amérique,
que l'Espagne serait vraisemblablement disposée à céder Cuba
à l'amiable, ce qui était absolument contraire à la vérité (1) ».

Le 13 novembre 1854, M. Marcy écrivait à M. Soulé que
l'on ne pouvait donner suite au projet des diplomates. Sans
critiquer le document, il ne lui donnait aucune approbation.
M. Soulé fut très désappointé et, le 17 décembre, il télégraphiait à M. Marcy que, plutôt que de languir à Madrid dans
l'impuissance, il préférait être relevé de ses fonctions (2).

En tant qu'il s'agissait de M. Soulé, le but était atteint, car
il quittait Madrid. Mais en même temps le projet d'achat
échouait une seconde fois.

Néanmoins les Etats-Unis ne devaient pas renoncer à leurs
vues sur Cuba. Sans doute de 1854 à 1867 on trouve peu de
preuves des convoitises américaines. Mais, si ces préoccupations semblent avoir disparu de l'horizon politique nord-américain, c'est que d'autres questions plus graves et plus impé-
rieuses, des questions d'ordre intérieur, apparaissent au premier plan : la lutte se poursuit plus âpre entre les esclavagistes
et les anti-esclavagistes, la guerre éclate entre les Nordistes et
les Sudistes, le problème de la Sécession concentre toutes les
activités. Plus tard, lorsque la réconciliation entre les vainqueurs et les vaincus est opérée, Cuba reprend la première
place dans les préoccupations des Etats-Unis.

(1) De Ganniers, art. cit. p. 240.
(2) De Ganniers, art. cit. p. 241.

§ V

A Cuba, toutes les circonstances se sont accordées pour amener la révolte et la déchéance du pouvoir de l'Espagne.

Située loin de la métropole, reliée à elle par des services peu nombreux, Cuba fut au contraire attirée vers les Etats-Unis par des relations fréquentes et par sa proximité même des rivages de la Floride et du Yucatan. Les Espagnols, du reste ingouvernables en Espagne, transportés sous ce climat plus chaud y sont devenus encore moins dociles.

Aussi entre les éléments nombreux et bizarres, qui composaient la population de Cuba, s'est-il produit une scission complète, qui a amené avec elle la rupture politique. Il se trouve, à Cuba, des gens de toutes les couleurs, depuis le noir d'ébène jusqu'au blanc le plus pur (1); et, tous les jours est allé diminuant le seul lien qui les unît, la foi catholique. L'apparition des loges maçonniques au commencement du siècle, des protestants avec l'émigration anglaise et allemande, de la libre-pensée avec les Français, a fait disparaître cette harmonie peu solide.

L'Espagne a tout mis en œuvre pour hâter la scission. Aux réclamations des colons, quelles qu'elles fussent, elle a toujours opposé un refus catégorique. Dès 1837, elle excluait des Cortès les députés de Cuba, sous prétexte que Cuba était une colonie. Or, pour l'Espagne, toute colonie est une ferme qu'il faut exploiter, sans autre préoccupation que celle d'en tirer le plus d'argent possible (2).

Aussi, est-ce avec des lois spéciales que Cuba est gouvernée. Le capitaine général y jouit d'un despotisme inouï. Nommé tous les deux ans avec les appointements de 50,000

---

(1) G. Benoist, op. cit., p. 16 et s.

(2) Revue des Deux-Mondes, 1874, II, Louis Lande, La question cubaine, p. 434.

piastres, il a sous ses ordres tous les fonctionnaires, quels
qu'ils soient, militaires, civils ou ecclésiastiques. Pour mieux
assurer la prépondérance de son autorité, il s'est entouré
d'Espagnols et n'a pas craint d'accroître les dépenses de l'île.
Enfin les Cubains, outrés du système colonial espagnol, avaient
renoncé à l'esclavage. Par contre, les Espagnols ne voulaient
point du travail libre, qu'ils considéraient comme moins ré-
munérateur et qu'ils repoussaient, parce qu'à Saint-Domingue
la suppression du commerce des noirs avait mis en péril l'existence des blancs. « Cuba sera espagnole ou africaine », avait
dit un député aux Cortès.

Pourquoi, du reste, s'inquiéter de tels détails? Cuba n'était-
elle pas la « *sempre fiel* », la toujours fidèle? (1). Chez elle,
le gouvernement de Sa Majesté catholique avait régné sans
discussion et devait régner toujours.

Malheureusement, la soumission était feinte ; déjà, dans
l'île, deux partis étaient en présence : les annexionnistes et
les réformistes, les uns qui rêvaient la république et peut-être
même l'annexion aux Etats-Unis, les autres qui réclamaient
seulement l'autonomie politique sous la domination espagnole.

Mais pouvait-on attendre des réformes de Madrid? L'Espagne était trop préoccupée de sa situation intérieure, pour
songer à ses colonies. Elle avait dû soutenir des luttes
sans fin contre l'absolutisme qu'avait voulu ramener Ferdinand VII; elle avait été déchirée par la guerre civile durant
la régence de la reine Christine ; elle avait été ensuite en proie
aux pronunciamentos qui « avaient tenu en suspens et comme
entrecoupé le règne d'Isabelle II, sauf peut-être pendant les
cinq années du ministère O'Donnell « *los cinco annos* », cinq
années de vie au jour le jour et de provisoire à la merci d'un
coup de main » (2).

---

(1) Cf. Louis LANDE, art. cit. p. 438.

(2) BENOIST, *op. cit.*, p. 29 et s.

La preuve même de cette insouciance se trouve dans les
faits qui se sont passés en 1865. Malgré toutes les demandes de
réformes, l'Espagne était restée sourde aux réclamations des
Cubains; elle avait qualifié de révoltés ceux qui demandaient un
changement aux institutions existantes, sans même chercher
à se rendre compte de la situation : « Cuba vivait heureuse et
riche, toute réforme était inutile, les mécontents n'étaient que
des factieux, une poignée de misérables, indignes de l'attention même du gouvernement... 20,000 créoles s'adressaient
à la reine : « Non Madame, disaient-ils en terminant, il n'est
pas vrai que la majorité des Cubains aient l'âme assez basse
pour refuser et redouter les réformes politiques; la vérité est
qu'ils les désirent ardemment et qu'ils les réclament par tous
les moyens » (1).

Le gouvernement finit par essayer des réformes sous l'impulsion de Canovas. Le 25 novembre 1865, une ordonnance
royale créait un comité d'enquête chargé de l'examen de ces
questions. Ce comité se composait d'un nombre illimité de
fonctionnaires, de vingt-deux commissaires élus par les créoles
et de vingt-deux autres au choix du gouvernement. Mais ce
fut « une triste comédie jouée par le cabinet espagnol, pour
égarer l'opinion de l'Europe (2) ». D'avance, la majorité était
acquise dans le conseil aux non-réformistes.

Néanmoins, les délégués cubains se rendirent à l'invitation :
tant était grand leur désir d'aboutir sans effusion de sang.
Leurs efforts devaient être mal récompensés. Dès l'origine, ils
furent prévenus que les délibérations se feraient à huis-clos;
ils pouvaient discuter sur toute espèce de sujet, sauf sur la
question de l'unité nationale, religieuse, monarchique. Alors,
admirables de patience, préoccupés du seul bien de leur pays,
les délégués restèrent. Ils proposèrent la liberté du commerce

(1) Louis LANDE, art. cit. p. 439.
(2) Louis LANDE, art. cit. p. 440.

et l'établissement d'un impôt sur le revenu pour remplacer les
douanes; ils proposèrent un gouvernement local, la représentation de Cuba aux Cortès, l'émancipation graduelle des esclaves et la prohibition complète de la traite.

En face de cette abnégation, en présence de ces demandes
si justes, le gouvernement de Madrid se contenta de diminuer
les tarifs des douanes et d'adopter un impôt direct de 10 0/0,
destiné à remplacer les contributions supprimées. Il donnait
à Cuba des impôts deux fois plus forts et parvenait à faire
adopter ces réformes comme s'il avait écouté les commissaires cubains. C'était pousser à bout la patience de la colonie.
L'insurrection inévitable allait éclater. L'Espagne restait in-
flexible, malgré les avertissements même de ses gouverneurs.

Le général de la Concha n'avait-il pas, en 1850, fait une
critique sévère des agissements des fonctionnaires envoyés à
Cuba, « cette pâture donnée aux fiers courriers d'Andalou-
sie? » (1). N'avait-il pas montré au grand jour et la cupidité
des fonctionnaires espagnols et leurs dénis de justice; n'avait-
il pas dénoncé « *el vergonzoso sistema* » ce système honteux,
qui ruinait la plus fertile des colonies espagnoles. Quelques
années plus tard, le général Dulce rappelait au gouvernement
de Madrid toute la vérité du rapport de son prédécesseur et
exposait méthodiquement les causes de la révolte.

Mais rien n'y faisait, l'Espagne ne devait jamais entendre
les justes plaintes des Cubains. L'île était trop éloignée pour
que ses cris, inspirés par la justice et la vérité, pussent parvenir aux oreilles des hommes d'Etat de la métropole (2).

L'occasion était belle, les Américains en profitèrent. Le
président Johnson exposa, dans son message du 3 décembre
1867, la situation de Cuba. Il examina la situation des colo-

---

(1) *National Review*, janvier 1897, HALLETT PHILIPS. *United States and
Cuba, A New Armenia*, p. 599.

(2) Cf. *Revue britannique*, mai 1899. LAROCHE, *L'insurrection de Cuba et
son affranchissement*.

nies du Nouveau-Monde, devenues indépendantes, montra combien avait été pénible pour le pays qu'il dirigeait le réveil de son indépendance et fit ressortir en regard combien dures étaient les lois commerciales en vigueur dans les colonies espagnoles. Dans la dernière guerre civile, la guerre de Sécession, les rebelles avaient trouvé un appui considérable dans les Indes occidentales, et l'Europe y avait envoyé ses vaisseaux. C'était là que se cachait un péril grave pour les Etats-Unis. Les Etats-Unis retiraient un privilège de leur situation géographique et l'existence d'un pouvoir européen à leur porte pouvait le détruire. Hypothèse inadmissible. Les Etats-Unis devaient avoir Cuba par une loi fatale. « J'en conclus, disait-il en terminant, avec les hommes d'Etat les plus éminents, que les Indes occidentales gravitent naturellement autour des Etats du continent qui doivent les absorber. Je conclus aussi avec eux qu'il est prudent de rejeter toute autre solution de ce problème et de le laisser se résoudre suivant les lois naturelles de la gravitation politique (1) ».

Ainsi donc les Etats-Unis n'interviendront pas ; ils s'opposeront au transfert de Cuba à une puissance européenne, et attendront patiemment l'incorporation de l'île à leur domaine.

Le 10 octobre était prononcée l'indépendance des îles par les insurgés. Carlos Manuel de Cespédès les dirigeait ; il avait subi pendant plus de dix ans les tracasseries du gouvernement espagnol et ses vexations ; après l'échec des efforts de la commission de Madrid, il déclara que la révolution seule pouvait sauver Cuba (2) et il allait essayer de réaliser la libération. Le soulèvement avait été décidé pour le mois de janvier 1868, mais comme la conjuration venait d'être dénoncée par la

---

(1) Cespédès, *op. cit.*, p. 375.

(2) Cf. voyez sur la vie et les actions de Cespédès, *Revue britannique*, janvier 1899. Albert Savine. *Le premier président de la République cubaine*, p. 47 et s.

femme d'un des conjurés, il fallait presser l'action (1). Cespédès convoqua, le 7 octobre 1868, ses partisans dans la sucrerie d'El-Rosario et les décida à prendre les armes. Le capitaine général Lersundi ayant donné au gouvernement de Bayamo l'ordre d'arrêter les conspirateurs, Cespédès proclamait solennellement le 10, à Yara, l'indépendance de Cuba. Il comprit alors que s'il voulait réussir, l'appui des Etats-Unis lui était nécessaire. Aussi se décida-t-il à solliciter leur secours. En même temps, la révolution éclatait à Madrid à la suite de la chute de la reine Isabelle II. La lutte devenait grave à Cuba, malgré les affirmations contraires du général Lersundi, qui qualifiait la conspiration « d'équipée ridicule » (*ridicula calavenada*) (2).

Mais le « *Cri de Yara* », « *el grito de Yara* », ne devait pas être seulement une algarade sans effet, il devait porter un grand coup à la domination espagnole dans les Indes occidentales. Le premier acte des insurgés cubains fut de se donner une constitution, afin de se faire reconnaître par les autres gouvernements. Le président de la République cubaine fut Cespédès, et le Mexique reconnut le premier la nouvelle république.

Nous passerons sous silence les combats livrés aux Espagnols avec des alternatives de succès et de revers, les disputes qui éclatèrent au sein de l'assemblée dès 1868, et qui devaient aboutir à la déposition de Cespédès, pour nous occuper immédiatement de la conduite des Etats-Unis vis-à-vis de Cuba.

Le 9 décembre 1868, le président Johnson répondant à l'appel qu'il avait reçu de Cespédès montrait l'excellence des institutions républicaines et son désir de les étendre au plus grand nombre d'Etats possible. Sans doute, il n'écrivait

(1) Cf. Savine, art. cit., p. 53.

(2) De Ganniers, art. cit., p. 243.

pas dans son message en toutes lettres, le nom de Cuba ; mais il cachait si peu sa pensée qu'on pouvait facilement découvrir dans ce document le procès de la domination espagnole. Il montrait comment les révolutions incessantes, le manque de sécurité constante, les agitations perpétuelles et non réprimées de Cuba, compromettaient la tranquillité des Etats voisins. Le 13 mars 1869, les Cubains encouragés par ce langage sympathique, s'adressaient au général Grant, devenu président, pour demander la reconnaissance de la belligérance des insurgés et de l'indépendance de l'île, mais le président Grant refusa. Le parti avancé s'en émut et l'un de ses membres, M. Banks, député des Massachussets, déposa, le 9 avril, sur le bureau de la Chambre, une résolution tendant à l'admettre (1). La Chambre vota cette proposition par 98 voix contre 25, mais 78 députés s'abstinrent.

Le but des Etats-Unis était d'amener l'Espagne à composer. Dans cette intention, le secrétaire d'Etat Hamilton Fish écrivit à M. Daniel Sikles, ministre des Etats-Unis en Espagne (29 juin 1869), une lettre dans laquelle il lui faisait un tableau précis de l'anarchie qui régnait à Cuba : « Il y a plus de deux mois que la guerre règne à Cuba ; et Cuba est située tout à côté des Etats-Unis, en relation fréquente avec eux. De nombreux nationaux américains y sont établis, attirés dans cette île par la prospérité qui y règne. Cuba est pour ainsi dire une amie de l'Union, et, ce qui le prouve, c'est que le peuple suit, avec une anxiété inconcevable, les différentes phases de la lutte. La soumission des Cubains est un rêve

---

(1) Voici le texte de cette résolution :

« Résolu par la Chambre des représentants que le peuple des Etats-Unis sympathise avec le peuple de Cuba dans ses patriotiques efforts pour assurer l'indépendance de l'île et y établir un gouvernement de forme républicaine qui garantisse la liberté personnelle et les droits politiques égaux pour tous ; que conformément à la constitution, le président reconnaisse l'indépendance et la souveraineté du gouvernement républicain qui s'établira au moment opportun ». Cf. CESPÉDÈS, *op. cit.*, p. 377 et s.

irréalisable; les Espagnols devraient au moins le reconnaître; les Cubains dévoués aux intérêts de la métropole se font de plus en plus rares; la nécessité s'impose donc de proclamer l'indépendance de Cuba. Cette île vient de ressentir ce qu'ont ressenti, il y a quelques années, les peuples de l'hémisphère américain: le sentiment de sa propre personnalité, le désir de se donner un gouvernement propre et indépendant de tout pouvoir européen. Cette nécessité, que l'Espagne refuse de reconnaître, l'Angleterre, qui tient plus encore qu'elle à la conservation de ses colonies, a dû s'y soumettre autrefois et elle a donné aux Canadiens le « *self government* » Le Danemark a abandonné ses colonies, la Russie a fait amende honorable au président des Etats-Unis en se dessaisissant de ses possessions américaines; l'Espagne, elle aussi, a autrefois cédé la Floride aux Etats-Unis, et la France leur a laissé la Louisiane ». La situation semble donc à M. Fish tout à fait opportune pour proposer au cabinet de Madrid les bons offices de son gouvernement. Il faut terminer la guerre civile qui désole l'île de Cuba, et voici quelles sont les bases qu'il propose à cet effet:

1° L'indépendance de Cuba;

2° Le paiement par Cuba d'une somme équivalente à l'abandon complet et définitif de tous ses droits; dans cette somme seront calculés aussi le prix des biens que la couronne possède dans l'île; le paiement se fera en une seule fois et sera garanti par les droits de douane;

3° L'abolition de l'esclavage;

4° L'amnistie immédiate pour les insurgés.

Ces bases une fois posées, M. Fish commente ses instructions; il donne à entendre au gouvernement de Madrid que la reconnaissance de la belligérance n'est plus qu'une question de jours. Ce sera du reste une menace faite à l'Espagne au cas où elle refuserait d'écouter les propositions de Washington. Un mois après, M. Fish télégraphiait à M. Sikles qu'il fallait en finir : « Il est d'une extrême importance de décider immédiatement tout ce qui a trait à la médiation ; hâtez votre réponse, les autorités de Cuba sont impuissantes à protéger la vie de nos concitoyens. Vous ne devez plus comprendre Porto-Rico dans les négociations relatives à Cuba ».

Dès à présent, les Etats-Unis insistent sur l'insécurité de leurs nationaux, cause légitime qui leur permet d'intervenir, tout en restant fidèles aux principes du droit des gens.

La seule question était de savoir si la sécurité existait, ou non, réellement à Cuba. On a beaucoup écrit sur cette question, mais toujours avec un parti-pris qui rend bien difficile la connaissance de l'exacte vérité. Néanmoins, il est permis de supposer que l'insécurité régnait. Le gouvernement de la métropole, trop agité par les secousses intérieures pour pouvoir se préoccuper de ses colonies, ne pouvait faire respecter ses décisions.

M. Sikles communiqua ces dépêches à don Manuel Silvela, ministre d'Etat, et le 1er août put rendre compte à M. Fish du résultat des négociations. Le cabinet espagnol était présidé à ce moment par le général Prim, comte de Reuss. M. Sikles « n'était peut-être pas un plus grand diplomate que Soulé, mais le général Prim était un tout autre homme que Narvaez et surtout que le maréchal O'Donnel. On pouvait être sûr d'avance qu'il écouterait avec moins de raideur une proposition politique quelle qu'elle fût » (1).

M. Sikles fit part au comte de Reuss de la dépêche de Fish, contenant la proposition des Etats-Unis et indiqua comme probable le prix de 125 millions de pesos, montant de l'indemnité due à l'Espagne. Prim accepta les ouvertures et promit de traiter la question au conseil des ministres. Aussi le 13 août, à la suite d'une longue entrevue, le ministre des Etats-Unis pouvait télégraphier au président Grant : « Le

(1) DE GANNIERS, art. cit., p. 244.

général Prim m'autorise à vous dire qu'il accepte les bons offices des Etats-Unis. Il vous soumet quatre propositions principales qui devront être faites par nous et qui seront acceptées incontinent comme bases de la convention à signer entre l'Espagne et Cuba :

1° Les insurgés déposeront les armes ;

2° L'Espagne accordera une amnistie pleine et entière ;

3° La population cubaine se prononcera au suffrage universel sur la question de son indépendance ;

4° Au cas où cette indépendance obtiendrait la majorité, l'Espagne l'accorderait après approbation des Cortès, moyennant une indemnité garantie par les Etats-Unis.

Prim recommandait « de garder le plus profond secret sur ce projet et sur toutes démarches ultérieures qui pourraient s'y rapporter » (1). Il ne cacha du reste point combien il était favorable à ces ouvertures. Tout semblait devoir marcher à souhait avec un homme qui prenait si bien les choses. L'avenir devait pourtant démontrer le contraire ; il y avait deux points sur lesquels le comte de Reuss s'était volontairement tu : la concession d'un armistice et l'abolition de l'esclavage. Or les Cubains considéraient ces deux propositions comme les bases essentielles et préalables de tout accord. Malgré les conseils des Etats-Unis, ils ne voulurent rien abandonner de leurs exigences, d'autant plus que le général Prim avait ajouté que l'Espagne ne concéderait jamais l'indépendance à des rebelles en armes. M. Fish entreprit alors de rechercher de nouvelles bases de négociations : les insurgés obtiendraient l'armistice, Cuba rembourserait à l'Espagne le prix des biens publics avec la garantie des Etats-Unis, à moins d'une décision formelle du Congrès en sens contraire. Seraient imputées sur ce paiement différentes sommes destinées à indemniser les Américains atteints dans leurs propriétés. M. Sikles

_____

(1) De Ganniers, art. cit., p. 224.

terminait en faisant observer que de plus en plus augmentaient les préjudices causés aux citoyens américains et à leurs biens.

Le 3 septembre, M. Fish déclarait à nouveau que la nécessité de reconnaître la belligérance des insurgés se faisait de plus en plus sentir.

M. Sickles fit observer cependant au secrétaire d'État qu'il espérait aboutir, vu l'impression énorme qu'avait produite la menace du cabinet de Washington. Il avait eu pourtant une longue entrevue avec Becerra, ministre d'État, et celui-ci avait refusé énergiquement de reconnaître l'indépendance cubaine; il avait manifesté qu'il était inadmissible de prendre une telle base de négociations ; car la question cubaine était une affaire domestique, qui ne nécessitait à aucun degré l'intervention d'un pouvoir étranger.

Après une nouvelle entrevue avec Becerra, M. Sickles annonçait que l'Espagne acceptait franchement les bons offices des États-Unis, mais refusait les bases proposées dans la note du 3 septembre. La commission permanente des Cortès s'engageait à dominer l'insurrection, sans avoir recours à aucune puissance étrangère; l'Espagne, du reste, avait tenu complètement secrète la note du 3 septembre. Pour tout le monde, la concession de l'armistice était laissée à la décision du capitaine général; mais, d'ores et déjà, le gouvernement de Madrid s'engageait à accorder de larges réformes aux Cubains.

Le 23 septembre, M. Sikles renonçant à aboutir, avertissait l'Espagne que, tout en lui laissant le droit de recourir aux bons offices des États-Unis, il ne pouvait lui promettre de ne point accorder aux insurgés le caractère de belligérants, si la nécessité l'y forçait. Au mois de novembre, les propositions de médiation furent définitivement retirées, et le 28 novembre 1869, M. Sikles télégraphiait à Fish que l'Espagne préparait des réformes pour Porto-Rico. Ces réformes pouvaient être étendues à Cuba quand cesseraient les hostilités.

Pendant ce temps, les Républiques américaines s'étaient montrées assez favorables aux insurgés cubains. Nous avons vu déjà que la République du Mexique avait reconnu d'une façon officielle l'indépendance des Cubains ; le Chili, le Vénézuéla, le Pérou, la Bolivie, les Etats-Unis de Colombie firent de même. Alors, encouragés par ces exemples, les hommes politiques des Etats-Unis voulurent forcer le président à agir.

Le 14 juin 1870, M. Banks, des Massachussets, membre du comité des affaires étrangères, qui avait déjà émis une motion semblable en 1869, essaya de faire passer une résolution conjointe, invitant le président à prévenir le cabinet de Madrid que les Etats-Unis ne toléreraient point les moyens de guerre, employés à l'heure actuelle à Cuba, au mépris de la civilisation et de la justice. M. Orth répondit à cette proposition en invitant le président à réprimer les tentatives de flibusterie qui s'organisaient contre l'Espagne sur le territoire de l'Union.

Ce fut alors un véritable assaut entre les orateurs des différents partis. En énumérant les horreurs de la guerre cubaine, on espérait faire accorder le caractère de belligérants aux combattants, afin de permettre aux nations civilisées d'intervenir pour faire respecter les lois de la guerre. Cette reconnaissance du caractère de belligérants aux Cubains ne devait du reste aucunement indisposer l'Espagne qui, en 1861, ainsi que l'Angleterre, avait reconnu le caractère de belligérants aux Etats du Sud. Les colonies américaines avaient été elles-mêmes reconnues autrefois par les Etats-Unis, avant qu'elles le fussent par l'Espagne. Les Etats-Unis eux aussi avaient reconnu précédemment la Hongrie. C'était donc simplement suivre la ligne de conduite usitée dans les circonstances. M. Orth combattit un à un les arguments de ses adversaires. La gravité du danger de la reconnaissance existait comme précédemment ; une telle ligne de conduite serait contraire aux nombreux exemples de modération, dont Washington et les hommes d'Etat américains avaient donné les preuves. La reconnaissance de la belligérance ne serait qu'une maladresse, car l'île de Cuba devait tôt ou tard revenir aux Etats-Unis : « L'île de Cuba, disait-il, tôt ou tard, s'adjoindra à nos possessions, sa proximité de nos côtes, sa position géographique aux portes même du golfe commandant ainsi notre commerce, la croissante faiblesse du gouvernement espagnol : ces considérations, comme beaucoup d'autres, indiquent d'une façon très claire l'inévitable destinée de ce riche joyau des Antilles. Quand la pomme est mûre, elle tombe à terre, et elle tombera ainsi dans notre domaine, cette île. Ce n'est pas une sage politique de hâter cette chute inévitable » (1).

Des amendements furent proposés au projet Banks et au projet Orth. Le président Grant vit la situation si grave, qu'il intervint et fit de nouveau connaître au Congrès son opinion sur la question (2).

Après avoir donné un bref aperçu de la question cubaine, il rappelait que, six mois auparavant, il avait traité ce sujet dans un message (3). Depuis, l'insurrection n'avait pas changé ; il n'y avait eu ni progrès, ni défaite ; la répression exercée par l'Espagne n'avait pas réussi davantage. Aussi la guerre se poursuivait-elle toujours de la même façon. La méconnaissance des règles du droit des gens et des prescriptions de la civilisation faisait frémir l'humanité et soulevait l'indignation de tous les hommes au courant de la question. Ces griefs devaient être imputés aussi bien aux Espagnols qu'aux Cubains; à la Havane, le capitaine-général faisait égorger les individus par vingtaines, tandis que Quesado, le chef cubain, ordonnait dans un jour le massacre de plus de 650 prisonniers de guerre. Mais ces horribles événements ne permettaient point au gou-

---

(1) CESPÉDÈS, *op. cil.*, p. 392.

(2) Message du 18 juin 1870.

(3) Message inaugural de 1869.

vernement américain de prendre parti pour l'insurrection cubaine, quelque grandes que fussent les sympathies du peuple et même du gouvernement pour les insurgés. « Dans notre blâme, disait le président, nous ne pouvons distinguer les Espagnols des Cubains dans leur façon respective de faire la guerre. Chacun d'eux commet des atrocités et viole pareillement les règles établies. On a détruit les propriétés des nationaux américains, on en a tué quelques-uns, on a gêné leur commerce, on a restreint leurs libertés » (1).

Alors le président rappelait les négociations avec l'Espagne, conduites en vue de lui offrir les bons offices du gouvernement américain. Il rappelait aussi que, dans la lutte, plusieurs Cubains étaient venus se réfugier aux Etats-Unis, avaient essayé même de gagner les Américains à leur cause et jeté ainsi le gouvernement dans des complications d'autant plus périlleuses qu'elles rendaient possibles les hostilités avec l'Espagne. « La pensée dominante des hommes d'Etat de 1789 à 1815 fut d'empêcher les Etats-Unis de se mêler aux guerres qui désolent l'Europe, et la discussion des mesures de neutralité commença, ainsi qu'en font foi les documents publics, avec Jefferson, au moment même où il fut nommé secrétaire d'Etat. Il démontra qu'il y a des mesures de droit et de devoir national. On ne peut tolérer que des citoyens mal intentionnés excités par la pression, leurs intérêts ou leurs sympathies, fassent la guerre pour un vain caprice. On ne peut permettre aux agents d'un gouvernement étranger reconnu ou non d'abuser de notre hospitalité, de remplir les fonctions d'enrôleurs sur notre territoire... »

___

(1) Grant faisait allusion à la proclamation du gouverneur, datée du 4 avril 1869, ainsi conçue : « Tout individu au-dessus de quinze ans, qui sera trouvé hors de sa propriété et qui ne pourra justifier de son absence, sera immédiatement fusillé. Toute habitation inoccupée et sur laquelle ne flottera pas un pavillon blanc en signe que ses habitants demandent la paix et sont dévoués au gouvernement national, sera réduite en cendres. » *Revue des Deux-Mondes*, Louis LANDE, art. cit., p. 450.

Il y a des règles précises énoncées par les hommes d'Etat qui ont dicté aux Etats-Unis la conduite à suivre. La belligérance est une question de fait qui ne peut être résolue d'après la sympathie ou les aversions. Les relations entre la mère-patrie et les insurgés doivent présenter aux yeux du monde le caractère de guerre internationale; par conséquent la lutte, bien qu'elle soit féroce et étendue, ne peut point constituer par elle seule l'état de guerre. Il faut qu'il y ait des forces militaires agissant conformément aux règles et aux usages de la guerre ; il faut qu'il y ait une organisation politique à l'actif des insurgés, organisation politique qui se maintienne elle-même, qui puisse remplir les exigences internationales et faire face aux responsabilités que peut encourir un Etat vis-à-vis d'un autre. Or, après une minutieuse enquête, le président n'a pu trouver les éléments nécessaires pour constituer une guerre dans le sens précis du mot en droit international. Les insurgés ne possèdent aucune ville; ils n'ont établi leur gouvernement dans aucun lieu déterminé; ils n'ont ni tribunaux, ni organisation capable de percevoir les contributions; ils ne possèdent aucun port de mer où ils puissent organiser leur défense maritime et par le moyen desquels les peuples étrangers puissent avoir accès au territoire de l'intérieur qu'ils occupent; et le Président prenant à témoin l'incident qui venait d'arriver, ajoutait que le nouvel Etat ne pouvait entretenir aucune relation commerciale avec les autres nations. Conclusion : la guerre n'existait pas à Cuba et, par conséquent, il était inutile de reconnaître le caractère de belligérants aux insurgés; c'était exposer la marine des Etats-Unis aux perquisitions et aux captures de la part des vaisseaux des deux partis pour les soumettre à la juridiction des tribunaux des prises. Enfin la responsabilité du gouvernement espagnol se trouverait dégagée par la reconnaissance de la belligérance. Ces graves considérations faisaient un devoir au président d'appeler l'attention du Congrès sur les difficultés de la question. A Cuba, il n'y avait point de gouvernement. La reconnaissance de la belligérance serait donc contraire à la justice et amènerait de sérieuses complications.

Que fallait-il faire ? Protester contre les torts causés aux citoyens des Etats-Unis et demander la réparation de leurs préjudices. Le président saurait soutenir avec fermeté les droits des citoyens américains (1).

L'opinion du président était fort juste et profondément sensée. Mais le sentiment public était trop excité pour s'en contenter. Le 12 décembre 1871, le sénateur Morton, de l'Indiana, déposait en même temps qu'une résolution au sujet de Saint-Domingue, une autre résolution tendant aux annexions de Cuba et de Porto-Rico. « C'était là, disait-il, des faits prévus de longue date ». Le projet n'eut pas de suite, mais cet échec ne découragea pas M. Blair, du Missouri, qui, le 22 janvier 1872, présenta au Sénat une résolution conjointe dans le même sens : « Cuba n'était point nécessaire à la sécurité de la possession du domaine continental espagnol, tandis qu'elle était d'une importance capitale pour la défense des côtes méridionales des Etats-Unis. Cette acquisition délivrerait le continent américain des derniers vestiges de l'esclavage et serait le seul et unique moyen de terminer la lutte barbare et cruelle qui se poursuivait au sein des Antilles ».

De nouveaux incidents ajoutèrent encore à la difficulté de la situation. Le 31 octobre 1873 la corvette espagnole *Tornado* capturait le *Virginius*. Ce navire, sur le point d'être pris, avait jeté à la mer toutes ses munitions de guerre, néanmoins il avait pu être convaincu de contrebande. Il fut remorqué jusqu'à Santiago, où les autorités espagnoles procédèrent au jugement sommaire des gens de l'équipage et des passagers. Les gens de l'équipage, au nombre de cinquante-deux, furent jugés par un tribunal maritime ; les

_____

(1) Voyez le texte de ce message dans Cespédès, *op. cit.*, p. 439 et s.

autres, au nombre de plus de cent, furent déférés à un conseil de guerre. Dix Cubains et vingt-sept Américains furent mis à mort. Le consul des Etats-Unis protesta ; mais le général Burriel, gouverneur de l'île, refusa de se rendre à ces protestations. Le gouvernement de Madrid donna pourtant l'ordre de suspendre les exécutions et sauva ainsi la vie à plusieurs condamnés. Il y eut à ce propos de graves discussions à New-York ; on ne discutait pas la légitimité de la capture du *Virginius*, mais on faisait remarquer que le jugement sommaire et l'exécution des passagers ou des gens de l'équipage avaient été des violations des droits reconnus aux citoyens américains à Cuba par les traités.

Les Etats-Unis invoquaient les privilèges que le gouvernement de l'Union croyait devoir tirer d'un traité de 1795 qui fut revisé plus tard (12 janvier 1877), déterminant d'une façon très nette les privilèges réclamés. D'après ce texte, « tous les citoyens des Etats-Unis, résidant en Espagne, dans les îles adjacentes ou dans leurs possessions coloniales, accusés d'actes de sédition, de trahison ou de conspiration contre les institutions, la sécurité publique, l'intégrité du territoire ou contre le gouvernement établi ou de quelque autre crime que ce soit, ne pouvaient être jugés par aucun tribunal d'exception, mais seulement par la juridiction ordinaire, excepté au cas où ils seraient pris les armes à la main. Ils pouvaient invoquer la garantie de la loi du 17 avril 1821 ; mais dans le cas où ils seraient pris les armes à la main, ils étaient justiciables d'un conseil de guerre » (1).

Les Etats-Unis et l'Espagne n'évitèrent d'en venir aux mains que par un protocole du 29 novembre 1873 stipulant de l'Espagne la restitution du bâtiment, des passagers et des gens de l'équipage survivants, le salut au drapeau des Etats-Unis, à moins que le cabinet de Madrid ne fît la preuve que

(1) MARTENS. *Recueil général des traités*, IV, 2e série, p. 547 et s.

le *Virginius* n'avait point le droit de porter le pavillon américain. De leur côté, les Etats-Unis consentaient à une enquête pour savoir si le bâtiment avait violé, oui ou non, les lois du pays.

Dans son message du 2 décembre 1873, le président, interprétant cette affaire, disait que la prise du *Virginius* avait été une atteinte à la souveraineté des Etats-Unis comme le gouvernement espagnol l'avait reconnu en signant le traité. Il demandait au Congrès de travailler à l'abolition de l'esclavage à Cuba, cause principale de la lamentable condition de l'île. Il avait autorisé le secrétaire de la marine à mettre la flotte américaine sur pied de guerre. Le 5 janvier 1874, le président envoyait au Sénat et à la Chambre des représentants toute la correspondance relative aux contestations en cours. Il faisait ressortir que le *Virginius* étant essentiellement américain, ne pouvait partant être capturé.

Au commencement de l'année 1874, M. Sickles fut remplacé à Madrid par M. Caleb Cushing : ce qui permit à M. Fish de déterminer la ligne de conduite des Etats-Unis à l'égard de l'Espagne, dans la question cubaine.

La question cubaine devait être résolue d'après certaines données variant suivant les conditions de Cuba et les rapports des deux puissances intéressées, les Etats-Unis et l'Espagne. « Sans doute, l'intérêt de cette dernière puissance est de premier ordre. Cuba n'est-elle pas le dernier vestige de la puissance espagnole en Amérique? Mais le sort de cette île est prévu. Elle doit tôt ou tard rentrer dans la confédération des Etats-Unis ; c'est là un sort qui lui est imposé par les liens commerciaux qui la rattachent à l'Amérique du Nord et aussi par la sympathie perpétuelle des Américains. Le désir d'indépendance, qui s'est manifesté à Cuba, est une aspiration légitime et naturelle que l'éloignement de l'Espagne a certainement facilitée ».

Le président a toujours offert ses bons offices à l'Espagne, mais celle-ci n'a point voulu les utiliser, de sorte que la güerre a continué à Cuba comme par le passé. Depuis cinq ans, des négociations continuelles ont été entamées à Madrid sans qu'aucun changement se soit effectué. Depuis lors, les Etats-Unis peuvent intervenir à Cuba au nom de l'humanité, car l'esclavage y règne, ce qui est contraire à l'humanité (1).

Mais les réformes ne doivent pas s'arrêter là, il faut aussi reviser le pouvoir absolu donné au capitaine-général par les lois des Indes au détriment des Cubains, qui n'ont aucune part de pouvoir (2).

Le secrétaire d'Etat résume ses instructions et la politique à suivre en déterminant ainsi les principes de la ligne de conduite américaine :

1° l'abolition immédiate de l'esclavage ;

2° l'autonomie pour les îles de Porto-Rico et de Cuba, avec une assemblée parlementaire propre, une administration et un gouvernement propres ;

---

(1) C'est ce que M. Durieux faisait observer dans un article fort intéressant, publié dans la *Revue des Deux-Mondes* du 1er mai 1845. Il déclarait, en effet, que c'était là le ver rongeur de Cuba, p. 905 et s.

Cf. aussi COCHIN, *Revue des Deux-Mondes*, 1er mai 1865 : *L'Espagne et l'esclavage dans les îles de Cuba et de Porto-Rico*. Depuis la Révolution de 1868 au 1er mai 1869, M. Cochin estime que les esclaves forment les 27 centièmes de la population, p. 160 et s.

C'est donc ici que se manifeste la première expression d'une idée que nous retrouverons vingt ans plus tard : la guerre de Cuba est une guerre entreprise au nom des principes mêmes de la civilisation, une guerre chrétienne : « *a christian war* ».

(2) Par le décret royal du 26 mai 1825, le pouvoir des capitaines généraux était ainsi défini : « Le Roi, notre seigneur, afin de conserver dans la précieuse île de Cuba ses légitimes et souveraines autorités, et la tranquillité publique, vous accorde toute la plénitude des pouvoirs que les lois militaires confèrent aux garnisons des places assiégées ; par conséquent, S. M. le roi vous accorde l'autorisation la plus étendue et la plus illimitée non seulement pour exiler de l'île toute personne quels que soient son rang, sa classe et sa condition dont la présence pourrait vous inspirer des soucis, mais aussi pour suspendre l'exécution des ordres et ordonnances expédiés sur les diverses branches de l'ad-

3° l'établissement d'un lien fédéral qui les unirait à l'Espagne comme le Canada était uni à l'Angleterre.

C'était respecter la liberté des nouveaux Etats et maintenir l'intégrité des territoires de la métropole. « Je désire, disait-il, que les îles de Cuba et de Porto-Rico soient deux sœurs de la métropole et non des colonies transatlantiques. Sans doute, les Etats-Unis auraient préféré l'indépendance complète de l'île, mais plutôt que de voir la lutte continuer, ils préféraient céder. Plus tard Cuba deviendrait : « une république indépendante d'hommes libres » (1).

Quant à la belligérance, la situation n'avait pas changé, le nom de guerre ne pouvait être donné « à cette furieuse agitation » qui rongeait les Antilles.

Le secrétaire pensait que la reconnaissance donnerait aux insurgés une espérance et un stimulant pour prolonger la lutte tandis qu'ils y renonceraient peut-être en voyant cet appui leur manquer. Loin de mettre fin aux maux que ce gouvernement avait endurés, les Etats-Unis trouveraient, dans la

---

ministration publique ». Cochin, *Revue des Deux-Mondes*, 1er mai 1867, p. 172. On peut voir par là que la seule borne à l'autorité du capitaine-général, c'était son bon plaisir ; c'était un autocrate absolu dont rien ne tempérait le pouvoir.

Nulle part on ne peut mieux se rendre compte de ce manque d'iniative que dans la question des deniers publics. Prenons par exemple le budget de 1865-1866. Les recettes sont évaluées à 159,288,365 francs. L'excédent était de 25 millions et fut réparti comme suit : 14,997,500 francs à l'amortissement des billets du Trésor de la métropole. 10 millions de francs à la Banque de la Havane pour remboursement des avances du gouvernement. Ces chiffres sont éloquents parce qu'ils montrent que si Cuba avait le bonheur de voir son budget se solder par un excédent, elle n'en profitait point. Le gouvernement de Madrid, dans les crises, vendait à des banquiers des traites sur le Trésor de Cuba. Ces traites étaient escomptées à des taux de 15 à 20 0/0, et garanties par des impôts de droits de douane très élevés. En effet, les Antilles payaient 35 0/0 de la dépense militaire de la métropole, alors qu'elles n'avaient que 2 millions d'habitants au lieu de 16 millions que comptait l'Espagne. Cf. à ce sujet Cochin, art. cit., p. 173, 179 et s.

(1) Cespédès, p. 400 et s.

reconnaissance, un océan de complications qui les submergerait (1).

Le 3 septembre 1877, le président Hayes constatait que la lutte entre l'Espagne et Cuba n'était point encore terminée. Malgré tout, les Etats-Unis avaient observé la plus stricte neutralité. Au risque d'en éprouver des résultats préjudiciables ils avaient préféré céder devant les principes de justice qui les forçaient à rester impassibles pendant la lutte.

L'année 1878 vit la fin de cette guerre terrible. La lutte se terminait par le traité du 10 février 1873, signé par le général Martinez Campos et le comité central révolutionnaire du camp de Saint-Augustin. Les parties signaient le pacte de Zanjon.

§ VI

Les Espagnols obtenaient la victoire au prix de nombreuses concessions. Ils s'engageaient à étendre à Cuba les réformes introduites à Porto-Rico dès 1869, à accorder une amnistie complète aux insurgés et aux déserteurs de l'armée espagnole, à libérer les esclaves qui se trouvaient dans les rangs des insurgés, à ne point exercer de représailles, à ne point lever de nouvelles troupes et à faciliter le départ des rebelles de l'île de Cuba.

Neuf jours après, le 19 février 1878, paraissait dans la *Gazette officielle* de la Havane, un décret autorisant le gouverneur général de l'île, Joaquim Javellar, à apporter au traité signé des modifications. Ces modifications, peu importantes, mécontentèrent le parti autonomiste. La paix signée, la révolte ne cessa point complètement, sans toutefois présenter le même caractère de gravité. Aussi l'Espagne, désireuse de faire cesser l'irritation de ses colons, et voulant obtenir la complète pacification, introduisit-elle de nouvelles réformes en 1880 (2).

(1) Cf. Cespédès, p. 413.

(2) On trouvera un résumé complet de ces réformes avec les textes q..i les accomplirent dans le livre de M. Preiss sur Cuba, intitulé : *Cuba unter spanischer Regierung*, New-York, 1897.

Par de nouveaux décrets, l'abolition de l'esclavage était accomplie sans restriction. Tous les noirs étaient libres, quels qu'ils fussent. Cuba nommait un député aux Cortès par quarante mille habitants.

Mais ces réformes étaient tardives et incomplètes, l'Espagne retirait d'une main ce qu'elle accordait de l'autre ; elle assurait aux Espagnols la majorité dans tous les conseils, restreignait le droit de vote à une catégorie infime de personnes (trois pour cent des habitants au plus), afin d'affermir la prépondérance de l'élément européen et ne tenait point compte, pour opérer cette restriction, de la propriété foncière, mais seulement des indications fournies par les fonctionnaires et par le paiement des contributions. Le même régime était étendu aux municipalités : aussi était-il possible de dire qu'à la Havane il n'y avait pas un seul Cubain qui pût faire partie des conseils municipaux.

La gestion financière n'était pas mieux assurée qu'auparavant ; le budget de Cuba, de 130 millions, était immédiatement porté au lendemain de l'insurrection à plus de 232 millions (1). L'île avait coûté de nombreuses expéditions à la métropole : elle devait les payer.

Pendant ce temps, quelle avait été l'attitude des puissances ? L'Allemagne, l'Italie, la Prusse, l'Autriche et l'Angleterre s'abstinrent d'intervenir dans les affaires de Cuba.

M. Gortschakoff, au nom du gouvernement russe, essaya d'agir, mais il se rendit compte de l'inefficacité de son intervention et s'arrêta. Il comprenait que l'Espagne serait toujours, suivant son expression, en retard d'une heure ou d'une idée. La France se contenta de faire observer qu'il fallait en finir d'abord avec la guerre avant de décider quoi que ce fût, et la Grande-Bretagne refusa une inter-

(1) Cf. voyez sur ce point Bousson, *Revue encyclopédique Larousse*, 20 août 1898.

vention armée. C'est, du reste, cette conduite des puissances qui poussa les présidents des républiques américaines à ne pas prêter main-forte aux Cubains et à ne reconnaître que la belligérance des insurgés.

De 1880 à 1895, il n'y eut que des soulèvements peu importants, mais qui faisaient déjà pressentir le mécontentement des Cubains et l'approche de l'insurrection future.

Durant cette longue période, les Etats-Unis, sans violer en apparence la stricte neutralité qu'ils avaient précédemment conservée, tolérèrent sur leur territoire toute espèce d'atteinte à la neutralité qu'ils disaient observer vis-à-vis de l'Espagne. Un Etat ne peut souffrir que son territoire soit la base d'opérations hostiles contre un Etat avec lequel il se trouve en paix, et c'est cependant ce que firent les Etats-Unis en laissant des expéditions flibustières s'organiser sur le territoire de l'Union pendant plus de quinze années (1). De 1870 à 1895, et même jusqu'en 1898, il y eut entre New-York, Keywest, New-Orléans et Cuba un service régulier de flibustiers, qui transportèrent à Cuba des hommes, de l'argent et des munitions. Ce service était entretenu par la junte cubaine de New-York qui, dans le langage officiel, s'appelait « la delegacion », et dont le président, Tomas Estrava Palma, dernier président de la République cubaine, entouré d'un brillant état-major, travaillait au réveil de l'insurrection cubaine. C'est en vain que les Etats-Unis protestèrent qu'ils avaient fait tous leurs efforts pour empêcher et pour réprimer ces atteintes au droit des gens. Il est reconnu aujourd'hui que certains vaisseaux, le *Three-Friends*, le *Laurada*, le *Bermuda*, le *Léon*, le *Horsa*, firent des voyages tous les mois pour assurer le complet approvisionnement

(1) On en trouvera la critique détaillée dans l'article de M. DE OLIVART, *Le différend entre l'Espagne et les Etats-Unis au sujet de la question cubaine*, R. D. I., 1898, p. 358 et s. Voir aussi l'article de M. DESJARDINS, *Revue des Deux-Mondes*, 1898, 1er juin, *L'insurrection cubaine et le droit des gens*.

des insurgés cubains. L'argent américain, était, au su du gouvernement de l'Union, versé à la junte cubaine dans le but de subvenir aux insurgés, bien avant même la dernière insurrection de 1895. Les dépenses de la junte cubaine de New-York étaient couvertes par des dons volontaires, par des contributions personnelles, par des ventes de charité, des festivals organisés ouvertement dans ce but par les ressources d'un grand syndicat américain aussi pris dans le trust du sucre, enfin par des impôts exigés des Cubains établis sur le territoire des Etats-Unis, impôts montant jusqu'au vingt-cinq pour cent des revenus taxés. Sans doute, le gouvernement des Etats-Unis ne fut pas compromis en personne dans ces encouragements à l'insurrection ; mais jamais il ne chercha à les réprimer ou, si du moins il les réprima, ce fut avec douceur et de clémence, au lieu d'agir avec force et sévérité.

Ainsi encouragée, la révolte allait éclater.

§ VII

Nombreuses ont été les causes de la révolution cubaine. Les différents éléments qui composaient la population de Cuba, éléments hétérogènes, ne se sont jamais assimilés complètement. Lorsqu'on les a cru assimilés, on a été trompé par les apparences. Tôt ou tard il a fallu découvrir que l'assimilation n'était que « fictive, rachitique et insoutenable » (1). Reprenant ici l'idée darwinienne, Cespédès, qui juge insoluble en 1893 la situation de Cuba, nous dit que les races supérieures en contact avec les races inférieures ne s'assimilent ni ne s'absorbent mais doivent disparaître d'une façon très lente.

Dans cette lutte de races, qu'a fait l'Espagne ? Elle s'est efforcée de faire disparaître les causes de conflit. Déclarant

(1) Cf. Cespédès, op. cit., p. 10.

que Cuba était facile à gouverner (1), elle en a voulu donner la preuve. Elle a supprimé les Cubains qu'elle n'a pas laissés participer au gouvernement, qu'elle est allée même jusqu'à exempter du service militaire, non point par générosité, mais par défiance.

Les procédés du gouvernement de Madrid nous sont dévoilés par l'extermination totale des Indiens, race inoffensive et hospitalière. « Il y a trois phases dans la colonisation espagnole en Amérique : la première est toute guerrière, ce sont des aventuriers, des conquérants qui descendent sur le rivage inexploré, s'en emparant, y exterminant l'élément de défense ; la deuxième phase est sacerdotale, le prêtre arrive à côté du conquérant pour convertir et aussi pour adoucir les cruautés des soldats ; enfin après le prêtre, arrivent les envoyés de la métropole pour s'enrichir, ce sont des marquis de Braunceforte vendant des décorations arrivant jusqu'à dix mille dollars, des Itarrigaru, trafiquant des arrêts et des places ; les colonies d'abord torturées, puis converties en prébendes pour tous les vauriens et mendiants dont l'Espagne voulait se débarrasser » (2). On connaît ce mot célèbre attribué à Narvaez à qui le prêtre disait au moment de sa mort de pardonner à ses ennemis. « Je n'en ai pas », lui répondit l'Espagnol. Devant la surprise du prêtre, il voulut s'expliquer et ajouta : « Je les ai tous fait fusiller ». Telles sont les mœurs que les Espagnols ont transportées à Cuba, aggravées encore par l'impéritie, la faiblesse et la nullité des gouverneurs que l'Espagne y envoyait. Après Martinez Campos, c'est Salamanca qui dénonce la faiblesse de ses prédécesseurs et tombe lui-même dans leurs errements en autorisant à Cuba

(1) Rapport de José de la Concha, cité par Perez, *Nineteenth century* (août 1898).

(2) Ollivier, *Revue politique et littéraire*, 3 septembre 1898. Nicolas Este-vanez, *What spain can teach America*, North american Review, mai 1899, p. 563.

le retour de Maceo, l'un des chefs rebelles de la guerre de
Dix-Ans. Quelques jours après, tous deux en venaient aux
mains (1). Maceo fut expulsé en 1890 par le général Polavieja qui fut aussitôt rappelé. Etait-ce à cause de sa fermeté,
était-ce par crainte d'une autorité trop grande, nul ne le sait.
Mais, de nouveau, Cuba devenait un champ libre à la propagande insurrectionnelle sous le gouverneur Calleja. C'est lui
que, le 14 juillet 1896, aux Cortès, M. Romero Robledo accu-
sait d'être la cause même de la révolution qui sévissait à
Cuba. A Madrid, l'aveuglement était à son comble ; le ministère d'Ultramar, dans les changements ministériels si fréquents, était donné au plus incompétent. Mais tous ces dé-
fauts, toutes ces fautes n'étaient rien en comparaison des
maux dont souffrait Cuba.

Il serait difficile de faire ici le décompte exact des charges
de la population. Les statistiques diffèrent suivant les idées
politiques des auteurs qui les dressent ; tels nous donnent
des impôts égaux à peu près à ceux que l'on paie en France,
tels autres au contraire fournissent des chiffres fantastiques.
Les seuls que l'on puisse donner avec certitude sont ceux
des tarifs douaniers qui sont de 20, 30, 36, 66 0/0, ce qui
ne laisse pas d'être assez fort (2). Pour les autres impôts,
nous trouvons des chiffres contradictoires ; les uns disent que
les Cubains payent 40, 50 0/0 de leurs revenus, les autres
disent que ce chiffre n'est que 2 ou 3 0/0 (3).

Ce qui est particulièrement vexatoire, c'est la perception de
l'impôt. Le gouverneur général, abusant de son autorité, en
exempte les uns, en écrase les autres.

---

(1) Cf. BENOIST, op. cit., p. 46.

(2) Wirthschaftliche, sociale und politische Entwicklung der Insel Cuba,
par PREISS.

(3) M. OJETTI, dans son livre L'America vittoriosa, dit que l'impôt payé par
le Cubain est le triple de celui payé par l'Espagnol et le quadruple de celui
payé par l'Américain.

Enfin, à Cuba il n'y a point de libertés, ni liberté d'association, ni liberté de presse, ni liberté de conscience, ni liberté d'éducation.

Tout le monde doit porter sur soi une « _cedula personal_ », carte d'identité fournie par l'autorité espagnole et payée par tous les citoyens de 25 à 100 dollars, suivant leur position, leur profession ou leur fortune. Point de liberté personnelle, car d'un moment à l'autre, le gouverneur général peut vous faire arrêter et vous faire jeter dans sa forteresse où l'on emploie la torture pour faire avouer des crimes qui n'existent pas (1). La cruauté des Espagnols, dit Perez (2), est chose connue. Les Anglais n'ont-ils point dû intervenir en Espagne pour protéger les prisonniers de Ceuta et de Monjuich ? (3).

Mais la véritable cause, celle sur laquelle on ne peut se méprendre, c'est la proximité de Cuba par rapport aux Etats-Unis. La Havane n'est qu'à six heures de Key-West, à vingt-sept heures de Tempa, à soixante heures de l'embouchure du Mississipi et à quatre ou cinq jours de New-York (4).

Les relations entre Porto-Rico, Cuba et les Etats-Unis sont très fréquentes. On estime que le commerce entier de Cuba est de 280 millions de dollars pour les importations, 485 millions pour les exportations (5).

(1) Cf. TARRIDA DEL MARMOL, _Les Inquisileurs d'Espagne._

(2) Art. cit. _Nineteenth century._

(3) Sur tous ces points consulter _North american Review_, novembre 1897 ; TAYLOR, _A Rewiew of the Cuban question._

(4) Consulter sur la situation géographique économique de Cuba l'article si remarquable de DECKERT, publié dans la _Geographische Zeitschrift lahrgang_, 2ᵉ und 3ᵉ _Heft_, février-mars 1896, où je prends tous ces chiffres.

(5) Cf. _Journal des Economistes_, octobre 1898.

Voici les chiffres que nous trouvons dans le bulletin mensuel de la chambre du commerce de New-York. En 1893, les totaux des importations de l'île de Cuba aux Etats-Unis, pendant les cinq années finissant au 30 juin 1897, sont les suivantes :

1893..	78,706,506 liv. st.
1894..	75,678,261 —

Le commerce de Cuba avec les Etats-Unis constitue la moitié du commerce total, celui avec l'Europe le quart, l'autre quart est fourni par l'Espagne.

Le chiffre total des importations est de 261,326,500 francs, dont 92,760,500 pour l'Espagne, 81,224,400 pour les Etats-Unis, 87,330,600 pour l'Angleterre, 11 millions en chiffres ronds pour les autres nations.

Si l'Espagne tient le premier rang parmi les nations qui importent, les Etats-Unis tiennent la première place au point de vue des exportations (1).

Le 1er août 1891, l'Espagne avait permis à Cuba de signer avec les Etats-Unis un traité de commerce en faveur des citoyens américains. Elle devait bientôt s'en repentir, car grâce à la fréquence des communications, les menées de la junte révolutionnaire cubaine de New-York se faisaient davantage sentir et en 1895 aboutissaient au premier soulèvement de l'île.

Quatre partis politiques distincts se trouvaient en présence : les conservateurs, partisans du *statu quo* ; les réformistes, qui avaient gagné la première manche avec le décret réformiste du 17 septembre 1895 (2) ; les autonomistes, qui vou-

1895.	52,871,259	liv. st.
1896.	40,017,750	—
1897.	18,406,815	—

Pour Porto-Rico, prenant les moyennes annuelles de 1892-1866 :

Importations.	17,480,494	liv. st.
Exportations.	16,390,041	—
Total des importations et exportations.	33,870,535	liv. st.

Pour Porto-Rico, on trouvera ces chiffres dans le bulletin mensuel de la Chambre de commerce française à New-York d'août 1898 ; pour Cuba dans celui de juin 1898.

(1) Cf. sur ces points Boysson, *Revue encyclopédique Larousse*, 20 août 1898.

(2) Ce décret établissait un conseil d'administration composé de trente membres, quinze élus et quinze choisis par la Couronne dans certaines catégories.

laient un parlement et un gouvervement cubains ; et enfin les indépendants, qui désiraient au contraire briser tout lien avec la métropole et rendre Cuba libre.

Le signal de l'insurrection de 1895 fut donné par la junte cubaine de New-York : une flotte envoyée dans la direction de Cuba débarqua dans l'île le 24 février 1895 près de Matanzas. Quelques jours plus tard, Gomez arrivait avec Antonio et José Maceo pour prendre la direction du mouvement insurrectionnel. Il y eut alors comme un essai d'institution d'un gouvernement propre de la part des insurgés ; ils nommèrent un président, un vice-président et quatre secrétaires d'Etat (1).

Le premier président ainsi nommé fut le marquis Salvator Cisneros Betancourt, qui déjà avait occupé ce poste lors de l'insurrection de 1868.

Alors commença la « *guerra chiquita* », comme on dit à Cuba, guerre d'embuscade et d'escarmouche. La discorde éclata bientôt parmi les insurgés et Betancourt fut renversé. En même temps, des représentants de la nouvelle République étaient nommés à New-York, à Washington et à Paris ; c'étaient Tomas Estrada Palma, Gonzalès de Quesada et Betances. Les forces des insurgés, évaluées à 50,000 hommes, désignèrent comme généralissime Maximo Gomez, qui fut aidé dans sa tâche par Antonio et José Maceo et par Calixto Garcia.

Le général Martinez Campos, arrivé à Cuba au lendemain même de l'insurrection, fut rappelé promptement. La tactique de 1868 n'était plus de mise. Il avait essayé de la clémence et de la bonté pour réduire les Cubains, il fallait au contraire essayer de la terreur. Ce fut sur le général Weyler que s'arrêtèrent les hésitations de M. Canovas. Le nouveau gouverneur, homme redoutable, d'une ambition sans bornes, était doublé d'un politicien habile, sachant ménager les susceptibilités des différents groupes politiques des Cortès.

---

(1) Cf. à ce sujet Bousson, art. cit.

Weyler débuta par une proclamation sanguinaire : il menaçait de la potence les crimes les moins graves, établissait partout des tribunaux militaires et proclamait l'état de siège sur
tout le territoire de Cuba. Ce n'était pas ainsi que l'Espagne
pouvait espérer rétablir le calme dans sa colonie.

La lutte continua plus dure, les exactions se firent plus
grandes, les atteintes aux lois de la guerre plus graves. Le général Weyler prit des mesures spéciales vis-à-vis des Cubains ; il mettait à feu et à sang une province, faisant rentrer ses habitants dans la capitale ; il les y parquait et leur défendait d'abandonner la place assignée, pendant qu'il dévas-
tait leurs maisons, leurs propriétés, peut-être même le seul
bien qu'ils eussent au monde, pour couper les vivres aux insurgés. C'est cette mesure terrible qu'on a appelée la *reconcentracion* ; mais c'est à peine s'il pouvait assurer aux *reconcentrados* les moyens de subsistance. Cette conduite et les
faits qui lui succédèrent ne pouvaient manquer d'attirer l'attention du gouvernement des Etats-Unis (1). M. Olney en fit
l'objet de réclamations à l'Espagne. La situation était préjudiciable aux intérêts commerciaux des Etats-Unis ; car tous
les jours, des nationaux américains souffraient des atteintes
portées à leurs propriétés et à leurs personnes. Puisque le
gouvernement espagnol ne pouvait réprimer l'insurrection, les
Etats-Unis allaient se voir obligés de reconnaître aux insurgés le caractère de belligérants.

Le 22 mai 1896, le duc de Tetuan, ministre d'Etat, essayait
de justifier le gouvernement espagnol des attaques qu'avait
dirigées contre lui M. Olney. Il lui montrait un gouvernement
fort au lieu du gouvernement faible qu'on lui avait représenté (2). Il s'efforçait aussi de faire remarquer au gouvernement américain que les procédés employés par les Espagnols

(1) Cf. *Documentos presentados a las Cortes*, 1898, nº 1. Note de M. Olney
à M. Dupuy de Lôme, ambassadeur d'Espagne, 4 avril 1895.

(2) Cf. *Documentos presentados a las Cortes*, nº 2, 1898.

étaient absolument conformes aux lois de la guerre. Sur ce point, il est permis de douter de la réponse du duc de Tetuan, car il est certain que la conduite de l'Espagne mérite à ce sujet bien des reproches (1).

Au mois de mars 1896, l'Espagne se plaignit des intrigues des Etats-Unis. Dans le discours du trône, M. Canovas fit savoir aux Cortès que, depuis longtemps, la guerre serait terminée, si les rebelles n'étaient point soutenus par l'étranger. Il n'est pas douteux que les Etats-Unis intriguassent à Cuba ou plutôt y laissassent intriguer pour favoriser la rébellion ; mais devait-on conclure, avec Canovas, que, si les Etats-Unis n'étaient pas intervenus, on eût pu terminer d'un seul coup la guerre ? C'était douteux ; car, dès cette époque, les insurgés étaient décidés à ne pas mettre bas les armes avant d'avoir conquis leur pleine indépendance.

Cependant, on ne peut s'empêcher de critiquer et de condamner même la conduite du gouvernement de l'Union, qui laissa s'organiser sur son territoire de nombreuses manifestations populaires contre l'Espagne. A Chicago, des jeunes gens pendirent le roi d'Espagne en effigie, en mettant au-dessous du corps pendu cette devise : « *Sic semper tyrannis* ». A New-Brunswick, on brûla Weyler en effigie aux cris de : « Vive Cuba libre! » A New-York, on acclama le drapeau de la République cubaine au su et vu des autorités fédérales (2).

Les expéditions flibustières se succédaient sans interruption. Calixte Garcia organisait une expédition, et Hawkins, son capitaine, partait de New-York avec 300 hommes et des munitions. Le général lui-même allait partir sur le *Bermuda*, quand il fut arrêté par les autorités fédérales. Mis en liberté

---

(1) Voyez sur les limitations des moyens de nuire Pillet, *Les lois actuelles de la guerre*, p. 185 et s.

(2) Cf. Desjardins, *L'insurrection cubaine et le droit des gens*, *Revue de Paris*, 15 juillet 1896, p. 369.

sous caution, il réussit, comme il était facile de le prévoir, à s'échapper et à rejoindre le *Bermuda*, qui partit enfin de New-York le 15 mars avec 150 soldats armés. Garcia, quelques jours après, débarquait à Cuba et se joignait à Maximo Gomez. Le 12 avril, un autre navire quittait le port de Key-West, abordait dans l'île et y laissait la moitié de ses hommes.

Au commencement de mai, la canonnière espagnole *Mensajero* s'empara d'un navire américain le *Competitor*, qui était chargé d'armes et de secours pour les insurgés. C'était la répétition de l'affaire du *Virginius* (1). Enfin le service régulier assuré entre Cuba et les Etats-Unis par les navires *Three friends*, le *Laurada*, le *Bermuda*, amenaient chaque jour des hommes et des armes dans les Antilles (2).

A la Chambre et au Sénat américains les insurgés trouvaient une sympathie marquée. Dès le 27 février 1895, la Chambre était saisie d'un projet de résolution pour reconnaître la belligérance des Cubains. Le 28, le Sénat recevait un projet du même genre. On compara la question cubaine à la question arménienne : le même parallèle rapprocha les atrocités commises par les Turcs et celles des Espagnols. La Chambre retentit de discours fameux. « L'heure est venue, disait M. Shermann, d'intervenir pour mettre un terme à un crime qui défie toute description. Les mains du général Weyler sont rouges de sang des hommes et des femmes sans défense, nous n'avons pas besoin d'une Arménie à notre porte » (3). Le Sénat vota par 60 voix contre 6 un projet de résolution par lequel il décidait concurremment avec la Chambre des représentants que, dans l'opinion du Congrès, il y avait un état de guerre entre le gouvernement qui, depuis

---

(1) DESJARDINS, *Revue de Paris*, 15 juillet 1896, p. 374 et s.

(2) Cf. à ce sujet les art. cit. de MM. DE OLIVART, DESJARDINS et HALLET-PHILIPS.

(3) DESJARDINS, *L'insurrection cubaine et le droit des gens*, art. cit., p. 362.

quelque temps, était maintenu de vive force à Cuba, et le peuple de cette île. Les Etats-Unis devaient observer une stricte neutralité entre les puissances belligérantes et accorder à chacune d'elles tous les droits des belligérants dans les ports et sur les territoires des Etats-Unis. Le Sénat décidait en outre que les bons offices des Etats-Unis devaient être offerts par le président au gouvernement espagnol pour obtenir la reconnaissance de l'indépendance de Cuba (1).

Le 2 mars, la Chambre adoptait une proposition analogue demandant au président et au gouvernement d'intervenir. Bien plus, un député demanda non seulement la reconnaissance de la belligérance, mais celle de l'indépendance.

Les sénateurs Allen, Chandler voulurent faire adopter des résolutions conjointes. Le 24 mars, M. Morgan de l'Alabama déposait encore un nouveau projet. Il fallait s'entendre. A cet effet, on nomma une commission interparlementaire, qui s'arrêta à l'adoption de la résolution sénatoriale du 28 février. C'était prématuré. Un sénateur, M. Sumner avait dit un jour, en parlant de cette reconnaissance, dans un discours prononcé

---

(1) DESJARDINS, art. cit., p. 362. Remarquons ici qu'il s'agit d'une résolution concluante et non point conjointe. Pour qu'une solution soit conjointe, il faut que le même texte soit adopté par le Sénat et par la Chambre. Une telle résolution, comme nous pouvons le voir d'après le chapitre Ier, section VII, § 2 de la Constitution, pour devenir loi, doit être présentée au président des Etats-Unis ; s'il l'approuve, il le signe, s'il ne l'approuve pas il le renvoie au Congrès avec ses objections. Alors il faut une majorité des deux tiers des membres des Chambres pour voter la loi. Le bill ainsi voté dans la Chambre qui la première a eu l'initiative, est renvoyé à l'autre Chambre avec les objections présidentielles. Il doit encore être approuvé par les deux tiers de cette Chambre, et alors il deviendra loi. Dans le cas où un bill n'est pas renvoyé par le président dix jours après qu'il lui aura été présenté, le bill sera loi comme si le président l'avait signé, à moins que le Congrès, en s'ajournant, n'en empêche le renvoi. Nous examinerons plus loin, dans un paragraphe spécial, la constitutionnalité ou l'inconstitutionnalité d'un tel bill. Par conséquent, dans le cas d'une résolution conjointe, il faut que le Président fasse usage de son veto pour empêcher la résolution d'agir ; au contraire, dans la résolution concluante, il n'en a pas besoin, il n'a qu'à laisser aller les choses comme bon lui semble, il peut y donner suite ou non, selon son bon plaisir.

à la convention de l'État de Massachussets : « Une nation qui
reconnaît la belligérance où elle n'existe pas, commet un
méfait (1) ». Ces paroles s'appliquaient encore à Cuba. C'est
en vain que M. Shermann, le 28 février 1896, puis M. Hitt,
le 2 mars 1896, avaient comparé cette organisation à celle
des Etats-Unis pendant la Révolution, c'est à tort qu'ils avaient
prétendu que l'Espagne ne possédait que le tiers ou le quart
de l'île. M. Canovas répondit à cette allégation en maintenant
que les insurgés cubains ne possédaient ni villes ni territoires.
En fait il y avait bien sans doute un président, mais ce président n'était reconnu par personne. En 1869, alors que le
gouvernement de Cuba était certainement mieux constitué,
les Etats-Unis ne l'avaient pas reconnu.

Cédant à ces injonctions, le cabinet de Washington refusa
d'entrer dans la voie que lui traçaient les Chambres. Mais il
offrit ses bons offices à l'Espagne en juin 1896 (2).

Le 7 décembre 1896, le président des Etats-Unis était
obligé dans son message de traiter la question cubaine. Il
rappelait les craintes des Etats-Unis, la rébellion occupant à
l'heure actuelle les deux tiers de l'île ; et il répondait aux
accusations portées par le gouvernement de Madrid contre
l'attitude peu amicale de l'Union : l'étendue des côtes était longue, il était difficile aux autorités fédérales de les surveiller,
car les Américains avaient toujours manifesté une très grande
sympathie à l'égard des Cubains.

Le gouvernement avait su résister à cette impulsion en ne
reconnaissant point les droits des belligérants aux insurgés,
reconnaissance du reste qui était inopportune et préjudiciable
aux intérêts mêmes des Etats-Unis. Fallait-il, pour résoudre
la question, acheter Cuba? L'Espagne ne voudrait certainement
point accepter les offres de ce genre. Il ne fallait pas davan-

(1) DESJARDINS, art. cit., p. 366.
(2) *Documentos presentados a las Cortes*, n° 3.

tage intervenir à main armée. Il ne restait donc plus qu'à agir auprès de l'Espagne pour obtenir des réformes. Dans ce but, le président insisterait auprès des autorités espagnoles; mais deux objections se présentaient, toutes les deux d'une égale gravité. L'Espagne ne consentirait point à l'autonomie, tant que les rebelles n'auraient point déposé les armes ; et, d'autre part, l'autonomie, même très libérale, serait imparfaite à garantir la sécurité dans l'île (1).

La modération de ce message produisit son effet. Le 5 février 1897, le duc de Tetuan faisait savoir qu'il tiendrait compte de la conduite impartiale du président Cleveland et des réformes qu'il avait demandées dans son message. L'Espagne accorderait à Cuba le *self government*; l'île serait régie par un conseil d'administration composé de trente-cinq membres choisis ou élus comme le voulait l'article 3 de la loi de 1895. Le gouverneur général de Cuba ne serait pas le président effectif du conseil, mais simplement le président honoraire. Les Cortès détermineraient les dépenses à faire pour les colonies et les conseils, les voies et moyens, sauf approbation des Cortès. Mais le ministre d'Etat refusait nettement la médiation des Etats-Unis, et maintenait, comme condition première de toute réforme, le fait pour les rebelles de mettre bas les armes.

Jusqu'à la fin de sa présidence, c'est-à-dire jusqu'au 4 mars 1897, M. Cleveland sut garder une stricte neutralité et maintenir de bons rapports entre les deux puissances.

Entre temps, la France, la Grande-Bretagne et l'Allemagne, avaient cherché à peser sur l'Espagne pour lui faire accepter les bons offices des Etats-Unis. Mais l'Espagne ne voulait pas entendre ce sage conseil et essayait de débrouiller à elle seule la question, de jour en jour plus inextricable.

_____

(1) *Documentos presentados a las Cortes*, n° 4. 1898.

Tout à coup la situation s'aggrava par l'arrivée au pouvoir de M. Mac-Kinley, plus docile peut-être aux impul-
sions de la presse et du Congrès que son prédécesseur. D'autre part, les expéditions flibustières augmentaient, malgré les
efforts des Etats-Unis. Le secrétaire du trésor, Gage, devait
avouer lui-même que sur soixante expéditions flibustières,
trente-trois seulement avaient été arrêtées par les Etats-
Unis (1).

Le consul des Etats-Unis à la Havane, M. Lee, cherchait
des *casus belli*. Il représentait avec exagération les procédés
du général Weyler dans ses communications et engageait le
secrétaire d'Etat à faire des réclamations au gouvernement
espagnol au sujet des traitements infligés aux colons américains par la *reconcentracion* (2). « Plus de mille citoyens,
disait-il, avaient souffert de ce régime. Le président ne pouvait
que protester contre de pareilles mesures si préjudiciables aux
citoyens des Etats-Unis et à leurs personnes. Le gouvernement
espagnol devait au moins s'appliquer à ce que la guerre fût
menée d'après les règles acceptées par les nations civilisées.
Au nom de l'humanité, le gouvernement des Etats-Unis, profondément ami de l'Espagne, demandait des réformes ».

Le cabinet de Madrid contesta la véracité du récit du général Lee. Le consul américain avait remis 100,000 dollars à
ses concitoyens nécessiteux, et le gouvernement espagnol ne
s'était pas opposé à cette distribution. Les édits du général
Weyler avaient eu de pénibles conséquences, mais les nations
les plus civilisées avaient employé des moyens à peu près semblables dans des circonstances aussi difficiles. Pendant la
guerre de Sécession, les Etats-Unis avaient pratiqué la *reconcentracion*; ils avaient aussi détruit les propriétés agricoles
et commerciales; ils avaient même tant et tant fait que l'histo-

---

(1) Cf. sur ce point R. D. I., I, p. 635 et s.

(2) *Documentos presentados a las Cortes*, n° 8, 1898.

rièn Draper avait pu écrire que « si un corbeau avait voulu séjourner au milieu des vallées de Shenandoah, où avaient passé les généraux Hunter et Sheridan, il aurait dû apporter sur lui sa nourriture » (1). Ce système de dévastation est celui qui a été adopté par les insurgés cubains et plusieurs fois les nationaux espagnols ont eu à en souffrir.

Pour aplanir les difficultés, le gouvernement américain envoya alors en remplacement de M. Tyler, à Madrid, M. Woodford, ennemi avéré de l'Espagne. Mais les choses allaient encore se compliquer par un événement inattendu, l'assassinat de M. Canovas y Castillo. Cette mort était d'autant plus regrettable que M. Canovas eût peut-être apporté la solution définitive de la question cubaine par des réformes bien entendues ; nous en avons la preuve dans une lettre qu'il écrivait à la reine régente, le 6 février 1896, et qui parut dans la *Gazette de Madrid* (2). Dans cette lettre fort remarquable, il rappelait à la reine que la question cubaine avait été pour lui une préoccupation continuelle. L'insurrection, sans être complètement arrêtée par le général Weyler, avait été néanmoins renfermée dans d'étroites limites. Il fallait choisir l'occasion, qui serait prochaine, pour appliquer à Cuba la loi de réforme qu'il avait fait voter en 1895 et qui était la réalisation du *self government*. Il faut malheureusement le faire observer, M. Canovas se méprenait sur la situation même de Cuba ; il espérait beaucoup de l'action du général Weyler et partageait l'opinion de plusieurs de ses partisans qui sont allés jusqu'à prétendre que, si l'on avait laissé Weyler à Cuba, la pacification aurait été complète. Il est permis de douter de la justesse de cet optimisme.

Le 8 août 1897, le premier ministre espagnol recevait le coup de poignard de l'anarchiste italien Angiolilo. Le ministre

(1) Cf. *Documentos presentados a las Cortes*, n° 10, p. 36,

(2) Je cite cette lettre d'après Preiss, *op, cit,*

Azcarragua était chargé de former le ministère, et c'était lui
qui recevait le nouveau ministre américain arrivé en Espagne.
Celui-ci écrivit de Saint-Sébastien au ministre d'Etat une lettre
très claire, très décisive, où il résumait exactement la situation telle qu'on la concevait aux Etats-Unis : « Les relations,
disait-il, entre le gouvernement de Madrid et celui de Washington étaient cordiales ; il avait fallu au président et à son
cabinet une grande présence d'esprit, un courage et une ténacité continuels pour maintenir ces bonnes relations, car des
intérêts considérables se trouvaient engagés de part et d'autre dans la question cubaine. Dans les derniers jours du mois
de mai 1897, le président Mac-Kinley, soutenu par le speaker
Reed, avait dû s'opposer au vote et à la discussion d'une
résolution conjointe, déposée sur le bureau du Sénat, par
M. Morgan, dans le but de faire reconnaître aux Cubains la
belligérance. La situation était grave, il fallait de toute nécessité apporter à Cuba de sérieuses réformes pour ne point permettre à l'insurrection de continuer ses ravages et pour ne
pas forcer le gouvernement américain à intervenir » (1).

Le langage était ferme, il fallait y répondre, et c'est ce que
fit M. Sagasta, qui avait succédé au général Azcarragua, le
4 octobre 1897. Dans son programme (2), il avait promis
d'accorder une autonomie réelle à l'île de Cuba. Sans s'occuper
du passé, en ne tenant compte que de la situation présente, il
se référait aux promesses faites par son prédécesseur, en 1896.
Et pour bien montrer la générosité de ces réformes, il donnait les espérances de paix les plus grandes (3).

Le premier acte du ministre Sagasta fut de décider le rappel
du général Weyler et de le remplacer par le maréchal Blanco.
Le but assigné au nouveau gouverneur était, tout en essayant

(1) Cf. *Documentos presentados a las Cortes.*
(2) Cf. R. D. P., 1896, 2ᵉ semestre 1896, 1ᵉʳ semestre 1897, *Chronique politique sur l'Espagne.*
(3) R. D. P., 1897, 2ᵉ semestre, p. 493.

de réprimer l'insurrection, d'accorder à Cuba les réformes les plus larges; il était chargé d'inaugurer le gouvernement autonome. Ce fut l'objet du décret du 25 mars 1897.

L'impression que firent à Washington les dispositions du ministère Sagasta fut de bon augure pour la paix. Malheureusement, ces décrets ne réalisèrent qu'une réforme apparente. Au fond, l'innovation était nulle(1). Le pouvoir exécutif relevait du gouvernement central ; mais il était créé un Parlement colonial, composé de la Chambre des représentants et du conseil d'administration. Le conseil d'administration comprenait trente-cinq membres : dix-huit élus et dix-sept désignés par le roi et en son nom par le gouverneur général, parmi les citoyens remplissant certaines conditions plutôt rigoureuses(2). Les membres susceptibles d'être nommés devaient être Espagnols, avoir trente-cinq ans accomplis, être nés dans l'île, y avoir séjourné quatre ans, n'avoir eu aucun procès criminel, se trouver dans la plénitude de leurs droits politiques, ne pas avoir leurs biens hypothéqués, avoir en propre depuis deux ou plusieurs années une rente de 20,000 fr., n'avoir aucun contrat avec le gouvernement de l'île ou le gouvernement central (art. 6). Mais, et c'est ce qui a fait dire fort justement à M. Del Marmol « tout ce que donne la main droite, la gauche s'empresse de le reprendre », les conditions nécessaires pour être élu conseiller d'administration pouvaient être modifiées soit par une loi du royaume, soit sur la proposition du gouverneur, soit sur la proposition des Chambres insulaires. Le gouverneur général était nommé par le roi sur la proposition de son conseil des ministres ; il avait le gouvernement suprême de la colonie et le droit d'ajourner la discussion des projets parlementaires jusqu'à ce que le gouvernement central à qui il en référerait lui eût fait parvenir sa décision. Il avait,

(1) Cf. *Documentos presentados a las Cortes*, nº 26.

(2) On trouvera le texte même de ces décrets dans l'article de M. TARRIDA DEL MARMOL, *Revue blanche*, 15 mars 1898.

de plus, le commandement suprême des forces terrestres et
navales, il pouvait faire exécuter non seulement toutes les lois,
décrets, traités et conventions internationales, mais encore tous
les décrets, ordres royaux et autres dispositions émanant du
pouvoir exécutif et communiqués à lui par des ministres espagnols. Il avait le droit de grâce et pouvait proclamer l'état de
siège après avoir pris l'avis du conseil des secrétaires. Mais
l'art. 51 apportait immédiatement un correctif, en disant que
le gouverneur lui-même, et sous sa responsabilité, pouvait le
proclamer sans prendre l'avis des secrétaires de son conseil,
lorsqu'il faudrait mettre en vigueur les lois d'ordre public.

An point de vue des droits individuels, le gouvernement
donnait aux Espagnols résidant aux Antilles les mêmes droits
qu'aux Espagnols de la métropole. Il accordait aussi par les
lois complémentaires certaines garanties sur la poursuite criminelle, l'expropriation forcée, l'instruction publique, la
presse et les réunions.

Le système général de la loi électorale espagnole du 26 juin
1890, c'est-à-dire le système du suffrage restreint, était étendu
aux Antilles. Le droit de vote était accordé aux Espagnols
mâles majeurs de vingt-cinq ans, jouissant de leurs droits
civils, résidant au moins depuis deux ans dans une commune.
L'initiative des lois appartenait au ministre et individuellement aux membres de chaque Chambre.

Les membres de la Chambre des représentants étaient élus
à raison de un par 25,000 habitants et pour une durée de cinq
ans ; ils étaient indéfiniment rééligibles. Toutes les résolutions,
pour devenir lois, devaient être votées par les deux Chambres
et approuvées par le gouverneur général (1).

Au point de vue économique, la réforme était de peu d'importance. Sans doute c'était au Parlement insulaire que reve-

(1) MÉRIGNHAC, *L'autonomie cubaine*, R. D. P., IX, p. 235. Cet article très
impartial met en relief les différences et les ressemblances de l'autonomie
cubaine ainsi accordée avec l'autonomie des colonies anglaises.

nait le droit de voter le budget, mais il y avait une limite à ce droit dans le fait qu'aucune des deux Chambres ne pouvait discuter le budget colonial sans avoir d'abord voté définitivement la partie correspondante aux frais de souveraineté (art. 35) et ces frais de souveraineté 'étaient eux-mêmes fixés par le Parlement de Madrid tous les trois ans (1).

C'était l'ancienne exploitation qui allait continuer à Cuba, en ne laissant au Parlement cubain que les apparences de la souveraineté ; les Cortès de Madrid fixaient un chiffre et c'est sur ce chiffre qu'il fallait se baser pour voter le budget. Les autonomistes cubains pouvaient tirer sans peine de ces réformes trompeuses les conséquences suivantes :

1° que les attributions accordées au gouverneur général transformaient ce dernier en un despote déguisé ;

2° que ses attributions réduisaient à néant les fonctions du cabinet insulaire et le rendaient parfaitement inutile ;

---

(1) M. Tarrida del Marmol nous donne ces chiffres. Voici pour 1894 ce qu'ils étaient :

Section 1. Frais généraux (dettes, pensions, etc.)	64.669.850 fr.
— 2. Guerre	30.985.675
— 3 Marine	5.470.355
— 4. Intérieur	13.256.780
— 5. Finances	3.521.760
— 6. Postes, télégraphes, etc.	6.628.390
— 7. Instruction, travaux publics, etc.	4.134.610
— 8. Justice	4.998.675
Total	133.666.095 fr.

Or les sections 5, 6 et 7 correspondaient seules au budget colonial, car nous avons dû attribuer les deux tiers des 19,885,170 francs du budget de l'intérieur à la police, gendarmerie et autres frais de souveraineté et laisser l'autre tiers, soit 6,628,390 francs, aux postes, télégraphes et autres frais de la colonie, d'où il résulte :

Frais imposés pour l'Espagne	119.381.335 fr.
Budget colonial proprement dit	14.284.760
Total	133.666.095 fr.

Le raisonnement qu'on vient de nous représenter nous montre donc que les réformes n'étaient pas complètes. Art. cit., p. 448 et s.

3° que l'immunité parlementaire était illusoire ;

4° qu'il faudrait continuer à entretenir les ministres du culte catholique ;

5° que la colonie pourrait prendre l'initiative des traités de commerce, mais non les conclure ;

6° que l'île devrait subvenir aux frais d'une armée et d'une marine destinées à étouffer ses cris d'angoisse ;

7° que Cuba serait vouée à une misère dont on ne peut prévoir la fin (1).

Il faut bien avouer que si on compare cette autonomie cubaine à l'autonomie accordée aux colonies anglaises, on est obligé de reconnaître que l'autonomie cubaine était incontestablement plus restreinte (2). Et dès lors, on comprend que le calme qui avait paru inauguré par les décrets de novembre n'ait été que passager.

Tout d'abord les deux partis autonomiste et réformiste avaient déposé les armes pour former un seul parti sous le nom de parti libéral. Le maréchal Blanco avait aidé à cette fusion et avait choisi comme président du gouvernement insulaire M. Galvey, chef du parti réformiste. •

Il avait composé son cabinet d'autonomistes et de réformistes, espérant ainsi faire un ministère de concentration qui fût durable ; mais les événements devaient démontrer promptement l'instabilité d'une pareille entente.

Maximo Gomez, général en chef de l'armée insurgée, adressait un manifeste à ses troupes et les engageait à ne point accepter les propositions d'autonomie faites par le gouvernement espagnol ; il menaçait même de mort tous ceux qui entreraient en conférence à ce sujet avec les envoyés de la métropole.

En même temps, l'assemblée des délégués du peuple cu-

---

(1) *Ibidem.*

(2) Cf. sur ce point, Mérignhac, art. cit., p. 244.

bain tenait à la Mathilde une réunion en vue de ratifier la constitution cubaine et de choisir le nouveau gouvernement de la République. C'était le rejet pur et simple des réformes Sagasta ; c'était aussi la décision ferme de lutter jusqu'à l'émancipation complète de Cuba du joug de l'Espagne. « La conception de l'autonomie est, disait-on, un leurre pour soutenir une situation que les événements précipitent ; les Espagnols commandant, et nous obéissant toujours ; eux les maîtres et nous leurs esclaves comme depuis quatre cents ans ! Ils ne cherchent même pas à cacher leurs véritables projets, ils disent accorder l'autonomie comme moyen d'obtenir la paix ; puis, quand tout sera rentré dans le calme, ils rétabliront les choses comme par le passé » (1).

On prêta même à Gomez l'intention d'avoir en vue le rachat de Cuba par elle-même. Il pensait que la guerre continuant, l'Espagne arriverait bientôt à ne plus pouvoir en soutenir les charges. Quant à l'argent qui serait nécessaire pour effectuer ce rachat, Maximo Gomez comptait le trouver en formant un syndicat.

C'était, comme le fait observer M. Mérighnac, chose parfaitement inutile, ce syndicat existant et fonctionnant depuis longtemps derrière les insurgés (2). Ce groupe était composé de planteurs américains, de marchands de sucre de New-York, de tous ceux qui y formaient le trust des sucres (3). Ce syndicat voulait que l'Espagne épuisée vînt demander aux Etats-Unis de mettre fin à la guerre cubaine et chargeât l'Union d'assurer l'ordre dans la colonie. Il voulait ainsi monopoliser le sucre, dont Cuba regorge ; Hawaï s'adjoindrait à l'Union tôt ou tard, les Philippines viendraient encore ac-

(1) TARRIDA DEL MARMOL, art. cit., p. 453.

(2) MÉRIGHNAC, art. cit., p. 250.

(3) Cf. sur ce point, DE ROUSIERS, *Les industries monopolisées aux Etats-Unis*, p. 130 et s. et *Yale Review*, 1892, l'art. de M. OLMSTED, Cuba, *The sugar and the economics consequences.*

croître son domaine. Toutes les colonies productives du sucre
seraient américaines. Cuba devait brillamment inaugurer cette
nouvelle politique. Quant à la dette cubaine, le syndicat la
prendrait à son compte, pourvu toutefois qu'on mît à sa disposition les revenus des droits de douanes. Ce n'est certainement pas cette seule espérance qui soutenait l'ardeur de cette
association : elle pensait aussi pouvoir mettre la main sur les
domaines restés jusqu'ici sans culture, faute d'activité ou de
talent (1).

Si le calme n'était pas rétabli à Cuba, les discussions n'en
étaient pas moins fortes à Madrid, où le parti de l'Union
constitutionnelle luttait contre le ministère libéral.

Comment le cabinet de Washington allait-il apprécier
ces réformes ? le président Mac-Kinley l'expliqua en adres-
sant au Congrès son message (2) (6 déc. 1897). « L'histoire de Cuba, disait-il, est celle d'une agitation et d'un mécontentement croissant, d'efforts successifs pour obtenir la
jouissance de la liberté la plus grande et d'une administration
autonome : c'est l'histoire d'une résistance organisée contre
la métropole, l'histoire de gaspillages financiers et d'une lutte
à main armée, l'histoire d'un désaccord continu, suivi toujours d'une nouvelle rébellion. Depuis l'émancipation des colonies espagnoles en occident, il n'y a point eu de longs intervalles durant lesquels la politique de l'Espagne vis-à-vis de
Cuba n'ait donné de l'inquiétude aux Etats-Unis ».

Sous la présidence de Grant, les Etats-Unis ont vainement
offert leurs bons offices à l'Espagne, et, depuis 1870, ils
n'ont laissé échapper l'occasion de remédier à la situation.
Aujourd'hui même, le gouvernement de Madrid reste in-
flexible et foule aux pieds, aussi bien que le parti de l'insurrection, les lois les plus élémentaires de la civilisation.

(1) *Temps* du 9 novembre 1897, art. de M. Gustave REYNIER.

(2) Cf. *Documentos presentados a las Cortes*, 1898, nᵒ 30, p. 71.

La preuve de ce mépris du droit et de la justice n'a-t-elle pas été donnée par l'Espagne vis-à-vis des *reconcentrados?* Les régions productives qu'occupaient les troupes espagnoles furent dépeuplées, les habitants, qui cultivaient la terre, furent réunis dans les villes, leurs terres furent dévastées et leurs récoltes détruites. L'Espagne a justifié ces mesures en disant que c'était le seul moyen de mettre fin à l'insurrection. Depuis, l'insurrection n'a pas fini et par conséquent l'argument s'est trouvé sans valeur. Devant de pareilles souffrances imposées aux citoyens américains domiciliés à Cuba, le président n'est pas resté inactif ; il a envoyé des secours aux malheureux éprouvés, et il a sommé l'Espagne de faire cesser une telle situation et d'opérer des réformes capables d'assurer le respect absolu des lois de la guerre. La pacification, disent les Espagnols, se fait peu à peu, et ce sont les Etats-Unis qui viennent y apporter des entraves. Le président ne peut laisser l'accusation sans réponse, et il est heureux de trouver l'occasion de la réfuter. Jamais les Etats-Unis n'ont prêté main-forte aux flibustiers. Bien plus, ils les ont arrêtés. « Il suffit d'affirmer, disait Mac-Kinley, que nous avons rempli nos obligations, nous répondrons par la voie diplomatique aux faits qu'on nous reproche ».

Mais quel est donc le remède à apporter à la guerre? On a bien essayé des mesures ; il ne reste plus que la reconnaissance de l'indépendance de Cuba, l'intervention pacifique pour mettre fin à la guerre en imposant un traité raisonnable aux combattants, et enfin l'intervention armée en faveur de l'un ou de l'autre.

Il faut écarter tout de suite l'intervention par la force, le code de moralité américaine taxerait un pareil procédé d'agression criminelle.

Sur la reconnaissance de la belligérance, sans oublier les résolutions des deux Chambres l'invitant à agir, le président a gardé la même opinion que Grant ; il s'en réfère au message du 18 juin 1870, le cite textuellement et rappelle qu'une telle reconnaissance ne peut éveiller les susceptibilités de l'Espagne, mais que pour le moment ce serait une mesure inopportune qu'il ne convient pas d'adopter.

Faut-il intervenir? Non : l'Espagne a fait preuve de bonne volonté en accordant des réformes, et il est nécessaire d'en faire l'expérience. Mais si, dans la suite, les faits démontrent que l'expérience a échoué, il faudra s'interposer entre la métropole et sa colonie. Alors les Etats-Unis n'auront rien à se reprocher ; ils y seront « contraints par la nécessité qui rendra l'intervention si indispensable qu'elle leur assurera l'appui et l'approbation du monde civilisé ».

L'accueil fait au message du président Mac-Kinley par le gouvernement espagnol fut assez favorable, sauf toutefois les réserves qu'il y avait lieu de faire sur la question de l'irresponsabilité des Etats-Unis au sujet des expéditions flibustières. La presse espagnole critiqua cependant les idées du président relatives à l'intervention des Etats-Unis. Les conservateurs et les carlistes louèrent sans réserve le général Weyler, et on lui proposa même la présidence du parti conservateur sur la demande de M. Romero Robledo. Le général Weyler avait du reste, dès son entrée en Espagne, favorisé ce courant de sympathies, en déclarant qu'il se glorifiait des attaques de M. Mac-Kinley.

Quant aux Chambres américaines, encouragées par la mention que Mac-Kinley avait faite de leur résolution, elles en profitèrent pour encombrer les bureaux du Congrès de nouvelles motions.

Le 9 décembre 1897, M. Allen, démocrate du Nébraska, invitait ses collègues à reconnaître l'indépendance de Cuba et à envoyer une flotte dans l'île. Le Sénat ne se rendit point aux injonctions de M. Allen ; mais le 13, après un discours du sénateur Berry, qui avait plaidé la cause de la reconnaissance comme belligérants, il priait le président de faire connaître au plus tôt les mesures que le gouvernement espagnol prendrait à Cuba pour protéger la vie, la liberté et les biens des nationaux américains.

Le 10 février, M. Allen déposait à nouveau sa résolution du 9 décembre. Il était soutenu par M. Mason, qui proposait de sommer l'Espagne de reconnaître l'indépendance de Cuba. Au cas où cette notification ne serait pas écoutée, l'Union reconnaîtrait le nouvel Etat dans les trois mois.

Pendant ce temps, les relations entre Madrid et Washington se tendirent, il y eut une lutte très courtoise entre les représentants des deux pays au sujet de la neutralité observée par le gouvernement de l'Union.

La situation des Etats-Unis était réglée, disait le ministre des Etats-Unis au ministre d'Etat espagnol (1) par la note du 18 avril 1874, adressée par M. Fish au gouvernement espagnol. Cette note se référait aux statuts appelés lois de neutralité des Etats-Unis, qui réglaient, avec une exactitude suffisante, ce qu'il était permis de faire ou de ne pas faire en restant strictement attaché à l'obéissance complète des règles internationales. Il n'était point permis aux Etats-Unis de laisser armer ou équiper un navire ou un bâtiment quelconque sur le territoire soumis à leur juridiction territoriale. Il ne leur était pas permis non plus d'organiser des expéditions en faveur des insurgés sur ce même territoire. M. Woodford, ministre à Madrid, déclarait qu'il se tenait fermement attaché à ce texte pour soutenir que les Etats-Unis n'avaient jamais violé la neutralité. Il rappelait même le cas si contesté du *Silver Heels* navire, qui, à son avis, avait échappé à l'étroite surveillance des autorités fédérales, malgré la vigilance exercée par elles pour empêcher son départ (janvier 1898). Sur ce, le président envoya le *Maine* à Cuba pour assurer la protection des nationaux américains.

(1) Cf. *Documentos presentados a las Cortes*, n° 30, p. 71.

M. Gullon protesta dans sa dépêche du 1ᵉʳ février 1898 (1).
Invoquant l'autorité de Calvo, de Montesquieu, de Fiore, il
déclarait la conduite des Etats-Unis contraire aux règles élémentaires du droit des gens. Les choses en étaient là lorsque
survint un incident fait à souhait pour précipiter la marche
des événements et pour exaspérer le zèle des jingoës.

M. Dupuy de Lôme avait écrit à un de ses amis, M. Canalejas, une longue lettre dans laquelle il lui faisait part de ses
impressions au sujet du gouvernement américain et particulièrement au sujet du président (2). Cette lettre tomba entre
les mains du gouvernement de Washington. Or elle était très
vive ». Le message, y était-il dit, a trompé les insurgés qui espéraient autre chose, il a paralysé l'action du Congrès ; mais,
moi, je le considère comme mauvais, sans parler de la gros-
sièreté naturelle et inévitable avec laquelle le président répète
tout ce qui a été dit sur Weyler par la presse et l'opinion en
Amérique. Il démontre, une fois de plus, que M. Mac-Kinley
n'est qu'un faible et qu'un populacier (*populachero*), en outre,
un mauvais partisan qui se laisse une porte ouverte pour pouvoir sortir avec les jingoës de son pays ». Le *Journal de New-
York* publia cette lettre qui avait été interceptée par la Délégation cubaine (3).

L'ambassadeur ayant reconnu que la lettre avait été écrite
par lui dut offrir spontanément sa démission à la reine.

Le 14 février 1898, M. Woodford remettait à la reine une
note du secrétaire d'Etat Shermann, dans laquelle le gouvernement de Washington exprimait ses regrets que le gouvernement espagnol n'eût pas censuré les passages de la lettre., Le

(1) *Documentos presentados a las Cortes*, 1898, nᵒ 55.

(2) Cf. *Documentos presentados a las Cortes*, 1898, nᵒ 65, p. 123.

(3) La lettre, qui était tombée dans les mains de la junte cubaine, avait été
oubliée par M. Canalejas, dans l'hôtel où il était descendu et transmise par les
soins du directeur à la Délégation cubaine qui la communiqua ensuite au gouvernement américain (*Temps*, 11 février).

ministre d'Etat répondit au ministre américain qu'il lui semblait suffisant d'avoir accepté la démission de son agent, sans
avoir ajouté, ce qui se faisait toujours en pareil cas, les
remerciements de la reine pour le zèle et le patriotisme de son
représentant. M. Gullon rappela en même temps que cette
lettre avait un caractère tout à fait privé, et que son texte
même lui était inconnu.

Le gouvernement américain avait, lui aussi, agi d'une façon
tout à fait incorrecte en se servant de cette lettre qui avait été
interceptée par la junte révolutionnaire cubaine, et n'était
pas, comme le faisait observer M. Gullon, une lettre publique.

Dès lors, à Madrid, on pouvait être assuré que le gouvernement des Etats-Unis était prêt à se servir de tous les prétextes
pour rendre la situation plus difficile. Au commencement de
mars, la presse espagnole demanda le rappel du consul américain à Cuba, le général Lee, ennemi avéré de l'Espagne et
partisan des insurgés. A Washington, on démentit le rappel du
consul Lee, et le gouvernement américain fit savoir à la presse
officielle que le président ne prendrait jamais en considération
le rappel de son consul, qui avait toujours montré du jugement, de la fidélité et du courage (1).

Le gouvernement espagnol fit à nouveau ressortir que la
présence d'un croiseur américain dans les eaux cubaines
était en contradiction évidente avec la prétendue neutralité
du gouvernement de Washington, et de nouvelles observations furent faites à ce sujet par M. Woodford à M. Gullon
et par le chargé d'affaires espagnol du Bosc à M. Day (2).
Mais le gouvernement américain protesta de ses bonnes intentions et fit observer qu'on ne pouvait considérer comme navire
de combat un croiseur ou un garde-côte, quand, de nouveau,
l'incident du *Maine* vint tout bouleverser.

---

(1) Cf. Mérighnac, art. cit., p. 258.

(2) *Documentos presentados a las Cortes*, nos 66 et s.

§ VIII

Au mois de janvier 1898. le président Mac-Kinley avait envoyé dans les eaux cubaines un navire de l'escadre américaine du golfe du Mexique, le *Maine*, sous prétexte de protéger les nationaux américains. Emues de la présence de ce navire, les autorités espagnoles demandèrent des explications officieuses au département de la marine de Washington, et celui-ci répondit que le croiseur effectuait un simple voyage, semblable en tous points à ceux que faisaient régulièrement tous les autres croiseurs de l'escadre. C'est au cours de ce voyage que le *Maine* fit explosion : l'incident fit éclater les colères des jingoës du Congrès, déjà surexcités par les déclarations de la junte cubaine de New-York ; elle avait annoncé à grand fracas les réunions du parti autonomiste cubain et ses décisions : il avait été résolu que le meilleur moyen de mettre fin au conflit était le rachat de Cuba par elle-même. Cuba devait payer d'abord une somme de 100 millions seulement sur le chiffre de 600 millions dus pour frais de guerre. Elle s'engageait à verser annuellement à la couronne une somme de deux millions. A ces conditions, le corps des volontaires serait dissous et reconstitué sous le nom de milice cubaine. L'île aurait le droit de conclure des traités sans l'intervention de l'Espagne, et les produits espagnols jouiraient d'un droit de protection de 10 0/0 ; les insurgés auraient enfin trois représentants dans le cabinet cubain (1).

Dans cet état d'esprit, il est facile de concevoir que l'incident prit des proportions considérables, malgré les télégrammes du commandant Sigesbee, qui adjurait ses concitoyens de suspendre tout jugement concernant les causes de l'explosion. avant qu'une enquête eût établi les responsabilités et malgré la généreuse conduite de l'amiral espagnol, Monterolo, qui

(1) Cf. *Temps*, 4 février 1898.

s'empressa de porter secours aux naufragés américains. Le
consul Lee lui-même, dont le témoignage n'était point suspect,
affirma par une conversation qu'il avait eue avec le maréchal
Blanco que l'explosion n'était pas due à la malveillance.

Néanmoins, M. Mason demanda au Sénat qu'une commission spéciale fût nommée pour faire une enquête: on cachait
la vérité sur la situation à Cuba et le gouvernement espagnol
cherchait à gagner du temps ; le Sénat devait agir au lieu de
laisser la diplomatie s'attarder ; n'était-il pas regrettable d'avoir
laissé deux cent cinquante des braves marins américains se
noyer au fond du port de la Havane, sous de fallacieux prétextes ? M. Wolcott déclara que l'enquête serait certainement
faite avec équité. Aussi, devait-on s'abstenir de paroles pro-
vocatrices, telles que celles qu'avait prononcées M. Mason :
« Que notre conduite, dit-il, soit celle de gens qui se respectent
et se font respecter ». La résolution invitant le comité des
affaires navales à faire une enquête sur les causes de l'explosion du *Maine* fut encore ajournée et le Congrès se contenta
de voter 200,000 dollars pour rechercher les cadavres des
victimes de l'explosion du *Maine*.

A ce moment, la presse annexionniste, qu'on appelait la
presse jaune (1), ne put contenir son indignation. Deux journaux surtout se firent les interprètes de ces sentiments : le
New-York Journal et le *New-York World*. L'un d'eux alla
jusqu'à équiper un vaisseau pour faire une enquête sur les

(1) On désignait aussi sous le nom de presse jaune « *yellow press* ». la
presse qui était dévouée aux intérêts de la junte cubaine et qui désirait l'annexion de Cuba aux Etats-Unis. On est peu fixé sur l'origine de ce qualificatif,
les uns ont dit qu'il venait de ce qu'il est habituel de placer un drapeau jaune
sur les bâtiments ou dans les quartiers en proie à une maladie contagieuse ;
d'autres, avec plus de raison, ont prétendu que ce qualificatif avait été donné
à la presse cubaine parce qu'on avait commencé la campagne par des carica-
tures représentant sous un type de gavroche toujours jaune « *The yelow kid* »,
les gens poursuivis par les caricaturistes. Voir à ce sujet : *North american
review* ; BANKS, « *American yellow journal* », août 1898.

causes de l'explosion et jusqu'à promettre 25,000 fr. à la personne qui découvrirait l'auteur de l'attentat.

La presse jaune blâma sur un ton acerbe les faits et gestes du secrétaire de la marine, M. Long; et, M. Salobral, attaché naval de l'Espagne à Washington, sous l'accusation d'injures adressées au gouvernement des Etats-Unis, fut relevé de ses fonctions (1).

Le président des Etats-Unis ordonna une enquête. En avait-il le droit? Ceci est contestable. En effet, l'explosion avait eu lieu dans la mer territoriale espagnole, or pour ceux qui admettent l'existence de la mer territoriale, il outrepassait ses droits, l'Espagne ayant sur cette partie de mer un droit de souveraineté (2).

Quoi qu'il en soit, l'Espagne crut plus prudent de ne pas contester au président ce droit, et une enquête fut poursuivie par les autorités américaines, afin d'établir les causes de l'explosion.

La commission d'enquête américaine était composée de deux sénateurs et de trois membres de la Chambre des représentants (3).

Les commissaires espagnols décidèrent que l'explosion était due à des causes accidentelles ; la commission américaine arrivait au contraire à des conclusions opposées. Lors de l'explosion, le navire devait se trouver par environ six brasses d'eau. La température dans les eaux ou, du moins, dans la partie qui a fait explosion, était normale, l'explosion eut lieu à 9 heures 40 du soir, et il y eut deux explosions distinctes à courts intervalles. Le navire fut soulevé par la première explosion ; la déclaration des plongeurs établissait le fait, l'arrière du navire était complètement intact et avait sombré dans cet

(1) Cf. à ce propos, *Documentos presentados a las Cortes*, 1899, p. 68 et s.

(2) Cf. *contrà*, DE LAPRADELLE, *Le droit de l'Etat sur la mer territoriale*, R. D. I. P., V, p. 264 et 309 et R. D. I., V, p. 640 et s.

(3) Cf. *Temps*, 19 et 20 avril 1898.

état quelques minutes avant l'explosion ; l'avant était complètement détruit. Il y avait donc lieu de n'attribuer ni à une erreur, ni à une négligence des officiers de l'équipage, mais à une mine sous-marine la cause de l'accident (1).

Quant au rapport espagnol, il invoquait contre le résultat de l'enquête américaine les faits suivants : on n'a trouvé dans la baie aucun poisson mort, il ne s'est produit aucune colonne d'eau au moment de l'explosion. Les navires amarrés n'ont point été secoués et les eaux du port sont restées calmes ; l'état de la coque même du *Maine* démontre que l'explosion s'est produite du dedans au dehors, et non pas du dehors au dedans (2).

Le gouvernement espagnol, soucieux d'établir la vérité, consentait à ce que les rapports fussent l'objet d'une revision opérée d'accord par les deux gouvernements ; mais le président refusa.

Le cabinet de Madrid ne craignit pas de manifester son mécontentement. Il voyait trop clairement que le président Mac-Kinley voulait faire de l'accident du *Maine* un incident lié à la question cubaine et l'apporter ainsi devant les Chambres américaines, de façon à tirer de tous ces faits la nécessité d'une intervention américaine. L'Espagne voulait au contraire un délai pour réaliser la pacification et mettre en vigueur le régime autonome qui fonctionnait à Cuba depuis fort peu de temps.

Malheureusement, les insurgés manifestaient de plus en

---

(1) Ce mot d'une mine correspond à notre expression de torpilles fixes, le terme de *torpedo* ne s'appliquant dans la marine anglaise qu'à des torpilles mobiles (portées divergentes, automobiles), les torpilles fixes consistant essentiellement en un cylindre chargé de matières explosibles et mouillées dans un port, dont il défend l'entrée.

(2) Cf. l'excellente analyse de ces deux rapports dans Mérignhac. L'auteur fait justement observer que les Américains refusaient de faire la contre-épreuve de ce qu'ils avançaient. R. D. P., IX, p. 258 et s.

Cf. *Documentos presentados a las Cortes*, 1898, n° 106.

plus leur aversion pour les réformes de 1897. Le chef de la
junte cubaine, M. Palma, avait déclaré que les Cubains n'accepteraient jamais l'autonomie imposée par l'Espagne, lors
même qu'elle serait approuvée par le gouvernement américain. Aussi, le président Mac-Kinley convoquait-il, le 10 mars,
à la Maison-Blanche, un conseil extraordinaire (1) composé du
secrétaire de la marine, du chef de la majorité de la Chambre
et des quatre présidents du comité de la marine, du comité
des finances, du Sénat et de la Chambre. Le conseil ne s'ap-
pesantit pas sur la question cubaine, il se contenta de voter
un crédit de 250 millions de francs pour la défense nationale.
Du reste, les Chambres allaient au-devant de cette décision,
en décrétant, le 21 mars, que tout le matériel de guerre im-
porté aux Etats-Unis serait exempt de droits. En même temps,
le président envoyait un nouveau croiseur à la Havane, le
Montgomery, et informait le gouvernement de Madrid
qu'il avait en mains le rapport de la commission américaine,
relativement à l'explosion du *Maine*. Si l'Espagne n'accordait pas à bref délai un armistice aux Cubains, il serait forcé
de soumettre au Congrès le rapport et de lui demander son
opinion sur la conduite à adopter vis-à-vis de l'Espagne.

Le général Woodford fut chargé, le 28 mars, de communiquer le rapport américain au Congrès de Madrid (1).

Le lendemain, les ministres espagnols faisaient appeler le
général Woodford au conseil des ministres et là, le plénipotentiaire américain exposait ses réclamations. Il demandait à
l'Espagne d'accepter un armistice qui permettrait d'examiner
la question cubaine et de laisser les Américains secourir officiellement la population réduite à la misère.

Comme il était facile de le prévoir, le gouvernement de
Madrid refusa sur les deux points et proposa, le 31 mars 1898,

(1) Cf. *Documentos presentados a las Cortes*, n° 20.
(1) Cf. *Documentos presentados a las Cortes*, 1898, n°s 105-106.

de soumettre à l'arbitrage les différends qui pourraient avoir trait à la catastrophe du *Maine* (1).

Une fois l'arbitrage accepté, les deux gouvernements examineraient la situation des *reconcentrados*, auxquels les Américains voulaient venir en aide. Le cabinet espagnol exposa quels soins il prodiguait à ces malheureux ; il poussait la condescendance jusqu'à ne pas s'opposer à ce que les Américains leur fissent parvenir des secours ; mais il ne pouvait accorder une amnistie avant le 4 mai, époque à laquelle se réunissaient les Chambres cubaines, sous peine de voir détruite la pacification commencée.

Le 1ᵉʳ avril, l'Espagne, sur les remontrances des Etats-Unis, secourut les *reconcentrados*. Elle avait affecté un crédit de trois millions de pesetas à leur venir en aide, et elle faisait tous ses efforts pour replacer les choses dans l'état où elles étaient avant les décrets de Weyler (2). L'Espagne n'exigeait qu'une seule et unique condition : elle désirait que les insurgés demandassent la suspension des hostilités. C'était pour elle une question d'honneur bien compréhensible. Les insurgés refusèrent : aussi le général Woodford n'ayant pas eu notification de l'amnistie demanda-t-il des explications au gouvernement espagnol. Celui-ci fit savoir que la condition même de la suspension des hostilités ne s'étant pas trouvée réalisée, il n'avait rien à ajouter à ce qu'il avait déjà fait connaître. La situation devenait grave, d'autant plus que

---

(1) Cf. *Documentos presentados a las Cortes*, 1898, nᵒ 110.

(2) Voici du reste le texte même du décret pris par le maréchal Blanco : «. Le gouverneur général, considérant que la pacification de l'île est considérablement avancée dans les provinces occidentales et qu'il importe de seconder le gouvernement de la métropole, décrète : la concentration des paysans prend fin ; ceux-ci sont autorisés avec leurs familles à retourner à leurs champs pour y reprendre leurs travaux, sous la protection des autorités ; des comités de secours se sont formés à cet effet et leur viendront en aide pour qu'ils ne manquent pas de moyens de culture. Des travaux publics seront entrepris, des cuisines économiques seront établies pour assurer les subsistances aux conditions de meilleur marché ».

l'ardeur du Congrès augmentait sans cesse. MM. Bell, Adamson, Malharry Mahy, Bailey, tous de partis différents, déposaient des résolutions au sujet de la question cubaine. Ils proposaient même de reconnaître Cuba comme république libre et indépendante (1).

Quant aux Cubains, après avoir appelé les Etats-Unis, ils craignaient d'être submergés par eux. Aussi, envoyèrent-ils à M. Mac-Kinley une adresse où ils exposaient ainsi la situation : les insurgés n'étaient que la minorité, tandis que les autonomistes représentaient les neuf dixièmes du peuple cubain; il était regrettable qu'on ne laissât pas fonctionner un gouvernement qui ferait le bonheur du pays sous la souveraineté de l'Espagne ; il fallait respecter les sentiments de justice, ne pas imposer aux Cubains, sous le nom d'indépendance, un gouvernement qui serait la ruine du pays ; il fallait respecter les principes du droit américain et la mémoire de Washington (2). Sans doute, plusieurs partis politiques avaient été consultés pour la rédaction de cet acte, mais l'empressement de l'Espagne à le faire parvenir à Washington, l'énoncé même des idées qui y étaient contenues, prouvaient que le maréchal Blanco n'avait pas été étranger à sa composition.

Les puissances, voyant les événements se dérouler, désiraient en arrêter la marche, mais ne faisaient rien d'efficace pour y arriver; le Pape seul, qui avait encore présente à la mémoire son intervention de 1885 au sujet des îles Carolines, entre l'Espagne et l'Allemagne, espérait encore éviter la guerre et proposa sa médiation. Le 2 avril, le cardinal Rampolla allait trouver l'ambassadeur d'Espagne auprès du Saint-

---

(1) Témoin cette résolution conjointe déposée par M. Bailey : « Il est résolu par le Sénat et la Chambre des représentants réunis en congrès que, par une lutte héroïque contre la force des armes et les horreurs de la famine, le peuple cubain s'est montré digne d'être libre et que les Etats-Unis reconnaissent par la présente résolution, la République de Cuba comme Etat libre et indépendant ». *Temps*, 1ᵉʳ avril 1898.

(2) Cf. *Temps*, 3 avril 1898.

Siège, et lui demandait si l'Espagne accorderait une amnistie aux insurgés. Sur la demande du Souverain Pontife, l'Espagne acceptait, et Mgr Ireland allait avec le délégué apostolique trouver le président des Etats-Unis pour lui rendre compte des négociations du Pape. En même temps, le prélat américain faisait tous ses efforts auprès du représentant de l'Espagne à Washington, pour que le gouvernement de Madrid accordât l'amnistie sans conditions.

Emus de ces démarches, le 7 avril les ambassadeurs ou ministres des six grandes puissances (Allemagne, Autriche, France, Grande-Bretagne, Italie, Russie) faisaient auprès du président des Etats-Unis une tentative collective et lui remettaient une note l'invitant à reprendre de nouvelles négociations avec l'Espagne au sujet de la question cubaine (1).

Le Président se tint sur une prudente réserve. Il remercia d'abord les puissances de leurs sentiments de bonne volonté. Lui aussi espérait voir la question cubaine se résoudre amiablement; mais les intérêts des Etats-Unis exigeaient, avant tout, la répression de l'état chronique de trouble, état qui nuisait tant aux intérêts américains qu'à la tranquillité de la nation américaine. M. Mac-Kinley appréciait le caractère humanitaire et désintéressé de la communication à lui faite; et il était convaincu que les puissances apprécieraient également les efforts sincères des Etats-Unis pour remplir un devoir d'humanité en mettant un terme à la situation, dont la prolongation indéfinie était devenue intolérable.

(1) Voici le texte de cette note :

« Les représentants soussignés ont été dûment autorisés, au nom de leur gouvernement respectif, d'adresser un pressant appel aux sentiments d'humanité et de modération du président et du peuple américain, dans leur différend actuel avec l'Espagne. Ils espèrent vivement que nos nouvelles négociations conduiront à un accord, qui, tout en assurant le maintien de la paix, donnera toutes les garanties nécessaires pour le rétablissement de l'ordre à Cuba. Les puissances ne doutent pas un instant que le caractère absolument désintéressé et tout humanitaire de leur représentation sera entièrement reconnu et apprécié par la nation américaine ».

On put même croire à la suite de cette intervention, que solution pacifique allait s'imposer. Le président retarda l'apparition de son message. M. Woodford retira l'ultimatum qu'il avait transmis au ministre d'Etat espagnol, où il annonçait qu'il attendait jusqu'au soir seulement la promesse du gouvernement de Madrid d'accorder des réformes. L'Espagne signait l'armistice et notifiait cette décision à la Maison-Blanche par M. Polo de Bernabé, successeur de M. Dupuy de Lôme.

Toutes ces concessions n'empêchèrent pas le président Mac-Kinley de transmettre au Congrès le rapport de la commission d'enquête du *Maine* (le 9 avril), en l'accompagnant d'un message sur la situation à Cuba (1).

Après avoir débuté par un historique de la question, il montrait l'inutilité des efforts de l'Espagne pour réprimer l'insurrection, pour rendre aux *reconcentrados* non pas une prospérité relative, mais simplement la possibilité de vivre et de ne pas mourir de faim. Le président avait tout fait pour leur venir en aide ; mais maintenant, permettre la continuation de la lutte, c'était permettre l'extermination de l'un ou de l'autre des partis. Il fallait donc mettre fin à la guerre et c'était là le but poursuivi tout récemment par les Etats-Unis. « La véritable question, disait-il, en ce qui concerne la reconnaissance du droit de belligérance, est de savoir si la communauté qui le réclame est oui ou non indépendante ? Sans l'ombre d'un doute, au point de vue de l'opportunité, je ne crois pas qu'il soit sage, ni prudent pour le gouvernement américain, de reconnaître actuellement l'indépendance de la soi-disante République de Cuba. Cette reconnaissance n'est pas nécessaire pour permettre aux Etats-Unis d'intervenir dans le but de pacifier l'île. Lier le pays par la reconnaissance d'un gouvernement quelconque à Cuba, c'est s'engager dans tous les em-

---

(1) Cf. *Temps*, 13 avril 1898 ; *Documentos presentados a las Cortes*, n° 129, p. 172.

barras que créent les obligations internationales existantes vis-à-vis d'un pays reconnu ».

Restait l'alternative d'une intervention pour mettre fin à la guerre, soit en agissant comme Etat neutre et impartial, et en imposant un compromis entre les deux partis, soit en agissant comme l'allié actif d'un parti ou d'un autre.

L'intervention pacifique était impossible : les Etats-Unis en avaient essayé ; le gouvernement espagnol s'était élevé contre de pareilles tentatives.

Restait l'intervention par la force, intervention justifiée par des raisons rationnelles tirées des grandes lois de l'humanité et des précédents historiques. Mac-Kinley montrait les Etats voisins s'interposant pour arrêter le sacrifice inutile d'un grand nombre d'existences et énumérait alors les quatre grands arguments qui rendaient justifiable cette intervention des Etats-Unis :

1° La cause de l'humanité : et à cet argument il n'y avait pas à répondre que cela se passait dans un autre pays appartenant à une autre nation ; c'était le devoir particulier des Etats-Unis, parce que les événements se déroulaient à leurs portes ;

2° La protection des nationaux américains qui habitent Cuba, qui ont perdu leurs biens et qui ne perçoivent cependant de ce fait aucune indemnité ;

3° Les dommages causés au commerce et aux affaires par le vol, la destruction et la dévastation ouvertement conduites dans l'île ;

4° La menace perpétuelle portée à la paix des Etats-Unis et les dépenses énormes que cette inquiétude occasionne à tous moments, les navires de commerce américains craignant d'être détruits, ruinés, saisis. L'impossibilité de prévenir les expéditions flibustières cause une excitation extrême dans les deux partis et des embarras qui forcent l'Union à entretenir une armée pour ainsi dire sur pied de guerre.

« Et ces arguments ne sont pas de vains exemples pris au hasard, ils sont confirmés par les faits. L'explosion du *Maine*, dont nous connaissons les causes par l'enquête, a montré que le gouvernement espagnol ne pouvait assurer la sécurité d'un navire de la marine marchande dans le port même de la Havane, alors que ce navire avait une mission de paix et avait le droit d'être là ».

La conclusion s'imposait. Il fallait demander au Congrès d'autoriser le président à prendre des mesures pour assurer la cessation complète des hostilités entre le gouvernement espagnol et le peuple de Cuba, l'établissement d'un gouvernement stable, capable de maintenir l'ordre et d'observer ses obligations internationales en assurant la paix, la protection et la sécurité de ses citoyens aussi bien que des étrangers ; il fallait permettre au président d'employer les forces militaires et navales des Etats-Unis dans la mesure nécessaire pour atteindre ce but.

Le Président annonçait officiellement au Congrès que la reine régente d'Espagne avait ordonné au maréchal Blanco de préparer et de faciliter la paix et d'accorder l'armistice. Devant ces bonnes intentions, M. Mac-Kinley ne voulait pas presser les choses : il attendait, à la condition que l'armistice fût accepté par les rebelles et que la paix fût assurée.

A ce message était joint un rapport de M. Lee qui rappelait les désordres de la Havane, les horreurs de la *reconcentracion*, la cruauté des scènes dont il avait été le témoin oculaire ou qu'il pouvait affirmer, vu la qualité des personnes qui lui en avaient fait le récit.

Le message du président souleva des applaudissements frénétiques au moment où il lut le passage relatif à la cessation de la guerre. Ce document fut envoyé dans les deux Chambres, au comité des affaires étrangères. Mais déjà, à côté des jingoës les plus avancés, commençait à se former le parti des conservateurs rebelles à l'annexionnisme, à « la guerre des conquêtes ».

Cependant des poussées belliqueuses se faisaient de plus en plus jour : « Nous ne devons pas, répondait M. Stewart, aller à Cuba à moins que ce ne soit pour reconnaître les droits et l'autorité des fonctionnaires de la République cubaine et pour prêter notre assistance aux insurgés ». Ainsi les plus modérés admettaient l'intervention des Etats-Unis en faveur de l'indépendance cubaine.

L'explosion du *Maine* étant un acte de guerre, le public américain donnait d'avance son approbation à une guerre qui aurait pour objet de laver la tache produite par cet ignoble attentat. Le sénateur Butler, de la Caroline du Nord, proposa de considérer l'explosion du *Maine* comme un acte de guerre contre les Etats-Unis, et de reconnaître la République cubaine, afin de venger le crime ignoble et sans précédent, tout en mettant fin à une guerre atroce.

En fait, le président Mac-Kinley avait déclaré que l'instant était solennel, qu'il avait épuisé tous les efforts pour obtenir une solution, qu'il était prêt à remplir son devoir, mais qu'il attendait la décision du Congrès.

Laisser au Congrès le soin de trancher cette situation délicate, c'était déclarer nettement que l'on ferait la guerre à l'Espagne et que l'on interviendrait par la force à Cuba.

Le gouvernement espagnol ne pouvait laisser sans réponse le message américain ; le 13 avril, en même temps qu'il publiait au *Journal officiel* la concession de l'armistice, le cabinet espagnol répondait au message présidentiel par l'affirmation de ses droits vis-à-vis de Cuba (1).

« Le Conseil estime, disait ce document, que ce qu'il connaît du message présidentiel suffit pour affirmer, en face des doctrines du message, que la souveraineté et les droits de la nation espagnole sont incompatibles avec des ingérences étrangères dans les résolutions concernant ses

(1) Cf. *Temps*, 14 avril.

affaires intérieures. Le gouvernement estime qu'en dehors de la solennelle déclaration des droits de la nation, il n'a à en faire aucune autre tant que la décision du Congrès américain et les initiatives du président ne résoudront pas en des faits concrets les doctrines exposées dans le document en question ». Ce que l'Espagne demandait, c'était la preuve des accusations portées contre elle par Mac-Kinley. « L'inébranlable conscience de son droit, jointe à la résolution de le maintenir intact, inspirera au gouvernement et à la nation le calme dans ces moments difficiles pour diriger avec sûreté et défendre avec énergie les intérêts et le patrimoine de la race espagnole ».

Et les ministres de la guerre et de la marine faisaient connaître dans ce communiqué qu'ils prenaient leurs dispositions pour mettre en état de complète organisation les forces de terre et de mer. Quant au ministre des finances, il présentait un décret ouvrant officiellement la souscription pour la défense nationale.

A Washington, au Sénat, les résolutions déposées étaient encore plus hostiles que celles des jours précédents. M. Lindsay de Kentucky proposait de s'entendre avec le général Gomez pour obtenir l'indépendance de Cuba. Un ordre du jour de M. Wilson invitait M. Mac-Kinley à établir un gouvernement républicain stable à Cuba et à employer au besoin la force armée pour atteindre ce but. Enfin le rapport de la commission du Sénat qui suivit de près ces résolutions était particulièrement hostile à l'Espagne.

Après avoir démontré la sincérité de l'enquête relative à la catastrophe du *Maine*, le rapport concluait : « Votre commission estime que la destruction du *Maine* est due aux autorités espagnoles ou qu'elle a été rendue possible par une négligence si lourde et si voulue qu'elle équivaut, en ce qui concerne la culpabilité, à un acte criminel positif. Le moment de l'explosion a été choisi : c'est celui où le navire devait se trouver dans la zone dangereuse de l'action de la mine. La duplicité, la cruauté, la perfidie du tempérament espagnol se sont manifestées à maintes reprises pendant toute la durée de la guerre de Cuba. Toutes ces circonstances, prises ensemble en considération, confirment que la destruction est le fait direct des autorités espagnoles ou la conséquence de leur négligence criminelle ».

C'était alors un récit détaillé de la cruauté des Espagnols à Cuba, une succession ininterrompue des comptes-rendus sensationnels envoyés par les consuls américains, un tableau exagéré représentant l'Espagne désireuse d'anéantir systématiquement la race cubaine, oublieuse des lois de la civilisation, faisant massacrer les prisonniers, les malades et les blessés.

L'humanité, la paix du monde justifiaient donc l'intervention d'une puissance étrangère dans les affaires intérieures d'une autre nation; Cuba n'était-elle pas l'Arménie du Nouveau-Monde? Le sénateur Davis, président de la commission, déposa une résolution tendant à la reconnaissance de la République cubaine (1). La majorité et la minorité de la commis-

(1) Attendu que l'état de choses détestable qui existe depuis plus de trois ans dans l'île de Cuba, si proche de nos côtes, révolte la conscience du peuple des Etats-Unis, et n'est qu'une honte pour la civilisation chrétienne ; attendu que cet état de choses détestable qui a abouti à la destruction d'un navire de guerre des Etats-Unis et à la mort de deux cent soixante-six de ses officiers ou de ses marins, alors que ce navire était en visite amicale dans le port de la Havane, ne peut pas être supporté plus longtemps, ainsi que l'a montré le président des Etats-Unis dans son message du 11 avril 1898 au Congrès, message qui appelle une action du Congrès, il a donc été arrêté :

1° que la population de l'île de Cuba est et doit être de plein droit libre et indépendante ;

2° qu'il est du devoir des Etats-Unis de demander et que le gouvernement des Etats-Unis demande par la présente résolution que le gouvernement de l'Espagne abandonne immédiatement son autorité et son gouvernement dans l'île de Cuba et retire ses forces de terre et de mer de Cuba et des eaux de Cuba ;

3° que le président des Etats-Unis reçoive, et il reçoit par cette déclaration

sion des affaires étrangères avaient, du reste, déposé des rapports analogues à ceux du Sénat dont le caractère violent et injurieux se manifestait à chaque ligne.

Le Sénat eut le sang-froid de différer le vote de cette résolution (1), mais ce sang-froid ne dura pas longtemps. Quelques jours plus tard était votée, à une grosse majorité, une nouvelle résolution, qui invitait le président à faire cesser la révolte et au besoin à déclarer la guerre pour y arriver (2).

Cette résolution contenait un mandat impératif en ce qui concerne la cessation des hostilités, il y avait un mandat facultatif en ce qui concernait le recours à la force.

Quoi qu'il en soit, il faut blâmer le président Mac-Kinley de s'être déchargé sur le Congrès de la responsabilité d'une telle décision. S'il appartient au Congrès de voter une déclaration de guerre, il ne lui appartient point de fixer au Président une ligne de conduite.

La discussion continua au Sénat les jours suivants. On put croire, un moment, que la différence d'interprétation des ré-

l'ordre et les pouvoirs d'employer toutes les forces de terre et de mer des Etats-Unis et d'appeler au service des Etats-Unis, la milice des divers Etats dans la proportion où ce sera nécessaire pour donner plein effet à la présente résolution ».

Le Sénat ne prit point tout de suite de décision. Les modérés, dirigés par le sénateur Hoar, étant d'avis qu'il fallait discuter cette résolution avant de la voter. Par contre, la Chambre des représentants prit une décision précipitée après une discussion très violente.

(1) *Temps*, 15 avril 1898.

(2) « Il est résolu que la guerre existante entre l'Espagne et le peuple de Cuba a été amenée par l'Espagne en violant d'une manière flagrante les lois de la guerre civilisée, à tel point qu'elle a scandalisé le monde et créé un état de choses qui est devenu intolérable.

Que tous les efforts de la diplomatie pour mettre fin à cet état de choses ont échoué, que le peuple de Cuba est de droit et doit être de fait libre et indépendant.

Que le président soit par la présente autorisé et invite immédiatement à faire cesser les hostilités à Cuba et lui assurer un gouvernement stable et qu'il soit invité à employer les forces de terre et de mer des Etats-Unis à ces fins ».

solutions des deux Chambres allait permettre de retarder le conflit. Il n'en fut rien. Le Sénat tint à montrer sa volonté bien arrêtée d'intervenir à Cuba. Une commission interparlementaire nommée le 18 avril élabora un nouveau projet de résolution qui reproduisait, à peu de chose près, le texte primitif du Sénat, tout en supprimant les amendements relatifs à la reconnaissance de la République cubaine, à laquelle s'étaient opposés le président Mac-Kinley et la Chambre des représentants.

En conséquence, on arrêta une résolution conjointe, constituant un mandat impératif pour le président Mac-Kinley.

« Attendu, disait la résolution, que l'état de choses détestable qui existe depuis plus de trois ans dans l'île de Cuba si proche de nos côtes, révolte la conscience du peuple des Etats-Unis et n'est qu'une honte pour la civilisation chrétienne.

« Attendu que cet état de choses qui a abouti à la destruction d'un navire de guerre des Etats-Unis et à la mort de deux cent soixante-six de ses officiers ou de ses marins, alors que ce navire était en visite amicale dans le port de la Havane, ne peut pas être supporté plus longtemps, ainsi que l'a montré le président des Etats-Unis dans son message du 11 avril 1898, message qui appelle une action du Congrès, il a donc été arrêté :

« 1° que la population de l'île de Cuba est et doit être, de plein droit, libre et indépendante ;

« 2° que c'est le devoir des Etats-Unis de demander et que le gouvernement des Etats-Unis demande, par la présente résolution, que le gouvernement de l'Espagne abandonne immédiatement son autorité et son gouvernement dans l'île de Cuba et retire ses forces de terre et de mer de Cuba et des eaux de Cuba ;

« 3° que le Président des Etats-Unis reçoive et il reçoit par cette déclaration l'ordre et les pouvoirs d'employer toutes les forces de terre et de mer des Etats-Unis et d'appeler au service

la milice des divers Etats dans la proportion où ce sera nécessaire pour donner plein effet à la résolution ;

« 4° que les Etats répudient, par la présente, toute intervention d'exercer une souveraineté, une juridiction ou un contrôle quelconque sur ladite île, excepté pour en amener la
pacification et affirmer la détermination des Etats-Unis de laisser le gouvernement et le contrôle de l'île à son peuple quand
cette pacification sera accomplie » (1).

Il ne restait plus au président Mac-Kinley qu'à donner son
approbation à la résolution conjointe des Chambres : il le faisait le 20 avril et, le même jour, il adressait, par l'entremise
du général Woodford, un ultimatum au gouvernement espagnol. L'Espagne était sommée de renoncer immédiatement à
la souveraineté de l'île de Cuba et sur les eaux cubaines.

Par contre, les Etats-Unis répudiaient toute intention d'exercer une souveraineté, une juridiction ou un contrôle sur Cuba ;
ils affirmaient leur détermination, une fois ce but atteint, de
laisser le gouvernement et le contrôle de Cuba à la population indigène qui constituerait un gouvernement libre et indépendant.

Les Etats-Unis donnèrent jusqu'au 23 avril, à midi, au gouvernement espagnol, pour répondre à cet ultimatum. Le
24 avril, dans la nuit, le général Woodford recevait du ministre des affaires étrangères d'Espagne, une note ainsi
conçue :

« Remplissant un devoir pénible, j'ai l'honneur de communiquer à Votre Excellence que le président de la République
ayant sanctionné une résolution des deux Chambres des Etats-
Unis qui, en contestant la légitimité souveraine de l'Espagne
et en formulant une menace d'intervention armée immédiate
à Cuba, équivaut à une évidente déclaration de guerre, le
gouvernement de Sa Majesté a ordonné à son ministre à

(1) Cf. *Documentos presentados a las Cortes*, 1898, n° 143.

Washington de se retirer sans perdre de temps du territoire nord-américain avec tout le personnel de la légation ; les relations diplomatiques qui ont si longtemps duré entre les deux pays sont par ce fait interrompues, et toutes communications officielles cessent entre leurs représentants respectifs.

« Je m'empresse de le porter à la connaissance de Votre Excellence, afin qu'elle adopte de son côté les dispositions qu'elle croira convenables. Je prie en même temps Votre Excellence de bien vouloir accuser réception de la présente note et je profite de cette occasion pour lui réitérer l'assurance de ma considération distinguée. — PIO GULLON ».

L'Espagne avait refusé de recevoir communication de l'ultimatum, et ce refus supprimait le délai pour y répondre.

Dès ce jour, l'état de guerre existait entre les deux pays.

Le général Woodford quittait Madrid dans les vingt-quatre heures qui suivaient le départ de Washington de don Luis Polo de Bernabé. La reine avait la veille, dans un discours lu par elle aux Cortès, fait entrevoir la rupture.

Le 18 avril, M. Gullon avait envoyé à tous les représentants espagnols auprès des puissances, un memorandum dans lequel il avait démontré que c'était le Sugar-trust qui avait fomenté et organisé l'insurrection à Cuba. Malgré les réclamations continuelles de l'Espagne, des expéditions flibustières s'étaient organisées sur le territoire américain ; les principaux chefs de l'insurrection cubaine étaient des aventuriers de tous pays, faisant de la guerre un métier. Le ministre d'Etat énumérait les concessions accordées à Cuba, les efforts soutenus du gouvernement espagnol pour obtenir en vain la pacification de l'île, et en regard il énumérait l'action provocatrice des consuls américains, se faisant agents de la révolte.

Il montrait aussi que lors de la mise en exécution des décrets de 1897, alors que la paix paraissait assurée, une escadre américaine avait été envoyée dans les eaux cubaines, en manière d'encouragement aux insurgés. Et le ministre appuyait

tous ses dires de documents irréfutables, prouvant la mauvaise foi des hommes politiques de l'Union (1).

Quelques jours plus tard, les Etats-Unis tenaient à déclarer
officiellement la guerre, afin de déterminer exactement la situation au point de vue international (2).

En même temps le blocus de Cuba était établi, et les
hostilités commencées dans les eaux cubaines. Les diverses
puissances proclamaient leur neutralité (3).

La guerre traîna pendant deux mois, les flottes se cherchèrent sans pouvoir se trouver et il n'y eut point d'engagement sérieux. Les Américains, après avoir attaqué l'Espagne
dans l'île, l'attaquèrent aux Philippines où ils envoyèrent une
escadre commandée par l'amiral Dewey. L'amiral Montojo
était chargé de se porter au-devant des forces de l'Union. Aux
Antilles, le blocus ne semblait point produire ses effets. L'a-
miral Sampson avait bien, sans doute, bombardé, de temps
à autre, les côtes et principalement le fort de Macao; mais il
ne s'était passé aucun fait grave. C'est alors que se passa le
drame de l'escadre de Cervera.

Quittant les îles du Cap-Vert à la dérobée, l'amiral Cervera
était arrivé à la Martinique et à Curaçao ; puis, au lieu de
profiter de ses avantages, il s'enferma dans le cul-de-sac de
Santiago, décidé à attendre de pied ferme les navires américains.
C'est ce qui eut lieu. L'escadre de l'amiral Sampson et celle du
commodore Shley poursuivirent l'escadre espagnole dans sa
retraite, fermant, comme on l'a dit, le goulot de la bouteille.
Le lieutenant Hobson coula le *Merrimac* en plein chenal
pour rendre l'issue impraticable. C'était là, peut-être, un
courage héroïque, mais en tout cas une perte bien inutile,
puisque jamais l'issue ne fut complètement fermée. L'amiral

(1) Cf. *Documentos presentados a las Cortes*, 1898, n° 140
(2) Cf. *Temps*, 29 avril 1898.
(3) Cf. à ce sujet, R. D. I. P., V, Documents, p. 1 et s.

Sampson débarqua des troupes à l'est de Santiago (20,000 hommes). Celles-ci, commandées par le général Shafter, se composaient de quelques régiments de volontaires comprenant les fameux rough-riders, recrutés par M. Rosewelt parmi les cowboys du Texas et du Nouveau-Mexique, et les *dudds*, ou élégants, de New-York. Shafter, en débarquant à Cuba, s'était entendu avec le chef insurgé Gomez. Au mois de juillet il attaquait Santiago défendue par les généraux Linares, Toral et Vara del Rey.

Pendant ce temps-là, tout à fait à l'insu de Shafter, le général Miles se dirigeait sur Santiago. Le 1er et le 2 juillet, l'amiral Cervera débarquait quelques canons et essayait d'arrêter l'armée d'investissement. Après une lutte terrible, où les Espagnols qui avaient la supériorité de vitesse pointaient mal leurs pièces (1), ils furent anéantis, et un seul de leurs navires, le *Cristobal Colon*, sembla devoir échapper à la ruine. C'était là un fol espoir. Poursuivi par les croiseurs américains, le navire fut pris, et l'amiral Cervera, blessé, fait prisonnier. Le 4 juillet, l'amiral Sampson faisait présent à son pays, pour la fête nationale, de l'anéantissement de la puissance navale de l'Espagne. En même temps, on annonçait le désastre de Cavite, où l'amiral Montojo avait vu son escadre détruite par l'amiral Dewey.

§ IX

La France s'entremit et l'on parla de paix.

Les premières discussions qui eurent lieu eurent trait aux conditions mêmes qu'il s'agissait de proposer. L'Espagne, dans sa demande de paix, avait exigé la cessation des hostilités sans rien stipuler. Des négociations ultérieures devaient fixer les résolutions définitives. Elle était disposée à accepter, ou l'indépendance absolue de Cuba ou l'indépendance sous le

---

(1) Un seul homme de l'équipage américain fut atteint dans ce duel à mort.

protectorat américain, ou l'annexion pure et simple aux Etats-
Unis. Sans doute, les sympathies étaient pour le dernier
terme de la proposition ; car, par l'annexion, la sécurité la
plus grande était assurée à tous les Espagnols domiciliés à
Cuba. Peut-être aussi y avait-il là, comme on peut s'en
rendre compte à la lecture des procès-verbaux de la commission de la paix, une question financière en jeu. En donnant
Cuba aux Etats-Unis, l'Espagne lui donnait non seulement la
souveraineté, mais lui donnait encore toutes les charges in-
combant à l'exercice de cette souveraineté et particulièrement
le fardeau de la dette.

Le président Mac-Kinley, dans la réponse qu'il fit à M. Cambon, le 30 juillet, énumérait quelles étaient les conditions
stipulées par les Etats-Unis (1). Il exigeait la cession aux Etats-
Unis, l'évacuation immédiate de Porto-Rico et des autres îles
appartenant à l'Espagne dans les Indes occidentales ; d'autre
part, la cession de l'une des îles de l'archipel des Ladrones,
île qui serait désignée par les Etats-Unis. Il demandait l'occupation de la ville, de la baie et du port de Manille, en attendant la conclusion d'un traité de paix qui déterminerait la
constitution et le gouvernement définitif des Philippines.

M. Mac-Kinley restait dans des termes très vagues au sujet
de la situation des Philippines, et désirait peut-être auparavant
consulter à ce sujet l'opinion du peuple américain. M. Cambon fit observer alors au gouvernement américain que l'Espagne ne pouvait retirer ses troupes de Porto-Rico dans les
conditions proposées par M. Mac-Kinley, et obtint ainsi quelques concessions de détails : les troupes espagnoles de Porto-
Rico seraient non seulement dégagées de l'obligation de se
rendre aux Américains, mais simplement tenues d'évacuer l'île.
Enfin, la réunion d'une commission chargée de traiter la paix
à Paris était décidée en principe (2). Le gouvernement de

(1) *Documentos presentados a las Cortes*, 1898, 2ᵉ vol., nº 96.
(2) Cf. *Temps*, 6 août.

Madrid accepta sans discussion ces préliminaires, en insistant toutefois sur la nécessité où il se trouvait de mettre fin à la guerre. Le 11 août 1898, M. Cambon pouvait transmettre à Paris et de là à Madrid le protocole des préliminaires de paix (1).

L'Espagne renonçait à la souveraineté de Cuba et de Porto-Rico (2), consentait à l'occupation de la baie et du port de Manille, quitte à spécifier par un traité ce que deviendraient dans la suite les Philippines (3). Il était stipulé qu'on procéderait à la nomination de commissaires chargés d'exécuter ce transfert de souveraineté et à la nomination de plénipotentiaires chargés d'élaborer le traité définitif de paix (4).

(1) *Documentos presentados a las Cortes*, 1898, 2ᵉ vol., nᵒ 105. Voir la traduction française, nᵒ 113.

(2) Article I. L'Espagne renonce à toute prétention à sa souveraineté et à tout droit sur Cuba.

Article II. L'Espagne cédera aux Etats-Unis l'île de Porto-Rico et les autres îles actuellement sous la souveraineté espagnole, dans les Indes occidentales, ainsi qu'une île dans les Ladrones qui sera choisie par les Etats-Unis.

(3) Article III. Les Etats-Unis occuperont et tiendront la baie et le port de Manille, en attendant la conclusion d'un traité de paix qui devra déterminer le contrôle, la disposition et le gouvernement des Philippines.

(4) Article IV. L'Espagne évacuera immédiatement Cuba, Porto-Rico et les autres îles actuellement sous la domination espagnole dans les Indes occidentales : à cet effet, chacun des deux gouvernements nommera dans les dix jours qui suivront la signature de ce protocole des commissaires, et les commissaires ainsi nommés devront dans les trente jours qui suivront la signature de ce protocole se rencontrer à la Havane afin d'arranger et d'exécuter les détails de l'évacuation sus-mentionnée de Cuba et des îles espagnoles adjacentes, et chacun des deux gouvernements nommera également dans les dix jours qui suivront la signature de ce protocole d'autres commissaires qui, dans les trente jours de la signature de ce protocole, devront se rencontrer à San Juan de Porto-Rico, afin d'arranger et d'exécuter les détails de l'évacuation sus-mentionnée de Porto-Rico et des autres îles actuellement sous la souveraineté espagnole dans les Indes occidentales.

Article V. Les Etats-Unis et l'Espagne nommeront pour traiter la paix, cinq commissaires au plus pour chaque pays, les commissaires ainsi nommés devront se rencontrer à Paris le 1ᵉʳ octobre 1898 au plus tard, et procéder à la négociation et à la conclusion d'un traité de paix. Ce traité sujet à ratification selon les formes constitutionnelles des deux pays.

Enfin, les hostilités devaient être suspendues (1) (12 août 1898).

Les conditions étaient dures et les États-Unis faisaient payer chèrement à l'Espagne le prix de leurs victoires. Remarquons-le cependant, il n'y avait dans ce protocole aucune stipulation d'impôt de guerre et pourtant la guerre cubaine avait coûté aux États-Unis plus de 100 millions de dollars (2).

Comme le protocole du 12 août l'avait réglé (3), la commission de la paix se réunit à Paris le 1ᵉʳ octobre.

Les commissaires espagnols acceptèrent immédiatement la cession de Porto-Rico et de l'île Guam, dans les Ladrones, mais ils présentèrent aussitôt un contre-projet relativement à la cession de la souveraineté à Cuba.

Ils voulaient à tout prix transférer cette souveraineté de Cuba aux États-Unis, pour qu'ils la transférassent ensuite aux Cubains. C'est donc sur l'article 1ᵉʳ du protocole que la discussion s'engagea (4).

Le transfert de la souveraineté, disaient les commissaires espagnols, appelle en même temps le transfert de toutes les charges et obligations existantes du moment où elles ont été établies par l'Espagne. Or il faut mentionner ce transfert et, par là même, toutes les dettes, quelle qu'en soit l'origine, charges de justice, soldes et paiements de fonctionnaires civils ou ecclésiastiques, doivent revenir aux États-Unis, c'est du reste adopter la solution qui dérive de la notion même de souveraineté. La souveraineté est faite pour le bien des peuples, et les droits qu'a la souveraineté se convertissent en certaines

---

(1) Article VI. A la conclusion et à la signature de ce protocole, les hostilités entre les deux pays devront être suspendues et des ordres à cet effet devront être donnés aussitôt que possible par chacun des deux gouvernements aux commandants de ses forces de terre et de mer.

(2) Voir à ce sujet : *Les finances américaines et la guerre espagnole*, Achille VIALLATTE, Correspondant, 25 septembre 1898.

(3) Art. V.

(4) Art. V.

obligations vis-à-vis de ses sujets, c'est pour cela que le souverain doit employer au bien même de son peuple les impôts qu'il recueille. Il est contraire donc à toute idée de justice que le souverain, qui perd ses droits de souveraineté, reste néanmoins astreint à des obligations qui ne sont que le corollaire de ses droits. Et à l'appui de cette façon d'interpréter les choses, les commissaires espagnols invoquaient les précédents historiques eux-mêmes. Bonaparte, qui était peu soucieux des règles législatives, n'avait jamais violé cette règle d'éternelle justice. Si on examine du reste quel est le fondement de la dette cubaine, quel est et quel a été le mode de justice des colonies espagnoles, on verra que l'emploi même des fonds, qui constituent la dette, a été fait pour le bien-être de la colonie elle-même. Quoique les colonies fussent divisées en capitaineries générales, il y avait bien une centralisation, mais généralement il était de règle que chaque capitainerie se suffît à elle-même. Lorsqu'il y avait pourtant un déficit, ce n'était point à la métropole qu'on demandait de le combler, mais à la colonie la plus voisine. C'est ce qui est arrivé en particulier pour Cuba, de 1766 à 1808. Ainsi, la viceroyauté du Mexique a dû payer un déficit de 108 millions de pesos. Les services judiciaires et administratifs des colonies sont complètement séparés de ceux de la métropole ; ils sont soutenus par l'argent de la colonie et par cet argent seul. Et cette règle que nous proposerons, disaient les commissaires espagnols, est celle suivie par toutes les républiques hispano-américaines lors de leur séparation de la métropole au commencement du siècle. Ce sont leurs juntes, bien avant que ces nouveaux Etats fussent reconnus par la métropole, qui ont déclaré justes et même privilégiées toutes les dettes contractées par la couronne d'Espagne pendant sa domination.

Ils citaient à l'appui de leurs dires les traités passés entre l'Espagne et la République argentine (21 septembre 1863), l'Uruguay (19 juillet 1870), la Bolivie (21 juillet 1847).

A ce raisonnement, les représentants de l'Union répondaient que l'Espagne avait bien renoncé à Cuba, mais qu'elle n'avait point fait cette renonciation au profit des Etats-Unis. Quant à cette prétendue distinction des services coloniaux et des services de la métropole, elle n'était pas aussi nette que le prétendaient les commissaires espagnols. A Cuba, il n'y avait pas d'autonomie financière, puisque c'était là un des griefs qui avaient amené l'insurrection. Quant à l'origine de la dette cubaine, origine qui aurait pour cause le bien même de Cuba, elle n'est pas telle que semble l'affirmer l'Espagne, bien au contraire, elle va à l'encontre même de ses prétentions.

Avant 1881, il n'y a pas, à proprement parler, de dette cubaine, car il y avait, en général, un excédent de recettes, excédent qui est toujours allé à Madrid. C'est ainsi qu'on constate que de 1856 à 1861, il a été versé à la métropole 27 millions de pesos.

Cuba a supporté les frais de la guerre de Dix-Ans, et avec eux la dette a augmenté de 170 millions de pesos. En 1886, il y a eu une consolidation de billets hypothécaires sur Cuba de 124 millions de piastres. Sans doute, ce sont bien les revenus de Cuba qui paient les intérêts et l'amortissement, mais le vrai caractère de la dette apparaît avec la garantie donnée par l'Espagne à cette dette. L'amortissement est fait par une institution financière espagnole, la banque hispano-coloniale, qui prélève à la Havane une somme de 33,339 douros et l'émission est faite aussi par la métropole elle-même, qui, dernièrement, en 1895 et en 1898, a pris à sa charge ces opérations financières. Ces dettes ne sont donc point des dettes locales ou d'apport, contractées au profit de Cuba : ce sont des dettes créées par l'Espagne à son profit, des dettes que Cuba n'a ni consenties, ni votées. On ne peut donc les imposer aux Cubains dont elles ont même servi à contrecarrer les projets (1).

_____

(1) Cf. *Documentos presentados a las Cortes*, 1899, n° 29 B.

Le 21 octobre 1898, un nouveau projet fut présenté par les commissaires espagnols. Dans ce projet, il y avait déjà une atténuation aux premières propositions. Les commissaires espagnols proposaient de nommer une commission d'enquête chargée de vérifier l'origine des dettes de Cuba et de les attribuer, suivant cette origine, à Cuba ou à l'Espagne. De nouveau, la commission américaine refusa. Les Espagnols durent en passer par les volontés des Américains. L'Espagne renonçait à la souveraineté de Cuba, tout en gardant la dette cubaine.

Quand on arriva à la question des Philippines, la lutte fut plus vive.

Nous avons vu qu'au moment de la signature du protocole, malgré les instances de M. Cambon, le président Mac-Kinley n'avait point voulu se découvrir relativement à la situation des Philippines et n'avait accepté qu'une rédaction ambiguë de l'article qui traitait de la question. « Les Etats-Unis, avait-il été dit, occuperont et tiendront la ville, la baie et le port de Manille, en attendant la conclusion d'un traité de paix qui devra déterminer le contrôle, la disposition et le gouvernement des Philippines ».

Le vague de la rédaction de l'art. 3 donnait libre champ aux prétentions américaines. Aussi de nombreuses discussions s'engagèrent-elles sur le texte même de l'art. 3 du protocole. « C'est, prétendirent les Espagnols, d'une acceptation temporaire et provisoire qu'il s'agit, et non d'une occupation définitive. On a parlé de contrôle et non pas de gouvernement ; on ne s'est point occupé d'évacuation ; par conséquent, une seule chose reste à régler, le contrôle des Philippines » (1).

Les Américains se retirèrent alors derrière une interprétation particulière ; ils s'appuyaient pour interpréter le texte sur les termes mêmes du protocole, faisant remarquer que, dans

(1) Cf. *Documentos presentados a las Cortes*, 1899, n° 60.

ces discussions, ils faisaient usage du mot *control* sans *e* final, dont le sens était tout différend du mot français « *contrôle* ». Le substantif anglais « *control* » et le verbe « *to control* », dont l'un des sens correspond aux expressions françaises *contrôle* et *contrôler*, ont aussi un sens plus étendu, qui implique jusqu'à un certain point une idée de possession. Lord Kimberley, lors de l'affaire de Fachoda, avait ainsi parlé du *self-control* du Parlement français, c'est-à-dire du sang-froid qu'il avait montré, de la possession de lui-même dont il avait fait preuve. C'est ce mot *control* que les Anglais ont employé souvent pour définir leur domination dans la vallée du Nil, et c'est aussi dans ce sens que les Américains ont demandé, lors de la signature du protocole « *the control of disposition and government of the Philippines* » (1). Mais, en outre, il y a une autre raison : la guerre de Cuba a coûté fort cher ; les Etats-Unis n'ont demandé aucune indemnité pécuniaire aux Espagnols ; il faut par conséquent considérer la cession de Porto-Rico, de l'île de Guam ou des Philippines comme simplement faite en compensation des dépenses occasionnées par la guerre.

Encore sur ce point, la bataille était gagnée (30 novembre 1898). Les Etats-Unis obtenaient tout ce que contenait leur programme le plus étendu : ils avaient toujours témoigné une exigence sans bornes, une intransigeance insurmontable, et avaient sans cesse émis des prétentions *ne varietur*. Aussi M. Montero-Rios, à la veille de la signature du traité, avait-il remis à la Commission de la paix un memorandum de protestation pour édifier les chancelleries européennes sur la conduite des commissaires américains. Il s'était élevé avec fermeté contre les décisions de la diplomatie américaine. N'avait-elle pas refusé de reconnaître aux habitants des pays cédés ou abandonnés par l'Espagne le droit d'opter pour la nationalité à

---

(1) Cf. *Documentos presentados a las Cortes*, 1899, n° 71 B.

laquelle ils avaient appartenu jusqu'à ce jour? N'avait-elle pas violé les contrats passés par le souverain légitime pour l'exécution des œuvres et travaux d'utilité publique? Le plénipotentiaire espagnol rappelait aussi le refus des Américains de rendre les cautions déposées dans les trésors de Cuba et de Porto-Rico par des particuliers espagnols, l'ultimatum des Américains, en vue d'exiger la remise des Philippines, les dénonciations calomnieuses du président Mac-Kinley au sujet de la catastrophe du *Maine*.

Le traité de Paris réalisait donc la renonciation à la propriété et à la souveraineté de Cuba, la cession de Porto-Rico, de l'île de Guam et des Philippines aux Etats-Unis (1).

Les Etats-Unis payaient en outre à l'Espagne une somme de 20 millions de dollars (20,000,000), qu'ils s'engageaient à verser dans les trois mois, à compter de l'échange des ratifications du présent traité.

(1) Voici le texte de ce traité :

Article I. L'Espagne renonce à tout droit de propriété et de souveraineté sur Cuba.

Attendu que ladite île, une fois évacuée par l'Espagne, doit être occupée par les Etats-Unis qui, durant cette occupation, prendront à leur charge et rempliront les obligations que, par le fait même de cette occupation, leur impose le droit international pour la protection des vies et des haciendas.

Article II. L'Espagne cède aux Etats-Unis l'île de Porto-Rico et les autres îles qui se trouvent actuellement sous sa souveraineté dans les Indes occidentales et l'île de Guam dans l'archipel des Mariannes ou Ladrones.

Article III. L'Espagne cède aux Etats-Unis l'archipel connu sous le nom d'îles Philippines qui comprend les îles situées dans les lignes suivantes :

Une ligne qui va de l'ouest à l'est vers le 20e degré parallèle de latitude nord au travers de la moitié du canal navigable de Bachi, depuis le 118e au 127e degré méridien de longitude est de Greenwich au parallèle 4° 45′ de latitude nord, de là suivant le parallèle de 4° 45′ de latitude nord jusqu'à son intersection avec le méridien de longitude 119° 35′ est de Greenwich ; de là suivant le méridien de 119° 35′ est de Greenwich au parallèle de latitude 7° 40′ nord ; de là suivant le parallèle 7° 40′ nord à son intersection avec le 116° méridien de longitude est de Greenwich, au point où commence cette démarcation.

Les Etats-Unis paieront à l'Espagne la somme de vingt millions de dollars

Le 16 février 1899, le Sénat américain, par 57 voix contre 27, ratifiait le traité de paix avec l'Espagne, et le 16 mars 1899, la reine signait la ratification de ce même traité de paix sans demander aux Chambres la ratification nécessaire, violant par là l'article 5 de la Constitution ainsi conçu : « Le roi devra être autorisé par une loi spéciale pour aliéner, céder ou échanger une partie du territoire espagnol ».

Les Etats-Unis avaient l'île de Cuba à gérer.

Qu'allaient-ils en faire ?

§ X

Le traité de Paris a-t-il résolu la question cubaine ? Il est difficile, complexe, et peut-être même impossible de répondre d'une façon catégorique. L'avenir seul dira si réellement les discordes sont éteintes, l'ordre rétabli et la prospérité ramenée.

(20,000,000), dans l'espace de trois mois à compter de l'échange des ratifications du présent traité.

Article IV. Les Etats-Unis pendant une période de dix années à compter de l'échange de la ratification du présent traité, admettront dans les ports des îles Philippines, les navires et les marchandises espagnols aux mêmes conditions que les navires et les marchandises des Etats-Unis.

Article V. Les Etats-Unis, dès la signature du présent traité, transporteront en Espagne, à leurs frais, les soldats espagnols que firent prisonniers de guerre les forces américaines lors de la prise de Manille.

Les armes des soldats en question leur seront restituées.

L'Espagne, dès l'échange des ratifications du présent traité, procédera à l'évacuation des îles Philippines ainsi que de l'île de Guam, suivant les mêmes conditions octroyées par les commissions nommées pour décider l'évacuation de Porto-Rico et des autres îles des Antilles occidentales, suivant le protocole du 12 août 1898, qui continuera à demeurer en vigueur jusqu'à ce que soient complètement remplies ces clauses.

La période pendant laquelle devra être achevée l'évacuation des îles Philippines et de l'île de Guam sera fixée par les deux gouvernements.

Seront propriété de l'Espagne pavillons et étendards, navires de guerre non capturés, armes portatives, canons de tous les calibres avec leur montage et accessoires, poudres, munitions et effets de toutes sortes appartenant aux armées de terre et de mer de l'Espagne, dans les îles Philippines et de Guam.

Les pièces de gros calibre qui n'appartiennent pas à l'artillerie de campagne.

Dans son message du 3 décembre 1898, le président Mac-Kinley, faisant allusion à la guerre hispano-américaine, en rappelait les différentes causes et s'étendait sur la situation actuelle de Cuba. L'évacuation de l'île ne pouvait être complète avant le 1ᵉʳ janvier prochain. La pacification allait se faire, et, une fois l'œuvre de paix menée à bonne fin, le cabinet de Washington demanderait à la population de cette île de former son propre gouvernement. Les Etats-Unis s'efforceraient de hâter le plus possible les événements, afin de rétablir les relations amicales des Etats-Unis avec l'île de Cuba, et d'y établir un gouvernement bienfaisant et humain, capable de remplir toutes ses obligations internationales et d'encourager l'industrie et le commerce.

Au moment de la déclaration de la guerre, le maréchal Blanco avait essayé, une dernière fois, de ramener les Cubains à l'Espagne. Il leur avait dit : « La situation a complètement

placées dans les fortifications et dans les côtes, resteront dans leurs emplacements pendant un espace de six mois à dater de l'échange des ratifications du présent traité ; et les Etats-Unis pourront, pendant ce temps, acheter à l'Espagne ledit matériel si les deux gouvernements arrivent à bon accord sur ce point.

Article VI. L'Espagne, dès la signature du présent traité, mettra en liberté les prisonniers de guerre et tous les détenus ou prisonniers pour délits politiques à la suite des insurrections de Cuba et des Philippines et de la guerre avec les Etats-Unis.

Réciproquement, les Etats-Unis mettront en liberté tous les prisonniers de guerre faits par les forces américaines, et octroieront la liberté à tous les prisonniers espagnols au pouvoir des insurgés de Cuba et des Philippines.

Le gouvernement des Etats-Unis transportera à son compte, en Espagne, et le gouvernement de l'Espagne transportera à son compte, aux Etats-Unis, Cuba, Porto-Rico et Philippines, suivant la position de leurs domiciles particuliers, les prisonniers qu'ils mettront ou qu'ils ont mis en liberté, respectivement en vertu de cet article.

Article VII. L'Espagne et les Etats-Unis d'Amérique renoncent mutuellement, par le présent traité, à toute réclamation d'indemnisation nationale ou privée de quelque nature que ce soit d'un gouvernement envers l'autre, ou de ses sujets ou citoyens envers l'autre gouvernement, qui peut avoir surgi depuis le commencement de la dernière insurrection à Cuba, et soit antérieure

changé de face, Espagnols et Cubains, nous nous trouvons en face d'un peuple étranger, de race différente, de tendance naturellement absorbante, dont le but est non seulement de chasser le drapeau espagnol de Cuba, mais d'exterminer même le peuple de Cuba qui est de sang espagnol » ; écrivant à Gomez, il lui proposait une alliance des deux armées dans la ville de Santa Clara. Les Cubains seraient armés par l'Espagne et aux cris de « Vive l'Espagne! Vive Cuba! » Les ennemis d'hier devenus les amis d'aujourd'hui, expulseraient l'envahisseur et délivreraient Cuba du joug étranger qui la menaçait. Mais c'était en vain que le maréchal Blanco avait insisté auprès de Gomez. Le chef des insurgés lui avait durement rappelé la perpétuelle hypocrisie du gouvernement es-

à l'échange des ratifications du présent traité, comme aussi à toute indemnisation en vue des frais occasionnés par la guerre.

Les Etats-Unis jugeront et résoudront les réclamations de leurs citoyens contre l'Espagne.

Article VIII. En accomplissement de ce qui a été convenu dans les articles I, II et III de ce traité, l'Espagne renonce à Cuba et cède dans Porto-Rico et dans les autres îles des Indes occidentales, dans l'île de Guam et dans l'archipel des Philippines, tous les édifices, hauteurs, quartiers, fortifications, établissements, voies publiques et autres immeubles qui, suivant le droit, sont du domaine public et comme tels dépendent de la couronne d'Espagne.

Reste donc déclaré que cette renonciation ou cession suivant le cas auquel se rattache le paragraphe antérieur, ne peut en rien diminuer la propriété ou les droits qui correspondent d'après les lois au possesseur pacifique des biens de toutes classes de provinces, municipes, établissements publics ou privés, corporations civiles ou ecclésiastiques ou de toutes les autres collectivités qui possèdent la personnalité juridique pour acquérir ou posséder des biens dans les sus-mentionnés territoires renoncés ou cédés, et ceux des individus particuliers quelle que soit leur nationalité.

La dite renonciation ou cession suivant le cas renferme tous les documents qui se rapportent exclusivement à la dite souveraineté renoncée ou cédée qui existent dans les archives de la Péninsule.

Si ces documents existent dans les dites archives, seulement pour la partie correspondante à la dite souveraineté, les copies de la dite partie seront facilitées toutes les fois qu'on en fera la demande.

Des règles analogues seront à observer en faveur de l'Espagne concernant les documents dans les îles ci-dessus mentionnées.

Dans les ci-devant indiquées cession ou renonciation, suivant le cas, sont

pagnol. Il avait obtenu naguère toutes sortes de promesses et n'avait eu à enregistrer aucune modification aux maux existants. Il aimait mieux engager la partie avec un autre joueur, il préférait les Américains aux Espagnols et s'alliait avec le gouvernement de Washington. Les insurgés devaient pourtant avoir de graves mécomptes sur cette alliance. Ils devaient s'apercevoir que les Etats-Unis luttaient sans doute pour leur cause, mais dans le seul but de rétablir l'ordre. La Maison-Blanche se préoccupait peu des compétitions particulières, elle cherchait à parfaire son œuvre pour le mieux de ses propres intérêts. Aussi, les Cubains blâmaient-ils ouvertement le général Shafter d'user de clémence envers les Espagnols, leurs pires ennemis.

compris les droits de la couronne d'Espagne et de ses autorités sur les archives et registres officiels, comme aussi administratifs ou judiciaires des dites îles qui les concernent ou se rapportent aux droits et propriétés de leurs habitants. Les dites archives et registres devront être soigneusement conservés et les particuliers auront droit, conformément aux lois, de prendre des copies autorisées de leurs contrats, testaments et autres documents qui font partie des minutes des notaires ou qui sont conservés dans les archives administratives ou judiciaires qui se trouvent en Espagne ou dans les îles, dont il a été fait mention antérieurement.

Article IX. Les sujets espagnols, naturels de la Péninsule, résidant dans le territoire dont l'Espagne cède la souveraineté ou y renonce par le présent traité, pourront demeurer dans le dit territoire ou s'en aller, conservant dans l'un et l'autre cas tous leurs droits de propriété, y compris le droit de vendre ou de disposer de telle propriété ou de ses produits : et en outre ils auront le droit d'exercer leur industrie, commerce ou profession en se soumettant sur ce point aux lois qui sont applicables aux autres étrangers, au cas où ils demeureraient dans le territoire, ils pourraient conserver leur nationalité espagnole, faisant devant un bureau d'enregistrement, dans la période d'un an à dater de l'échange des ratifications de ce traité, une déclaration de leur intention de conserver la dite nationalité, et ayant adopté celle du territoire dans lequel ils peuvent résider.

Les droits civils et la condition politique des habitants naturels des territoires cédés ici aux Etats-Unis, se détermineront par le Congrès.

Article X. Les habitants des territoires, dont l'Espagne cède la souveraineté ou y renonce, auront le libre exercice de leur religion assuré.

Article XI. Les Espagnols résidant dans les territoires, dont l'Espagne cède la souveraineté ou y renonce par ce traité, seront soumis pour le civil et pour

Du reste, au sein même des insurgés, l'union n'était pas complète. Deux partis se trouvaient en présence à Cuba : le parti conservateur représenté par la République cubaine avec son président et le chef de son armée, le général Gomez, voulant Cuba libre sous un gouvernement protégé par les Américains, parti dont quelques-uns n'étaient pas éloignés de souhaiter l'annexion aux Etats-Unis. Et en face le parti radical, avec le général Garcia pour leader, voulant Cuba libre, mais rejetant tout protectorat étranger.

Néanmoins, les Américains étaient venus à Cuba apporter la pacification, et au milieu de ces dissensions et de la surexcitation continuelle des esprits, ils avaient réussi à rétablir le calme. Dès le 24 décembre 1898, ils avaient fait évacuer l'île par les troupes, et avant le 1er janvier, ils adressaient une proclamation à toutes les classes de la population, les adjurant de faire preuve de patience et de modération. « Les

le criminel aux tribunaux du pays où ils résident conformément aux lois communes qui règlent leur compétence, pourront comparaître devant eux dans la même forme ,et emploieront les mêmes procédés que doivent observer les citoyens du pays de la juridiction du tribunal.

Article XII. Les poursuites judiciaires pendantes pendant l'échange des ratifications de ce traité, dans les territoires où l'Espagne cède sa souveraineté ou y renonce, seront déterminées d'après les règles suivantes :

I. Les sentences dictées en causes civiles entre particuliers ou en matière criminelle avant la date mentionnée et contre lesquelles il n'y a pas interpellation ou cassation suivant les lois espagnoles, seront tenues pour fermes et seront exécutées en due forme par l'autorité compétente dans le territoire où les dites sentences doivent être accomplies.

II. Les procès civils entre particuliers qui, à la date mentionnée, n'ont pas été jugés, continueront leur cours devant le tribunal où se tient le procès ou devant celui qui le remplace.

III. Les actions en matière criminelle pendantes à la date mentionnée devant le tribunal suprême d'Espagne, contre des citoyens du territoire qui, suivant ce traité, cesse d'être espagnol, continueront sous sa juridiction jusqu'à ce que soit prononcée la sentence, mais une fois cette sentence connue, son exécution en sera laissée à l'autorité compétente du lieu où l'action a été suscitée.

Article XIII. Les droits de propriété littéraire, artistique et industrielle acquis par les Espagnols, dans l'île de Cuba et celles de Porto-Rico. Philippines

autorités espagnoles, disaient -ils, vont être nos hôtes, il est donc de notre devoir de les faire jouir de l'immunité et de la considération dont nous avons joui nous-mêmes sous leur domination ». Le 1ᵉʳ janvier 1899, à midi, le drapeau espagnol était abaissé du fort Morro et de tous les édifices publics, et le drapeau américain était immédiatement hissé à sa place. Cuba ne devait être aux Cubains que lorsqu'ils seraient en état de former un gouvernement et d'organiser une administration répondant de la paix publique et du respect de tous les intérêts. Le général Brook était nommé gouverneur de Cuba et chaque province de l'île était gérée par un gouverneur particulier qui recevait les instructions du général.

Le calme était rétabli, témoin cette correspondance du *Temps* du 3 février 1899 : « Tranquillité parfaite à la Havane. Non

et autres territoires cédés, continueront à être respectés à l'échange des ratifications de ce traité.

Les œuvres espagnoles, scientifiques, littéraires et artistiques qui ne sont point dangereuses pour l'ordre public dans les dits territoires, continueront leur entrée dans les mêmes conditions, avec franchise de tout droit de douane pendant un espace de dix ans, à dater de l'échange des ratifications de ce traité.

Article XIV. L'Espagne pourra établir des agents consulaires dans les ports et lieux des territoires dont la renonciation et cession sont l'objet de ce traité.

Article XV. Le gouvernement de chaque pays concédera, pendant la durée de dix années, aux navires marchands de l'autre, les mêmes procédés quant à tous les droits de port, y compris ceux d'entrée et de sortie, de phare et de tonnage qu'il accorde à ses propres navires marchands, non employés dans le commerce de cabotage.

Cet article peut être abrogé en n'importe quelle époque pourvu qu'un des gouvernements en avertisse au préalable l'autre, au moins six mois à l'avance.

Article XVI. Il est entendu que toute obligation acceptée dans ce traité par les Etats-Unis concernant Cuba, est limitée au temps de leur occupation dans cette île, mais au terme de la dite occupation, ils conseilleront au gouvernement établi dans l'île d'accepter les mêmes conditions.

Article XVII. Le présent traité sera ratifié par Sa Majesté la reine régente d'Espagne et par le président des Etats-Unis, d'accord et avec l'approbation du Sénat ; et les ratifications seront échangées à Washington dans la période de six mois à compter de cette date ou avant s'il est possible.

Documentos presentados a las Cortes. 1899, p. 303.

seulement rien ne trouble l'administration américaine dans son œuvre de réorganisation du pays, mais chacun lui aide, chacun dans sa sphère d'influence lui prodigue son concours... Le général Brook, gouverneur général de l'île, dans le désir non seulement de bien faire, mais de mieux faire, a demandé à Washington de lui adjoindre une sorte de conseil ou de cabinet composé mi-partie de Cubains et de fonctionnaires civils ou militaires américains. A côté fonctionnent sept gouvernements ou districts militaires répondant aux sept provinces de l'île de Cuba ».

En créant le district de la ville de la Havane, le président Mac-Kinley avait voulu instituer à Cuba un district politique et administratif analogue au district de Colombie. Les provinces cubaines se trouvaient donc vis-à-vis des districts de la Havane, placées dans la même situation que les districts américains (non les Etats) vis-à-vis du district de Colombie.

Quelques jours plus tard, ce cabinet civil était définitivement constitué; le général Brook s'était adjoint un Havanais, M. Frédérico Mora, membre de la junte patriotique de la Havane, partisan de l'autonomie, comme gouverneur civil (1).

La municipalité havanaise était composée de vingt-quatre conseillers, d'un président remplissant les fonctions de maire et de cinq adjoints. Le nouveau maire était M. Lacoste, Cubain d'origine française, président de la junte patriotique. Le cabinet du général Brook, qui comprenait quatre départements : intérieur, trésor, justice et instruction publique, agriculture, commerce, industrie et travaux publics, était exclusivement composé de Cubains. Ce que voulait le général Brook, c'était organiser à Cuba un gouvernement essentiellement semblable au gouvernement américain, sans empiéter toutefois sur les droits mêmes du peuple cubain. Les Américains

(1) C'est M. Mora qui avait remis à la junte de New-York la lettre de M. Dupuy de Lôme à M. Canalejas.

avaient compris que le vrai système de colonisation était de s'assimiler complètement les idées du peuple à coloniser, donnant une fière leçon à l'Europe qui, dans ses colonies, les méprise.

Malgré tous ces efforts, dès le mois de février, le général Gomez essayait d'amener des dissensions entre les Cubains et les Américains, tout en faisant bonne grâce en apparence au général Brook, à qui il proposait son aide pour le licenciement de l'armée (1). Le plan de Gomez fut déjoué, la plupart des Cubains désiraient la pacification la plus prompte pour obtenir leur autonomie ; ils le destituèrent dans une assemblée nationale.

Du reste, les Américains étaient décidés à la liberté de Cuba. Le cabinet de Washington n'avait aucun droit de s'annexer l'île, et, en tout cas, si jamais il arrivait à cette solution, il voulait consulter le peuple de Cuba avant de prononcer l'annexion.

Le 2 avril, l'assemblée cubaine prononçait sa dissolution et ordonnait le licenciement des troupes. Un grand pas était fait. M. Alger, secrétaire à la guerre, revenant de Cuba et de Porto-Rico, en avril, pouvait annoncer au président que l'ordre régnait partout dans les grandes Antilles, que bientôt les troupes d'occupation américaines pourraient être considérablement diminuées et que d'ici peu elles pourraient être supprimées (2).

Depuis lors, les Américains ont tout fait pour administrer sagement l'île de Cuba : il y ont introduit des services postaux, construit des lignes télégraphiques, aboli les taxes onéreuses, créé de nouvelles routes, établi des écoles et se sont occupés de continuer l'œuvre civilisatrice qu'avaient commencée les Anglais, lors de leur courte apparition dans l'île (3). Sans doute,

(1) Cf. *Temps*, 22 février 1899, 17 et 22 mars.
(2) Cf. *Temps*, 13 avril 1899.
(3) Cf. PORTER, *North american Review*, mars 1899.

ils ont dû user de la force pour arriver à leurs fins, mais ils
en ont usé pour le bien des Cubains et leur prospérité :
« L'armée à Cuba n'y est pas pour supprimer les lois et les
droits des citoyens, mais pour y établir et y restaurer les
lois » (1).

C'est en présence d'une telle conduite que les plus irréductibles adversaires des Américains se sont convertis (2). Sans
doute ils cachent leur dépit, en montrant les Américains
préoccupés de leurs intérêts et soucieux de faire fructifier leurs
capitaux. Peu nous importent les mobiles d'une telle action,
nous constatons les résultats et nous ne pouvons que nous en
réjouir. Un an après la paix, nous pouvons constater que le
calme est rétabli à Cuba, que la sécurité y règne et que partout
la prospérité est assurée.

Cuba restera-t-elle autonome ou deviendra-t-elle américaine? La question n'est pas résolue. Le président Mac-Kinley,
dans son message inaugural de 1899, désireux peut-être de
rassurer les Cubains et d'éteindre les nouveaux foyers d'insurrection qui allaient se rallumer dans la province de Santiago (3) est resté fidèle au traité de 1898. « Lorsque la paix
aura été complètement rétablie à Cuba, dit-il, les Etats-Unis
détiendront le territoire comme un dépôt pour le compte de la
population de l'île. Le gouvernement a déjà, l'année dernière,
repoussé toute intention d'exercer la souveraineté, la juridiction et le contrôle à Cuba, excepté pour en achever la pacification. Quand celle-ci sera assurée, le gouvernement de l'île
sera abandonné à ses habitants. L'engagement qui a été pris
à ce sujet constitue la plus haute et la plus honorable des
obligations, et doit être religieusement tenu. Des progrès substantiels ont été effectués par des mesures administratives qui

(1) Wood, North american Review, mai 1899, p. 593.
(2) Cf. Benoist, l'Avenir de Cuba, Revue des Deux-Mondes, 15 septembre
1899.
(3) Cf. Temps, 10 décembre 1899,

ont toutes eu pour but de rendre ce pays digne d'une existence meilleure. Les Etats-Unis ont assumé devant le monde une grande responsabilité pour le gouvernement de Cuba. Nous avons accepté ce mandat dont l'accomplissement exige de l'intégrité et la plus haute sagesse. Quoi qu'il doive arriver, il faut affirmer que Cuba libre sera une réalité, sans être une expérience hâtive portant avec elle les éléments d'un insuccès. Aussi longtemps que l'Amérique aura le contrôle de Cuba, les produits de l'île jouiront sur le marché américain des mêmes conditions que celles dont jouissent les produits des îles des Indes occidentales dans leurs traités de réciprocité » (1).

Ainsi donc, de nouveau, les Etats-Unis affirment qu'ils n'annexeront pas Cuba. Est-ce à dire qu'ils vont laisser échapper la Perle des Antilles ? Certainement non. Ils vont maintenir à Cuba leur domination aussi longtemps que cela sera nécessaire pour la sûreté et l'américanisation de l'île. Pour la sécurité d'abord : car le cabinet de Washington ne veut point que la République cubaine suive les exemples de la République haïtienne ou de la République dominicaine, il veut l'indépendance et non l'anarchie. Pour l'américanisation, car le secret dessein de la Maison-Blanche c'est de voir Cuba, pacifiée et assagie, solliciter son annexion à l'Union comme Etat. L'Etoile solitaire n'a qu'à redouter de sa solitude ; elle comprendra les dangers de l'isolement et pour les éviter viendra s'inscrire au ciel brillant des étoiles de l'Union.

Les Etats-Unis ne veulent point annexer Cuba pour ne pas déchristianiser la guerre sainte qu'ils viennent de soutenir. Ils ont voulu prouver par leur attitude après la guerre que leur intervention à Cuba n'a pas eu pour mobile l'annexion, mais simplement le louable désir de faire cesser les dissensions, le trouble et l'insécurité qui régnaient au centre des Antilles.

(1) *Temps*, 7 décembre 1899.

§ XI

La conduite des Américains à Cuba a-t-elle été conforme
aux règles du droit des gens ?

La question est double : c'est d'abord celle de la responsabilité des Etats-Unis au sujet des secours prêtés à l'insurrection, et de la reconnaissance des insurgés comme belligérants ; c'est ensuite celle de savoir si leur intervention finale
a été légitime.

I. Prenons d'abord la première question : la responsabilité
des Etats-Unis pour assistance à l'insurrection. Cette assistance pouvait se présenter sous deux formes : expéditions
flibustières, reconnaissance comme belligérants.

A. Depuis 1850, il s'est formé sur le territoire des Etats-
Unis plus de soixante et onze expéditions flibustières destinées
à prêter main-forte aux insurgés cubains ; dans la seule année
1897, leur nombre a été de vingt-deux (1). Cependant les lois
américaines (2) interdisent aux citoyens de l'Union tout enrô-
lement, équipement ou coopération consciente en vue d'aider
une colonie en guerre avec la métropole. Bien plus, les autorités militaires et judiciaires ont tout pouvoir pour empêcher
et répudier tout manquement à ces devoirs. Mais, au lieu de
se conformer aux dispositions sévères de la loi, les autorités
américaines ont presque toujours laissé les flibustiers agir à
leur guise ; et quand on exerça par hasard des poursuites, les
tribunaux acquittèrent les prévenus (3). Lors de l'expédition
du *Silver Heels*, les autorités américaines laissèrent les vaisseaux s'échapper et les cherchèrent d'un autre côté. Elles con-
fièrent leur poursuite à de modestes vaisseaux de douane totalement incapables de les rejoindre.

---

(1) De Olivart, art. cit., R. D. I., V, p. 361 et de Lapradelle, R. D. P., X.,
p. 308.

(2) Statuts revisés, titre L, XVII, sect. 5281 à 5291.

(3) De Lapradelle, *loc. cit.*, p. 309.

Les Espagnols n'ont pas manqué de reprocher cette négligence au gouvernement des Etats-Unis. Dès 1891 (1), ils en demandent compte au gouvernement américain, et l'attorney général Harmon doit répondre à ces accusations. Après avoir montré que l'on ne pouvait tenir compte d'une simple insurrection renfermée au dedans d'un pays, il en concluait que la vente ou l'embarquement d'armes et de munitions de guerre par des personnes se trouvant aux Etats-Unis, ne constituaient pas une violation de droit international, à moins toutefois que les personnes qui fournissaient ces armes ne l'eussent fait dans l'intention de combattre les autorités espagnoles. Il ne déclinait pas cependant toute responsabilité et invitait même le gouvernement à exercer une active surveillance sur les menées de ce genre, mais il regrettait que les lois américaines ne prévinssent pas tous les devoirs imposés aux Etats par le droit des gens (2). M. Harmon oubliait qu'un pays ne peut alléguer pour échapper à la responsabilité qui lui incombe l'insuffisance de ses lois ou l'étendue de son territoire. L'Angleterre, lors de l'affaire de l'Alabama, n'avait pas pu invoquer l'insuffisance de sa loi pour ne pas poursuivre les coupables. Ni la Turquie, ni la Chine n'ont pu se retrancher derrière l'étendue de leur territoire pour refuser de payer les indemnités dues en réparation des préjudices causés aux étrangers. Les Etats-Unis eux-mêmes l'ont reconnu au traité de Washington du 8 mai 1871 en posant les règles fameuses qui constituent la charte internationale de la neutralité (3).

Ils en ont toujours reconnu la valeur. En 1896, lors de

(1) Note du 19 octobre 1891.

(2) Cf. DE OLIVART, art. cit., R. D. I., V, p. 378.

(3) On connaît ces règles : 1° Tout Etat neutre doit interdire dans son domaine, la construction, l'armement, l'équipement et la sortie d'un navire qu'il peut raisonnablement soupçonner d'être destiné à combattre un Etat avec lequel il est en paix ou à faire la guerre contre lui.

l'affaire du *Horsa*, M. Cleveland attirait encore sur elles la vigilance des autorités fédérales; c'était reconnaître implicitement la responsabilité des Etats-Unis.

Lorsque M. Gullon insista sur les secours portés à l'insurrection, dans sa réponse du 20 décembre 1897, M. Woodford, ambassadeur des Etats-Unis à Madrid, essaya de disculper le cabinet de Washington en disant que les responsabilités devaient être limitées à l'armement d'expéditions ou d'entreprises militaires, sans vouloir les étendre à la vente d'armes et au transport d'hommes. C'étaient là des actes parfaitement licites ; car, disait-il, les Etats-Unis n'avaient pas reconnu le caractère de belligérant aux insurgés cubains. « Théorie inadmissible, car les insurgés qui n'ont pas obtenu la qualité de belligérants ne peuvent être mieux traités que ceux, plus sympathiques, qui l'ont méritée » (1).

Les Etats-Unis violaient les principes de mutuel respect que se doivent les nations entre elles, non seulement en permettant de telles expéditions, mais en tolérant à New-York le fonctionnement de la *delegacion*. Ils eussent dû dissoudre la junte cubaine, qui centralisait l'argent nécessaire à l'insurrection et entretenait à Cuba la révolte d'une façon continue. « Toute tierce puissance en paix avec une puissance indépendante est tenue de respecter les droits qui dérivent de cette indépendance. Par conséquent, elle ne doit entraver dans aucune phase des conflits armés les mesures que cette nation prend pour le rétablissement de sa tranquillité intérieure... Elle est donc astreinte à ne fournir aux rebelles ni armes, ni munitions, ni effets militaires, ni subsides. Il est particuliè-

---

2° Il doit interdire tout acte d'hostilité dans ses ports et eaux territoriales, tout approvisionnement en armes, hommes et munitions.

3° Il doit veiller à ce que personne ne viole dans son domaine les devoirs ci-dessus indiqués.

Cf. R. D. I. P., V, p. 667.

(1) DE LAPRADELLE, *loc. cit.*

rement interdit à toute tierce puissance de laisser s'organiser dans ses territoires, colonies, ports et eaux territoriales, des expéditions militaires hostiles au gouvernement établi et reconnu, que les expéditions d'hommes et les expéditions d'armes soient faites simultanément ou séparément » (1).

Les Etats-Unis ont contrevenu à ces devoirs, et par là violé le droit des gens.

B. Ont-ils suivi une conduite plus conforme à ces mêmes règles dans leurs motions sur la reconnaissance des insurgés comme belligérants ?

Dès 1865, ils ont essayé par ce moyen de porter secours aux insurgés. Mais ce n'est vraiment que pendant la dernière guerre que des motions fréquentes ont été déposées, soit à la Chambre des représentants, soit au Sénat, en vue de leur reconnaître ce caractère.

Les insurgés, qui sont reconnus comme belligérants, obtiennent à ce titre de nombreux avantages : leur guerre, qui jusqu'alors était une guerre civile, se transforme et devient internationale. Dès lors, ils ont droit à toutes les garanties que donne aux belligérants le droit de la guerre. Au lieu d'être passés par les armes, leurs prisonniers sont respectés, leurs blessés et leurs malades couverts par la neutralité des hôpitaux et des ambulances ; les emprunts auprès des puissances étrangères, de défendus, deviennent permis ; le départ des hommes qui rejoignent leurs concitoyens pour combattre avec eux devient permis; enfin les neutres peuvent faire le commerce sans autres restrictions que celles qui résultent de l'effectivité du blocus et de la contrebande de guerre. Par-dessus tout un puissant encouragement moral est donné aux belligérants, qui, dans leur reconnaissance comme tels, c'est-à-dire pour les intérêts et pour la durée de la guerre, voient le

---

(1) Projet de règlement. — *Annuaire de l'Institut de droit international*, XVII° vol., 1898, p. 93.

germe et le commencement d'une reconnaissance complète comme Etat, pour le jour où le succès des armes transformera en reconnaissance définitive, comme Etat, la reconnaissance provisoire, comme belligérants, qui n'était accordée que pour la guerre (1).

Aussi la belligérance a-t-elle des conditions sévères.

Tout d'abord, il faut que l'insurrection ait duré un certain temps. Il faut ensuite que le parti insurrectionnel présente des éléments de force et de résistance qui lui permettent de mener une guerre régulière. Il faut aussi que les insurgés possèdent un certain territoire ; on est allé même jusqu'à prétendre qu'il était nécessaire aux insurgés d'avoir un port maritime afin de pouvoir entretenir des relations commerciales avec les puissances maritimes.

La quatrième commission de l'Institut de droit international a résumé ces conditions dans l'art. 8 du projet de règlement relatif aux cas d'insurrection :

« Les tierces puissances ne peuvent reconnaître au parti révolté la qualité de belligérant :

« 1º s'il n'a pas conquis une existence territoriale distincte par la possession d'une partie déterminée du territoire national ;

« 2º s'il n'a pas les éléments d'un gouvernement régulier exerçant en fait sur cette partie du territoire les droits apparents de la souveraineté ;

« 3º si la lutte n'est pas conduite en son nom par des troupes organisées soumises à la discipline militaire ;

« 4º s'il ne poursuit pas un but politique opposé à celui du gouvernement combattu ;

« 5º si, pour atteindre ce but, il pratique des moyens d'attaque et de défense réprimés par les usages des peuples civi-

(1) Cf. HEILBORN, Die völkerrechtliche Stellung Cubas. Deutsche juristen Zeitung, 15 mai 1898, p. 216.

lisés, notamment les moyens prescrits par les articles 8, 9 et 32 du règlement d'Oxford ».

Enfin une sixième condition se trouve inscrite dans l'art. 9. Il faut, pour que cette tierce puissance ait qualité pour procéder à la reconnaissance, que celle-ci lui soit dictée par une juste cause, c'est-à-dire nécessaire pour la sauvegarde de l'intérêt national (1).

A la lumière de ces règles, on peut suivre les Etats-Unis dans leurs motions sur la belligérance. Dès 1870, de nombreux efforts avaient été tentés auprès du gouvernement pour l'engager à intervenir à Cuba.

A cette époque, en vertu des principes exposés, c'était impossible ; les insurgés n'avaient ni existence territoriale distincte, ni gouvernement régulier suffisant pour maintenir l'ordre, ni administration intérieure, ni représentation extérieure ; ils ne tenaient pas le pays, mais la brousse ; ils n'avaient pas d'armées, mais des bandes ; ils tenaient les montagnes, non la plaine, et, dans ce pays essentiellement maritime, dans cette île qu'est Cuba, manque capital, ils n'avaient pas un port. C'est à bon droit qu'alors les Etats-Unis refusèrent de traiter les insurgés cubains comme des belligérants réguliers, et que leurs présidents s'opposèrent très vivement à toutes les tentatives de reconnaissance qui furent alors essayées (2).

Mais, lorsqu'en 1895, l'insurrection éclata de nouveau, la question de la reconnaissance fut reprise avec une nouvelle force. La situation n'avait pourtant pas changé. Comme l'a dit le président Cleveland dans un mot célèbre : « Les insurgés n'avaient qu'un gouvernement sur le papier (*one government on papers*), et, suivant le mot de M. Summer, une na-

(1) Cf. *Annuaire de l'Institut de droit international* de 1898, XVIIᵉ vol., p. 14 et s.

(2) Cf. Féraud-Giraud, R. D. I. P., III, p. 277 et s. ; Pradier-Fodéré, *op. cit.*, VI, p. 546 ; Rivier, *Droit des gens*, p. 213 : Desjardins, *Revue de Paris*, art. cit., p. 365 et s.

tion qui reconnaît la belligérance où elle n'existe pas, commet un délit.

Lorsque M. Mac-Kinley monta à la présidence, sollicité de reconnaître les insurgés, il réclama une enquête, procédé plutôt incorrect, car les consuls américains devaient suffire à Cuba pour renseigner l'exécutif, et l'enquête ordonnée n'était qu'un contrôle attentatoire à la souveraineté locale, une immixtion illicite dans les affaires intérieures.

En attendant les résultats de cette enquête qui, devancée par les événements, ne devait jamais s'effectuer, le gouvernement américain laissait sans réponse les sollicitations des insurgés et leurs arguments (1).

Les Etats-Unis qui n'ont point reconnu la belligérance des insurgés cubains ne sauraient encourir aucun reproche, puisqu'ils ont usé d'un autre moyen : l'intervention.

II. Mais n'ont-ils pas violé le droit international, en intervenant à Cuba ?

Les Etats-Unis sont intervenus au nom de l'humanité : tel est le caractère essentiel qui justifie pleinement l'intervention américaine à Cuba.

Les Etats-Unis et tous les Américains qui ont écrit sur la guerre de 1898, ont insisté sur ce trait spécial. Ils ont qualifié cette guerre de *chrétienne*, non point par vanité, mais pour se justifier devant l'opinion et devant l'histoire.

M. de Pressensé (2) disait, comme avec une prescience de l'avenir, au mois de mai 1898 : « Le jour où l'on écrira l'histoire exacte du conflit hispano-américain, il y aura bien des préjugés à reviser ». Le distingué publiciste ne se trompait pas : le plus grave des préjugés à reviser était celui qui con-

---

(1) *Documentos presentados a las Cortes*, 1898, 1er vol. no III, no 18. — Cf. aussi les différents messages du président Grant, no 4. Le message du président Mac-Kinley, no 20 (6 décembre 1897).

(2) Cf. *Revue politique et parlementaire*, XVI, p. 454.

sistait à présenter l'intervention des Etats-Unis à Cuba comme contraire au droit des gens.

Quels sont ici les principes ?

Bluntschli a dit qu'un Etat pouvait intervenir lorsqu'il avait un intérêt à faire respecter les droits individuels méconnus et les principes généraux du droit international (1).

A ce double point de vue personnel et général, américain et humanitaire, l'intervention des Etats-Unis était deux fois justifiée.

Nous n'irons pas jusqu'à soutenir que l'insurrection de Cuba ait mis en danger la sécurité des Etats-Unis, mais les énormes intérêts américains qui se trouvaient engagés à Cuba étaient profondément menacés par le trouble continuel et insurmontable qui régnait dans l'île.

Les déclarations du président Grant (2), du président Cleveland (3), du président Mac-Kinley (4), qui constatent ces intérêts et ces préjudices n'ont jamais été contredites par la correspondance diplomatique de MM. Dupuy de Lôme, Gullon et du duc de Tetuan. Jamais on n'y trouve une contestation relative à l'importance des intérêts américains à Cuba et du commerce de l'Union dans l'île (5). Les statistiques sont, à cet égard, convaincantes. En plus des pertes matérielles, les Etats-Unis subissaient, du fait des insurrections, un trouble moral permanent, qui nuisait à la sécurité même des territoires voisins de l'île : Key-West n'est qu'à six heures de la

---

(1) *Droit international codifié*, 2ᵉ édit., p. 255 et s.

(2) Message du 18 juin 1870.

(3) Message du 7 décembre 1896.

(4) Messages de 1897 et 1898.

(5) Les importations des Etats-Unis à Cuba sont estimées à plus de 87 millions de dollars, les importations de Cuba aux Etats-Unis à plus de 300 millions de dollars, ce qui fait en faveur de Cuba un excédent de plus de 223 millions de dollars. On peut lire aussi le récit des dommages soufferts par les citoyens des Etats-Unis dans le *Forum* (mars 1898), art. du sénateur Money,

Grande-Antille ; les puissances sont intervenues en Orient et principalement en Crète, alors que la situation était moins grave. Et cependant, personne n'a de ces interventions contesté la justice.

Quiconque a lu l'histoire de Cuba ne peut nier que les Cubains n'aient été pressurés par l'Espagne et qu'ils n'aient obéi à l'instinct sacré de la conservation, en s'efforçant à plusieurs reprises d'en secouer le joug mortel (1).

Il est certain que si Cuba avait été à la place de la Sardaigne ou de la Corse, et qu'il se fût produit aussi près de la France ou de l'Italie des faits semblables à ceux qui se sont déroulés depuis 1868, que nous ayions vu si près de nous un Weyler commettre les cruautés qu'il a commises à Cuba, mettre en œuvre cette « *reconcentracion* » qu'il a imposée aux Cubains, nous n'aurions pas toléré ce spectacle, nous serions intervenus sans avoir la sage patience du gouvernement américain. C'est en 1896 et 1897 que se sont passés tous ces faits, et ce n'est qu'en 1898, c'est-à-dire près de deux ans plus tard, que les Etats-Unis sont intervenus ; sans doute, ils auraient peut-être mieux fait d'attendre qu'on eût fait un loyal essai de la réforme accordée en 1897 par l'Espagne, quoique les résultats, de l'avis des hommes compétents, en eussent été certainement nuls (2). Mais il ne faut pas l'oublier, le peuple américain est un peuple essentiellement jeune qui obéit à ses instincts matériels, tout en nourrissant en même temps un idéalisme très élevé. Heureux d'obéir à ses intérêts et de satisfaire à son idéalisme, fier de protester contre la cruauté des Espagnols et contre leur civilisation si différente de la sienne, il a entrepris contre l'Espagne la guerre chrétienne (*christian war*). Il est intervenu à Cuba non pas précisément pour opérer

---

(1) De Pressensé, *Revue politique et parlementaire*, XVI, p. 454.

(2) C'est une hypothèse qui est envisagée par M. Fedozzi, art. cit., *Archivio giuridico*, n° 1, 1er fasc., p. 25.

une conquête, mais simplement pour faire cesser le trouble et assurer de nouveau la prospérité de l'île (1).

L'intervention des Etats-Unis étant fondée sur une raison d'humanité, une objection se présente : c'est qu'elle n'est pas collective (2).

Le type d'intervention légitime pour raison d'humanité nous est offert par l'intervention des puissances en Orient; or cette intervention a toujours été collective. Chaque fois qu'il s'agit de faire respecter les droits de l'humanité, l'intervention doit être générale comme l'intérêt qui la suscite. Donc l'intervention des Etats-Unis à Cuba n'est pas légitime parce qu'au lieu d'être collective elle est individuelle. Voilà l'argument. Il ne porte pas. Si, en Europe, il existe un concert européen qui s'est donné par le traité du 30 mars 1856 la mission de surveiller l'empire ottoman, en Amérique, il n'existe rien de semblable : aucun concert n'a jamais été formé. La doctrine de Monroe défend à l'Europe d'exercer une intervention en Amérique. L'Europe ne pouvait donc intervenir avec les Etats-Unis. D'autre part, les Etats-Unis n'ayant pas été appelés au règlement collectif des affaires d'Orient, n'avaient, réciproquement, aucune obligation d'appeler l'Europe au règlement des affaires de Cuba. Il est vrai qu'ils auraient pu appeler à un commun règlement les autres puissances d'Amérique. Mais celles-ci n'avaient ni l'indépendance, ni la force, ni la civilisation nécessaires pour former un concert d'intervention

(1) Si même on veut justifier par un fait plus précis l'intervention américaine, on pourra en trouver l'excuse dans le fait, par l'Espagne, d'avoir à tout instant violé la convention du 27 octobre 1875 et du 12 juin 1877 passée avec les Etats-Unis. Souvent, en effet, le général Weyler et même le général Blanco ou d'autres fonctionnaires espagnols, ont fait juger sommairement des citoyens des Etats-Unis, alors que d'après l'art. 7 de la convention du 27 octobre 1875, tout citoyen devait être jugé non pas d'après une procédure sommaire et extraordinaire, mais d'après la procédure ordinaire présentant des garanties toutes particulières à l'accusé.

(2) Cf. DE LAPRADELLE, R. D. P., XIII. p. 77. *Contrà*, ROLIN JAECQUEMYNS, R. D. I., VIII, p. 613 et s.

collective. L'Europe, qui ne les a pas appelés à la conférence
de La Haye, ne peut reprocher aux Etats-Unis de les avoir
écartés du règlement des affaires cubaines. Pourquoi d'ailleurs
faut-il que l'intervention soit collective ? Uniquement pour
qu'elle soit désintéressée, et, quant au désintéressement, le
cabinet de Washington en a donné la preuve en refusant,
depuis, l'annexion de Cuba. C'est donc en pleine possession
de leur droit que les Etats-Unis sont intervenus à Cuba.

§ XII

Les Américains ont-ils, vis-à-vis de Cuba, réellement appliqué la doctrine de Monroe, ou, au contraire, en ont-ils violé
les principes, dont ils osaient pourtant réclamer ?

Monroe lui-même, en rédigeant son message, avait songé à
Cuba. Plusieurs fois pendant sa présidence, il avait, dans ses
correspondances avec les plénipotentiaires des Etats-Unis, manifesté ses craintes de voir l'Europe en chasser l'Espagne ;
mais il avait toujours désavoué toute prise de possession et
refusé de porter secours aux Cubains qui désiraient proclamer
l'indépendance de l'île.

D'accord avec cette attitude, son message la confirme et
l'explique. Dans le § 7, il défend à l'Europe de coloniser à l'avenir. Sans s'engager expressément à respecter
les colonies antérieures, il ne pose de prohibition formelle
que pour l'avenir. Il déclare « que les continents américains,
par la libre et indépendante condition qu'ils ont acquise et
qu'ils maintiennent, ne sont plus, désormais, considérés
comme sujets à une colonisation dans l'avenir de la part d'une
puissance européenne » ; il admet donc la parfaite légitimité
des établissements européens antérieurs à 1823. Monroe ne
porte point atteinte au domaine colonial actuel de l'Europe, il
ne vise que l'avenir, en s'appuyant sur une condition générale
de l'Amérique qui, toute nouvelle, n'existait pas encore dans
le passé.

Déduite du § 7, cette conclusion se dégage encore des §§ 48 et 49. Une solution semblable se dégage alors d'un point de vue différent. Se plaçant au point de vue des colonies qui réclament leur indépendance, Monroe défend à l'Europe d'intervenir et lui dit : « Avec les colonies actuelles ou dépendances d'une puissance européenne, nous ne sommes pas intervenus *et nous n'interviendrons pas* ». A côté du devoir qu'a l'Europe de s'abstenir de l'intervention en Amérique, il y a l'obligation, pour les Etats-Unis de ne pas s'interposer entre les colonies européennes et la métropole. Réclamant l'abstention de l'Europe dans les affaires d'Amérique, Monroe prend l'engagement corrélatif de respecter les colonies européennes existantes en 1823 et de ne pas en chasser l'Europe.

Il semble donc qu'en 1898 les Etats-Unis aient violé la doctrine de Monroe, lorsqu'ils ont pris les armes contre l'Espagne en faveur de Cuba.

Mais s'ils l'ont violée dans sa lettre, ils l'ont appliquée dans son esprit.

En effet, Monroe n'a jamais entendu refuser aux Etats-Unis d'augmenter aux dépens de l'Europe leur territoire colonial. Si, en 1823, il défend à l'Europe de coloniser à nouveau l'Amérique, il n'a jamais promis à l'Europe de respecter l'œuvre coloniale accomplie (1). Quand il dit : l'Amérique n'est plus colonisable, il en donne cette raison que, siège de nations libres comme celles d'Europe, elle doit être libre comme l'Europe elle-même. Mais cette raison exige que l'Amérique soit vierge de toutes colonies. L'idée de Monroe, c'est que le continent américain doit être l'égal du continent européen. L'Europe n'est pas colonisable, elle n'est pas une terre d'occupation : donc, dit Monroe, l'Amérique, égale de l'Europe, ne doit pas être colonisable. Voilà son raisonnement. Mais il conduit plus loin : l'Europe n'est pas seulement incolonisable

(1) Voyez *infrà*, p. 63.

dans l'avenir, elle est vierge de toutes colonies dans le passé.
Donc, l'Amérique ne doit pas seulement être soustraite à
la colonisation à venir. Elle doit être peu à peu soustraite à
la colonisation passée. Autre raison : pourquoi Monroe refuse-
t-il à l'Europe le droit de coloniser à nouveau dans l'Amérique ? Parce que, dit-il, l'Amérique est le siège d'Etats libres
et indépendants. C'est donc l'indépendance des nouveaux
Etats qui est l'écueil capital où doit échouer la colonisation de
l'Europe. A la notion vieillie des colonies, Monroe substitue
la notion du droit des peuples : donc toute colonie qui cherche son indépendance doit trouver sa liberté, et Cuba est du
nombre. Enfin, pourquoi Monroe veut-il fermer l'Amérique à
la Sainte-Alliance ? Parce qu'un continent doit avoir son système politique propre. Or, si les Etats d'Europe gardaient des
colonies américaines, ils seraient, par ces colonies, puissances
américaines, et comme tels par conséquent pourraient prendre leur place dans un concert qui doit être exclusivement
américain. Voilée par la prudence, la pensée de Monroe est
plus complète que son texte. Etendant à l'Amérique l'indépendance des Etats-Unis, sympathique aux colonies qui suivent le
grand exemple de 1776, le grand message laisse partout, malgré la discrétion des termes et la prudence des mots, éclater
cette pensée fondamentale : l'Amérique aux Américains.

Il est vrai qu'aux §§ 47 et 48 du message, Monroe promet à
l'Europe de ne pas s'immiscer entre l'Espagne et ses colonies
révoltées, si l'Europe de son côté ne sort pas de sa neutralité.
Mais est-ce une promesse synallagmatique, un engagement qui
lie l'Amérique vis-à-vis de l'Europe et qui force les Etats-Unis
à ne pas intervenir en Amérique, par cela seul que l'Europe
n'y intervient pas ? En aucune manière : d'abord, parce que
Monroe n'avait fait qu'une déclaration unilatérale dont l'Europe n'avait pas pris acte, et qui, par conséquent, ne pouvait
lier les Etats-Unis ; ensuite, parce que Monroe, limitant son
message aux circonstances, ne pouvait prendre ici qu'un enga-

gement momentané; enfin, parce qu'en 1823 la promesse des
Etats-Unis de ne pas intervenir en Amérique n'est pas corré-
lative de la non-intervention de l'Europe en Amérique, qui
n'a pour contre-partie que la non-intervention des Etats-Unis
en Europe.

Ici, deux objections se rencontrent : la première, c'est que
Monroe ayant repoussé l'intervention de l'Europe en Amérique,
les Etats-Unis ne pouvaient intervenir à leur tour sans violer
le principe de non-intervention; la seconde, c'est que la promesse des Etats-Unis de ne pas intervenir en Amérique était
la contre-partie même de la défense d'intervention faite à l'Europe. Ni l'une, ni l'autre de ces considérations n'est décisive.

La doctrine de Monroe n'est pas la proclamation du principe
de non-intervention (1). Les Etats-Unis qui avaient reconnu
comme Etats les colonies espagnoles, se trouvaient par là
même non pas en face d'un Etat et de ses sujets, mais vis-à-
vis de deux Etats, situation étrangère à l'intervention. De
plus, la solution de Monroe, tout en étant ferme, était particulièrement prudente. Or, poser le principe de non-intervention, ce n'était pas résoudre la question par une solution
prudente, c'était la résoudre par une solution audacieuse, voire
même dangereuse, car c'était attaquer la Sainte-Alliance non
seulement en Amérique, mais en Europe, et contester son
principe d'action. Monroe n'avait pas à le faire; il lui suffisait
de contester la compétence et l'étendue géographique, non le
principe de la Sainte-Alliance. Bien plus, loin de poser le principe de non-intervention, Monroe s'était réservé le droit d'intervenir en Amérique, si l'Europe était intervenue (2).

Monroe n'a pas simplement posé le principe de non-intervention, mais celui de non-intervention de continent à continent;

(1) Voyez *suprà*, p. 68.

(2) DE LAPRADELLE, *Cours de droit international public*, professé à Grenoble.

les Etats-Unis pouvaient donc, en 1898, intervenir à Cuba
sans violer la doctrine posée en 1823 pour l'Amérique du
Sud.

D'autre part, en défendant à l'Europe d'intervenir en Amérique, ils ne pouvaient assumer qu'un seul engagement : celui
de ne pas intervenir en Europe ; c'eût été les placer dans une
situation inférieure que de leur faire prendre en surplus l'engagement de ne pas intervenir en Amérique, tandis que l'Europe gardait le droit d'intervenir en Europe.

Mais que la doctrine de Monroe tolérât l'intervention des
Etats-Unis à Cuba, ce n'était pas encore assez pour satisfaire
les Américains : il fallait qu'elle la commandât. Ils ne prétendent pas seulement que l'intervention leur était permise,
ils affirment qu'elle leur était ordonnée. C'est là l'un des points
les plus curieux de leur système.

A la fin du xixe siècle, presque cent ans ont passé depuis la
déclaration du cinquième président, et pendant ces cent ans,
la transformation de la doctrine de Monroe a été si complète,
que les Américains ont déclaré ne plus s'entendre sur sa signi-
fication. Ce qu'ils ont particulièrement développé dans le message, c'est son caractère anti-européen, c'est la pensée maîtresse de Monroe, que consacraient les deux séries de paragraphes du message : la séparation des continents, la proclamation
de l'Amérique aux Américains.

C'est Polk le premier qui a totalement changé le caractère
de la doctrine en la transformant d'arme défensive en arme
offensive. Il a prêché l'annexion pour éviter l'intervention
européenne. Or la doctrine Polk aurait suffi pour justifier l'intervention américaine à Cuba. Les puissances européennes, dès
le commencement du siècle, avaient eu le secret désir de
prendre possession de Cuba, les Etats-Unis s'en étaient inquiétés, avaient exigé des déclarations de l'Angleterre et de la
France désavouant tout désir d'occuper Cuba ; dès lors ils
étaient en droit conformément aux principes de la doctrine

Polk de prendre Cuba, de peur que les puissances s'en empa-
rassent. Mais ils n'ont pas entendu justifier ainsi la guerre de
1898 : ils ne se sont pas contentés de mettre à profit la doctrine Polk, ils se sont servis d'une autre interprétation de la
doctrine de Monroe pour se justifier aux yeux du monde.

C'est à propos de l'affaire du Mexique que s'est fait jour
aux Etats-Unis l'idée particulière qu'ils allaient appliquer ici :
celle de l'opposition de la doctrine de Monroe avec le régime
monarchique. Mais ce n'est que plus tard, à propos du conflit
anglo-vénézuélien, que cette idée d'antinomie entre le message de 1823 et la forme monarchique s'est pleinement déve-
loppée. Le secrétaire d'Etat Olney, dans sa note à lord
Salisbury (août 1895), et le président Cleveland, dans son message du 17 décembre 1895, ont posé les principes, et le sénateur Davis, dans sa résolution du 19 janvier 1896, s'est chargé
d'en tirer les déductions en demandant au Sénat de décider
l'application de la doctrine de Monroe à la solution de la question cubaine.

« Il est impossible aux puissances alliées, avait dit Monroe,
d'étendre leur système politique à un parti quelconque de ce
continent sans porter atteinte à notre paix et à notre bonheur » (1). Une telle prohibition nous érige en défenseurs du
système républicain en Amérique : telle a été la conclusion
des Etats-Unis. Nous devons défendre toute aggravation dans
le système politique des colonies, parce qu'une telle aggravation est en opposition avec les principes du message de 1823.
A Cuba, cette aggravation a été opérée par l'Espagne qui, par
les décrets de 1825 et 1850 a bouleversé le système politique
qui régnait à Cuba en 1823. Sans doute, la monarchie régnait à cette époque ; mais, depuis, la monarchie a été rem-
placée par un despotisme militaire, un despotisme à la turque

(1) § 49, *in fine.*

« *of the most pronounced oriental type* » (1). Dès lors, la
doctrine de Monroe s'est trouvée violée; les Américains ont
protesté et ont demandé des réformes tendant à rétablir à
Cuba un régime politique qui fût en harmonie avec la doctrine
de Monroe. Le cabinet de Madrid a refuser d'écouter leur
protestation et d'accéder à leurs demandes, ou bien il a introduit dans le régime politique de Cuba des changements si
peu efficaces, que le gouvernement américain a dû les considérer comme inexistants. Les Etats-Unis avaient demandé le
respect de la doctrine de Monroe par des moyens pacifiques
et n'avaient pu l'obtenir. N'ayant pas réussi, ils avaient droit
de lui appliquer la sanction même édictée par Monroe, l'intervention à main armée. Ils ont donc déclaré la guerre à
l'Espagne pour faire respecter la doctrine de 1823.

Ainsi, l'on assiste à ce curieux spectacle de voir la doctrine
de Monroe, logiquement conduite à ces dernières conséquences,
mener les Etats-Unis de l'abstention en 1823, à l'action en
1898, dans le problème même que les événements posaient à
Monroe, au commencement du siècle, et que fidèles à sa doctrine les Etats-Unis résolvaient autrement à la fin de ce même
siècle. C'est que, dans le message de 1823, la politique atté-
nuait une formule à laquelle, en 1898, la puissance des Etats-
Unis permettait d'attribuer toute son étendue. L'intervention
à Cuba était le couronnement de la doctrine et la révélation
de toute son ampleur.

(1) HERSHEY, *Intervention such the recognition of Cuban independance.*
Annals of the american Academy, 1898, p. 66.

CHAPITRE XI

LE PANAMÉRICANISME

—

Pour compléter leur œuvre et fonder leur hégémonie sur l'Amérique, les Etats-Unis n'avaient plus qu'une dernière étape à franchir : c'était d'organiser toute l'Amérique en une vaste fédération économique et politique dont ils auraient pris naturellement la direction par une prépondérance semblable, toutes proportions gardées, à celle qu'occupe aujourd'hui la Prusse dans l'Etat fédéral allemand.

Une circonstance favorisait cette ambition : c'est que le régime fédéral, exception en Europe, est la règle en Amérique. Dans l'Amérique centrale et dans l'Amérique du Sud, au Mexique, au Vénézuéla, dans la République argentine, au Brésil, etc... (1), partout ou presque partout, c'est la forme fédérative qui domine par une instinctive tendance des organisations jeunes à s'appuyer les unes sur les autres pour vivre et se développer d'autant plus sûrement qu'elles seront plus unies. Les germes de la fédération universelle étaient ainsi spontanément posés dans la série des fédérations partielles. Il n'y avait plus qu'à les fondre en soudant les fédérations locales dans la grande fédération panaméricaine. Monroe avait fait rayonner, des Etats-Unis sur toute l'Amérique, l'idée d'indépendance ; ses successeurs voulaient faire rayonner, des Etats-Unis sur toute l'Amérique, l'idée fédérative.

Aujourd'hui pour le continent américain, comme jadis pour eux-mêmes, ils cherchaient dans la fédération la garantie de l'indépendance. Sur ce point, ils se trouvaient dans une con-

(1) Le Fur, *Etat fédéral et confédération d'Etats*, p. 326.

formité parfaite avec la pensée de Monroe. Monroe voulait
l'Amérique une et libre. En liant dans la liberté les différentes
parties du territoire américain, la fédération panaméricaine
réalisait toute sa pensée. A la Sainte-Alliance des rois, établie
au commencement du xix⁰ siècle, elle répondait, à la fin du
même siècle, par l'Alliance des peuples. A la fédération de
l'Europe, elle répondait par la fédération de l'Amérique. C'était
un large et beau programme. Mais il avait ses inconvénients.
L'hégémonie des Etats-Unis, dont la puissance contrastait avec
la faiblesse et l'anarchie des autres Etats, devait y trouver sa
prépondérance ; or il n'est pas de fédération durable, là où
une rupture d'équilibre met dans un seul Etat le centre de
gravité de tout un système fédéral ; l'Allemagne a fait l'expérience ; plus encore que les petits Etats allemands, les petits
Etats de l'Amérique, grands en territoire, mais faibles en
puissance, craignaient d'en faire à leur tour le cruel essai.

A l'origine pourtant, les petits Etats d'Amérique paraissent
inconscients du péril. Dès 1881, les Républiques sud-américaines évoluent vers une organisation fédérale panaméricaine.
Elles essaient d'en poser les premières bases en constituant
un tribunal d'arbitrage permanent. Le mouvement avait pris
naissance au sein des Républiques hispano-américaines, à l'exclusion même des Etats-Unis. Mais ceux-ci ne devaient pas
tarder à le recueillir. En 1880, M. Blaine, alors secrétaire
d'Etat du président Garfield, fit la proposition d'un Congrès
qui serait tenu à Washington, dans le but de garantir la paix
et de développer le commerce dans tout le continent américain.
Cette idée de M. Blaine, qui n'était que la répétition des idées
de Bolivar, se serait réalisée si un événement imprévu, l'assassinat de Garfield, n'était venu couper court au projet.

En outre, certains Etats, le Pérou et le Chili, par exemple,
alors en guerre, étaient peu disposés à mettre bas les armes.
Arthur prit le gouvernement et un bill autorisa ce Congrès ;
des invitations furent envoyées (novembre 1882), mais l'op-

position de M. Frelinghuysen et la retraite de Blaine firent retirer les invitations : le projet était abandonné.

Dans la suite, de nouvelles propositions furent faites dans le même sens au Congrès, et le président Arthur, cédant aux injonctions du Parlement, nomma une commission d'enquête. Par acte du 7 juillet 1884, le Congrès désigna trois commissaires chargés de visiter dans ce but les Etats de l'Amérique du Sud.

Le 26 juillet 1885, le président des Etats-Unis recevait le rapport, et le 17 juin 1886, la loi Frye était votée par le Congrès. Elle autorisait le président des Etats-Unis « à inviter au nom du peuple de l'Union les délégués du Mexique, de l'Amérique centrale et de l'Amérique du Sud à se réunir à Washington, le 1er octobre 1897, pour se joindre aux délégués des Etats-Unis, à l'effet de considérer toute question et recommander toute mesure tendant à l'intérêt mutuel et à la commune prospérité des Etats américains » (1).

Cent mille dollars étaient consacrés aux dépenses occasionnées par la réunion de la conférence.

L'acte définitif, voté le 11 mai 1888, fut approuvé par le président des Etats-Unis le 24 du même mois, mais ce ne fut que le 13 juillet 1888 que le secrétaire d'Etat Bayard adressa aux représentants officiels des Etats-Unis dans chacun des Etats d'Amérique la lettre d'invitation; il proposait l'adoption d'un plan d'arbitrage pour le règlement des contestations et querelles qui pourraient dans la suite s'élever entre les différents Etats et l'examen de certaines questions relatives à l'encouragement du commerce et des moyens de communication entre les dits pays.

En même temps, le président des Etats-Unis adressait l'invitation officielle aux dix-sept Etats suivants : République argentine, Bolivie, Brésil, Chili, Colombie, Costa-Rica,

---

(1) Cf. PRINCE, *Le Congrès des trois Amériques*, p. 7.

Equateur, Guatémala, Haïti, Honduras, Mexique, Nicaragua, Paraguay, Pérou, Saint-Domingue, San Salvador, Uruguay et Vénézuéla.

L'invitation énumérait les questions à étudier : d'abord les mesures générales tendant à conserver la paix et à augmenter la prospérité des différents Etats américains; puis une union douanière américaine pour encourager le commerce des contrées américaines entre elles, favoriser l'établissement de communications régulières et fréquentes entre les ports des différentes nations américaines, imposer des droits de douane identiques dans chacun des Etats indépendants, régler le mode d'importation et d'exportation des marchandises, établir une méthode uniforme pour déterminer la classification, l'évaluation des marchandises dans les ports de chaque Etat, adopter un système uniforme de poids, mesures et monnaies, déterminer les moyens propres à protéger les brevets et la propriété industrielle, enfin instituer un plan d'arbitrage pour toutes les questions, contestations ou querelles qui pouvaient maintenant ou dans la suite s'élever entre ces Etats, de façon à ce que ces différends ou contestations pussent être résolus pacifiquement.

Cette proposition parut d'abord rallier tous les suffrages. Réunissant sous une même bannière toutes les nations de la grande famille américaine, elle devait leur permettre de soutenir avec succès la lutte contre les Etats européens. Les Etats-Unis voyaient avec défiance la Grande-Bretagne exercer sur l'Amérique centrale et l'Amérique du Sud une influence prédominante. Ce qu'ils voulaient, c'était l'Amérique aux Américains et aux Américains seuls. Le Congrès devait le leur permettre.

« Les Etats-Unis ont affirmé autrefois qu'ils ne permettraient à aucune nation européenne de conquérir ou de soumettre aucun des pays de l'Amérique centrale ou méridionale, il est temps de mettre en œuvre ces principes. Ce que le Congrès recherche, c'est le moyen de faire de l'Amérique un Etat indépendant du monde entier » (1).

Les journaux jingoïstes montraient que l'année précédente des puissances étrangères avaient vendu pour 404,392,328 dollars de marchandises à l'Amérique. De plus, 85 0/0 des marchandises vendues par eux en Europe, avaient été transportées sur des navires, soit anglais, soit étrangers. Il fallait faire cesser de tels abus. L'exploitation de l'Amérique par l'Europe devait cesser. Le Congrès se flattait d'achever l'œuvre de Washington, de Bolivar et d'Hidalgo. Ils avaient donné à l'Amérique sa liberté politique. Il fallait donner au Nouveau-Monde la liberté économique par l'organisation du libre échange de la baie d'Hudson à la Patagonie.

A ce beau projet malheureusement il y avait des ombres. Beaucoup de petits Etats sud-américains craignaient l'absorption de leur modeste personnalité par la grande Union nord-américaine. Avec une amère ironie, les pessimistes inquiets disaient de ce plan qu'il était fondé sur la conception « que les délégués du Mexique et de l'Amérique méridionale étaient des sauvages avec des anneaux au nez et à la face peinturlurée, qui devaient venir aux Etats-Unis pour faire leur éducation » (2).

La tendance à exclure du nouveau continent tout ce qui n'était pas américain combattait cependant ces inquiétudes (3).

L'Europe accueillit plus froidement les projets de M. Blaine. Elle reconnut tout de suite qu'il avait su soutenir la doctrine de Monroe « tout en masquant habilement la sécheresse et l'égoïsme du dogme » (4). Elle ne se dissimulait pas que l'union douanière désirée par les Etats-Unis était destinée à leur avantage, c'est-à-dire dirigée contre elle.

(1) Cf. PRINCE, op. cit., p. 19.
(2) PRINCE, op. cit., p. 32.
(3) Cf. à ce sujet, DE MAZADE, Revue des Deux-Mondes, 15 novembre 1846, p. 626 et s.
(4) Indépendance belge, 26 octobre 1889, cité par PRINCE, p. 48.

Quant au projet relatif à l'arbitrage, si l'humanité ne permettait pas de le critiquer, la politique constatait avec regret qu'il aurait pour résultat de donner aux Etats-Unis le rôle d'arbitres dans les démêlés des autres républiques, ce qui amènerait peu à peu leur hégémonie sur toute l'Amérique.

Mais on se rassurait en pensant que l'entreprise était trop hardie pour réussir. On allait même jusqu'à prétendre qu'au lieu de réussir à la formation d'un seul zollwerein il s'en formerait trois : l'un, celui de M. Blaine, ne serait qu'une illusion ; l'autre, celui de l'Amérique centrale, serait fait contre les Etats-Unis d'Amérique ; le troisième, celui de l'Amérique du Sud, resterait à l'état embryonnaire.

Le 2 octobre, le Congrès s'ouvrait avec solennité par un discours de M. Blaine montrant fièrement que l'étendue territoriale des nations représentées atteignait plus de trois fois la surface de toute l'Europe et presque le quart de celle du globe.

L'œuvre du Congrès pouvait, matériellement, être colossale. Mais il fallait l'entente, et dès le commencement les délégués sentirent qu'elle serait très difficile à obtenir. C'est avec beaucoup de peine qu'on finit par adopter un règlement en faveur du huis-clos des réunions, puis qu'on nomma les différentes commissions chargées des études préparatoires. Quand il s'agit du fond des projets à élaborer, les difficultés redoublèrent.

L'union douanière subit un échec complet. Les Etats-Unis n'avaient pas voulu abaisser leurs tarifs en faveur des produits bruts des Etats du Sud, sans se rendre à l'objection que cette différence de traitement entre les Etats dont se composerait l'union douanière devait la rendre impraticable. Ce qui avait fait la force du Zollwerein allemand, c'était la réunion d'Etats homogènes. Mais en Amérique, la situation n'était pas la même, il y avait trop de différence entre les races, les productions, les climats, les intérêts politiques, économiques ou religieux des trois Amériques pour pouvoir aboutir.

Que restait-il alors aux Etats-Unis ? des traités de réciprocités qu'ils s'efforcèrent de signer avec le Brésil (31 janvier 1891), la République dominicaine (4 juin), les Antilles espagnoles (16 juin), le San Salvador (30 décembre), les Antilles anglaises (1er février 1892), le Nicaragua (11 mars), le Honduras (29 avril). Comme résultat, c'était peu.

Quant à la question de l'arbitrage, elle ne réussit pas mieux. Sans doute, le Congrès aboutit à la rédaction d'un plan très complet instituant l'arbitrage obligatoire dans toutes les controverses relatives aux privilèges diplomatiques et consulaires, aux frontières des territoires, aux indemnités ou aux droits de navigation et à la validité, l'interprétation et la violation des traités. Un seul cas était excepté : celui qui, dans le jugement d'une des nations enveloppées dans la controverse, pouvait mettre en péril son indépendance. Dans ce cas, l'arbitrage était facultatif pour cette nation. Respectant dans une très large mesure la liberté dans le choix des arbitres et la constitution de la cour d'arbitrage, le projet omettait le principe de l'arbitrage permanent (1).

Enfin ce Congrès, par lui-même incomplet, ne devait pas être suivi d'effet. Le Guatémala, le Nicaragua, le Salvador, le Honduras, la Bolivie, l'Equateur, Haïti, le Brésil, signèrent sur cette base avec les Etats-Unis des traités d'arbitrage, mais ces traités ne furent jamais ratifiés. Le Mexique, le Chili et la République Argentine s'étaient dès l'origine abstenus.

Pour les dispositions relatives à l'établissement de communication plus nombreuses, à l'extradition et aux autres articles du programme de M. Blaine, elles n'aboutirent pas davantage.

Le 19 avril 1890, le Congrès se séparait sans avoir atteint

---

(1) Voir le texte de ce traité dans PRINCE, *op. cit*,. p. 257,

son but. C'était l'échec de la doctrine de Monroe dans son extension au reste du continent américain. Les Etats-Unis devaient renoncer à l'espérance séduisante de faire accepter leur hégémonie par l'Amérique tout entière à l'abri des idées émises par le cinquième président. Peut-être cet échec n'a-t-il pas été sans influence sur la ligne de conduite qu'ils ont inaugurée en 1898. Ne pouvant prendre l'hégémonie dans l'Amérique, ils ont été amenés à la chercher dans le monde. Ne pouvant réaliser la doctrine de Monroe dans toute son ampleur par l'américanisme, ils ont été peu à peu conduits à l'abandonner (1).

(1) Les Américains avaient essayé aussi de faire des applications de la doctrine de Monroe, sur le terrain religieux et sur le terrain économique.

1° Sur le terrain religieux, en essayant de créer un catholicisme américain. L'un des propagateurs de ce système a été le Père Hecker, dont les idées ont été condamnées par le Saint-Siège, en 1899 (Voir à ce sujet, CHARBONNEL, *Revue chrétienne*, 1er novembre 1898 ; — SAINT-CLÉMENT, *La liquidation du consortium américaniste* ; — *Etudes des Pères de la Compagnie de Jésus*, juillet-août 1898. — *Correspondant*, 25 mai et 10 juillet 1897).

2° Sur le terrain économique, en fermant l'entrée des Etats-Unis aux importations étrangères par les bills Mac-Kinley et Dingley.

La condamnation du Père Hecker et le revirement dans les tendances protectionnistes des droits de douane prouvent que ces extensions n'ont pas réussi.

TROISIÈME PARTIE

LA NOUVELLE POLITIQUE
DES ÉTATS-UNIS

CHAPITRE PREMIER

SAMOA

---

§ 1. Les intérêts en jeu. — § 2. La concurrence commerciale et les embarras des Etats-Unis. — § 3. Le traité de 1889. — § 4. Les événements de 1898. — § 5. Les solutions. La conduite des Etats-Unis.

Ce fut à propos de la question de Samoa que les Etats-Unis sentirent pour la première fois la gêne que leur imposait la doctrine de Monroe. Sans doute elle avait retenu l'Europe loin de l'Amérique ; mais elle enfermait les Etats-Unis en Amérique. Tout territoire situé dans l'Amérique tombait sous le contrôle des Etats-Unis ; mais réciproquement tout territoire placé en dehors du continent américain devait rester étranger aux Etats-Unis. Les îles Samoa étaient hors de l'Amérique, il ne fallait pas y songer.

§ 1

À considérer les treize îlots volcaniques étroits et peu peuplés qui les composent, la perte n'était pas considérable. Sawaï, la plus importante de toutes, n'a que 12,000 habitants, Upolu la seconde n'en a que 17,000 avec la ville d'Apia, capitale de l'archipel, Tutuila, la troisième n'est qu'un long rocher volcanique coupé par la rade naturelle de Pago-Pago (1). Lapérouse, qui découvrit ces îles il y a un siècle, en évaluait la population à 86,000 habitants ; aujourd'hui elle ne dépasse pas 36,000.

Çà et là sont disséminés quelques étrangers, une cinquantaine de Chinois, trois cents Allemands, cent Anglais, quarante Américains, soixante-quinze Italiens, Autrichiens ou Danois, et enfin vingt Français dont dix-huit missionnaires (2).

Mais si la médiocre fertilité des îles et sa plus médiocre population ne sont pas de nature à exciter beaucoup de convoitises, leur position en Océanie sur la route qui unit l'Extrême-Orient à l'Amérique, les désigne à l'ambition des puissances. De nombreux paquebots desservent l'archipel ; ceux de la Compagnie anglo-américaine qui entretient les relations entre San Francisco et Auckland avec des escales à Honolulu et Apia, et ceux de la ligne allemande qui font le service des îles Upolu et Sawaï avec arrêt à Tonga.

Les îles Samoa sont une étape naturelle sur la route commerciale du Nouveau-Monde à l'Asie, le centre du Pacifique, et par conséquent le point de passage d'un trafic estimé, exportations ou importations, à 425 millions de livres sterling par an.

L'Allemagne et l'Angleterre ont rapidement jeté leur dévolu sur elles et fondé des comptoirs qui n'ont cessé de s'accroître (1).

(1) On évalue la population à 16,600 pour Upolu, 12,500 pour Sawaï, 3,700 pour Tutuila. Cf. *Forthnightly Review*, 1899, I, p. 54 et 723. Deux articles de Leigh, *The Powers at Samoa* et *Te Samoan Crisis and its causes.*

(2) Francis Mury, *L'archipel des Samoa.* Nouvelle Revue, 15 mai 1899, p. 226.

(1) Voici du reste la statistique des importations et des exportations qui nou montre exactement l'enjeu de la partie engagée :

	1896	1897
Importations britanniques.	927.500	868.850
— allemandes.	249 000	420.700
— américaines.	237.750	267.075

Pour l'exportation, la répartition est extrêmement difficile à faire, étan

La lutte commerciale commence de bonne heure. Les Anglais lancent à la conquête de l'archipel les missionnaires wesleyens qui mêlent aux questions religieuses les questions politiques. Le roi des îles Samoa étant choisi par les chefs des quatre principales familles, les missionnaires protestants en profitent pour leur imposer comme roi Malietoa Tavita qui avait embrassé leur religion et le proclamer aux lieu et place de Tupua leur ennemi (1).

Sous cet élu de leur choix, ils règnent d'autant plus facilement que le nouveau prince préfère l'oisiveté à l'action. Son gouvernement est paisible, car les Anglais établis à Apia n'ont pas encore de concurrents. Mais sous son fils, Malietoa Moli, les Allemands arrivent. En 1877, la maison Unscheln et Cie s'installe à Apia; puis c'est le tour de la maison Godefroy, dont le directeur, M. Brandeis, l'ami personnel du chancelier de Bismark, apporte avec lui l'intervention officielle. Ainsi les Etats-Unis se trouvent progressivement évincés d'un territoire sur lequel ils auraient pu s'établir seuls, en pleine possession du monopole commercial, si la fidélité aux principes de 1823 ne les avait retenus dans une inaction trop scrupuleuse et trop stricte. Sans la doctrine de Monroe, ils auraient été à cette époque les maîtres incontestés des Samoa (2).

§ II

En effet, en 1872 le capitaine Meade, commandant du navire de guerre *Narragansett*, avait passé sous sa responsabilité un traité avec le chef indigène Manga, dont il avait

donné que presque tous les produits des Samoa s'en vont aux Açores, d'où ils sont réexpédiés pour leur véritable destination, toutefois l'avantage à l'exportation paraît être acquis aux Etats-Unis. Cf. à ce sujet l'*Economiste français*, 7 mai 1898, p. 626.

(1) Cf. Moye, *La question des îles Samoa*, R. D. I. P., VI, p. 125.

(2) Cf. de Lapradelle, R. D. P., XIII. *Chronique internationale*, p. 92,

obtenu pour les Etats-Unis la possession exclusive du port de
Pago-Pago en échange de la protection du gouvernement de
Washington. Le président Grant, qui avait compris l'importance
de ce traité, avait décidé de le soumettre immédiatement à la
ratification du Sénat. Mais la haute assemblée, fidèle aux grandes
traditions politiques, rejeta cette convention comme contraire
aux principes de 1823. Monroe avait recommandé au gouvernement de Washington de ne point se mêler des affaires extra-
américaines et de fuir les démêlés avec les puissances européennes. Samoa était en dehors de la sphère d'influence
assignée à l'Union par le cinquième président et l'objet des
ambitions européennes. A ce double point de vue, il fallait
désavouer le capitaine Meade et contenir l'Union dans le Nouveau-Monde.

Le sacrifice était dur et les Etats-Unis commencèrent à comprendre que la doctrine de Monroe, si souple qu'elle fût, ne
pouvait être la panacée universelle sur laquelle ils avaient
compté. Sans toutefois la violer ouvertement, ils se contentèrent
d'y porter une légère atteinte.

Le 17 janvier 1878, ils signèrent avec les Samoans un traité
de commerce et d'amitié par lequel ils acquéraient la concession d'une station navale et d'un dépôt de charbon à Pago-
Pago, l'ouverture des ports de Samoa au commerce américain
et le droit pour les citoyens des Etats-Unis d'être jugés au civil
et au criminel par le consul américain.

L'Allemagne et l'Angleterre ne voulurent pas essuyer sans
mot dire cette défaite diplomatique. La première, par le traité
du 24 janvier 1879, et la seconde par celui du 28 août 1879,
obtinrent les mêmes avantages (1).

Les puissances concurrentes étaient mises sur le même pied
par le gouvernement samoan ; aussi jugèrent-elles nécessaire

---

(1) Cf. sur ce point, Pigott, *Exterritoriality*, et voir le texte de ce traité ;
Martens, *Recueil général des traités*, 2ᵉ série, II, p. 632 et III. p. 1 et 31.

de consolider ce régime par l'adoption d'une espèce de condominium : ce fut l'objet de la convention du 2 septembre 1879 (1).

La convention ne se rapportait qu'au district d'Apia dont elle délimitait l'étendue et réglementait l'administration. Elle instituait un conseil municipal constitué par les consuls américain, anglais et allemand. Ce conseil légiférait sur toutes les questions relatives à la police et à l'administration, sur les pénalités à appliquer, sur le tribunal chargé d'en assurer l'exécution et sur la perception des impôts. Le district d'Apia était déclaré neutre, en violation de la souveraineté du roi de Samoa, malgré l'habileté des signataires à sauvegarder les apparences. N'avaient-ils pas déclaré en effet qu'ils respectaient la souveraineté locale et que le drapeau samoan continuerait à flotter sur les établissements publics ?

Les Etats-Unis violaient la doctrine de Monroe, car ils se lançaient dans une alliance avec l'Europe. Ils entraient dans ses combinaisons et dans ses calculs; ils risquaient d'éveiller des causes de discorde que la prudence de Monroe craignait d'allumer et des conflits qu'entre l'Europe et l'Amérique son système avait pour but d'épargner.

§ III

Le 16 novembre 1884, l'Allemagne signait une nouvelle convention avec le gouvernement samoan (2). C'était, disait-elle, un simple complément du traité de 1879. Au fond, c'était l'abrogation complète de la souveraineté du gouvernement local de Samoa. Près du roi fonctionnait un conseil formé du consul allemand, de deux de ses nationaux et de deux délégués indigènes. Ce conseil, dont la majorité était acquise aux Allemands, avait le droit de faire toute espèce de loi sur ce

(1) Martens, *op. cit.*, 2e série, III, p. 33.
(2) Cf. Martens, *Recueil général des traités*, 2e série. III. p. 582.

qui touchait aux plantations allemandes ou aux sujets de l'Empire. Auprès du roi, remplissant les fonctions de secrétaire et de conseil, était un fonctionnaire allemand nommé sur la présentation du conseil. Enfin, toutes les questions relatives aux intérêts allemands étaient réglées par le conseil, d'accord avec le roi. Pour mieux assurer le triomphe de sa politique, l'empereur envoyait plus de 15,000 travailleurs allemands à Samoa après avoir pris la bonne précaution de les armer au départ.

L'équilibre, si péniblement édifié en 1879, était totalement rompu : l'Angleterre et les Etats-Unis protestèrent; ils demandaient la réunion d'une conférence. Le cabinet de Berlin résista, mais à la fin, obligé de céder, consentit à la demande anglo-américaine. Les choses traînèrent jusqu'en 1887. Désormais la suprématie allemande était un fait acquis.

Les puissances se réunirent à Washington. Dans cette conférence, les Etats-Unis proposèrent d'adjoindre au roi de Samoa des ministres qui seraient nommés par elles ; ainsi la municipalité d'Apia, au lieu d'être composée de consuls étrangers, serait nommée par le conseil du roi, qui serait lui-même formé de ministres nommés par les puissances, des vice-rois et des grands chefs. Les consuls conserveraient néanmoins leur droit de juridiction sur leurs nationaux.

Mais l'Allemagne ne voulait pas de cette proposition, elle désirait essentiellement placer auprès du roi pour affermir son autorité un conseil étranger qu'elle nommerait elle-même. La prépondérance de ses intérêts à Samoa suffisait pour expliquer la nécessité d'une pareille institution ; en même temps le plénipotentiaire von Avensleben demandait l'investiture du roi par les puissances.

C'en était trop, les Etats-Unis se récrièrent : l'Allemagne voulait faire de Samoa une colonie allemande; les empiétements dont elle s'était rendue coupable le prouvaient surabondamment. La meilleure solution, disait M. Bayard, pléni-

potentiaire américain, était d'établir une assemblée populaire
élue par les indigènes.

Restait à connaître l'avis du représentant anglais, M. West ;
c'était à lui de départager ses collègues, mais il n'énonça pas
d'opinion. Dès lors, la situation était inextricable. La conférence ne pouvant aboutir s'ajourna.

Le 22 mars 1887, anniversaire de la naissance de Guillaume Ier, les Allemands se livrèrent à des libations nombreuses en l'honneur de leur souverain. Des rixes éclatèrent
avec les indigènes ; quelques Allemands furent blessés ; le commandant Heussner, chef du détachement naval allemand, en
profita pour intervenir. Il exigea du roi Malietoa une réparation éclatante et réclama le versement immédiat d'une somme
de 60,000 francs pour réparation des insultes faites aux
Allemands et à leur empereur. Comme il était facile de le prévoir, le paiement d'une telle somme était impossible. Les
Allemands en profitèrent pour détrôner Malietoa et l'exiler
au Cameroun. En même temps, ils faisaient élire comme roi
Tamasese, descendant de Tupua, et lui donnaient comme
premier ministre M. Brandeis, chef de la maison allemande
Godefoy à Samoa.

Sur ces entrefaites, l'échec de la conférence de Washington
encouragea les convoitises du cabinet de Berlin. Le vrai roi
des Samoans, M. Brandeis, en profita pour imposer les indigènes au delà de leurs ressources, espérant ainsi obtenir des
hypothèques sur leurs biens et parfaire, par ce moyen, la
conquête allemande.

Le cabinet de Washington s'en émut. Il tenta de provoquer un soulèvement en faveur de Mataafa, le véritable descendant des Tupuas. Tamasese, pour eux, était un imposteur.
M. Brandeis tenta de réprimer l'insurrection avec les forces
dont il disposait ; il chargea le croiseur allemand l'*Adler* de
brûler le village de Malolo, repaire des insurgés, et d'occuper
Apia. Cette intervention grossit le nombre des partisans de

Mataafa et souleva les récriminations du consul américain.
ainsi que celles du commandant de l'*Adams*, croiseur des
Etats-Unis. L'Allemagne essaya de résoudre ces difficultés par
la force. Le 18 décembre 1889, deux cents marins attaquèrent les insurgés sans toutefois les vaincre. Les forces naturelles vinrent au secours des Samoans : un cyclone détruisit
les croiseurs allemands l'*Adler*, l'*Olga* et l'*Eber* mouillés
dans le port d'Apia, tandis que, de leur côté, les Etats-Unis
subissaient des pertes équivalentes. De l'avis des deux principaux intéressés, « Samoa coûtait décidément trop cher » (1).

Les Allemands ne demandaient qu'à céder, mais, plutôt
que de reconnaître Mataafa, ils ramenèrent Malietoa Laupepa,
exilé par eux quelque temps auparavant. L'imbroglio était
noué. Les difficultés furent telles que les trois puissances décidèrent de reprendre à Berlin les conférences interrompues
de Washington (1889).

Ouvertes en avril, ces négociations aboutirent le 14 juin à
un traité fort long et fort confus qui inaugurait un nouveau
régime (2). De nouveau, les puissances déclaraient la neutralité des îles Samoa, tout en respectant les droits des citoyens
des Etats cosignataires et l'indépendance du gouvernement
samoan choisi par les naturels mêmes des îles. Toutefois, pour
faire cesser les troubles, les puissances dérogeaient à cette
règle en proclamant elles-mêmes comme roi Malietoa Laupepa. C'était là une exception unique, les rois devant être
dans la suite élus librement par les indigènes. Elles établis-
saient, en outre, une cour suprême de justice et en définissaient la juridiction. Cette cour était composée d'un juge
unique, nommé et révoqué par les puissances signataires, et

_____

(1) DE LAPRADELLE, *loc. cit.*, p. 94.

(2) Voici les procès-verbaux dans MARTENS et STŒRK, *Nouveau recueil général des traités*, 2ᵉ série, XVI, p. 301 et s., et l'*Acte général* du 14 juin,
Ibidem, XV, p. 571.

dans le cas de désaccord entre elles, par le roi de Suède et de Norwège.

Ce chief-justice avait la connaissance de toutes les contestations relatives à l'exécution d s traités passés entre les puissances et Samoa et à l'élection du roi.

Les Hautes Parties contractantes, désireuses de maintenir l'équilibre établi, défendirent l'aliénation des terres au profit des étrangers, et ordonnèrent même la revision de celles antérieurement consenties. Elles voulaient ainsi remédier aux empiètements qui avaient eu lieu, et prévenir ceux qui pouvaient arriver dans la suite. Elles créaient aussi, dans le but de mettre fin aux discussions, un district particulier à Apia. Certaines mesures réglementaient l'importation des vins et des spiritueux. Enfin les plénipotentiaires, conscients de la fragilité de leur œuvre, déclarèrent que le traité devait être revisé dans un délai de trois ans.

Il était, en effet, facile de voir que le traité de Berlin n'était qu'un compromis non viable. « Les deux traits originaux qu'il présentait, l'institution d'une cour suprème et celle de district municipal d'Apia, constituaient deux pièces fragiles d'un mécanisme trop délicat pour résister aux secousses et d'un antagonisme trop profond pour fonctionner sans obstacles » (1).

Le pouvoir laissé au chief-justice était trop de nature à exciter les susceptibilités pour qu'il pût agir sans évoquer des récriminations. Les signataires du traité, loin d'écarter les difficultés, les avaient fait naître plus graves et plus irréductibles. Le traité de Berlin n'avait satisfait les visées d'aucune puissance : l'Allemagne avait dù renoncer à l'annexion, l'Amérique avait dù violer la doctrine de Monroe en s'alliant à un pouvoir européen, l'Angleterre. Sacrifices inutiles ; les faits allaient réduire à néant le compromis des diplomates.

_____

(1) Cf. DE LAPRADELLE, *loc. cit.*, p. 94.

§ IV

Le roi Mataafa, dont la population samoane avait accueilli
avec faveur l'avènement, se démit en partie de ses fonctions
au profit de Malietoa. Il conserva l'autorité tout en donnant
le titre de roi à son rival. Une pareille situation ne pouvait
durer, la dissension éclata entre les deux souverains et Malietoa vainqueur exila Mataafa. Les puissances, qui commençaient
à se lasser des difficultés, laissèrent passer les choses. Malheureusement, cinq ans après, en 1898, Malietoa mourut. Sa
mort fut le signal de nouvelles difficultés.

Le texte de la convention n'avait pas bien précisé la façon
dont l'élection du nouveau roi devait être faite, il avait simplement imposé la ratification de son choix par le chief-justice,
se référant sans doute aux coutumes du soin de fixer le mode
de l'élection. Or, d'après les usages samoans, deux assemblées
devaient y procéder : l'une appelée *Taïmua*, comprenant les
quatre chefs des grandes familles indigènes ; l'autre appelée
Faipule, composée de quatre-vingts politiciens, « experts,
comme tous les Samoans, dans l'art de la controverse et de la
discussion » (1).

Le cabinet de Berlin redoutait le suffrage des deux assemblées et craignait l'arrivée aux affaires de leurs ennemis. Pour
prévoir le danger, il résolut de rappeler Mataafa ; ils se créait
ainsi en lui un allié qui lui serait redevable de son appel au
pouvoir. Il fit donc revenir l'ancien souverain déchu et le fit
élire par les quatre cinquièmes des Samoans (2).

Tamasese, l'ancien favori des Allemands, devenu, par leur
abandon, celui des Etats-Unis et de l'Angleterre, protesta
contre cette élection qu'il attaqua devant la Cour suprême (3).

(1) Cf. Moye, art. cité, p. 139.
(2) Cf. Moye, art. cit.
(3) Cf. Ide, *The imbroglio in Samoa*. *North american Review*, juin 1899,
p. 682.

On vit alors de quelle délicatesse était le mécanisme du rouage introduit aux Samoa par l'acte de Berlin. La situation du chief-justice était particulièrement épineuse, car il n'avait pas à juger une question judiciaire, mais une question politique, il lui fallait choisir entre deux partis : le parti anglo-américain ou le parti allemand, et proclamer la victoire ou la défaite de l'un d'eux. Le hasard voulut que ce poste fût occupé alors par un Américain, M. Chambers, tout dévoué à la cause américaine. Comme on pouvait s'y attendre, M. Chambers annula l'élection de Mataafa, proclama comme roi Malietoa Tanu, le fils de l'ancien roi, élevé sous la tutelle de la « London Missionary School » (1), et lui adjoignit comme vice-roi Tamasese. Pour appuyer sa décision, il se fondait sur le texte même de l'acte de Berlin. N'était-il pas dit dans ce protocole que le comte Herbert de Bismark, plénipotentiaire allemand, n'avait accepté l'élection d'un roi indigène qu'à la condition expresse de ne pouvoir choisir comme souverain Mataafa, sous le règne duquel de nombreux outrages aux nationaux allemands avaient été commis ? A cela, le cabinet de Berlin répondit que l'exception avait été stipulée en sa faveur et que, par conséquent, il lui était loisible d'y renoncer. La Cour n'avait donc pas à tenir compte de l'objection (2). Un protocole était-il du reste un acte exécutoire signé et reconnu par les puissances? M. Pheeps, représentant des Etats-Unis, et sir Edward Malet, représentant de l'Angleterre, n'avaient pas manifesté autrefois leurs opinions à ce sujet, et par conséquent, n'avaient pas accepté cette manière de voir. Le chief-justice devait se renfermer dans ses attributions particulières, il devait examiner les décisions du traité de Berlin et ne pas y ajouter. Il n'avait qu'à voir si l'élection de

(1) *The Samoan Muddle. American Monthly Review of Reviews*, 1899, p. 595.

(2) *Temps*, mars et février 1899 et Leigh, *The Samoan Crisis and its causes. Fortnightly Review*, mars 1899, p. 723 et s.

Mataafa s'était faite suivant les lois et coutumes de Samoa, et, si son examen lui avait montré ces dispositions respectées, il devait purement et simplement valider le choix des indigènes qui avaient désigné Tamasese.

Les Allemands étaient en force; M. Chambers dut se retirer à bord d'un navire anglais le *Porpoise*, mais il eut soin de faire observer que sa retraite n'était que passagère et que bientôt il reprendrait ses fonctions. Malgré cela le docteur Raffel, président du conseil municipal d'Apia, sujet allemand, assuma les fonctions de juge suprême probablement sur les instigations de son gouvernement et en tout cas sur celles de M. Grossmüller, consul allemand. C'était violer non seulement la stipulation du traité qui avait décidé la nomination du chief-justice par les puissances, mais encore la décision de M. Chambers, qui avait déclaré ajourner la Cour. Si l'Allemagne avait voulu déposer le juge suprême, il lui fallait suivre la procédure indiquée par l'article 3, section 3, du traité et non agir par elle-même sans le consentement de ses co-signataires. En même temps le roi proclamé par Chambers suivait le juge sur le bâtiment anglais, et Mataafa organisait un gouvernement provisoire.

Les consuls anglais et américain requirent alors l'intervention du commandant anglais du *Porpoise*. Un détachement de marins débarqua, remit sur son siège M. Chambers et menaça en cas de nouveaux troubles de bombarder la ville. De son côté la canonnière allemande le *Falk* gardait son mouillage dans le port d'Apia et les Etats-Unis envoyaient à Samoa le croiseur *Philadelphie* commandé par l'amiral Albert Kautz avec l'ordre de se conformer aux instructions du consul américain, tant qu'elles ne seraient pas en contradiction avec les clauses du traité de Berlin (6 mars).

Des troubles graves éclatèrent aux Samoa ; M. Chambers fort de l'appui des marins du *Porpoise*, cita devant son tribunal le docteur Raffel et celui-ci, sur les ordres du consul allemand, refusa de se rendre à cette citation invoquant pour lui le traité de Berlin qui l'avait placé sous la juridiction du représentant de l'Allemagne.

Chambers manda à nouveau M. Raffel et Raffel ne comparut point. Le débat pouvait durer. longtemps et les puissances désiraient y mettre fin.

L'Angleterre était tout occupée des affaires sud-africaines, les Etats-Unis tenaient à concentrer toute leur activité aux Philippines, seule l'Allemagne pouvait attendre : elle devait profiter de la situation pour en retirer tous les avantages.

Le cabinet de Berlin pour hâter la conciliation accepta la déposition de Mataafa et l'élévation au trône de Malietoa-Tanu ; puis les puissances instituèrent une commission spéciale chargée de rétablir l'ordre aux Samoa. Tout semblait donc aller à souhait lorsque les difficultés éclatèrent au sujet de savoir quel serait le mode de votation des plénipotentiaires. L'Angleterre et les Etats-Unis voulaient que les décisions fussent prises à la majorité, l'Allemagne voulait au contraire l'unanimité. Elle répondait avec juste raison que sans cela la réunion de la commission serait illusoire étant assurée d'être toujours combattue par les représentants anglais et américain, et elle faisait valoir en outre que sur les étrangers domiciliés à Samoa il y avait 300 Allemands et 140 Anglo-Américains.

Finalement le principe de l'unanimité fut accepté. L'Allemagne nomma pour la représenter le comte de Sternberg, l'Angleterre M. Elliott, et les Etats-Unis M. Bartlet Tripp (1).

C'était l'échec des combinaisons anglo-américaines ; le cabinet de Berlin allait profiter de l'embarras où se trouvaient les deux autres puissances pour remporter une véritable victoire. M. de Bulow le reconnaissait lui-même lors de sa réponse aux interpellations à lui adressées au Reichstag :

(1) Cf. *Questions diplomatiques et coloniales*, 1er mars 1899. *La question des Samoa*, par FRANKLIN, p. 287.

« Nous ne devons pas oublier, disait-il, que nous avons le devoir de protéger notre commerce et que nous possédons à Samoa des droits reconnus par les traités, droits dont le maintien est considéré par le peuple allemand comme une question d'honneur national ; nous ne devons pas laisser porter atteinte aux droits qui nous sont reconnus par les traités » (1).

Quelques jours après, les commissaires des puissances arrivaient à Apia pour résoudre le problème qui se posait à eux.

§ V

La situation était embarrassante, il fallait cependant la résoudre (2). Les commissaires essayèrent tout d'abord de mettre d'accord les partisans de Malietoa et ceux de Mataafa ; n'ayant pas réussi, ils décidèrent que le plus simple serait de supprimer la monarchie. Mais une fois la monarchie supprimée, il restait à la remplacer par un gouvernement quelconque, c'était résoudre la difficulté par une autre difficulté. On proposa alors un gouvernement neutre nommé par une puissance non intéressée, mais en pratique, la chose était impossible. On ne pouvait trouver en l'espèce une puissance qui, si elle ne fût pas intéressée, n'eût pas à soutenir l'une des trois puissances. Il fallait donc adopter une autre combinaison ; les diplomates s'arrêtèrent à l'idée d'un gouverneur européen choisi par les trois puissances protectrices et assisté d'un conseil de trois membres représentant chacune d'elles. C'était le premier conseil qui devait constituer le pouvoir exécutif et nommer la législature ; quant aux affaires locales, elles devaient être traitées par une assemblée d'indigènes réunie chaque année au moins pendant trente jours, sauf ratifi-

(1) *Journal de Genève*, 16 avril 1899.

(2) Cf. à ce sujet, DE LAPRADELLE, art. cit., p. 96.

cation par le conseil. Enfin les décisions du conseil pouvaient être frappées du veto de chaque puissance.

Les plénipotentiaires, en bons diplomates, avaient trouvé une formule ingénieuse.

M. Ide (1) ancien chief-justice de Samoa, en avait proposé une autre. Après avoir critiqué la fixation et la perception des impôts, l'insuffisance d'exécution des sentences de la Cour suprême et le pouvoir qu'avait le Président de la municipalité d'Apia de disposer des fonds du Trésor sans contrôler, il concluait à la révision de la convention de 1889 en vertu de l'article 8, relatif à la modification triennale du traité.

Mais ces réformes de détail, comme le faisait remarquer M. de Lapradelle (2), n'étaient que des palliatifs insuffisants. Le mal avait sa source dans la coexistence des trois pouvoirs rivaux. Chacun d'eux avait cherché à mettre à son service le roi, le chief-justice et le président de la municipalité d'Apia, d'où la création d'un véritable état de guerre. Si, dans la Crète, le nombre des puissances intéressées avait diminué l'ardeur des ambitions, aux Samoa, où ce nombre n'existait plus, la lutte se poursuivait avec acharnement. Le vrai remède aurait été de placer à la tête du gouvernement samoan comme gouverneur un Européen, sujet d'un État neutre. Les Etats-Unis, malheureusement, ne pouvaient accepter la solution parce qu'elle était contraire à la doctrine de Monroe.

Pour les Etats-Unis, tout homme qui vient de l'Europe, quel qu'il soit, même suisse ou luxembourgeois, n'en est pas moins suspect ; aussi, l'idée de protectorat collectif qui avait souri aux diplomates, ne pouvait réussir. Restait l'annexion. La proposition devait encore échouer pour des raisons propres à ces îles et à leur configuration. Les Samoa, appelées aussi Iles des Navigateurs, ne sont peuplées que de tribus no-

---

(1) IDE, art. cit., p. 689 et s.
(2) Loc. cit., p. 97.

mades qui n'ont aucune résidence fixe et qui vont et viennent
entre les différentes îles de l'archipel. En 1886, un Américain,
Georges H. Bates, envoyé par le président Grant pour faire
un rapport sur les îles l'avait constaté. De plus, comment régler
le partage. On aurait attribué Sawaï à la Grande-Bretagne,
Upolu à l'Allemagne et Tutuila aux Etats-Unis. Or, il s'en faut
que les trois îles présentent les mêmes avantages.

D'abord, comme nous l'avons vu, leur superficie n'est pas
égale et leur fertilité n'est pas identique. La seule île importante du groupe est Upolu, parce que dans Upolu se trouve la
capitale Apia où touchent tous les steamers et par où probablement passeront les câbles télégraphiques. Par conséquent,
les Etats-Unis et la Grande-Bretagne eussent été lésés par le
système du partage.

Tous ces calculs devaient être déjoués.

Pour prix de sa non-intervention dans la guerre sud-
africaine, l'empereur d'Allemagne obtint de l'Angleterre un
traité qui lui donnait non seulement Upolu, mais encore
Sawaï (1). La Grande-Bretagne ne demandait en échange
(art. 5) que les Tongas situées dans l'Afrique occidentale et les
îles Salomons, c'est-à-dire un simple point d'appui dans cette
région de l'Océan.

Les Etats-Unis restent seuls en face de l'Allemagne.

Qu'adviendra-t-il ? Nul ne le sait. Ils peuvent protester
contre de tels procédés. Car le traité de Berlin a posé,
en principe, la neutralité des Samoa, et, par conséquent,
l'Angleterre ne peut en disposer sans le consentement des
cosignataires. De plus, les Samoans doivent avoir voix au
chapitre ; car le traité de Berlin leur reconnaît le droit d'être
consultés sur le choix de leur gouvernement, *a fortiori* sur
celui de leur souverain.

Mais, dans l'espèce, les Etats-Unis qui n'ont jamais reconnu

---

(1) Voir ce texte dans R. D. P., XIII, p. 99, en note.

le plébiscite ne peuvent l'invoquer ; bien plus, il y a contre eux un autre argument plus fort que les autres : la doctrine de Monroe.

Le message de 1823 leur défend toute extension politique hors de l'Amérique ; à leurs réclamations le cabinet de Berlin peut fort bien opposer les principes du cinquième président. Il ne leur a pas offert Samoa parce qu'il savait que la Maison-Blanche ne pouvait l'accepter.

La leçon était dure.

Les Etats-Unis ont compris que la doctrine de Monroe, dans son sens absolu, embarrassait leurs mouvements. Son exclusivisme, qui leur a servi dans le Nouveau-Monde, ne peut que leur nuire au dehors parce qu'elle entrave la mise en œuvre de leur activité, parce qu'elle arrête leur conquête du monde. C'est en vain que, cachant son dépit, le président Mac-Kinley, dans son message inaugural de 1899, annonçait l'arrangement comme satisfaisant (1). Il ne peut considérer comme tel le traité qui donne aux Etats-Unis « une île rocheuse et peu peuplée, dont il n'y a d'utile qu'un port (2) » bien inférieur à celui d'Apia.

Au fond, les Etats-Unis se sentent vaincus et vaincus par la doctrine de Monroe. En 1872, alors que les Allemands n'étaient point à Samoa, la doctrine de Monroe a empêché le président Grant de donner suite à la prise de possession du capitaine Meade ; en 1889, elle a fait adopter une solution équivoque permettant à l'influence allemande de s'exercer ; ensuite elle leur a fait refuser un protectorat collectif et un gouvernement neutre. Il est trop tard ; le cabinet de Washington expie la fidélité qu'il a mise à garder les principes de 1823.

(1) *Temps*, 6 décembre 1898.

(2) De Lapradelle, *loc. cit.*, p. 101.

CHAPITRE II

HAWAI

—

§ 1. Les convoitises américaines sur Hawaï. — § 2. La révolte de 1893.
§ 3. L'annexion.

Le cabinet de Washington se sentait embarrassé par la doctrine de Monroe dans l'affaire des Samoa. La leçon ne fut pas perdue. La faute de 1872 ne se reproduisit pas aux Hawaï.

De ce côté, pas d'arrêt au nom des principes de 1823, ni d'hésitation causée par les traditions presque séculaires du monroeisme, mais au contraire un dédain presque absolu du message du cinquième président et un oubli quasi total de ses prohibitions. Ici, les Etats-Unis ne gardent de la doctrine de Monroe que son caractère d'exclusivisme ; pour mieux exclure des Hawaï l'Europe envieuse, ils envahissent peu à peu tous les pouvoirs locaux et chassent l'étranger comme l'indigène pour s'y substituer jusqu'au jour où, sûrs de leurs succès, ils apporteront en présent à la Confédération des Etats-Unis du Nord sa première colonie du Pacifique.

§ I

De bonne heure les îles Hawaï ou Sandwich ont attiré les convoitises des Etats-Unis.

Servant de trait d'union non seulement entre l'Amérique du Nord et l'Océanie, mais encore entre l'Extrême-Orient et l'Amérique, situées à égale distance de San Francisco, du Japon et de la plupart des ports du Pacifique, elles sont véritablement la clef de l'Orient. Leur fertilité est très grande ; le sucre y est cultivé avec profit, ainsi que la plupart des produits tropicaux.

Le seul obstacle qui ait empêché leur réunion aux Etats-Unis, c'est le peu de civilisation des habitants. Peut-être devrait-on ajouter encore, pour être exact, que leur éloignement des Etats-Unis a été aussi la cause du retard qu'ils ont mis à se les annexer ; car au point de vue géographique, la scission avec le continent américain est complète ; les Hawaï appartiennent absolument au continent océanien ; elles font partie de la Polynésie. Par elles-mêmes elles ont du reste peu d'importance : leur superficie totale est évaluée à 16,946 kil. carrés, et elles peuvent être divisées en quatre groupes distincts comprenant neuf villes principales.

De ces îles, la plus grande est Hawaï qui a donné son nom à l'archipel tout entier et dont la capitale Hilo a 5,000 habitants. La population de race canaque était, en 1778, lorsque le navigateur Cook la découvrit, absolument à l'état sauvage. Des missionnaires anglais vinrent évangéliser ces populations et commencèrent la civilisation des îles. Aujourd'hui Honolulu, la capitale des Hawaï, située dans l'île Oahou est une ville de 20,000 habitants absolument pareille à nos cités modernes. La population totale de l'île est évaluée à plus de 80,000 habitants, la race indigène ne représente plus même la moitié de la population totale. Par une loi fatale, inéluctable, mise en présence d'une race supérieure, elle devait s'effacer devant l'invasion croissante des étrangers Chinois, Portugais et Américains.

Ce n'est qu'au commencement du XIXe siècle que l'on peut parler de l'histoire politique du royaume d'Hawaï (1). Le roi Kamehameha Ier réunit en un seul royaume toutes les îles. Il eut pour successeur Kamehameha III qui parvint à faire reconnaître son royaume par l'Angleterre, la France et les Etats-Unis, puis ultérieurement par d'autres gouvernements. En

(1) Sur l'histoire des Hawaï et des reines de la dynastie des Kamehameha, voir DE VARIGNY, *Revue des Deux-Mondes*, 1888, 1er avril, p. 582 et s.

1840, Kamehameha III donna à son peuple une constitution qui fut révisée et complétée en 1852. Ce fut sous son règne (1843) que le gouvernement de Washington s'engagea formellement à respecter l'autonomie des Hawaï. Le président Tyler savait que, par un traité, la France et l'Angleterre s'étaient interdit de s'emparer de l'île ; trouvant de son devoir de ne pas effrayer les Hawaïens, il fit une déclaration à peu près semblable.

Quelques années plus tard, Tyler craignit l'intervention des puissances européennes et surtout leur main-mise sur les Hawaï ; il ne cacha pas ses craintes au Congrès et jugea nécessaire d'entamer des négociations dans le but de resserrer les liens qui unissaient les Etats-Unis aux Hawaïens. Toutes ces craintes étaient justifiées.

En 1843, l'Angleterre avait fait flotter pendant cinq ans son drapeau sur les îles et les avait fait administrer par un commissaire anglais. Les pourparlers allèrent si loin que le représentant américain amenait Kamehameha III à abandonner son royaume aux Etats-Unis ; le souverain se voyait du reste à ce moment en butte aux agressions des Français (1854).

Le sénateur Webster porta le fait à la connaissance du Sénat. Malheureusement il ne voulut pas de l'annexion, sous prétexte que les Hawaïens étaient des sauvages et surtout parce que la mort du roi cédant vint changer la face des choses. La ferme attitude des Etats-Unis arrêta les convoitises des puissances européennes, qui se souciaient peu de réveiller les susceptibilités nord-américaines ; alors on remplaça le traité d'annexion par un traité de réciprocité dont le Sénat ne s'occupa jamais.

Après le règne de Kamehameha IV (1854-1863), son frère Kamehameha V, qui lui succéda procéda à une nouvelle revision de la constitution (20 août 1864). Il mourut en 1872 et laissa le trône au prince Lunalilo, qui mourut lui-même en 1874. A sa mort, Kalakama fut élu roi et occupa le trône jusqu'au 20 janvier 1891, époque à laquelle lui succéda la reine

Liluiokalani, qui fut le dernier représentant de la royauté et qui prit la route de l'exil, après avoir été détrônée.

Depuis 1877, le pays était régi par une constitution qui y avait introduit le gouvernement constitutionnel, avec deux Chambres, celle des nobles et celle des représentants, comprenant chacune vingt-quatre membres et formant à elles deux l'assemblée législative.

Le roi était entouré de quatre conseillers nommés par lui et constituant le ministère. C'était sous ce règne que vivait Havaï lorsqu'arriva la révolution (1893).

§ II

Trois faits la provoquèrent ; d'abord la revision de la constitution, revision qui contrariait la politique de l'Union ; en deuxième lieu, les menées des Etats-Unis, désireux de profiter de la fertilité du sol rendu propre à la culture du sucre et enfin l'application du tarif Mac-Kinley, qui fermait aux planteurs américains domiciliés à Havaï tous les ports de l'Union.

Depuis longtemps les Etats-Unis attendaient le moment propice pour intervenir. Ils étaient tenus très au courant des événements, depuis l'envoi par M. Blaine, sous le président Harrison (1889), d'un diplomate américain remarquable, M. John Stewens.

Un an à peine après son arrivée, le représentant des Etats-Unis avait demandé au secrétaire d'Etat une ligne de conduite bien nette, dont il eut le mérite de ne jamais se départir. Il avait prévu que, grâce à ses efforts et grâce aussi à l'appui de la Maison-Blanche, la civilisation américaine l'emporterait aux Havaï. En 1892, il avait fait des affirmations plus catégoriques, les avait appuyées sur des constatations probantes et avait demandé à son gouvernement l'envoi d'un navire de guerre à Honololu.

La révolution allait éclater, il fallait tout prévoir : « Si le

gouvernement indigène, écrivait-il le 8 mars, venait à être renversé par un mouvement empreint d'un esprit d'ordre et
d'ailleurs pacifique, et si le gouvernement républicain ou provisoire venait à être établi, quel serait le rôle du ministre des
Etats-Unis et du commandant des forces navales présentes?
Devraient-ils donner leur appui au gouvernement renversé ou
se borner à protéger les citoyens américains et leurs propriétés? Si semblable mouvement avait lieu, il y a de bonnes
raisons de croire que les insurgés commenceraient par s'emparer du poste de police avec les armes et munitions et, cela
fait, de se saisir du palais royal et des bâtiments du gouvernement contenant les ministères et les archives » (1).

Les hypothèses de M. Stewens n'étaient que le programme
même des événements. Le 14 janvier 1893, la nouvelle constitution hawaïenne était promulguée et, par un heureux hasard, le consul américain revenait à Honolulu avec un navire
de guerre, le *Boston*, qui achevait, disait-on, un voyage
dans les îles ; en même temps, un comité de salut public,
composé en majeure partie de citoyens américains, renversait
le gouvernement de la reine.

Il fallait jouer la comédie jusqu'au bout : M. Stewens s'en
chargea. Consulté comme à dessein par une délégation du susdit comité il ne cacha point, qu'en cas de troubles, il ferait
débarquer les troupes américaines pour protéger les citoyens
des Etats-Unis et leurs propriétés. Il ajouta même que son
devoir étant de reconnaître le gouvernement de fait, il serait
obligé de reconnaître le gouvernement, quel qu'il fût, qui
serait en possession des bâtiments publics, des bureaux, du
pouvoir exécutif et des archives. C'était encourager la conspiration.

Malgré les protestations des indigènes, M. Stewens fit dé-

_____

(1) Cf. Alcide EBRAY, *Revue encyclopédique Larousse*, 14 janvier 1899, nᵒ 280,
p. 34.

barquer le 16 cent cinquante-quatre hommes de la marine américaine et dix officiers avec des armes et des munitions. Le 17, le comité de salut public déclarait déchue la dynastie hawaïenne et établissait un gouvernement provisoire avec M. Dole comme président du comité exécutif. Le lendemain, M. Stewens reconnaissait le gouvernement provisoire et la reine signait son abdication. En même temps, cinq députés hawaïens, conduits par M. Thurston, partaient pour Washington, afin de demander au gouvernement américain d'annexer les îles hawaïennes.

Le 15 février 1893, le président Harrison déclarait les îles Hawaï annexées aux Etats-Unis. M. Cleveland qui remplaça le mois suivant M. Harrison à la présidence, ne voulant pas ratifier ce qui avait été fait par son prédécesseur, retira le traité d'annexion qui avait été soumis à la ratification du Sénat et proposa même, dit-on, à la reine Liluiokalani, de la rétablir sur le trône ; la reine refusa, puis accepta, mais elle ne put arriver à vaincre le gouvernement provisoire. Le 4 juillet, jour de la fête nationale des Etats-Unis, une nouvelle constitution était promulguée, qui mettait fin au gouvernement provisoire pour y substituer la république. La nouvelle constitution, élaborée par les nouveaux maîtres du pays, établissait un gouvernement semblable à celui de la généralité des Etats formant la confédération nord-américaine, avec un Sénat et une Chambre des représentants comprenant chacun quinze membres. Le pouvoir exécutif était exercé par un président élu pour six ans. Ce fut M. Dole, le chef du gouvernement provisoire, qui occupa cette fonction.

A Washington, le Sénat tout d'abord hostile à l'annexion, manifesta ses vues en approuvant, par 24 voix contre 24, la conduite de M. Cleveland. On voulait tenir les Etats-Unis à l'écart d'une ambition qui les forcerait à avoir une flotte et à faire des dépenses élevées pour son entretien. Mais les jingoës n'entendaient pas désarmer sans lutte. En même temps,

M. Dole commença une campagne annexionniste aux Hawaï et n'hésita pas à mettre le cabinet de Washington en avant dans le conflit qui éclata entre son gouvernement et le Japon (1).

Lorsqu'arriva la campagne présidentielle aux Etats-Unis, les républicains avancés, en désignant M. Mac-Kinley comme leur candidat, maintinrent, parmi les articles de leur programme, sinon l'annexion des Havaï, tout au moins la prohibition de tout contrôle étranger dans ces îles, et le nouveau président, en arrivant au pouvoir, donna un gage de ses promesses en nommant comme ministre aux Hawaï M. Harold Sewal, partisan décidé de l'annexion.

A la fin de mars 1896, M. Spalding demandait, dans une résolution conjointe, l'annexion des îles Hawaï. En même temps arrivaient à Washington des commissaires hawaïens, qui venaient demander au président leur accession à l'Union. En mai 1898, le comité des affaires étrangères de la Chambre des représentants aux Etats-Unis s'occupa de la question, et la majorité se déclara en faveur de l'annexion qui, disait le président du comité, était nécessaire dans les circonstances actuelles (2).

M. Clarke, démocrate du Missouri, combattit en vain le projet. Quelques jours après, le Sénat adoptait, par 42 voix contre 41, la résolution de la Chambre. Le président envoyait alors le croiseur *Philadelphia* pour arborer le drapeau américain aux Hawaï et nommait une commission chargée d'organiser politiquement la nouvelle possession; elle était composée du sénateur Cullom de l'Illinois, Morgan de l'Alabama, du président Hill, de M. Dole, président de la République de Hawaï et de M. Judge, président de la Cour suprême.

---

(1) Cf. sur ce point, M, NOSAWA TAKEMATSU, *Le conflit havaïen-japonais*, R. D. P., VIII, p. 284.

(2) Allusion à la guerre hispano-américaine.

Le 12 août, le drapeau hawaïen était abaissé sur le palais du gouvernement, et le pavillon des Etats-Unis était arboré à sa place.

M. Sewal, représentant des Etats-Unis, donnait lecture d'une proclamation du président Mac-Kinley, annonçant que les fonctionnaires hawaïens resteraient en exercice, à la condition de prêter serment au gouvernement américain.

Le 26 janvier 1899, la Chambre des représentants adopta un bill réservant exclusivement aux navires américains les transports entre les ports des Etats-Unis et l'archipel nouvellement annexé.

A quel titre les îles Hawaï rentraient-elles dans l'Union américaine? Etait-ce comme Etat, comme territoire ou comme colonie (1)?

Leur situation n'est pas encore définie : ce sera la commission qui vient d'être nommée par le président Mac-Kinley qui décidera du sort des îles Hawaï. Il est très probable que les Hawaï seront considérées comme territoire et non comme Etat. Le doute subsiste seul sur la question de savoir si elles seront territoire organisé ou territoire non organisé.

(1) On sait, en effet, que les Etats-Unis se composent : d'états fédérés au nombre de 45, de territoires organisés et de territoires non organisés. L'Etat est admis dans l'Union par une loi fédérale (Constitution des Etats-Unis ch. 4, section 3, paragr. 1). Dans chaque Etat il y a une constitution que l'Etat est libre de modifier à son gré. Toute modification est permise, sauf l'admission d'une autre forme de gouvernement que la forme républicaine (Constitution des Etats-Unis, chap. 4, section 4, paragr. 1). Chaque Etat est représenté dans l'union fédérale au Sénat par deux sénateurs nommés pour six ans, rééligibles indéfiniment. Le Sénat étant renouvelé par tiers tous les deux ans, les sénateurs sont répartis en trois séries et il sort une série tous les deux ans. Les sénateurs ont chacun une voix et votent individuellement par tête et non par Etat. Ils sont représentés aussi à la Chambre des représentants par un nombre de députés variable, suivant la population de l'Etat. Les territoires ne sont pas membres de la fédération américaine, ils sont sujets de la fédération. Les territoires non organisés sont placés sous l'autorité d'officiers publics, nommés par le gouvernement fédéral, et les lois en vigueur dans les territoires sont faites par le gouvernement fédéral. Les territoires organisés n'ont

§ III

Ainsi donc les Etats-Unis avaient, au mépris de leur politique traditionnelle, consenti à s'étendre hors de l'Amérique. Ils avaient senti que, pour défendre les côtes du Pacifique et sauvegarder leurs intérêts commerciaux en Extrême-Orient, il leur fallait un point d'appui dans l'océan Pacifique. Ils ont été d'autant plus heureux de s'annexer Hawaï, qu'en s'annexant cet archipel, ils s'annexaient un pays productif de sucre. Mais au delà de ces considérations purement économiques, ils servaient leurs intérêts politiques.

Décidés à intervenir en Extrême-Orient, soucieux de participer au partage de la Chine, ils posaient des jalons pour assurer leur marche vers l'ouest, et en agissant ainsi, ils n'avaient pas craint de heurter la tradition du monroeisme. Ils avaient cherché à masquer cet abandon des principes par des nécessités imposées à eux par leur état de guerre avec l'Espagne. Au fond, il n'en était rien ; ils inauguraient leur politique impérialiste par une annexion à laquelle ils avaient préparé le peuple depuis longtemps. Ils espéraient ainsi se faire pardonner leur infraction au message de 1823. Mais personne n'était dupe des apparences : on sentait qu'un grand pas avait été fait dans la marche de la politique des Etats-Unis.

---

pas de constitution, ils vivent sous l'empire des lois envoyées toutes faites par le gouvernement de l'Union, sous la conduite d'officiers publics fédéraux ; les pouvoirs publics sont donc réglementés par une loi fédérale, mais fonctionnent d'une manière libre ; ce qui les distingue de l'Etat, c'est que dans les Etats, les pouvoirs publics fonctionnent d'après une constitution propre, tandis que chez eux la constitution leur est envoyée toute faite de Washington. Ils sont représentés à la Chambre des représentants par des délégués ; ces délégués ne sont pas des députés, ils possèdent le droit de siéger et de prendre la parole, mais ne peuvent voter. Enfin il y a, pour être complet, aux Etats-Unis, une quatrième sorte d'éléments : c'est le district fédéral de Colomba. (*Les Etats-Unis, cours de droit constitutionnel comparé, professé à la faculté de Grenoble par M. Beudant, 1897-1898*).

On comprenait qu'il fallait enregistrer non pas seulement une simple annexion, mais un grand fait d'histoire extérieure.

Ils avaient pris la clef des mers de l'ouest, la vraie porte stratégique de l'Orient. Désormais, en face des Anglais, qui peuvent suspendre la vie industrielle et commerciale du monde avec Gibraltar, Malte, l'Egypte, le canal de Suez, Ceylan, Bombay, Calcutta, Hong-Kong, Rangoun et Singapour, se dressait l'Union avec Porto-Rico et les Hawaï ; elle aussi devenait la maîtresse des nations et pouvait les forcer à graviter dans son orbite (1). Il ne restait plus qu'à prendre les Philippines et le partage du globe était opéré entre les deux puissances anglo-saxonnes. La doctrine de Monroe était désormais une doctrine trop étroite pour contenir la politique des Etats-Unis.

(1) *Petit Temps*, 21 août 1899.

CHAPITRE III

LES PHILIPPINES

—

§ 1. Aperçu général sur l'archipel. — § 2. L'insurrection de 1896. — § 3. L'intervention américaine. — § 4. Les Etats-Unis et le droit international. — § 5. Les Etats-Unis et la doctrine de Monroe.

Engagés dans la politique extra-américaine, les Etats-Unis abandonnent encore la doctrine de Monroe dans la question des Philippines. Hawaï n'était qu'un jalon, qu'un point de la ligne qui conduit à l'Extrême-Orient. Il leur fallait porter plus loin leur pavillon dans le Pacifique, jusqu'au seuil de l'Asie, pour prendre dans les mers de Chine un point d'appui contre l'Empire jaune. L'Espagne laissait tomber aux Philippines (1) une souveraineté défaillante. Les Etats-Unis, vainqueurs de l'Espagne, ne pouvaient résister au désir de l'y remplacer.

Depuis longtemps, les Etats-Unis entretenaient des relations commerciales fort importantes avec ces îles. Leurs importations aux Philippines étaient évaluées à 162,446 dollars, leurs exportations à 982,857 dollars (2).

Les Philippines étaient riches et devaient tenter les Américains, d'autant plus que là, comme à Cuba, le sol était préparé à la conquête par l'insurrection.

§ I

L'archipel des Philippines fut découvert au xvie siècle, par Magellan et regardé comme faisant partie des îles qui avaient

(1) Sur l'histoire des Philippines. Cf. *The Philippine Islands and their people par Worcester*, Londres, Mac-Millan, et *The Philippine Islands par Foremann*, New-York.

(2) Cf. *Bulletin mensuel de la Chambre de commerce française de New-York*, juin 1898, p. 4.

été données à l'Espagne par la bulle du pape Alexandre VI
du 14 mai 1893 octroyant ou réservant aux Espagnols toutes
les terres situées à l'occident ou au midi d'une ligne idéale
tracée à cent lieues à l'ouest des Açores et laissant aux Portugais les côtes d'Afrique et les Indes orientales.

Charles-Quint organisa dans ces îles plusieurs expéditions
militaires ; mais ce ne fut qu'à la fin du xvie siècle, en 1571,
que les Espagnols y établirent un gouverneur permanent, en
confiant la soumission définitive et l'administration des Philippines au général Legazpi (1).

Les Philippines, qui se composent d'un grand nombre d'îles,
plus de 20,000, dit-on, et dont la plus célèbre, Luçon, où
est située Manille, capitale de l'archipel, a plus de dix mille
kilomètres carrés, jouissent d'une chaleur tempérée, mais sont
soumises aux intempéries que peut amener le renversement
des moussons. L'archipel a une faune et une flore très variées
et renferme d'innombrables richesses minières ; situé entre
l'Amérique et l'Océanie, il sert de passage à tous les navires
qui traversent les mers de Chine pour aller dans le Pacifique.
Richement doté par la nature de ports nombreux et abrités,
tels que Manille, Ilo-Ilo, Zebu et Zamboanya, il est fréquenté
par toutes les flottes qui naviguent en Extrême-Orient.

Les aborigènes des Philippines sont les Aetas, appelés aujour-
d'hui Négritos ; ils ont disparu presque totalement pour faire
place aux Malais, divisés en une infinité de tribus, séparées
entre elles par des dissensions souvent fort graves, mais qui
peuvent néanmoins se ramener à trois goupes : les Indiens,
qui ont adopté les coutumes et les croyances des blancs ; les
Malais du sud de l'archipel convertis à l'islamisme, qui furent
jusqu'à nos jours de dangereux pirates, et les tribus indépendantes encore sauvages réunies sous le nom d'*Infieles* (infidèles).

_____

(1) Cf. *Les Philippines sous la domination espagnole*, par M. X..., *Revue
indépendante*, 1845, XXII, p. 351 et 482.

De toutes, les plus civilisées sont les Tagals, se rattachant au premier groupe, qui ont eu, les premières, conscience des torts de la métropole et en ont profité pour fomenter l'insurrection. Ils occupent principalement le centre et le midi de l'île de Luçon et atteignent le chiffre de deux millions. De bonne heure, ils ont protesté contre les monopoles de production introduits par l'Espagne et contre les impôts fort lourds qu'elle leur imposait. Ils souffraient d'autant plus de ces charges qu'ils étaient naturellement paresseux. Ils payaient difficilement le *tributo*, fixé à l'origine à un douro et porté ensuite à douze douros (cinq à soixante francs) (1), et le *sanctorum*, indemnité prélevée sur le salaire ou sur les revenus pour faire face au budget des congrégations religieuses. La plupart du temps, ils refusaient de se soumettre à l'impôt et devaient alors, par force, payer en prestations à la métropole ce qu'elle exigeait d'eux. Ils s'acquittaient d'autant plus à regret de ces dettes, que le budget philippin se soldait presque toujours en déficit par suite des malversations dont les fonctionnaires se rendaient coupables.

Les Philippins étaient, de plus, sous l'autorité du gouverneur général, qui avait pleins pouvoirs sur les services civils, militaires et ecclésiastiques, et en profitait pour imposer une tyrannie sans égale à ses subordonnés. Ils n'avaient aucun moyen de faire valoir leurs droits et étaient soumis sans appel au bon plaisir de cet autocrate, qui lui-même subissait presque toujours l'influence des *frailés* (moines). Depuis la découverte de l'île par Magellan, ceux-ci avaient occupé tous les emplois; arrivés aux Philippines avec l'illustre navigateur, ils avaient su se faire payer cette conquête par l'abandon en leurs mains de toute l'autorité du gouverneur. Ils avaient apporté la civilisation à des peuplades sauvages et avaient ins-

(1) Gaston ROUVIER. *La guerre des Philippines* (*Revue encyclopédique Larousse*, 25 novembre 1899, p. 997 et s.).— *Les Philippines et l'insurrection de 1896-1897*, Paris 1899.

tallé un régime théocratique dans tout l'archipel. Devenus les dispensateurs de toutes les faveurs, ils étaient devenus par là même les despotes des Philippines.

Mais tous les jours, ceux-ci se civilisaient davantage; ils obtenaient de leur commerce avec les Européens non seulement des avantages matériels, mais encore des avantages moraux ; au contact des idées libérales de l'ancien continent et de la jeune Amérique, ils apprenaient qu'ils étaient nés libres et non esclaves.

Deux catégories alors se trouvèrent en face l'une de l'autre dans l'île : les chrétiens et les juifs, les chrétiens comprenant simplement les Espagnols, les juifs comprenant tous les étrangers, quels qu'ils fussent et tous les francs-maçons directement affiliés aux loges de Singapour, de Hong-Kong, de Java ou de Macao. Dans ces loges, on conspirait secrètement contre l'Espagne; il n'était pas permis de parler, mais du moins on pouvait penser et préparer à l'ombre un réveil séditieux. C'était l'époque où se fondait à Manille la *Primera Luz Filipina*. Sur ce débarquèrent aux Philippines les déportés politiques de Carthagène, qui furent autant d'adeptes nouveaux pour la franc-maçonnerie. De nouvelles loges se formèrent et toutes se groupèrent en une immense association, le *Kati-punan*. Les Tagals, naguère catholiques, abandonnèrent le catholicisme pour se jeter dans la franc-maçonnerie, qui les attirait par les mystères dont elle entourait ses rites, heureux de retrouver dans son sein les superstitions de toutes sortes auxquelles ils étaient attachés par hérédité. Dès lors, la semence était jetée et devait germer avec rapidité, d'autant plus facilement que l'Espagne, par la rigueur de son gouvernement et l'exercice abusif de sa souveraineté, lassait ses plus fidèles défenseurs.

Successivement, en 1822, 1841, 1842, 1872 (1), les révoltes

(1) Cf. Nocentini, *La Spagna e gli Filippini* (*Nuova antologia*, 1er octobre 1898, p. 546 et s.).

éclataient, et loin d'ouvrir les yeux du cabinet de Madrid, elles
ne faisaient qu'augmenter son aveuglement.

§ II

En 1896, sous le ministère Canovas, s'élève la dernière insurrection, la plus grave de toutes. Ce n'était ni l'ouverture
du canal de Suez, ni la grandeur soudaine du Japon, comme
le prétendit plus tard le général Polavieja, qui en étaient la
cause, c'était la lassitude d'être esclave et de travailler pour
l'étranger sans nul profit pour soi, qui avait poussé le peuple
philippin à se révolter (1).

M. Canovas ne dissimule pas le danger de l'insurrection
il l'avoue franchement aux Chambres, tout en leur faisant espérer la prompte soumission des rebelles par le général
Blanco, gouverneur de l'île. Mais les Philippins n'ont pas oublié les campagnes du général Terrera en 1887, du général
Weyler en 1891, du général Blanco en 1894; ils veulent venger les injures reçues, et aujourd'hui ils sont résolus à tout
faire pour conquérir leur liberté (2).

D'autre part, des dissentiments éclatent en Espagne : on
accuse le général Blanco de rester inactif; le gouvernement
doit céder devant l'hostilité du Parlement et remplacer le général Blanco par le général Polavieja (12 décembre 1896). Ce
dernier mène énergiquement la campagne contre les insurgés,
mais à peine a-t-il commencé à les soumettre qu'il est remplacé lui-même par le général Primo de Rivera (23 avril
1897).

L'insurrection touche à sa fin, et, au mois d'août de la
même année, M. Canovas peut préparer à Saint-Sébastien des

(1) Rouvier, art. cit. p. 297 et s.
(2) Cf. Les Philippines et l'insurrection de 1896-1897, p. 19 et s.

réformes politiques, économiques et juridiques qui, bien loin
de répondre aux demandes des Philippins, sont cependant libérales. Il décrète l'expulsion et la sécularisation des ordres
religieux, accorde la représentation des Philippins aux Cortès,
la liberté de la presse, la diminution des impôts et même l'a-
liénation au profit des communes des biens appartenant aux
ordres religieux. C'en est trop : les moines se révoltent et vont
trouver la reine qui cède immédiatement devant leur intervention et retarde l'apparition du décret. L'assassinat de Canovas vient tout compromettre et les réformes sont encore
remises. Ce n'est que le 12 septembre 1897 que M. Castel-
lano, ministre d'Ultramar dans le nouveau cabinet, fait signer
à la reine un décret relatif aux Philippines. Il était bien loin
d'apporter d'aussi larges réformes que Canovas; il essayait de
réorganiser les communes, introduisait l'usage des langues
tagal et visaya dans l'administration et la justice, créait des
écoles d'agriculture, d'arts et métiers, mais il laissait irrésolue
la grande question, la question religieuse. Bien plus, il forti-
fiait l'autorité ecclésiastique en proscrivant les sociétés secrètes et en éloignant les Philippins des charges et emplois publics.

Malheureusement l'Espagne hésite encore et le décret
n'est pas promulgué. Devant aussi peu de bon vouloir, l'insurrection contenue par l'espoir des réformes recommence avec
plus de vigueur. L'Espagne alors se réveille de son insouciance
et décide une répression énergique. Grâce à sa fermeté, elle
vient encore à bout des rebelles et, le 12 décembre 1897, les
négociations engagées avec le chef des insurgés, Aguinaldo (1),

_____

(1) Aguinaldo naquit vers 1870 à Imus (province de Cavite). Il fit ses études
au collège de Saint-Jean-de-Latran, puis à l'Université de Saint-Thomas, à
Manille. Là, les dominicains, désolés de ne pouvoir en faire quelque chose,
et surtout désespérés de ne pouvoir en faire un prêtre, le renvoyèrent à son
père. Celui-ci, malgré le peu de fortune dont il jouissait, le fit entrer à l'Ecole
normale de Manille, que dirigeaient les jésuites. Il commençait à réussir dans

aboutissent à la signature de la convention de Biacnabato. Les
chefs des rebelles, aux termes du traité, devaient quitter les
Philippines et, le 26 décembre, Aguinaldo partit avec ses
compagnons pour Hong-Kong, après avoir reçu de l'Espagne
la promesse de 4 millions de pesetas pour prix de leur soumission. Mais les réformes étaient de nouveau ajournées.

Le général Primo de Rivera s'était engagé, lors de la signature du pacte de Biacnabato, à introduire des réformes. Il avait
promis l'expulsion des ordres monastiques et la sécularisation
de leurs biens, la reconnaissance des droits individuels des
indigènes, et en particulier de l'inviolabilité du domicile, la
liberté de la presse, la liberté d'association et la liberté de réunion, la représentation des Philippines aux Cortès, l'unité de
la législation civile et criminelle pour les métropolitains et les
indigènes, le droit pour ceux-ci d'occuper la moitié des emplois de toute catégorie dans les administrations publiques,
une nouvelle organisation des municipalités philippines sur le
modèle des *ayuntamientos* de la métropole, la revision des
états de contribution personnelle, industrielle et foncière, la
restitution à leurs propriétaires légitimes de tous les biens
entièrement confisqués, et la reconnaissance aux natifs des
droits de propriété, qui leur avaient été contestés jusqu'alors.

Les espérances étaient trop belles pour pouvoir être réalisées.

M. Sagasta avait accepté ces conditions et obtenu la pacification des Philippines. Il ne devait pas tenir ses promesses (1).

ses études, lorsque son père mourut. Il revint à Imus et cultiva les propriétés
paternelles, malgré les persistances des Recollets à ne pas lui en reconnaître
la propriété; soupçonné d'être un des adhérents les plus actifs du Katipunan,
il fut en butte aux tracasseries du gouvernement espagnol qui donna l'ordre de
l'arrêter. Un officier espagnol se présenta pour remplir sa mission, et Aguinaldo lui brûla la cervelle, puis il s'adressa à l'escorte de l'officier et l'invita à
la rébellion; écouté et applaudi par elle, il forma les premières troupes insur-
rectionnelles avec ce noyau de soldats.

(1) *Temps* du 17 juin 1898.

Le général Primo de Rivera avait réussi à comprimer la rébellion en accordant ces réformes ; le cabinet de Madrid les
lui refusa. Aussi quelques jours plus tard l'insurrection re-
prenait-elle avec une nouvelle vigueur.

Les deux chefs insurgés suivaient de Hong-Kong la conduite
du ministère espagnol, ils fomentèrent de loin la révolte, et
la firent éclater au moment où commençait la guerre hispano-
américaine. Le parlement espagnol accusa alors le maréchal
Primo de Rivera de n'avoir pas su maintenir le calme ; il
obtint du gouvernement son remplacement. Le général Augus-
tin fut promu à sa place et dans ses instructions, M. Moret,
ministre d'Ultramar, lui recommanda d'accorder les réformes
promises par son prédécesseur.

Mais il était trop tard. Comme à Cuba, aux Philippines l'Espagne avait trop laissé aller les choses pour pouvoir y remédier. Elle allait avoir à lutter non plus seulement contre les
indigènes, mais encore contre les Américains.

§ III

Ce fut à Hong-Kong, où il était établi, qu'Aguinaldo apprit
la déclaration de guerre des Etats-Unis à l'Espagne. Il guettait
depuis longtemps l'occasion de revenir aux Philippines et pensait que sa tâche lui serait facilitée par les démêlés de l'Espagne avec l'Union. Trouvant que le moment était venu d'agir,
il signa des contrats avec des aventuriers pour se procurer
des armes, et convainquit les anciens insurgés de la nécessité
de débarquer dans l'archipel pour lui conquérir l'indépendance ;
mais surtout il engagea des négociations avec les Américains.
Il réussit, le 25 avril, à signer au consulat américain à Singapour avec le consul, M. Spencer Pratt, un véritable traité
d'alliance. D'après cet arrangement, qui avait été passé entre
les délégués philippins et le représentant des Etats-Unis, Aguinaldo obtenait l'indépendance des Philippines et l'établisse-

ment d'une république fédérale, avec un gouvernement dont les membres seraient nommés par lui. Le nouveau gouvernement reconnaîtrait l'intervention temporaire des commissaires américains et européens, désignés par l'amiral Dewey et le protectorat américain dans les mêmes conditions qu'à Cuba.

Le traité prévoyait certaines réformes dans l'administration et la justice, prenait des mesures contre l'immigration chinoise, promettait l'établissement du libre échange et la conservation des libertés de presse, de culte et de conscience (1).

Le contre-amiral Dewey l'approuva, il ne manquait que la signature du président Mac-Kinley.

Ainsi donc Aguinaldo avait obtenu la garantie par les Américains d'un gouvernement indépendant et national ; il avait obtenu que l'occupation américaine fût temporaire et que l'Union se contentât d'un simple protectorat sur les Philippines. Grâce à lui, les Américains pouvaient compter sur la coopération des indigènes pour vaincre l'Espagne et concentrer toutes leurs forces sur Manille.

Dès la victoire navale de Dewey à Cavite (1er mai 1898), Aguinaldo s'embarquait pour les Philippines, avec les autres insurgés, sur la *Mac Culloch*, navire de guerre américain ; en même temps il adressait à ses compatriotes une proclamation où il rendait compte des effets de ses négociations. « La divine Providence, disait-il, va mettre à notre portée l'indépendance des Philippines, et de manière à satisfaire la plus libre, la plus indépendante des nations. Les Etats-Unis d'Amérique, guidés non par des raisons d'intérêt, mais par des sentiments d'humanité, ont jugé opportun d'étendre jusqu'à nous leur manteau protecteur. Les Américains viennent à Manille après avoir rompu leurs rapports avec l'Espagne qui, tout en faisant peser sur Cuba une odieuse tyrannie, causa par

(1) ROUVIER, art. cit, p. 1,003, et ATKINSON, *Criminal aggression. By rohom committed ?* p. 8.

une guerre interminable de grands préjudices aux riches plantations qu'ils ont dans cette île. En ce moment, sur de nombreux vaisseaux américains, de nouvelles troupes se dirigent sur Manille. Nous, vos frères, nous redoutons beaucoup que l'on vous conseille de les recevoir en ennemis. Non, frères ! ne tombez pas dans une pareille erreur. Périssez plutôt que de maltraiter nos libérateurs. Vos seuls ennemis, vos seuls bourreaux sont ceux qui jusqu'ici vous ont gouvernés : les Espagnols. Pour eux seuls ayez de la haine. N'ayez aucun souci du décret du gouverneur général des Philippines. On vous demande de vous armer, dans quelle intention ? Pour défendre les tyrans qui vous méprisent, qui demandent votre extermination comme des sauvages.

« Non ! non ! mille fois non !

« Jetez un coup d'œil sur l'histoire de votre pays, et vous verrez que, dans toutes les guerres que l'Espagne a faites en Océanie, votre sang a coulé. Nous avons été envoyés en Cochinchine pour aider les Français à conquérir ce pays où nous n'avions aucun intérêt. Vous fûtes appelés par Simon de Anda à combattre les Anglais qui eussent été meilleurs pour nous que les Espagnols. Tous les ans, nos fils sont envoyés à Mindanao et à Soulou, sous le prétexte que les habitants de ces deux archipels sont nos ennemis : ce sont plutôt des frères qui, comme nous, combattent pour leur indépendance. Qu'avons-nous reçu des Espagnols pour tant de sang? Misère, pauvreté, emprisonnement et mort » (1).

A peine arrivé aux Philippines, Aguinaldo réveille partout la révolte assoupie : « Dans chaque district, il suscite un chef rebelle. Pour la capture de toutes les garnisons, de tous les postes espagnols, il improvise un plan de campagne. C'est Bonaparte, s'il faut en croire ses admirateurs. Et c'est Bonaparte vraiment par l'étrange fascination qu'il exerce sur son peuple.

_____

(1) *Temps,* juillet 1898.

Il obtient des résultats extraordinaires. Les messagers, en deux jours, couvrent 150 kilomètres. Les soldats, en trente-six heures, parcourent 70 à 80 kilomètres. Ainsi il peut surprendre les garnisons espagnoles, il s'empare des armes et des trésors. De mai 1898 à janvier 1899, il mène sans un repos la lutte contre l'Espagne. Il capture 15,000 soldats de cette nation, il en force deux à trois mille autres à partir des Camarines, de Tayabas, de Batangos, de la Lagune pour Mindoro, Panay et Cebu » (1).

Et tout en remportant des victoires, il organise le nouveau gouvernement des Philippines, il se fait nommer généralissime, et président, et forme son premier ministère ; il place à la guerre et aux travaux publics son cousin, Baldomero Aguinaldo, à l'intérieur Leandro Ibarra, au trésor Mariana Trias, et décrète l'institution d'un ministère des affaires étrangères. Le 14 juillet, il promulgue la constitution d'un nouvel État. Un Congrès, composé de représentants de toutes les provinces de l'archipel, élus par le peuple, est chargé de faire les lois, d'établir les impôts, de discuter les traités ; mais ces résolutions n'ont force de loi qu'après l'approbation du président. Le 15 septembre peut s'ouvrir à Malolos la première réunion du Congrès philippin. Le drapeau bleu, blanc, rouge, à étoiles, flottait sur le palais législatif, où étaient venus se réunir quatre-vingt-trois députés, et Aguinaldo lisait son premier message « qui était un appel à l'union et à la fraternité » (2).

La République philippine était constituée et le général Merrit se déclarait heureux d'appeler à nouveau à la proclamation de son indépendance un peuple d'hommes libres et indépendants !

Mais tout allait changer. Les décisions de la Commission de la Paix, tenue à Paris entre les commissaires espagnols et les

(1) Rouvier, art. cit., p. 1004.
(2) *Ibidem.*

commissaires américains, venaient apporter une cruelle désillution aux Philippins. Le peuple américain, mis en goût par ses victoires militaires et navales, encouragé par ses succès diplomatiques, voulait l'annexion des Philippines et le président Mac-Kinley allait lui obéir. Le cabinet de Washington rejetait les conditions du traité du 25 avril passé entre son consul et les délégués philippins, sous le fallacieux prétexte que les Philippins étaient incapables de se gouverner seuls. Les Philippins protestèrent : « Nous ne consentirons pas, disait la République philippine, à être traités comme des marchandises. Les Américains eux-mêmes ont reconnu notre nationalité... Nous sommes encore assez nombreux pour lutter et pour souffrir, afin de prévenir notre pays de ce nouvel esclavage (1) ».

Aguinaldo se réclamait de la parole de l'amiral Dewey et des déclarations du général Merritt pour avertir le général Otis, son successeur, de sa résistance : « Je suis obligé, lui écrivait-il, de protester pour ma conscience, pour les engagements pris vis-à-vis des miens, et en raison de mes relations particulières et officielles avec la nation nord d'Amérique, je déclare solennellement ne m'être engagé ni à Singapour, ni à Hong-Kong, ni à Manille, à méconnaître, soit en parole, soit par écrit, la domination des Nord-Américains sur notre terre bien aimée » (2).

En même temps, Aguinaldo et son nouveau cabinet, formé le 29 décembre 1898 de MM. Sabini, Sandico, Baldomero, Aguinaldo, Trias et Gonzaga, désignait des délégués pour conférer avec le général Otis (12 janvier 1899). Les conférences échouaient et le pays se préparait à la guerre. Le 23 janvier, le Congrès philippin, réuni à Malolos, votait la constitution et proclamait la République. Le 4 février, la rupture se produisait, les Philippins attaquaient Manille. En même temps, les autres îles se révoltaient contre les Américains et juraient fidélité à Aguinaldo.

(1) Rouvier, art. cit., p. 1005.
(2) Rouvier, art. cit., p. 1005.

Désormais, à la lutte entre les insurgés et l'Espagne succédait la lutte entre les Philippins et les Américains.

Aux Etats-Unis, la situation excita certaines protestations. On ne se dissimulait pas les difficultés de la guerre qu'on allait avoir à soutenir. Les insurgés avaient refusé de rendre les prisonniers espagnols, et les Américains, d'autre part, s'étaient engagés par le traité de Paris à les restituer. Certains jingoës prétendaient que c'était l'Espagne qui suscitait ces difficultés aux Américains ; il n'en était rien : si les Américains trouvaient des obstacles, c'était de la part des insurgés et des insurgés seuls.

Le général Otis, qui commandait en chef les forces américaines, essaya d'abord de calmer les craintes des Philippins en montrant que les Etats-Unis n'avaient pas entendu revenir sur le pacte signé avec Aguinaldo et qu'ils voulaient respecter les droits de tous.

Mais le gouvernement philippin résistait toujours, il envoyait comme représentant en Angleterre, en Allemagne et en France M. Treason, chargé de négocier secrètement avec l'Espagne et le Vatican la mise en liberté des prisonniers espagnols civils et religieux. Trois commissaires philippins, le général Diégo de Diaz, Juan Luna et le docteur Josada partaient pour Washington sur l'ordre d'Aguinaldo, pour essayer de ramener le cabinet américain à de meilleurs sentiments, et pendant ce temps-là, le président Mac-Kinley refusait de recevoir les agents philippins aux Etats-Unis : MM. Lopez et Agoncillo.

Cependant, en Amérique, l'opposition au projet annexionniste augmentait tous les jours. On disait même que l'Allemagne était mécontente des projets du gouvernement américain. M. Berry le déclarait à la Chambre des représentants, en tenant un langage menaçant pour le cabinet de Berlin.

Le président Mac-Kinley décida l'envoi d'une commission composée de civils et de militaires pour étudier les moyens de résoudre la question. M. Schurman fut nommé président de la commission et s'embarqua le 7 février pour les Philippines.

La situation était grave. Les Etats-Unis se trouvaient en face d'un problème délicat, ils devaient soit rendre les Philippines à l'Espagne, soit permettre à une autre nation de s'en emparer, soit les laisser en proie à l'anarchie ou, sinon, en prendre possession eux-mêmes, et l'opposition faisait observer prudemment au gouvernement que si à Cuba les Etats-Unis n'avaient eu affaire qu'aux Espagnols et aux Cubains, aux Philippines ils se trouveraient aux prises avec d'autres adversaires.

Les Philippins protestèrent : ils voulaient que leurs délégués fussent adjoints aux commissaires américains pour procéder à l'enquête ordonnée par le président Mac-Kinley ; mais à Washington, on n'écouta point leur réclamation, d'autant plus que le général Merritt était parvenu à reprendre Manille, victoire qui ne devait pourtant pas encore amener la paix.

D'autre part, les craintes des Etats-Unis étaient augmentées par l'arrivée à Manille du croiseur allemand *Kaiserin Augusta*, qui était venu rejoindre l'escadre de l'amiral Diedrichs (1), et par le discours de M. de Bulow devant la commission du budget du Reichstag qui, après avoir rappelé que l'on avait suspecté à tort d'hostilités l'envoi de navires allemands dans les eaux des Philippines, montrait combien grands étaient les intérêts allemands engagés dans ce pays.

---

(1) *Temps*, 20 mars 1899.

Un autre incident sans importance qui aurait pu être très grave éclata en avril entre un officier allemand de l'escadre Diedrichs et un officier américain, le capitaine Coghlan. Plus tard, dans un banquet offert par l' « Union League » de New-York, ce capitaine prononça un discours très vif contre l'Allemagne. Après une enquête faite par le secrétaire de la marine, il reçut une réprimande sévère, et, après différentes négociations diplomatiques et des excuses du gouvernement américain, le cabinet de Berlin se montra satisfait. Ceci prouvait, une fois de plus, combien graves pouvaient être les dangers que suscitait l'occupation des Philippines (*Temps*, 26 avril 1899).

Dès son arrivée aux Philippines, la commission américaine avait adressé une proclamation au peuple de l'archipel et l'avait invité à déposer les armes. En même temps, les Philippins constituaient une commission de vingt-deux membres chargée d'entrer en relations avec la commission américaine et d'obtenir la plus large autonomie possible. Certaines dépêches faisaient ressortir du reste que quelques Philippins étaient las de la lutte. Les négociations commencèrent à la suite de la prise de Malolos où s'était réfugié Aguinaldo (avril 1899). Mais le général Otis craignit qu'Aguinaldo ne cherchât par ce moyen à gagner du temps; aussi stipula-t-il comme condition première la capitulation de tous les insurgés. Quant à Aguinaldo, il demandait pour les Philippines la même autonomie que celle dont jouissait le Canada sous la suzeraineté britannique, en laissant aux indigènes le contrôle de leurs rapports commerciaux extérieurs. Les Philippins et les Américains devaient jouir de droits égaux dans l'archipel. Manille restait en la possession des Etats-Unis, dont le pavillon devait être arboré dans les capitales des divers groupes d'îles. Mais le drapeau philippin devait être hissé partout à côté de celui des Américains, sauf toutefois à Manille (1).

M. Schurman déclarait qu'avec de la fermeté et du tact, on amènerait les Philippins à se pénétrer des bonnes intentions du gouvernement des Etats-Unis. Aussi le département d'Etat leur faisait-il savoir qu'il admettrait même l'essai par les insurgés de se gouverner eux-mêmes. La seule question débattue était celle de l'armistice. Le colonel Arguellès, envoyé philippin, avait demandé au général Otis un armistice de trois mois pour consulter les populations des îles. Le général Otis avait refusé, mais le colonel Arguellès avait pu rapporter à son gouvernement des propositions fort acceptables. On crut alors que la pacification était assurée; il

---

(1). Cf. *Temps*, 1er mai 1899.

n'en était rien, les hostilités reprirent. Le congrès philippin, composé de 56 membres, venait de s'assembler et, dans son sein, il y avait une majorité opposée à la capitulation. Après quelques jours d'indécision, Aguinaldo envoya de nouveau des représentants à Manille pour conclure la paix. Les conditions étaient les suivantes :

1° Autonomie de l'archipel sous un gouverneur général américain ayant droit de veto ;

2° Contrôle absolu des finances par les Philippins.

On déclarait même que M. Mac-Kinley avait préparé une constitution pour les Philippines, sur les bases élaborées par la commission de Manille. L'amiral Dewey rentrait en Amérique, ce qui faisait bien augurer de la paix ; en même temps, M. Gonzaga, président de la commission philippine, exprimait son avis sur les propositions de l'Amérique, avis qui montrait que même les Philippins avaient trouvé libérales les concessions américaines.

Tout portait donc à croire qu'on allait aboutir à une paix définitive. Mais le président Mac-Kinley resta intraitable, il ne voulait à aucun prix reconnaître l'indépendance de l'archipel. « Le drapeau américain doit rester là où il a été placé, disait-il, à Oceangrowe (août 1899), dans un meeting de douze mille personnes (1) », et ferme dans cette déclaration, il refusait de négocier sur les propositions des Philippins.

De leur côté ceux-ci restaient intransigeants ; ils rappelaient au président le droit qui leur appartenait d'être libres et les prescriptions de la doctrine de Monroe. « La grande nation américaine reconnaîtra un jour que le droit est de notre côté : elle ne peut avoir oublié cette doctrine de Monroe, l'Amérique aux Américains, et nous nous disons : « Les Philippines aux Philippins » (2).

(1) *Temps*, 27 août 1899.

(2) *Temps*, 16 septembre 1899.

En novembre, la commission d'enquête revenait des Philippines et remettait un long rapport au président. Les Etats-Unis devaient maintenir leur souveraineté sur l'archipel, car les Philippins étaient incapables de se gouverner eux-mêmes. Telles étaient les conclusions auxquelles elle s'arrêtait (1). La situation restait aussi insoluble qu'auparavant.

§ IV

Ainsi donc les Etats-Unis, au mépris du droit, s'étaient emparés des Philippines, et, au mépris de leur convention avec les Philippins, avaient refusé de reconnaître leur indépendance (2).

« Les Etats-Unis occuperont et tiendront la ville, la baie et le port de Manille, en attendant la conclusion d'un traité de paix qui devra déterminer le contrôle, la disposition et le gouvernement des Philippines ». Telle était la décision de l'art. 3 du protocole du 12 août 1898. Au traité définitif ont-ils respecté la solution qui leur était imposée par ce texte ? Nullement.

Dès l'ouverture des travaux de la commission de la paix, ils refusèrent aux commissaires espagnols la permission d'envoyer aux Philippines des forces militaires pour réduire les Tagals. C'était une question réservée que devaient traiter directement les deux gouvernements (3). Mais ils ne se découvrirent que plus tard, à la onzième séance (4) sur leurs véritables desseins. Ils réclamèrent alors la cession des Philippines et refusèrent toute transition à ce sujet (5). Ils soutenaient qu'aux termes mêmes de l'art. 3 du pro-

(1) *Temps*, 5 novembre 1899.

(2) Cf. DE LAPRADELLE, R. D. P., XIII, p. 83 et s.

(3) *Documentos présentados a las Cortes*, 1899, p. 12 et 14.

(4) *Ibidem*, p. 30 et p. 32.

(5) Art. 3 du traité de Paris, 10 décembre 1898.

tocole, ils devaient obtenir la propriété de l'archipel, comme le prouvait l'insertion au texte du mot « *control* » qui, en anglais, impliquait une idée de domination. Il était facile d'objecter aux commissaires de l'Union que dans les textes français et espagnols, les termes correspondants « *contrôle* » et « *intervencion* » impliquaient une idée d'inspection ou de surveillance. Or n'est-il pas de règle, en droit international, que « sur trois textes, deux ayant le même sens, c'était ce dernier sens qui devait triompher » (1). Vattel l'a dit : « Le doute doit se résoudre contre celui qui a fait la loi dans le traité, parce que c'est en quelque manière celui-là même qui l'a dicté ; c'est sa faute, s'il ne s'est pas expliqué plus clairement » (2). Or les Etats-Unis ayant fait la loi, c'est contre eux que le doute devait être résolu.

Mais il y a plus, si les Etats-Unis avaient voulu employer le mot « control » dans le sens de domination, pourquoi avaient-ils ajouté les mots « disposition » « government ». C'était un pléonasme. Dans les négociations poursuivies entre le cabinet de Washington et M. Cambon, le diplomate français a demandé au président de remplacer le mot « possession », d'abord inscrit, par les mots « disposition, condition ». N'est-ce pas dire que les Américains n'ont pas entendu acquérir la souveraineté sur les Philippines ? Mais leurs sentiments ont changé et, forts de leurs victoires, sûrs de l'impuissance de l'Espagne à recommencer la lutte, ils ont abusé de leur victoire pour modifier le sens du protocole signé.

Du reste les Etats-Unis ne peuvent pas prétendre à la souveraineté des Philippines par droit de conquête : d'abord parce que la conquête est impuissante à établir la souveraineté fondée sur la volonté des hommes, ensuite parce qu'ils n'avaient alors conquis que Manille et non l'archipel tout entier, enfin

_____

(1) De Lapradelle, art cit., p. 84.

(2) Vattel, *Droit des gens*. III. p. 197. *Documentos presentados a las Cortes*, p. 186.

parce que l'armistice signé avant leur entrée dans cette ville
leur en interdisait la conquête (1).

C'est en vain qu'ils ont essayé de présenter l'acquisition des
Philippines comme s'opérant à titre d'indemnité de guerre. Ils
avaient, de ce chef, obtenu Porto-Rico et l'îlot de Guam.
Loin d'exiger à ce titre les Philippines, ils les ont acquises de
l'Europe au prix de 20 millions de pesos. Enfin c'est un principe en droit international que l'indemnité doit toujours être
stipulée en argent, non en territoire, car « l'argent seul indem-
nise, tandis que le territoire en politique avantage » (2).

La conduite des Etats-Unis vis-à-vis de l'Espagne était donc
la violation flagrante des règles du droit des gens. Vis-à-vis des
Philippins était-elle plus correcte ?

A Cuba, les Etats-Unis, en refusant l'annexion que leur proposait l'Espagne, avaient respecté la volonté des Cubains ; aux
Philippines, il n'en tinrent pas compte, malgré les engagements qu'ils avaient pris vis-à-vis de leurs délégués à maintes
et maintes reprises. « Vous entrez dans l'alliance de nos chefs
à Hong-Kong et à Singapour, leur dit un Philippin (3), vous
nous promettez aide et protection pour établir notre gouvernement sur les bases et modèles de l'Union... Nous devenons
vos alliés, nous vous saluons comme le Messie longtemps prié,
et vos officiers et vos généraux déchirent les promesses faites
à nos concitoyens ». En dépit du pacte signé entre Aguinaldo
et Pratt à Singapour, en dépit des demandes réitérées des
insurgés, en dépit de la Constitution de la nouvelle République, les Etats-Unis ont refusé de reconnaître le nouveau gouvernement des Philippins. C'est en vain que les Américains
ont essayé de traiter les Philippins en sauvages et de les assi-

(1) Voir à ce sujet : DE LAPRADELLE, art. cit., p. 85, et MÉRIGHNAC, *La paix
hispano-américaine,* R. D. P., XI, p. 246 et s.

(2) DE LAPRADELLE, art. cit., p. 86.

(3) A. FILIPINO, *Aguinaldo's case against the United States.* (*North american Review,* 1899, II, p. 429).

miler aux Malgaches (1). Les Philippins sont un peuple qui
les égale en intelligence et en humanité. Leur conduite confirme
l'assertion de l'évêque Porter : « L'histoire de nos relations
avec les races de couleur est un opprobre pour l'Amérique » (2).
Les Américains méprisent le droit des peuples à disposer
d'eux-mêmes. C'est en vain qu'ils cherchent des prétextes
et de fausses raisons ; le motif de leur politique vis-à-vis des
Philippins, c'est cet âpre et éternel esprit de conquête qu'ils
ont eux-mêmes appelé « landgrabbing » (3).

Quant à dire que les Etats-Unis sortent de l'anarchie et du
chaos les Philippines, comme le disait Mac-Kinley dans un de
ses messages, la chose est douteuse ; jusqu'à présent ils n'y
ont pas réussi, malgré tous leurs efforts. Du reste, le secours
est-il indispensable aux Philippines ? Nous pouvons en douter,
puisque les Américains eux-mêmes en doutent. Le 29 août
1899, l'amiral Dewey n'écrivait-il pas au ministre de la marine : « La population de Luçon est d'environ trois millions
d'habitants, la plupart natifs. Ils sont policés, dociles, et sous
de justes lois, grâce au bénéfice d'une éducation populaire ;
ils doivent faire de bons citoyens » (4) ? Les Philippins n'ont-
ils pas prouvé qu'ils étaient aptes à se diriger, puisque suivant l'opinion du sénateur Hoar, ils se sont donné une constitution si excellente « qu'il n'y a pas d'hommes sur la planète
qui en aient une meilleure » (5) ?

Tout prouve donc, jusqu'à l'excès, que vis-à-vis des Philippins, la conduite des Etats-Unis ne peut manquer de soulever
un blâme universel.

Des deux côtés, vis-à-vis de l'Espagne et vis-à-vis de son
ancienne colonie, leur conduite était condamnable.

(1) A. Filipino, art. cit., p. 426.
(2) *Temps*, 5 décembre 1899.
(3) *Temps*, 23 novembre 1899.
(4) Atkinson, *op. cit.*, p. 15 et s.
(5) *Ibidem*,

§ V

Les Etats-Unis avaient violé le droit des gens par leur conduite à l'égard des Philippines, et ils n'avaient même pas eu la satisfaction de le violer pour respecter leurs traditions politiques. En intervenant en Extrême-Orient, en cherchant à conquérir des possessions situées sur le Pacifique, les Etats-Unis étaient sortis de la sphère d'influence que leur avait imposée la doctrine de Monroe. C'était à ce titre que le sénateur Morgan, l'un des adversaires les plus acharnés de l'annexion, avait condamné la politique de Mac-Kinley ; c'est animé des mêmes motifs que M. Hitt, président de la commission des affaires étrangères, s'y était opposé (1). « Pour les Philippines, il ne faut pas parler d'annexion, car elles sont asiatiques et non américaines, parce qu'elles sont trop loin de nos intérêts immédiats ».

« La grande objection, dit le sénateur Peffer (2), est que cette politique est contraire tant à notre histoire qu'à la doctrine de Monroe ». La doctrine de Monroe a proclamé la séparation des Continents ; chercher à les relier entre eux, c'est la détruire ; chercher l'expansion en Océanie, c'est ne plus se restreindre à l'Amérique. Or quel est le sens de la prohibition de Monroe dans sa partie positive, si ce n'est la promesse formelle de rester en Amérique. « Vous n'interviendrez pas en Amérique, vous n'y coloniserez pas, dit à l'Europe le cinquième président ; mais, nous, de notre côté, nous n'interviendrons pas, nous ne coloniserons pas en dehors de l'Amérique ».

Ce n'est pas ainsi que les impérialistes interprètent le message de 1823. « Qu'est-ce que la doctrine de Monroe, sinon la simple et officielle affirmation que le peuple des Etats-Unis ne veut pas laisser les pouvoirs d'Europe intervenir dans les affaires d'Amérique pour y étendre leur système politique : c'est une note aux pouvoirs d'Europe pour les empêcher d'ac-

(1) OJETTI, *L'America vittoriosa*, p. 88 et p. 69.
(2) PEFFER, *A Republic in the Philippins (North american Review*, 1897, p. 316).

quérir de nouvelles colonies ou d'intervenir dans cet hémisphère ; elle n'a donc pas de rapport avec les acquisitions de
territoire de notre propre gouvernement ; ici ou ailleurs, ce
n'est pas à nous, c'est à d'autres qu'elle s'adresse. Or, c'est
de nous qu'il s'agit ici (1) ». Ainsi donc, ce que les Américains prétendent aujourd'hui, c'est que la doctrine de Monroe
est une prohibition qui s'adresse à l'Europe et non à l'Amérique. Imposée à l'Europe, elle ne saurait lier les Etats-Unis.

Interprétation erronée, trompeuse, qui ne peut être admise
par ceux qui ont étudié la doctrine de Monroe, non pas seulement dans son texte, mais dans ses précédents et dans ses
applications. Toute la prédoctrine de Monroe impose aux
Etats-Unis une abstention complète des affaires non américaines ; dans toutes les applications qu'ils ont faites du message de 1823, les présidents ont exposé, en regard des prescriptions qu'ils imposaient, leur perpétuel désintéressement
des affaires extra-américaines.

Aujourd'hui, il n'en est pas ainsi : gardant de la doctrine
de Monroe la prohibition faite à l'Europe, ils répudient les
obligations qui en découlent, ils dégagent toute la portée anti-
européenne de la doctrine et déclarent que seule cette partie
reste applicable. Bien plus, quelques impérialistes avancés
n'hésitent pas à déclarer que le monroeisme a fait son temps,
et qu'il n'a plus à être appliqué, « *is challenged, if not defi-
nitely rejeted* » (1).

L'annexion des Philippines était le premier pas dans cette
voie nouvelle. Postés aux Philippines à la porte de l'Asie, à
l'extrémité de l'Océanie, les Etats-Unis proclamaient une nouvelle doctrine de Monroe applicable à l'Asie et à l'Océanie,
comme le cinquième président avait proclamé le message de
1823 pour l'Amérique.

(1) PEFFER, art. cit., p. 316 et s.
(1) POWERS, *The war as a suggestion of manifest destiny. Annals of the
american Academy*, XIII. septembre 1898, p. 1).

CHAPITRE IV

LA POLITIQUE NOUVELLE ET LA DOCTRINE
DE MONROE

—

§ 1. Les adversaires. — § 2. Les partisans. — § 3. La conciliation.

Les Etats-Unis, qui avaient abandonné la doctrine de Monroe aux Hawaï et aux Philippines, vont-ils la rayer définitivement de leur Décalogue, ou, au contraire, vont-ils la garder?

§ 1

Liée aux événements politiques, la doctrine de Monroe s'était modifiée avec eux; elle était devenue agressive et hardie au fur et à mesure que les Etats-Unis avaient pris le sentiment de leur force; mais en même temps, elle avait perdu sa rigidité primitive pour flotter et se déformer. Si souple qu'elle fût, il est arrivé un moment où elle n'a plus été susceptible de s'étendre, et après avoir secondé pendant tout un siècle les progrès des Etats-Unis, voici qu'elle arrête soudain l'essor de leur prodigieuse expansion.

L'Union, longtemps guidée et soutenue par la fermeté de cette règle, est maintenant embarrassée par sa tyrannie. On ne peut renfermer l'histoire dans une règle écrite comme on peut y enfermer le droit.

Proclamée en 1823 pour contenir l'Europe dans l'ancien continent et maîtriser les ambitieux projets de la Sainte-Alliance, la doctrine de Monroe, au commencement du xxᵉ siècle, ne répond plus aux exigences du moment. Solution locale et occasionnelle, dont l'effet a été prolongé par le génie des hommes politiques nord-américains, elle ne peut, malgré ses déformations et sa souplesse, se plier aux nécessités actuelles. La Sainte-Alliance n'existe plus ; en face de l'Amérique, il y a l'Europe, non plus unie par des guerres communes, non plus régie par un conseil souverain, mais divisée par les ambitions particulières des Etats, affranchie de l'autorité d'un concert permanent : l'Europe, minée par les dissensions intérieures, et qui semble à l'Amérique sur le chemin de la décadence. Aujourd'hui, il n'est plus besoin seulement de se défendre, il est possible d'attaquer. La doctrine de Monroe ne suffit plus à l'ambition démesurée des Etats-Unis. Les circonstances ont changé ; les principes, eux aussi, doivent se modifier.

La doctrine de Monroe ne serait pas seulement une gêne, elle serait un danger. Le droit de vivre suppose le droit de croître ; or pour croître, il faut s'étendre ; et, cette extension, le message de 1823 la restreint au détriment même de la vie nationale américaine. Tous les jours, le commerce des Etats-Unis avec l'Océanie et l'Asie va augmentant, les statistiques le prouvent jusqu'à l'évidence. « Situés plus près de l'Extrême-Orient qu'aucun autre pays de race blanche, les Etats-Unis doivent nécessairement être appelés à jouer un grand rôle dans ces régions le jour où elles entreront dans le mouvement général de la colonisation » (1).

(1) *L'expansion américaine dans le Pacifique et les projets du canal interocéanique* par Pierre Leroy-Beaulieu. (*Economiste français*. 1er juillet 1899).

. Depuis longtemps reliés par des relations commerciales très importantes avec toute cette partie du globe, ils ont vu leur commerce croître de jour en jour. Pendant la période de huit mois qui prenait fin au mois de février 1899, on pouvait estimer à 813,370,071 dollars les exportations, et on constatait une augmentation de 18,371,858 dollars par rapport à la période correspondante de la précédente année fiscale, qui réalisait déjà une augmentation de 21,9 0/0 sur l'année 1895-1896. Quant aux importations, elles étaient évaluées à 393,708,966 dollars, en diminution de 28,806,428 dollars sur la période antérieure. Les exportations avaient dépassé les importations de 419,661,105 dollars, alors que la plus-value des exportations n'avait été, pour les autres années, que de 312,482,819 dollars.

Pour le seul mois de février 1898, la valeur des exportations était de

La doctrine de Monroe s'oppose à ce que les Etats-Unis acquièrent des possessions dans ces parties du globe. Elle leur défend d'aller en Chine, jouer leur rôle au partage de l'Empire de Milieu. Ils voient dans le Pacifique le rendez-vous des nations, et la doctrine de Monroe les retient sur le rivage. Tandis que leurs rivaux, libres de toute contrainte à cet égard,

94,981,017 dollars, et celles des importations 53,082,117 dollars; d'où une augmentation de plus de 15,100,000 dollars à l'égard du chiffre de février 1897 pour les exportations, et une diminution de 6,150,000 dollars pour les importations.

Le commerce des Etats-Unis avec l'Extrême-Orient constitue une grande partie du commerce extérieur. Voici quelques chiffres pour les importations faites en Extrême-Orient et la part des Etats-Unis dans ces importations :

ASIE	POPULATION	TOTAL des importations	IMPORTATIONS des Etats-Unis
Ceylan.	3.008.466	20.722.243	59.546
Chine.	402.680.000	170.991.384	9.639.440
Indes orientales anglaises. .	287.223.431	179.786.742	3.367.370
— hollandaises	34.000.000	66.408.540	1.147.315
— françaises. .	21.821.910	790.838	69.136
Hong-Kong.	261.258		6.000.039
Japon.	42.270.620	111.282.694	13.812.605
Corée.	10.528.937	8.088.123	
Perse.	9.000.000	25.476.000	
Russie d'Asie.	23.051.912	21.578.829	163.855
Siam	5.000.000	19.384.000	
Etablissements de Malacca et Océanie.	558.935	112.248.947	
Iles Philippines.	7.670.000	28.810.075	162.446
Australie.	4.793.903	277.899.067	16.199.328
Maurice.	374.942	15.910.560	303.879
Iles Sandwich	109.020	7.164.501	5.464.208
	852.443.391	1.063.557.653	56.749.167

Cf. *Bulletin mensuel de la chambre de commerce française de New-York*, (juin 1898).

De ce tableau, il résulte que les Etats-Unis ne participent que pour 5,62 0/0 aux importations, mais la marche ascendante qu'ils ont suivie et le peu de temps qui s'est écoulé depuis leur entrée dans le commerce international, sont autant de raisons qui engagent les Etats-Unis à entrer dans toutes les questions pendantes à l'Extrême-Orient.

promènent leurs pavillons sur les mers les plus lointaines, les États-Unis ne peuvent même pas fixer les *Stars* et *Stirps* dans la zone du Pacifique, dont ils sont riverains. La vieille doctrine de 1823 les retient sur le continent quand leur situation maritime les appelle sur le monde.

Dans ses études sur la démocratie en Amérique, Tocqueville a dit des États-Unis : « Je ne puis m'empêcher de croire qu'ils deviendront un jour la première puissance maritime du globe. Ils sont poussés à s'emparer des mers, comme les Romains à conquérir le monde » (1).

Les États-Unis peuvent-ils refuser d'entendre et de suivre le conseil qui se trouve dans cette prophétie ? Simples colonies à l'origine, ces grandes destinées les flattent. « Peuple sans passé et presque sans histoire, ils sont fiers de recueillir la tradition romaine dans un monde vingt fois grand comme l'empire romain » (2).

Ils sont les héritiers du génie anglais, dans lequel luit, par plus d'un trait, le génie romain (3). L'impérialisme anglais appelle leur imitation, en même temps qu'il excite leur envie. Il leur faut des proconsuls et des *high commissionners*, des colonies *senatus et imperatoris*, des *self-governing* ou des *crown-colonies*.

L'impérialisme n'est pas seulement la joie de leur orgueil, c'est le salut de leur marine marchande.

En 1692, Josiah Childe écrivait dans son *discourse of trade* : « De toutes les colonies de Sa Majesté, il n'y en a pas de si aptes à la construction des navires que la Nouvelle-Angleterre, ni de relativement si qualifiées pour la formation des marins, et dans ma pauvre opinion, il n'y a rien de plus dangereux pour une mère-patrie que l'accroissement de la navi-

---

(1) DE TOCQUEVILLE, *De la démocratie en Amérique*, II, p. 422.

(2) Cf. DE LAPRADELLE, R. D. P., XIII, p. 65 et s.

(3) Voir les remarques profondes de GIDE, *La condition de la femme*, p. 269 et s.

gation dans ses colonies, plantations ou provinces » (1). Quelques années plus tard (1724), les constructeurs de la Tamise
se plaignent au *Boar of Trade* de la rivalité que leur
opposaient leurs concurrents d'outre-mer. Une bonne législation favorise ce développement de la marine après
la déclaration d'indépendance. C'est l'objet de deux actes
des Congrès de 1782 et de 1794 ; le premier, qui exige la
construction en Amérique comme une condition de la nationalité américaine des navires ; le second, qui frappe d'un
droit de dix pour cent les marchandises importées sur des navires étrangers. De telles mesures portent leurs fruits. En 1850,
la marine marchande américaine peut brillamment se mesurer
avec la marine anglaise, qui ne l'emporte plus que de 800,000
tonnes. En 1860, la différence, encore plus avantageuse pour
l'Union, n'est plus que de 400,000 tonnes. Mais cette prospérité ne dure pas, la guerre de Sécession apporte avec elle la
ruine de la marine marchande. Puis les vaisseaux ne sont plus
construits en bois, mais en fer, et le fer manque aux Etats-
Unis. L'Angleterre distance les Etats-Unis ; ses concurrents,
l'Allemagne et la France, passent avant eux. Les mesures de
protection inaugurées au xixe siècle constituent une sérieuse
entrave pour les constructeurs qui voient les prix de revient de
leurs bâtiments monter à 50 0/0 de plus qu'en Angleterre.
Ainsi, en 1897, sur le mouvement commercial du monde qui
est évalué à 343 millions de livres, les Etats-Unis ne figurent
que pour 37 millions de livres. Et, devant cette situation critique, le gouvernement reste indifférent, ne protège pas la
construction des navires par des primes, ne rapporte même
pas les anciens textes de 1782 et 1794.

Au contraire, si les Etats-Unis s'engagent dans la politique
coloniale à travers le monde, le gouvernement ne peut garder

---

(1) *The commercial sovereignty of the seas.* (*Fortnightly review*, 1899,
p. 286 et s.). Cité par DE LAPRADELLE, *op. cit.*

cette attitude indifférente. Il faut qu'il intervienne pour relever la marine marchande, pépinière de la marine de guerre. Sans marine de guerre, pas d'impérialisme ; sans marine marchande, pas de navires de guerre. Ainsi dans l'avenir de l'impérialisme se trouve l'avenir de la marine commerciale. La gloire et le profit sont liés ; l'avenir politique et l'avenir commercial se confondent. La doctrine de Monroe n'est plus un frein, mais un obstacle. Aux Etats-Unis il appartient de s'en affranchir.

§ II

Voilà du moins ce que disent les adversaires de la doctrine. Mais, malgré les raisons contraires, elle garde encore des partisans. La vieille doctrine a ses fidèles.

Respecter la doctrine de Monroe, c'est rester fidèle à la Constitution même des Etats-Unis et aux principes démocratiques qu'elle consacre.

L'impérialisme rencontre en effet des obstacles sérieux dans la Constitution même des Etats-Unis. Les Etats-Unis peuvent-ils acquérir des colonies? La constitution est muette sur ce point. Bien plus, en admettant même que la colonisation leur soit permise, est-il possible que le gouvernement des Etats-Unis puisse s'étendre sans être accompagné par la Constitution américaine. « A supposer que les Etats-Unis puissent sortir d'Amérique, est-il concevable que leur pouvoir s'exerce en dehors des formes et des garanties constitutionnelles : liberté de la presse, à l'association, au port d'armes, juridiction du jury, acquisition de la nationalité (citizenship) par la naissance sur le territoire ; interdiction de faire dépendre le droit de vote d'une condition de races ou de couleurs, droit de libre émigration et d'établissement sur un point quelconque des Etats-Unis » (1).

(1) DE LAPRADELLE, R. D. P., art. cit., p. 68 et s.

Les habitants des centres tropicaux sont peu civilisés. Il y a donc danger à leur accorder tous ces droits. Or comment ne pas les leur accorder, puisque la Constitution des Etats-Unis les accorde à tous ceux qui font partie de leur territoire? Il y a là une menace qu'on ne peut faire disparaître sans changer la Constitution ou sans user de moyens détournés qui, en dernière analyse, ajoutent à ce qu'elle ordonne ou lui sont contraires (1).

D'autre part, il est dangereux pour les Etats-Unis de se laisser entraîner dans la voie de l'impérialisme par la pure ambition, sans véritable raison économique. Or à cet égard quelle raison donne-t-on?

La raison du sucre? (2) Les Etats-Unis sont les plus grands consommateurs de sucre. Ils en consomment 2 millions de tonnes, tandis que la production totale du globe est évaluée à 7 millions. Or les essais de culture en Californie et en Louisiane sont insuffisants. Ils restent tributaires de l'étranger et particulièrement de l'Europe. L'annexion des centres tropicaux, dont la production en 1897-1898 est de 2 millions, les libèrera-t-elle de cet esclavage? Mais ce ne sera jamais qu'une libération partielle.

Reste l'argument tiré de la nécessité de développer la marine marchande. Mais on peut relever la marine sans pour cela se lancer dans l'impérialisme ; la concession de primes, l'adop-

---

(1) Divers systèmes pour remédier à cet inconvénient ont été proposés. La jurisprudence refuse d'étendre l'effet de la Constitution dans une autre contrée, et fait rentrer les simples possessions étrangères dans l'Etat étranger dont elles relèvent. Le professeur Burgess a proposé de placer les colonies jusqu'au jour de leur maturité sous le pouvoir militaire du président. D'autres enfin, le professeur Freund par exemple, proposent d'appliquer le biais du protectorat. Cf. à ce sujet Burgess, *Government of distinct territory.* — (*Political science quarterly*, 1899, I, p. 3 et s.). — Freund, *The control of dependencies trough protectorates* (*Ibid.*, mars 1899, p. 25). — De Lapradelle, art. cit., p. 59 et s.

(2) Crampton. *The opportunity of the Sugar cane Industry* (*North American review*, mars, p. 276), et de Lapradelle, R. D. P., XIII, p. 66 et s.

tion de tarifs douaniers appropriés aux circonstances sont à cet égard des moyens suffisants.

Au fond, l'impérialisme n'est qu'un luxe. C'est pour la nation une parure, une gloire vaine et stérile, tandis que l'impérialisme anglais n'est au contraire qu'une nécessité. Depuis le commencement du siècle, la Grande-Bretagne souffre de la surproduction ; de toute nécessité, il lui faut trouver des débouchés pour écouler ses produits, des marchés pour vendre ses marchandises ; elle ne peut les consommer et elle a besoin de l'étranger pour vivre. Les Etats-Unis au contraire ne sont pas minés par le même mal : ils sont en plein développement et non en crise d'exportation. Les mêmes nécessités n'existant pas pour eux, ils n'ont que faire de la formule anglaise dont les dangers surpassent très facilement les avantages. Entraîner l'Amérique dans des entreprises de conquête lointaine et dans des aventures coloniales, c'est rendre nécessaires des dépenses nouvelles pour la flotte et pour l'armée, c'est nécessiter le service militaire obligatoire, c'est amener la centralisation plus grande de l'Union. Les avantages de l'impérialisme sont incertains, tandis que ses inconvénients sont sûrs.

L'Angleterre a aidé à la naissance de la doctrine de Monroe, sans se douter de l'effet durable et avantageux du message de 1823 ; aujourd'hui qu'elle voit tout le profit que l'Union en retire et qu'elle pressent tous les avantages que le Message peut encore leur procurer, elle cherche à leur faire changer de politique en les engageant dans l'impérialisme. Les fondateurs de l'indépendance leur ont enjoint de se méfier de l'Europe. Qu'ils se rappellent la parole du poète :

Timeo Danaos et dona ferentes

qu'ils repoussent l'Angleterre et ses présents, l'impérialisme et l'alliance anglo-saxonne, qu'ils se rappellent la doctrine de Monroe et qu'ils l'appliquent à tous, même aux Anglais qui la leur ont donnée.

Se lancer dans l'impérialisme, ce serait abandonner une arme ancienne, mais toujours nécessaire. Peuple jeune, hésitant encore sur la politique à suivre, les Etats-Unis ont trouvé, dans la doctrine de Monroe, les règles dont ils devaient s'inspirer dans les cas difficiles; ils l'ont appliquée pendant tout le xix⁰ siècle, et ils ont vu de quel profit pour eux avaient été les applications qu'ils avaient faites. Ils l'ont employée contre l'Europe et ils ont contenu l'ancien continent au delà de l'Océan ; bien plus, ils s'en sont servis comme instrument d'acquisition vis-à-vis d'elle, comme arme de défense contre ses prétentions et ses convoitises. Peut-on oublier les enseignements de l'histoire ? Ce que la doctrine de Monroe a fait dans le passé, ne pourra-t-elle le faire dans l'avenir ?

Comment créer un canal interocéanique exclusivement américain sinon avec la doctrine de Monroe ? Comment défendre les prétentions américaines, immédiates sur le contesté de l'Alaska, lointaines sur le Canada tout entier, si la doctrine de Monroe ne doit pas les soutenir contre l'Europe, c'est-à-dire contre l'Angleterre (1) ?

Enfin la doctrine de Monroe est très précieuse sous un autre aspect : c'est qu'elle permet aux Etats-Unis d'éviter l'arbitrage de l'Europe dans leurs propres affaires et d'imposer le leur dans les différends des petites puissances d'Amérique.

Les questions américaines, réservées à l'Amérique par la doctrine de Monroe, ne pouvant être tranchées par l'Europe, l'Union profitera de sa situation prépondérante en Amérique pour s'imposer aux Etats américains et s'ériger en leur protecteur permanent. C'est pour cela que les Etats-Unis favorisent l'arbitrage et cherchent à le développer. C'est que, grâce à la doctrine de Monroe, ils l'exercent dans les rapports de l'Amérique avec elle-même sans le subir dans les rapports de l'Amérique avec l'Europe. « Tandis que les Etats-Unis peuvent,

_____

(1) DE LAPRADELLE, R. D. P., XIII, *Chronique internationale*, p. 109 et s.

avec la doctrine de Monroe, se débarrasser des arbitrages gê-
nants, ils peuvent, au contraire, se servir de l'arbitrage pour
aider au développement de leur influence, soit en jouant le rôle
d'arbitre entre les petits Etats de l'Amérique, soit en rappelant,
dans leurs rapports avec eux, comme dans l'affaire du Vénézuéla, les grands Etats d'Europe, comme l'Angleterre, au respect
de l'arbitrage. Tandis que la pure doctrine de Monroe, prise
dans son sens exact « l'Amérique aux Américains », sert de prétexte aux Etats-Unis pour esquiver, quand ils le craignent,
l'arbitrage, inversement cette même institution de l'arbitrage
leur sert à développer la doctrine de Monroe, prise dans son
sens altéré, mais très populaire : « l'Amérique aux Américains du Nord » (1).

Faire tourner l'arbitrage au profit de l'Union, l'imposer aux
autres et ne pas se la laisser imposer à elle, tel est le résultat de la doctrine de Monroe qui, du coup, établit sur toute
l'Amérique le protectorat des Etats-Unis.

Peut-on, dans ces conditions, abandonner le monroéisme ?
N'est-ce pas une grave imprudence que d'y renoncer ?

§ III

Monroéisme et impérialisme, entre ces deux opinions l'Exécutif avait à choisir : il les a choisies toutes deux. La même
année, le président Mac-Kinley annexait les Philippines, et les
délégués américains à la conférence de La Haye proclamaient
solennellement leur attachement inébranlable à la doctrine de
Monroe. Les hommes politiques et les gouvernements ne sont
pas tenus d'être logiques. Y a-t-il, du reste, dans la conduite
du gouvernement américain, une véritable contradiction ?

La doctrine de Monroe était une solution locale et occasionnelle. La promesse faite par Monroe de ne pas intervenir

_____

(1) De Lapradelle, R. D. I. P., VI, art cit., p. 757.

entre l'Europe et ses colonies, la promesse latente de borner l'ambition américaine à l'Amérique seule, étaient des corollaires imposés au président par les circonstances et surtout dictés à lui par la prudence même de son message. Au cours de son évolution, la doctrine de Monroe s'est transformée ; de l'abstention, elle a passé à l'action. Elle est devenue de plus en plus hardie, progressive et même agressive. Transformée par Polk et ses successeurs en un instrument d'extension, elle a développé de plus en plus le germe de la conquête, en même temps que par sa substitution d'un droit américain au droit des gens général, elle a respiré le mépris du droit.

Polk avait nié le droit des peuples à disposer d'eux-mêmes. Tous ses successeurs, imbus des mêmes idées, avaient appliqué cette nouvelle doctrine dans le même sens, faisant tout plier devant l'intérêt égoïste de l'Union. De là à l'impérialisme, la distance était proche. L'impérialisme méconnaît tous les droits et tous les devoirs, il pose comme règle unique : l'intérêt prime le droit (1). La doctrine transformée n'émettait pas d'autre règle. De même que tout droit cède devant le *civis romanus* ou le *british subject*, tout doit céder devant le citoyen des Etats-Unis. Dans le premier cas, c'est l'impérialisme qui commande ; dans le second, c'est le monroéisme.

Pratiquer l'impérialisme, c'est chercher à détenir les clefs économiques du monde (2) ; pratiquer le monroéisme, c'est chercher à détenir les clefs économiques de l'Amérique.

La seule différence des deux politiques consiste dans le domaine de leurs applications respectives. L'étendue de l'impérialisme, c'est l'univers ; celle du monroéisme, l'Amérique. Mais si ce n'est pas le même domaine, c'est le même esprit. Dans les deux cas, même méconnaissance du droit, même

---

(1) Cf. KUYPER, *La crise sud-africaine* (*Revue des Deux-Mondes*, 1er février 1900, p. 621).

(2) DE LAPRADELLE, *loc. cit.*, p. 65.

mépris des règles internationales, même égoïsme, même tendance extensive.

Aussi, les États-Unis invités à participer à la conférence de
La Haye (6 avril 1899), profitent-ils de l'occasion pour réaffir-
mer en plein essor d'impérialisme les vieux principes de la
doctrine de Monroe. Lors de la discussion relative à la délimitation des armements, ils déclarent que les armements de
l'Ancien Continent ne les intéressent pas. Séparés de l'Europe
non seulement par l'Océan, mais encore par la fiction du Message de 1823 ; ils veulent être libres d'accroître à leur gré leurs
effectifs, car l'Europe n'a rien à voir dans les affaires américaines, ils acceptent l'arbitrage, mais parce que la doctrine de
Monroe leur permet d'empêcher l'Europe de le pratiquer en
Amérique.

Le 25 juillet, leurs délégués faisaient une déclaration, que
M. White renouvelait le 29, lors de la signature de la convention d'arbitrage, et inscrivait dans le texte du traité, déclaration
par laquelle ils affirmaient qu'ils n'entendaient pas que l'Europe
se prévalût de ce texte, notamment de l'art. 27, pour intervenir dans les affaires d'Amérique. Les délégués des Puissances
acceptaient ces réserves, et pour la première fois l'Europe
reconnaissait officiellement la doctrine de Monroe (1).

L'Europe faible, soucieuse de masquer l'échec de la Conférence de La Haye, sans réfléchir à la gravité de l'acte qu'elle
allait accomplir, ne fit entendre aucune récrimination. Elle
enregistra cette proclamation sans protester. Désormais, les
Américains étaient vainqueurs. La guerre hispano-cubaine
leur avait donné des avantages territoriaux ; leurs victoires
de 1898 les avaient transformés en une grande puissance ;
la Conférence de La Haye faisait plus. L'Europe y reconnaissait la doctrine de Monroe, ce qu'elle n'avait jamais fait

(1) HOLLS, *The peace conference and the Monroe doctrine* (*American
Monthly Review of Reviews*, nov. 1899, p. 562).

encore, et, sans relever la contradiction de l'impérialisme aux Philippines avec le monroéisme à La Haye, elle permettait aux États-Unis de dire à la fois : « Le Monde et l'Amérique aux Américains ».

1ᵉʳ mai 1900.

Vu :

Grenoble, le 29 mai 1900.

Le Président de la thèse,
MICHOUD.

Vu :

Grenoble, le 30 mai 1900.

Le Doyen,
Cₕ. TARTARI.

Vu et permis d'imprimer :

Grenoble, le 30 mai 1900.

Le Recteur, président du Conseil de l'Université,
BOIRAC.

BIBLIOGRAPHIE [1]

Amancio Alcorta. — Droit international public (traduction Lehr).

Atkinson. — Criminal aggression by whom commited? Boston, 1899.

Bancroft. — History of Central America.

Charles Benoît. — L'Espagne, Cuba et les Etats-Unis (Paris, 1898).

Robert Beudant. — Cours de droit constitutionnel comparé, professé à Grenoble en 1898.

Boutmy. — Etudes de droit constitutionnel (3ᵉ édition).

Bryce. — The american cammon wealth.

Cespédès. — La Doctrina de Monroe.

Alessandro Corsi. — Arbitrati internationali. Pise (1894).

Chateaubriand. — Le Congrès de Vérone. Œuvres complètes (tome X).

Chevallier. — Le Mexique ancien et moderne (2ᵉ édition).

Deberle. — Histoire de l'Amérique du Sud.

Debidour. — Histoire diplomatique de l'Europe.

Delarue et Beaumarchais. — La Doctrine de Monroe.

Ferrero. — Le Militarisme et la société moderne (traduction de M. Samaja).

Foremamm. — The Philippines Islands (New-York, 1899).

Furcy Chatelain. — Le Panaméricanisme et l'équilibre américain (Paris, 1897).

Daniel Gilman. — James Monroe.

Pierre de la Gorce. — Histoire du second Empire.

---

(1) Je n'indique ici que les articles ou livres ayant trait particulièrement à la question, laissant de côté ceux qui n'en traitent qu'incidemment.

Guizot. — Mémoires pour servir à l'histoire de mon temps (Paris, 1870).

Ernst Otto Hopp. — Bundesstaat und Bundesskrieg ein Nordamerika.

Judson. — The Growth of american nation.

Keasbey. — The Nicaragua Canal and the Monroe doctrine.

Kératry. — L'élévation et la chute de Maximilien. — La créance Jecker; les indemnités françaises et les emprunts mexicains.

Max Leclerc. — Choses d'Amérique (1895).

Lawrence. — Commentaires sur les éléments et sur l'histoire du progrès du droit des gens de Henri Wheaton (Leipzig, 1869).

Tarrida del Marmol. — L'Inquisition d'Espagne.

Mérighnac. — Traité théorique et pratique de l'arbitrage international (Paris, 1895).

Morse. — James Monroe.

Gaetano Mosca. — Elementi di scienza politica.

Muller. — Cuba (Berlin, 1898).

Frédéric Nolte. — Histoire des Etats-Unis d'Amérique (Paris, 1879). — L'Europe militaire et diplomatique du xixe siècle (Paris, 1884).

Ugo Ojetti. — L'America vittorioso.

Pariset. — Histoire sommaire du conflit anglo-vénézuélien en Guyane.

Parton. — The Monroe Doctrine.

Philimore. — International Law (3e édition).

De Lapradelle. — Cours de droit international public professé à Grenoble (1899).

De Pradt. — Du Congrès de Vienne. — Révolution en Espagne. — Les colonies en Amérique.

Preiss. — Cuba unter Spanische Regierung (New-York, 1897).

Prince. — Le Congrès des Trois Amériques.

Reddaway. — The Monroe Doctrine.

Carlos de Sedanos. — Estudios politicos.

Stiéglitz. — L'île de Crète, le blocus du Pacifique et le plébiscite international.

Stœrck. — Option und plebicit.

Tocqueville — De la démocratie en Amérique (14° édition, Paris, 1865).

Gaspar Toro. — Notas sobre arbitrage internacional en las Repubiicas latino-américanas.

Tucker. — The Monroe doctrine.

Vigouroux. — La Concentration des forces ouvrières aux Etats-Unis.

Worcester. — The Philippin Islands and their people.

Zaragoza. — Les Insurrections de Cuba.

Zabel. — Die Wirthschaftliche, sociale und politische Entwikelung der Insel Cuba.

PÉRIODIQUES

American monthly Review of Rewiews. — Octobre 1899. — Our diplomatics relations with Nicaragua.

Annals of the American. Academy of Political and social science. — Mai 1898. — Intervention and recognition of Cuba Independence (HERSHEY).

The Fortnighthly Review. — Septembre 1898. — The original intention of the Monroe Doctrine.
— Décembre 1898. — American expansion and the inheritance of the Race.
— Janvier 1899. — The Powers and Samoa (LEIGH GEORGES).
— Mai 1899. — The Samoan Crisis and its causes (GEORGES LEIGH).
— 26 mai 1898. — The interoceanic canal.

Nation. — 8 septembre 1898. — A Philippin Catechism.

National Review. — Janvier 1897. — United States and Cuba. A new Armenia (PHILIPPS).

The Nineteenth Century. — Août 1898. — American Yelow journalism (Miss ELIZABETH BANK).
— The spaniards in Cuba (ANTONIO GONZALO PEREZ, de la Junte cubaine).
— England and American (GEORGE SYDENHAM CLARKE).
— Juillet 1898. — The anglo-american Futur (FREDERICK GREENWOOD).

North American Review. — Février 1896. — The british Feeling, par JAMES BRYCE.
— The Venezuelian difficulty, par ANDREW CORNEGIE.
— Décembre 1898. — The latest aspects of the Nicaragua canal Projects, par CORRY STADDEN.
— Novembre 1897. — A Review of the Cuban question, par TAYLOR.
— Janvier 1899. — Objections to annexing the Philippines West.
— Americanism versus Imperialism.

North American Review. — Février 1899. — Imperial Respon-
sabilites (CLARKE).
— Avril 1899. — The future in Cuba (ROBERT POSTER).
— National Bigness or Greatness. which ? by Potter.
— Mai 1899. — What Spain can teach American (NICOLAS ESTE-
VANEZ).
— Conditions and Needs in Cuba (Général WOOD).
— The Nicaragua Canal (THOMAS B. REED, speaker of II. O. R.).
— Juin 1899. — The imbroglio in Samoa.
— A republic in the Philippines (PEFFER).
— Aguinaldo's case against the United states (A. FILIPPINO).

The Nation. — 26 mai 1898. — The Nicaragua Canal.

Political science quarterly (vol. XI). — The French in Mexico
(FREDERIC BANCROFT).
— Recent Pseudo Monroeism (BURGESS).
— The Monroe Doctrin (J.-B. MOORE).
— Mars 1899. — Dependencies and Protectorates (FREUND).

The law Times. — 4 janvier 1896. — The right of intervention and
the Monroe Doctrine (SIBLEY).

The Yale Review. — Février 1896. — An interoceanic canal in the
light of precedent (TH. WOOLSEY).
— Mai 1898. — The Cuban Revolt and the Constitution (B. WHI-
TNEY.
— Août 1898. — Comments.
— Som Economic conséquences of the liberation of Cuba (KINGSLEY
OLMSTED).

Bulletin mensuel de la Chambre de commerce française à New-York

Correspondant. — 25 février 1897. — Le Président de la République aux Etats-Unis (ARTHUR DESJARDINS).
— 25 mai et 10 juin 1897. — Un prêtre américain : le Révérend
Père Hecker (Comte DE CHABROL).
— 25 juin 1898. — Une campagne contre l'Eglise d'Amérique
(H. DELORME).
— 10 août 1898. — Le Monde aux Américains (JOHANNET).
— 25 septembre 1898. — Les finances américaines et la guerre espagnole (ACHILLE VIALLATE).

Economiste Français. — 9 juillet 1898. — L'Espagne et les Etats-Unis, la réciproque en Europe et en Afrique de la doctrine de Monroe (PAUL LEROY-BEAULIEU).

— 1er juillet 1899. — L'expansion américaine dans le Pacifique et le projet de canal interocéanique.

Etudes des Pères de la Compagnie de Jésus. — 20 août 1898. — L'Américanisme (H. MARTIN).

— Encore l'américanisme une planche de salut (P. DELATTRE).

Journal des Economistes. — Octobre 1898. — L'île de Cuba (ALBERT HIRIARTE, octobre 1898).

Nouvelle Revue. — 1er juillet 1882. — Les travaux du canal de Panama (LETELLIER).

— 1er et 15 janvier 1899. — Les dessous de la diplomatie américaine (DE GANNIERS).

— 15 mai 1899. — L'archipel des Samoa (F. MURY).

Réforme Sociale. — 16 octobre 1898. — La guerre hispano-américaine et ses enseignements. La vraie notion de l'Etat (DE SABLEMONT).

Revue Blanche. — 15 mai 1898. — La question cubaine (TARRIDA DEL MARMOL).

Revue britannique. — Janvier 1899. — Le premier président et la République cubaine (ABBERT SAVINE).

— Mai 1899. — L'insurrection de Cuba et son affranchissement (LAROCHE).

Revue canonique. — La vraie situation du catholicisme aux Etats-Unis et M. Ferdinand Brunetière (l'abbé Charles MAIGNEN).

Revue des Deux-Mondes. — 1er mars 1845. — La traite à Cuba et le droit de visite (X. DURIEUX).

— 15 novembre 1846. — De l'américanisme et des Républiques du Sud (C. DE MAZADE).

— 15 juillet 1850. — Cuba et la propagande annexionniste (G. D'ALAUX).

— 1er avril 1856. — Les origines de la République des Etats-Unis et ses historiens (LOUIS BINOUT).

— Mai-juin 1861. — Saint-Domingue et les intérêts nouveaux de l'Espagne (LE PELLETIER DE SAINT-REMY).

— 1er et 15 avril 1862. — L'expédition européenne au Mexique MICHEL CHEVALIER).

— 1er août 1862. — La guerre du Mexique et les puissances européennes (MAZADE).

Revue des Deux-Mondes. — 1er septembre, 1er et 15 octobre 1866.
— Cuba et les Antilles (DUVERGIER DE HAURANNE).

— 15 février 1871. — La fin d'une race (C. DE VARIGNY).

— 15 août 1871. — Le traité de Washington, 8 mai 1871 (LANGÉ).

— 1er juillet 1843. — Des tarifs douaniers aux Etats-Unis (par RODET).

— 15 octobre 1873. — L'Eglise et l'Etat en Amérique (LABOULAYE).

— 15 mars 1874. — La question cubaine. Six mois d'insurrection. L'affaire du *Virginius* (LOUIS LANDE).

— 1er avril 1879. — La doctrine de Monroe et le Canada (G. DE VARIGNY).

— 1er avril 1883. — Les origines et le développement du nationalisme religieux aux Etats-Unis (GOBLET D'AVIELA).

— 1er avril 1888. — L'Océan moderne. L'Océan Pacifique du Nord. L'archipel hawaïen (C. DE VARIGNY).

— 1er avril 1862. — Les Etats-Unis et la vie américaine (ANDRÉ CHEVRILLON).

— 15 avril 1853. — La diplomatie anglo-américaine (XAVIER RAYMOND).

— 1er juillet 1838. — Des rapports de la France et de l'Europe avec l'Amérique du Sud (LEFEBVRE DE BÉCOUR).

— 15 janvier 1896. — La doctrine de Monroe et le conflit anglo-américain (DE PRESSENSÉ).

— 1er mai 1869. — L'Espagne et l'esclavage dans les îles de Cuba et à Porto-Rico, depuis la Révolution de 1868 (A. COCHIN).

— 15 mai 1898. — La marine de l'Espagne et des Etats-Unis (par XXX).

— 1er juin 1898. — La guerre hispano-américaine et le droit des gens (ARTHUR DESJARDINS).

— 15 septembre 1866. — Le Mexique et les chances de salut du nouvel empire (par KÉRATRY).

Revue encyclopédique Larousse. — 20 août 1898. — La Révolution cubaine (ERNEST BOUSSON).

— 23 novembre 1899. — La guerre des Philippines (ROUVIER).

Revue indépendante. — 25 août 1844. — Du Texas et de son annexion aux Etats-Unis (GRUMBLOT).

— 10 octobre et 25 octobre 1845. — Des Philippines sous la domination espagnole.

— 10 décembre 1845. — Négociations relatives au territoire de l'Orégon (GROLIER).

Revue générale de Droit international public. — La doctrine de Monroe (par DESJARDINS, t. III).

— La question de Terre-Neuve (MONCHARVILLE, t. VI).

— Les occupations de territoire et le procédé de l'Hinterland (DESPAGNET, t. I).

— De la reconnaissance de la qualité de belligérants dans les guerres cubaines (FÉRAUD-GIRAUD, t. III).

— La différence entre l'Espagne et les Etats-Unis au sujet de la question cubaine (DE OLIVART, 1897, p. 577 et suiv., 1898, p. 338 et suiv., et p. 499.

Revue de Droit public. — La doctrine de Monroe. Analyse du livre de Cespédès (1895, p. 176 et suiv.).

— La doctrine de Monroe et la fin du XIXe siècle (MERIGHNAC, mars-avril 1896).

— Le conflit hawaïen-japonais (NOSAWA TAKÉMATSU, 1897, 2e série).

— L'autonomie cubaine et le conflit hispano-américain (MÉRIGHNAC, mars-avril 1898).

— Le régime colonial de l'Espagne (POSADA, t. X, 1899).

Revue de Droit international et de législation comparée.
— Le principe de non-intervention (1873, CARNAZZA AMARI).

— De la valeur des plébiscites en droit international (F. LIÉBER, t. III).

— Les Etats-Unis et la politique d'annexion (1894, t. XXVI, p. 153, MOORE).

— Le canal de Panama et le droit international (BUSTAMANTE, 1895).

— La doctrine de Monroe et le Vénézuéla (t. XXVIII, n° 5, 1896, BARCLAY).

Revue de Paris. — La guerre aux Philippines (L. X., 1er août 1898).

— L'insurrection cubaine et le droit des gens (DESJARDINS, 15 juillet 1896).

— 15 janvier 1896. — Le différend anglo-américain (Deux diplomates, par XXX).

Revue politique et littéraire. — La doctrine de Monroe (MOIREAU, 4 juin 1896).

— L'Amérique espagnole (VILLANUS, septembre 1876).

— La philosophie de l'histoire des Etats-Unis (4 juin 1898, PIERRE DE COUBERTIN).

Revue politique et littéraire. — Un Russe parmi les insurgés de Cuba (MICHEL DELORME, 2 et 9 juillet 1898).

— Politique extérieure. L'Espagne, l'Amérique et l'Europe (9 juillet 1898, HECTOR DEPASSE).

— Les Etats-Unis, l'Espagne et la France (E. OLLIVIER, 3 septembre 1898. Reproduction d'un article paru dans le *Century Magazine* de New-York).

— Réunion des deux branches de l'arbre anglo-saxon dans un système militaire (C. DEPASSE, 19 novembre 1898).

— Paix ou guerre (H. DEPASSE, 19 novembre 1898).

Revue des Revues. — Le journalisme en Amérique (VALÉRIEN GRIBAÉDOFF, 15 mai 1897).

Cosmopolis. — Die Neue Anvendung der Monroe Doctrine (II, nᵒ 2, février 1896, LUDWIG DE BAR).

Deutsche Juristen Zeitung. — Die Völkerrechtliche stellung Cubas (HEILBORN, 15 mai 1898).

Zeitschrifte für die gesammelte Rechtwissenchaft. — Die Monroe doctrine (CARL VON RÜMELIN).

Die Neue Zeit. — Die neuste social democrastische Partei in America (PHIL. RAPPAPORT, 31 juillet 1897).

Geographise Zeitschrift. — Zweiter Jahrgang (2ˢ et 3ˢ Heft., février-mars 1896), Cuba und Porto-Rico (DECKER).

Militarisches Rundschaù. — Korsarenkrieg gegen die Union von BEAULIEU MARCONNAY, Heft, 4 avril 1898).

Archivio Guiridico. — Nouvelle série vol. III, fasc. 1, 1899. FEDOZZI, Saggio sul intervento.

Nuova antologia. — Proposito della guerra e della pace ra gli Stati Uniti di America e la Spagna (LUIGI PULMA, 16 septembre 1898).

— Il bloca di Santiago et la diffesa maritima (CARLO FILANGIERI, 16 septembre 1898).

— La Spagna e gli Filippini (LUDOVICO NOCENTINI, 1ᵉʳ octobre 1898).

— La question della Venezuela et la dottrina di Monroe (1ᵉʳ février 1896).

ABRÉVIATIONS

R. D. P. — Revue de Droit Public.

R. D. I. — Revue de Droit International et de Législation comparée.

R. D. I. P. — Revue de Droit International Public.

TABLE DES MATIÈRES